I Stadt
Maxmilan
Straße
Sacher
WEIN
&
Delicatessen
Entrée
Restauration
&
WEIN
Handlung
von
Sacher
Salle a manges
Chambre particuli

Monika Kellermann

Das große Sacher Backbuch

Mehlspeisen, Torten
und Gebäck

Texte und Rezepte: Monika Kellermann
Mitarbeit: Johanna Dürnberger
Graphische Gestaltung: Bine Cordes
Printed in Italy
ISBN 3-929626-28-4

Inhalt

Tradition und Vielfalt der Wiener Mehlspeisen

Seit Jahrhunderten gehört Süßes zu dem Luxus, den der Mensch zwar nicht zum Überleben braucht, der Verzicht darauf das Leben jedoch viel trauriger machen würde. Auf der ganzen Welt liebt man Süßspeisen, aber nirgendwo werden die Leckereien so vollkommen und abwechslungsreich zubereitet wie in Wien.

Mehlspeisen nennt die Wiener Küche fast alles, was süß schmeckt, allerdings nicht zwingend Mehl enthalten muß! Man hat dort zum Mehl ein ganz besonderes Verhältnis. Wo bei Einbrennsuppen, Einmachfleisch, bei Knödeln und sonstigen Suppeneinlagen und Sättigungsbeilagen an Mehlbeigabe des Guten fast zuviel getan wird, geht man paradoxerweise mit dem Mehl bei den vielen „Mehlspeisen" zurückhaltend, ja fast sparsam um. Hier setzt man das ganze Raffinement ein, den Mehlanteil so gering wie nur möglich zu halten oder ihn, wenn möglich, durch steifen Schnee oder Schlagobers weitgehend zu ersetzen. Diese locker-luftigen Gebilde bringen jeden Figurbewußten in arge Bedrängnis – kulinarische Verführung par excellence!

Die Wiener Mehlspeisenküche hat eine lange, vielfältige Tradition, in der Bodenständig-Bäuerliches sich mit Höfisch-Fremdländischem innig verschmolzen hat. In den Kreationen der warmen und der kalten Mehlspeisenküche spiegelt sich ein

Stück Kultur- und Völkergeschichte wider: Tschechische, ungarische, arabische, italienische, spanische, polnische und französische Bezeichnungen in der Wiener bzw. österreichischen Mehlspeisenküche sind Zeugen dieses jahrhundertealten Austausches. Ganz besonders charakteristisch für die österreichische Küche sind Germspeisen, die einen Großteil der warmen und kalten Mehlspeisen bestimmen. Drei Gruppen kann man dabei unterscheiden: Schmalzgebäck, Strudel und Kuchen, vor allem Gugelhupf. Neben diesen klassischen Mehlspeisen zählen auch Cremes, Marzipan, Sülzen, Kompotte sowie Gebäck und kunstvoll dekorierte Torten zu der großen Kategorie „Mehlspeis". Zuckerbäcker waren früher Künstler wie Bildhauer und Architekten. Noch heute kommt dieses Aristokratisch-Höfische in vielen Gebäcknamen zum Ausdruck: Kaiserbiskotten, Kaisertorte, Kaiserschmarren, Husarenkrapferl, Herzogsbrot, Kardinalschnitten, Royal Kipferl, um nur einige wenige zu nennen.

Der Wienerische
Zuckerbäcker
oder
praktische Anleitung
eines
herrschaftlichen Koches und Zuckerbäckers,
alle möglichen Gattungen
von
Pasteten, Torten, Gefrornen, Liqueurs, Säften, Syrup, Marmeladen, Gallerten, Marzipanen, Zuckerbrod, eingesottenen und eingemachten Früchten, kleinen Zuckerwerk u. s. w.
zu verfertigen.
Zum Besten
des weiblichen Geschlechtes
und aller derjenigen,
welche sich der Kochkunst und Zuckerbäckerey
widmen wollen.
Wien,
bey Anton Doll.
1799.

Die Entwicklung der Zuckerbäckerei hing immer eng mit der Verbreitung des Zuckers, des Marzipans und der Schokolade zusammen. Vermutlich lag es an einigen Babenberger Herzögen im 12. und 13. Jahrhundert, die sich byzantinische Frauen als Gattinnen geholt hatten und damit die arabische Vorliebe für Süßes aller Art nach Wien brachten.

Selbständigkeit scheinen die Hofzuckerbäcker aber erst in der Zeit Maria Theresias bekommen zu haben, wie der Name „Zuckerbäckerstiege" in der Wiener Hofburg andeutet. Damals stieg – bei den vielen kaiserlichen Spößlingen kein Wunder! – die Nachfrage nach Naschereien sprunghaft an. Allmählich wurden Hofzuckerbäcker berühmt, nicht zuletzt durch die traumhaften Torten, das köstliche Feingebäck und die unwiderstehlichen „Hofzuckerl", die, in hübsche Säckchen gefüllt, allen Gästen des Hofballes überreicht wurden. Österreichische Mehlspeisen, ob warm oder kalt, haben eine lange Tradition – und bis heute nichts von ihrer Unwiderstehlichkeit verloren!

Die Geschichte des Hotel Sacher

Zum 25jährigen Bestehen im Jahre 1891 schrieb eine Wiener Zeitung: „Das Sacher ist mehr als eine Spezialität – es ist eine Institution des Wiener gesellschaftlichen Lebens.“ Bis heute hat sich daran nichts geändert. „Sacher“, das ist nicht nur Hotel, Restaurant, Café, Torte – es ist eine Sehenswürdigkeit, ja fast ein Denkmal, gleichermaßen bekannt wie der Wiener Walzer oder die Wiener Hofburg.

Die eigentliche Geschichte des „Sacher“ begann erst 10 Jahre später, als Eduard Sacher 1876, vis-a-vis der Oper, das „Hotel del'Opera“ eröffnete. Bald darauf änderte jedoch der selbstbewußte Besitzer den nicht gerade einfallsreichen Hotelnamen in „Hotel Sacher“ um. In kürzester Zeit wurde „das Sacher“ zum Mekka des Hof- und Hochadels und der Hochfinanz der österreichisch-ungarischen Monarchie. Heute würde man dazu sagen, das Sacher ist „in“.

Nicht zuletzt lag das auch an 13 „chambres separées“, die allesamt mit rosa Seide tapeziert waren und wo schwere Samtvorhänge für eine anheimelnde, äußerst diskrete Atmosphäre sorgten. An den Wänden hingen Spiegel, und neben den Eßtischen standen bequeme Plüschsofas. In diesen Räumlichkeiten fand man sich nicht nur zu einem Rendezvous ein, es wurden dort auch viele wichtige politische Entscheidungen getroffen. Die delikatesten Geschichten und köstlichsten Anekdoten gibt es aus dieser Zeit. So soll Mitte des Ersten Weltkrieges, der Erzherzog einige Freunde, die soeben von der Front zurückgekehrt waren, zu einem Souper ins Sacher geladen haben. Allmählich wurde es immer lustiger, und man warf vor Übermut, nach ungarischer Sitte, die leeren Gläser an die Wand. Es dauerte nicht lange, da war auch schon Anna Sacher zur Stelle: „Sagen S', Kaiserliche Hoheit, wie stellen S' Ihnen des eigentlich vor?!" schimpfte sie. „Wir passen auf des Zeug, waß Gott wie auf, weil man in diesen Zeiten eh nix kriegt, und Sie schmeißen damit umanand. Wenn das alle meine Gäste machaten, könnt i bald zusperrn..." Seine Kaiserliche Hoheit war ganz verdattert und stammelte: „Gnädige Frau, ich bitt vielmals um Entschuldigung, wird sicherlich nie wieder vorkommen..."

Womit wir bei der eigentlichen Regentin des Hauses wären: Anna Sacher! An einem Frühjahrstag im Jahre 1880 gaben sich der damals 37jährige Eduard Sacher und die erst 21jährige Fleischhauerstochter Anna Fuchs das Jawort. Es dauerte gar nicht lange, bis die – für damalige Verhältnisse enorm emanzipierte und mit einer gehörigen Portion Selbstbewußtsein ausgestattete – Anna das Regiment übernahm, zum Wohle für das Haus. Ihr Ehemann, der leider bald zu kränkeln begann, verstarb zwölf Jahre später.

Resolut und energisch leitete sie fortan die Geschäfte, und das Personal mußte so manch hartes Wort hinnehmen! Die Gäste kannten sie als temperamentvoll, geschäftstüchtig, diskret, charmant, aber auch als dominant. Auf die Frage mancher Gäste nach dem Direktor soll sie geantwortet haben:

„Das Hotel Sacher bin ich und sonst niemand."

Ein Markenzeichen der Anna Sacher war ihr lebenslanges Vergnügen, Zigarren zu rauchen, und wie es sich für die anspruchsvolle Herrscherin gebührte, nur die allerbesten. Ein zweite Leidenschaft war die Liebe zu Hunden. Einige Hundert von kleinen Bulldoggen soll sie besessen haben. Ihr Lieblingshund Lumpi bekam alles, was sein

Hundemagen begehrte, wenn's sein mußte, auch schon mal Kaviar.

Als die Wirtschaftskrise und die Inflation in Europa begann, blieb natürlich auch das Sacher nicht verschont. „Frau Chefin" ließ sich nun kaum mehr im Restaurant oder Hotel sehen, denn die Gäste waren nicht mehr nach ihrem Geschmack. Und daß in ihrem Hause eine Jazzband aufspielte, hat sie zwar, wenn auch widerwillig, genehmigt, aber eigentlich nicht akzeptiert. Nichts mehr war so, wie es mal war...

Anna Sacher verlor allmählich ihr geschäftliches Geschick, und zu ihrem Sohn Eduard hatte sie ein gestörtes Verhältnis. 1929 wurde die Herrin des „Sacher" auf eigenen Wunsch entmündigt und Ferdinand Kroneder als Geschäftsführer eingesetzt.

Als am 25. Februar 1930 die 71jährige Anna Sacher die Augen für immer schloß, bereiteten ihr die Wiener eine grandiose „Leich"!

Vier Jahre lang blieben die Besitzverhältnisse ungeklärt. Dann endlich fanden sich zwei Herren, die den Mut aufbrachten, das schwere Erbe anzutreten: Rechtsanwalt Dr. Hans Gürtler und Cafétier Kommerzialrat Josef Stiller. Sie erwarben die beiden Häuser in der Augustinerstraße und in der Maysedergasse. Man baute um, wobei versucht wurde, noble Tradition und moderne Bedürfnisse in Einklang zu bringen. 1936 wurde das so neugestaltete Sacher wieder eröffnet. Doch schon zwei Jahre später begann die düsterste Zeit – den neuen Herrschern war nämlich der Weltbegriff „Sacher" völlig gleichgültig. 1945 wurde das Haus hinter der Oper, wie alle übrigen Hotels der Ring-

straße, Requirierungsgut. Erst für die Russen, dann für die Briten. Erst 1951 wurde es wieder freigegeben, und man begann behutsam, das Haus wieder zu renovieren. 1962 verstarb Anna Stiller, die zusammen mit Frau Leopoldine Gürtler und Dr. Rolf Gürtler den wesentlichen Anteil an der Führung des Hauses innehatte. Die Besitzanteile gingen an Famile Gürtler über, die eine OHG gründete.

Als im Mai 1970 Dr. Hans Gürtler und im Dezember des gleichen Jahres Dr. Rolf Gürtler verstarb, übernahm im Jahre 1971 Peter Gürtler, mit 25 Jahren der jüngste geschäftsführende Gesellschafter, die Leitung. Seit 1973 hat das Sacher auch wieder eine „Frau Chefin" – und Österreichs Damenwelt den begehrtesten Junggesellen verloren. Die jetzige „Frau Sacher" entstammt ebenfalls einer Hoteliersfamilie. Die Zukunft des Traditionshauses ist durch die Geburt eines Mädchens und eines Sohnes jedenfalls gesichert!

Peter Gürtler hat das Nobelhotel natürlich im Laufe der Zeit wieder einmal dem modernsten Standard angepaßt, selbstverständlich unter Berücksichtigung der ehrwürdigen Tradition.

Am 5. Mai 1976 feierte das Hotel Sacher sein 100jähriges Bestehen, und man kann mit Fug und Recht behaupten, daß das Haus trotz manch schwerer Zeit immer seinen Glanz und seine Exklusivität bewahrt hat. Es war und ist immer noch ein Stück Wien.

Die Geschichte der Sachertorte

1832, in seinem zweiten Lehrjahr, erfand der 16jährige Kocheleve am Fürstlich-Metternichschen Hof, Franz Sacher, diesen Traum aus Schokolade.

Größere Aufmerksamkeit erreichte die Sachertorte aber erst 1888, als Eduard Sacher, der Sohn des damals 72jährigen „Erfinders", an die amtliche „Wiener Zeitung" einen Leserbrief schrieb, nachdem dort, in einem Artikel über Wiener Spezialitäten, die damals schon berühmte Torte vergessen wurde. Dieser Brief liegt noch heute, leicht vergilbt und zerrissen, im Direktionstressor: „Die Sachertorte ist eine Erfindung meines noch lebenden Vaters. Er hat die Torte als junger Kocheleve zusammengestellt, und sie wurde selber beim alten Metternich, wo mein Vater die Kochkunst erlernte, vor 56 Jahren auf die Tafel gesetzt, fand viel Beifall und trug ihm sehr viel Lob des Fürsten ein. Seit dieser Zeit ist diese Torte, als sich mein Vater etablierte, fort erzeugt worden und kann von keinem Koch oder Zuckerbäcker nachgeahmt werden. Der Beweis ist, daß diese Torte von mir täglich auf dem Tisch Ihrer Majestät und dem Kronprinzenpaare steht. Man findet sie in ganz Wien, in allen größeren Städten, kurz überall am Speisezettel als eine bekannte Spezialität. Es arbeiten bei mir vier Leute in einer eigens eingerichteten Küche Tag und Nacht, das ganze Jahr hindurch, und manchen Tag werden 200 - 400 Torten in 1 fl bis zu 6 fl (fl= Gulden) verkauft und verschickt. Nach Paris, Berlin, London und auch übers Meer gehen Sachertorten."

Sechs Jahre später war diese Torte bereits lexikonreif. 1894 schrieben die beiden Autoren des Appetitlexikons, Habs und Rosner: „Sachertorte" nennt sich eine Chocoladentorte höherer Art, die sich von ihren Gefährtinnen noch besonders auszeichnet, indem sie unter einer glänzenden Chocoladen-Robe noch ein Hemd von Aprikosen-Marmelade trägt. Die Sachertorte scheint berufen, den Namen ihres Schöpfers noch späteren Generationen in Erinnerung zu bewahren, denn sie bildet eine Wiener Specialiät, eine jener „süßen Thorheiten", an denen die Kaiserstadt von jeher ein ganz unbändiges Vergnügen gefunden hat und die ihr nirgends mit vollen Effecte nachgemacht werden. Die Sachertorte wird in allen vornehmen Wiener Conditoreien und Restaurants gut imitiert, aber jene bezaubernde, liebliche Anmuth, welche nur den Original-Erzeugnissen der Firma Eduard Sacher eigen ist – ist unnachahmlich. Man meint ein Gedicht von Heine auf der Zunge zu haben. Kein Wunder also, daß Jahr für Jahr mehr als 20.000 Exemplare davon in die ganze Welt gehen."

Die Sachertorte ist eine wohlabgestimmte Komposition: zart und mild – nicht zu süß, nicht zu weich, nicht zu trocken, nicht zu sandig. Sie zerschmilzt auf der Zunge. Ein weiterer Vorzug und mit ein Grund, weshalb die Torte weltweit verkauft werden kann, ist die lange Haltbarkeit. Noch nach zwei Wochen ist sie so frisch wie am ersten Tag. Kenner sind der Ansicht, daß sie von Tag zu Tag besser wird. Form und Farbe, besonders die Glasur sind so charakteristisch, daß jeder, der sie auch nur einmal im Original gesehen hat, eine Nachahmung sofort erkennt.

Das Geheimnis ihres Gelingens liegt in der klassischen Ausgewogenheit der Zutaten, im Prozeß des Backens und natürlich in der Glätte der Glasur. Verständlich, daß dieses Rezept zur Nachahmung anregt. Die Kochbücher sind voll mit Sachertorten, und manche Autoren schrecken dabei selbst vor Beigaben von Semmelbröseln oder Backpulver nicht zurück. Natürlich finden Sie in diesem Buch, auf Seite 240, das Original-Sacher-Rezept! Denken Sie beim Nachbacken an Anna Sacher, die einmal, nach dem Geheimnis der Torte befragt, antwortete: „Mit a bisserl Liebe und Geschicklichkeit ist's halt komponiert". Das sollten Sie beim Nachbacken auch berücksichtigen.

Warme Mehlspeisen

Warme Mehlspeisen, also Strudel, Tascherl und Liwanzen, Palatschinken und all die köstlichen Verführungen, denen man so schlecht widerstehen kann, waren im Grunde genommen alles einmal Fastenspeisen – sollten demnach Verzicht demonstrieren. In alten Kochbüchern findet man sie unter „Verschiedene Mehl-, Milch-, Grieß- und Reisspeisen, meistens an Fasttägen". Dabei fällt auf, daß diese „Mehlspeisen" meist ungezuckert waren. Koche und Obstkoche wurden zum Beispiel im „Wienerisch bewährten Kochbuch" gemeinsam mit „Fischen und anderen Gerücht von Fischwerk" behandelt.

Seit dem 18. Jahrhundert waren warme Mehlspeisen plötzlich salonfähig, und ein Mahl ohne eine derartige Nachspeise undenkbar. Allerdings galten die fleischlosen Fastengerichte weiterhin bei der einfachen Bevölkerung als sättigendes Hauptgericht. Auch heutzutage serviert man zum Beispiel Strudel oder Marillenknödel immer noch gerne als Hauptspeise, vorweg eine Suppe. Vor allem Kindern und Süßschnäbeln kann man wohl keine größere Freude bereiten.

Viele der feinen Mehlspeisen wurden geprägt von der österreichischen Bauernküche, die alles, was die Höfe hergaben, nämlich Mehl, Obers, Eier, Schmalz und Früchte, zu schmackhaften, satt machenden Speisen verarbeiteten. Aus der Tatsache, daß sich die Landwirtschaft Österreichs seit je in zwei große Gruppen – die Milch- und die Getreidebauern, die „Hörndl-" und die „Körndlbauern" – teilten, sind auch sehr unterschiedliche bodenständige Mehlspeisen hervorgegangen: das „Melkermus" und die typisch österreichischen Pfannenspeisen, wie Schmarren und Palatschinken sowie der Brei, der Sterz, das Koch, der Auflauf, die Nockerl und der Pudding. Alle diese Speisen erscheinen in den vielfältigsten lokalen Formen und Namen. Zudem wurden viele der süßen Leckereien stark geprägt von Böhmen, Ungarn oder der Slowakei, wie man unschwer an den auf der Zunge zerschmelzenden Namen hören kann, z. B.: Liwanzen, Powidltascherl, Pogatscherl und Potitzen.

Die meisten warmen Mehlspeisen sind keine Schnellgerichte, was ganz einfach in ihrer Entstehung begründet liegt. Die Bäuerin hatte vormittags einzig und allein die Aufgabe, ein wohlschmeckendes, sättigendes Essen auf den Tisch zu bringen, bis die Knechte und Mägde hungrig vom Feld kamen. Der Germteig wurde morgens angesetzt und hatte Zeit und Muße, sich in aller Ruhe zu verdoppeln. In friedlicher Geduld wurde geknetet, gerührt und gerollt und gesotten. Das kam natürlich dem Endprodukt zugute. Warme Mehlspeisen passen somit nicht in unsere heutige Zeit – oder vielleicht gerade doch! Würde uns nicht ein wenig Geduld und Ruhe ganz gut tun? Wird das beharrliche Warten auf die Dampfnudeln nicht durch einen unbeschreiblichen Hochgenuß belohnt? Lassen Sie sich ein wenig inspirieren von all den verführerischen Dingen, die die Wiener Mehlspeisenküche zu bieten hat! Aufwendige Rezepte muß man nicht unbedingt noch am Abend nach getaner Arbeit zubereiten – das macht keine Freude. Verwöhnen Sie dafür mal sich und ihre Lieben an einem verregneten Wochenende mit selbstgemachtem Strudel, mit Buchteln, Aufläufen oder saftigen Powidltascherln! Wenn es schnell gehen soll, bieten sich auch Palatschinken, Topfennockerl oder Omeletten an! Alle warmen Mehlspeisen auf den folgenden Seiten können sowohl als Hauptmahlzeit wie auch als Nachspeise verzehrt werden: Es ist jeweils beim Rezept vermerkt, und Sie können die Zutaten entsprechend halbieren oder verdoppeln.

Wie Sie die Köstlichkeiten auch auf den Tisch bringen, Wiener Mehlspeisen sind wahre Wunder der Kochkunst. Was Grillparzer in seinen Dramen, Strauß in seinen Walzern, Makart in seinen Gemälden der Welt nur vorgaukelt: tiefes Gefühl, helle Lust am lieben Leben und herzinniges Behagen am ewig Schönen – das alles und noch ein bisserl mehr schafft die Wiener Mehlspeisenköchin mit einer einzigen Schüssel Liwanzen, Zwetschkenknödel, einem Apfelstrudel oder mit einem Kaiserschmarren!

Strudel aus gezogenem Teig

Spricht man von Strudel, denkt fast jeder sofort an den Apfelstrudel. Dabei sind die Möglichkeiten, den hauchdünn ausgezogenen Teig zu füllen, schier grenzenlos! Frische Zwetschken, Kirschen, Marillen, Birnen oder Quitten sind genauso geeignet wie Trockenfrüchte. Grieß, Semmeln, Mohn, Nüsse oder Topfen und sogar Kartoffeln oder Gemüse schmecken, umhüllt vom zarten Teig, großartig.

Die typisch österreichische Spezialität ist jedoch arabischen Ursprungs. In der Türkei und vielen arabischen Ländern schätzt man von jeher süße Backwaren aus papierdünnem Teig, parfümiert mit Rosenwasser oder Orangenöl und häufig mit Nüssen gefüllt.

Der Siegeszug des Strudels begann in Ungarn, eroberte allmählich die gesamte Donau-Monarchie und nach und nach die internationale Küche. Dank des hervorragenden ungarischen Weizenmehls mit dem hohen Kleberanteil waren die Ungarn lange Zeit die absoluten Spezialisten im Strudelmachen. Schon in der ersten Hälfte des 19. Jahrhunderts nahm das Pariser Hotel Ritz dieses Backwerk erst in sein Repertoire auf, nachdem der Patissier höchstpersönlich an Ort und Stelle die Kunst, einen perfekten

Birnenstrudel mit Röstflocken

Marillenknödel

Strudelteig zuzubereiten, in Budapest studiert hatte. Er war so von dieser Mehlqualität überzeugt, daß er sich das Strudelmehl direkt von Ungarn nach Paris senden ließ.

Strudel hat im Flachland mehr kulinarische Bedeutung als in den Alpenregionen. Die besten Rezepte kommen aus den südöstlichen Bundesländern und entlang der Donau, weil es dort noch nie an Früchten mangelte.

Viele Redensarten haben sich um diese beliebte Mehlspeise gebildet, so sagt man z. B., wenn sich etwas sehr in die Länge zieht: „Das zieht sich wie ein Strudelteig" oder zu einem modernen Managertypen: „Der strudelt sich ab!"

Heute ist der Strudel in der gutbürgerlichen Küche genauso zu Hause wie in der feinen Küche der Top-Gastronomie. Unzählige Variationen haben sich im Laufe der Zeit entwickelt! Es gibt nicht nur die unterschiedlichsten Füllungen, sondern auch andere Umhüllungen, als den altbekannten gezogenen Strudelteig.

Strudel aus Germ- oder Butterteig werden jedoch immer kalt zu Kaffee oder Tee gegessen, deshalb finden Sie die Rezepte dazu unter dem Kapitel „Kalte Mehlspeisen".

Nachfolgende Strudelrezepte sind alle aus einem gezogenen Teig zubereitet. Wem das Selbermachen zu schwierig erscheint, greift auf fertigen Strudelteig zurück und füllt ihn beliebig!

Es ist jedoch bei weitem nicht so schwierig, wie es scheint – das Geheimnis liegt im Mehl und in der Wärme. Nehmen Sie doppeltgriffiges Mehl oder Mehl der Type 405, und bedecken Sie den zur Kugel geformten, leicht geölten Teig anschließend mit einer angewärmten Schüssel. Gönnen Sie dem Teig 30 Minuten zum Entspannen, aber auch nicht viel länger, damit er nicht trocken wird. Dann ist das „Ausziehen" ein Kinderspiel!

Apfelstrudel

Für 4 - 6 Personen *(Hauptspeise)*
Zubereitungszeit: *1 Stunde, 40 Minuten*

Für den Teig:
250 g Mehl
1 Prise Salz
1 Eidotter
2 EL Öl
knapp1/8 l lauwarmes Wasser
Für die Fülle:
1,5 kg Strudeläpfel
Saft von 1 Zitrone
60 g Rosinen
60 g gehackte Walnüsse
80 g flüssige Butter
2 EL Kristallzucker
1 EL Vanillezucker
2 - 3 EL Biskuitbrösel
1 TL gemahlener Zimt
Außerdem:
Staubzucker zum Bestäuben

◆ Das gesiebte Mehl mit dem Salz auf eine Arbeitsplatte häufen, in die Mitte eine Mulde drücken und Eidotter, Öl sowie das Wasser hineingießen. Mit einer Gabel verquirlen und mit den Händen zu einem weichen Teig verkneten oder alle Zutaten in eine Schüssel geben und mit Hilfe der Knethaken eines Handrührgerätes bzw. einer Küchenmaschine kräftig durcharbeiten. Falls der Teig zu trocken und brüchig ist, noch ein wenig Wasser dazugießen. Der Teig muß geschmeidig, glatt und leicht glänzend sein. Zu einer Kugel formen und die Oberfläche mit Öl bepinseln. Eine vorgewärmte Metallschüssel darüberstülpen und etwa 30 Minuten ruhen lassen.

◆ In der Zwischenzeit die Äpfel schälen, entkernen und in hauchdünne Scheibchen schneiden. Mit Zitronensaft beträufeln. Mit Rosinen und Walnüssen in einer Schüssel vermischen. Das Backrohr auf 180° C vorheizen.

◆ Den Strudelteig auf einem leicht bemehlten großen Küchentuch (Strudeltuch) erst mit einem Nudelwalker rechteckig ausrollen, dann hauchdünn ausziehen. Man greift dazu mit dem bemehlten Rücken der einen Hand unter den Teig, beginnt mit der anderen Hand immer von der Teigmitte aus in Richtung Tischkante vorsichtig zu ziehen. Die Teigplatte muß so dünn werden, daß man eine Zeitung darunter lesen kann.

◆ Mit der Hälfte der zerlassenen Butter bestreichen und mit einer Mischung aus Kristallzucker, Vanillezucker, Biskuitbröseln und Zimt bestreuen. Die Apfelmischung gleichmäßig darauf verteilen und den Strudel mit Hilfe des Tuches aufrollen.

◆ Die Rolle mit der Teignaht nach unten auf ein gefettetes Backblech gleiten lassen. Falls das Blech zu klein ist, hufeisenförmig auflegen. Die Oberfläche mit etwas flüssiger Butter bestreichen und im heißen Backrohr etwa 30 - 40 Minuten backen, dabei gelegentlich mit zerlassener Butter bestreichen.

◆ Den Apfelstrudel leicht abgekühlt mit Staubzucker bestäuben und entweder warm als Hauptgericht mit Vanillesauce servieren oder abgekühlt mit Schlagobers zu Kaffee.

Tips und Tricks:

Besonders köstlich schmeckt der Strudel, wenn man die Biskuitbrösel vorher in heißer Butter anröstet!

Birnenstrudel
mit Röstflocken

Für 4 - 6 Personen *(Hauptspeise)*
Zubereitungszeit: *1 Stunde, 30 Minuten*

250 g Mehl
1 Prise Salz
1 Eidotter
2 EL Öl
knapp 1/8 l lauwarmes Wasser
Für die Fülle:
1,5 kg aromatische Birnen
Saft von 1 Zitrone
100 g getrocknete Marillen
50 g Rosinen
30 g Butter
60 g Kristallzucker
1 EL Vanillezucker
100 g kernige Haferflocken
20 g Mandelblättchen
Zum Bestreichen:
4 EL Honig
4 EL Obers
1 TL gemahlener Zimt
50 g flüssige Butter
Außerdem:
Staubzucker zum Bestäuben

◆ Das gesiebte Mehl mit dem Salz auf eine Arbeitsplatte häufen, in die Mitte eine Mulde drücken und Eidotter, Öl sowie das Wasser hineingießen. Mit einer Gabel verquirlen und mit den Händen zu einem weichen Teig verkneten oder alle Zutaten in eine Schüssel geben, mit Hilfe der Knethaken eines Handrührgerätes bzw. einer Küchenmaschine kräftig durcharbeiten. Falls der Teig zu trocken und brüchig ist, noch ein wenig Wasser dazugießen. Der Teig muß geschmeidig, glatt und leicht glänzend sein. Zu einer Kugel formen und die Oberfläche mit Öl bepinseln. Eine vorgewärmte Metallschüssel darüberstülpen und etwa 30 Minuten ruhen lassen.

◆ Für die Füllung die Birnen schälen, vierteln, entkernen und in dünne Scheiben schneiden. In eine Schüssel geben und mit Zitronensaft beträufeln. Die Marillen in kleine Würfel schneiden und mit den Rosinen und den Birnen vermischen. Das Backrohr auf 180° C vorheizen.

◆ Butter und Zucker in einer Pfanne karamelisieren und die Haferflocken sowie die Mandelblättchen darin goldbraun und knusprig rösten. Auf einem Backblech abkühlen lassen.

◆ Den Strudelteig auf einem leicht bemehlten großen Küchentuch (Strudeltuch) erst mit einem Nudelwalker rechteckig ausrollen, dann hauchdünn ausziehen. Man greift dazu mit dem bemehlten Rücken der einen Hand unter den Teig, beginnt mit der anderen Hand immer von der Teigmitte aus in Richtung Tischkante vorsichtig zu ziehen. Die Teigplatte muß so dünn werden, daß man eine Zeitung darunter lesen kann.

◆ Mit der Mischung aus Honig, Obers und Zimt bestreichen und die Birnenmischung gleichmäßig darauf verteilen. Mit den Knusperflocken bestreuen und den Strudel mit Hilfe des Tuches aufrollen.

◆ Die Rolle mit der Teignaht nach unten auf ein gefettetes Backblech gleiten lassen. Die Oberfläche mit etwas flüssiger Butter bestreichen und im heißen Backrohr etwa 30 - 40 Minuten backen, dabei gelegentlich mit zerlassener Butter bestreichen.

◆ Den Birnenstrudel leicht abgekühlt mit Staubzucker bestäuben.

Kirschstrudel

Für 4 - 6 Personen *(Hauptspeise)*
Zubereitungszeit: *1 Stunde, 40 Minuten*

Für den Teig:
250 g Mehl
1 Prise Salz
1 EL Öl
2 EL flüssige Butter
gut 1/8 l lauwarmes Wasser
Für die Fülle:
1, 5 kg Kirschen
40 g Butter
60 g Biskuitbrösel
2 - 3 EL Kristallzucker
50 g gehackte Pistazien
1/4 l Rahm
2 EL Vanillezucker
Außerdem:
50 g flüssige Butter
Staubzucker zum Bestäuben

◆ Das gesiebte Mehl mit dem Salz auf eine Arbeitsplatte häufen, in die Mitte eine Mulde drücken und Öl, flüssige Butter sowie das Wasser hineingießen. Mit einer Gabel verquirlen und mit den Händen zu einem weichen Teig verkneten oder alle Zutaten in eine Schüssel geben und mit Hilfe der Knethaken eines Handrührgerätes bzw. einer Küchenmaschine kräftig durcharbeiten. Falls der Teig zu trocken und brüchig ist, noch ein wenig Wasser dazugießen. Der Teig muß geschmeidig, glatt und leicht glänzend sein. Zu einer runden Kugel formen und die Oberfläche mit Öl bepinseln. Eine vorgewärmte Metallschüssel darüberstülpen und etwa 30 Minuten ruhen lassen.

◆ In der Zwischenzeit die Kirschen entsteinen. Die Butter in einer Pfanne zerlassen und die Brösel mit dem Kristallzucker darin goldbraun rösten. Die Pistazienkerne grob hacken. Das Backrohr auf 180 ° C vorheizen.

◆ Den Strudelteig auf einem leicht bemehlten großen Küchentuch (Strudeltuch) erst mit einem Nudelwalker rechteckig ausrollen, dann hauchdünn ausziehen. Man greift dazu mit dem bemehlten Rücken der einen Hand unter den Teig, beginnt mit der anderen Hand immer von der Teigmitte aus in Richtung Tischkante vorsichtig zu ziehen. Die Teigplatte muß so dünn werden, daß man eine Zeitung darunter lesen kann.

◆ Rahm mit dem Vanillezucker verquirlen und den ausgezogenen Strudelteig damit bestreichen. Mit der Bröselmischung bestreuen und die Kirschen sowie die Pistazienkerne darüber verteilen. Den Strudel mit Hilfe des Tuches von der Längsseite her aufrollen.

◆ Die Rolle mit der Teignaht nach unten auf ein gefettetes Backblech gleiten lassen. Falls das Blech zu kurz ist, hufeisenförmig auflegen. Die Oberfäche mit flüssiger Butter bestreichen und im heißen Backrohr etwa 30 - 40 Minuten backen, dabei gelegentlich mit zerlassener Butter bestreichen.

◆ Leicht abgekühlt mit Staubzucker bestäuben und entweder warm als Hauptgericht, zum Beispiel mit einer Weinschaumsauce oder Vanillesauce servieren oder lauwarm mit Schlagobers zu Kaffee.

Tips und Tricks

Noch saftiger wird der Strudel, wenn man die Kirschen nicht entsteint – allerdings ist das Essen dann etwas mühsamer!

Rhabarberstrudel

Für 4 - 6 Portionen *(Hauptspeise)*
Zubereitungszeit: *1 Stunde, 30 Minuten*

Für den Teig:
200 g Mehl
1 Prise Salz
1 Ei
2 EL Öl
ca. 1/16 l lauwarmes Wasser
Für die Fülle:
100 g Rosinen
4 cl Rum
1 kg Rhabarber
150 g Kristallzucker
50 g Butter
100 g Biskuitbrösel
Außerdem:
50 g flüssige Butter
Staubzucker zum Bestäuben

◆ Das gesiebte Mehl mit Salz auf eine Arbeitsplatte häufen, in die Mitte eine Mulde drücken und Ei, Öl sowie das Wasser hineingießen. Mit einer Gabel verquirlen und mit den Händen zu einem weichen Teig verkneten oder alle Zutaten in eine Schüssel geben und mit Hilfe der Knethaken eines Handrührgerätes bzw. einer Küchenmaschine kräftig durcharbeiten. Falls der Teig zu trocken und brüchig ist, noch ein wenig Wasser dazugießen. Der Teig muß geschmeidig, glatt und leicht glänzend sein. Zu einer runden Kugel formen und die Oberfläche mit Öl bepinseln. Eine vorgewärmte Metallschüssel darüberstülpen und etwa 30 Minuten ruhen lassen.

◆ Die Rosinen in Rum einweichen. Den Rhabarber, falls nötig, schälen und in 1 cm lange Stücke schneiden und mit der Hälfte des Zuckers in einer Schüssel vermischen. Die Butter in einer Pfanne zerlassen und die Brösel und den restlichen Zucker darin goldbraun rösten. Das Backrohr auf 180° C vorheizen.

◆ Den Strudelteig auf einem leicht bemehlten großen Küchentuch (Strudeltuch) erst mit einem Nudelwalker rechteckig ausrollen, dann hauchdünn ausziehen. Man greift dazu mit dem bemehlten Rücken der einen Hand unter den Teig, beginnt mit der anderen Hand immer von der Teigmitte aus in Richtung Tischkante vorsichtig zu ziehen. Die Teigplatte muß so dünn werden, daß man eine Zeitung darunter lesen kann.

◆ Die Teigplatte mit der Brösel-Zucker-Mischung bestreuen und die Rhabarberstückchen sowie die Rosinen samt Einweichflüssigkeit darüber verteilen. Den Strudel mit Hilfe des Tuches aufrollen und mit der Teignaht nach unten auf ein gefettetes Backblech gleiten lassen. Die Oberfläche mit etwas flüssiger Butter bestreichen und im heißen Backrohr 30 - 35 Minuten backen, dabei gelegentlich mit zerlassener Butter bestreichen.

◆ Etwas abkühlen lassen und mit Erdbeersauce oder Vanillesauce servieren. Schmeckt auch lauwarm, mit Schlagobers und frischen Erdbeeren, zu Kaffee!

Tips und Tricks:

Noch raffinierter wird dieser Frühlings-Strudel, wenn man geviertelte vollreife Erdbeeren und einige feingehackte Zitronenmelisseblätter unter die Rhabarberstückchen mischt.

Weinbeerlstrudel

Für 4 - 6 Personen *(Hauptspeise)*
Zubereitungszeit: *1 Stunde, 40 Minuten*

Für den Teig:
200 g Mehl
1 Prise Salz
1 Ei
2 EL Öl
ca. 1/16 l lauwarmes Wasser
Für die Fülle:
1 kg möglichst kernlose Weintrauben
2 Eidotter
2 EL Staubzucker
etwas gemahlener Zimt
abgeriebene Schale von 1/2 unbehandelten Zitrone
2 Eiklar
2 EL Kristallzucker
30 g fein geriebene Haselnüsse
2 EL Mehl
Außerdem:
60 g flüssige Butter
Staubzucker zum Bestäuben

◆ Das gesiebte Mehl mit Salz auf eine Arbeitsplatte häufen, in die Mitte eine Mulde drücken und Ei, Öl sowie das Wasser hineingießen. Mit einer Gabel verquirlen und mit den Händen zu einem weichen Teig verkneten oder alle Zutaten in eine Schüssel geben und mit Hilfe der Knethaken eines Handrührgerätes bzw. einer Küchenmaschine kräftig durcharbeiten. Falls der Teig zu trocken und brüchig ist, noch ein wenig Wasser dazugießen. Der Teig muß geschmeidig, glatt und leicht glänzend sein. Zu einer runden Kugel formen und die Oberfläche mit Öl bepinseln. Eine vorgewärmte Metallschüssel darüberstülpen und etwa 30 Minuten ruhen lassen.

◆ Die Weintrauben abzupfen und kurz waschen. Größere Beeren halbieren und, falls nötig, entkernen. Das Backrohr auf 180° C vorheizen.

◆ Eidotter, Staubzucker, Zimt und Zitronenschale mit dem Schneebesen schaumig rühren. Die Eiklar in einer zweiten Schüssel steif schlagen, dabei nach und nach den Kristallzucker einrieseln lassen. Den Schnee auf die Dottermasse häufen, geriebene Haselnüsse und Mehl darüberstreuen und alles locker miteinander vermischen.

◆ Den Strudelteig auf einem leicht bemehlten großen Küchentuch (Strudeltuch) erst mit einem Nudelwalker rechteckig ausrollen, dann hauchdünn ausziehen. Man greift dazu mit dem bemehlten Rücken der einen Hand unter den Teig, beginnt mit der anderen Hand immer von der Teigmitte aus in Richtung Tischkante vorsichtig zu ziehen. Die Teigplatte muß so dünn werden, daß man eine Zeitung darunter lesen kann.

◆ Die Schaummasse fingerdick auf zwei Drittel des ausgezogenen Strudelteiges streichen und die gut abgetropften Weintrauben darauf verteilen. Die restliche Teigplatte mit etwas flüssiger Butter bepinseln und den Strudel von der bestrichenen Seite her aufrollen. Mit der Teignaht nach unten auf ein gefettetes Backblech gleiten lassen und mit etwas flüssiger Butter bestreichen. Im heißen Backrohr 30 - 35 Minuten backen, dabei gelegentlich mit zerlassener Butter bestreichen.

◆ Den saftigen Strudel vor dem Anschneiden etwas abkühlen lassen und am besten lauwarm mit Kaffee genießen.

Quittenstrudel

Für 4 - 6 Personen *(Hauptspeise)*
Zubereitungszeit: *1 Stunde, 50 Minuten*

Für den Teig:
250 g Mehl
1 Prise Salz
1 Eidotter
1 EL Öl
knapp 1/8 l lauwarmes Wasser
Für die Fülle:
600 g Quitten
80 g Kristallzucker
1/4 l Wasser
500 g Äpfel
100 g Pinienkerne
Außerdem:
80 g flüssige Butter
Staubzucker zum Bestäuben

◆ Das gesiebte Mehl mit Salz auf eine Arbeitsplatte häufen, in die Mitte eine Mulde drücken und Eidotter, Öl sowie das Wasser hineingießen. Mit einer Gabel verquirlen und mit den Händen zu einem weichen Teig verkneten oder alle Zutaten in eine Schüssel geben und mit Hilfe der Knethaken eines Handrührgerätes bzw. einer Küchenmaschine kräftig durcharbeiten. Falls der Teig zu trocken und brüchig ist, noch ein wenig Wasser dazugießen. Der Teig muß geschmeidig, glatt und leicht glänzend sein. Zu einer runden Kugel formen und die Oberfläche mit Öl bepinseln. Eine vorgewärmte Metallschüssel darüberstülpen und etwa 30 Minuten ruhen lassen.

◆ In der Zwischenzeit die Quitten waschen und in Stücke schneiden. Mit Kristallzucker und Wasser in einen Topf geben und in etwa 30 Minuten weich kochen. Durch die Flotte Lotte passieren oder durch ein Sieb streichen. Abkühlen lassen!

◆ Äpfel schälen, vierteln, entkernen und quer in dünne Scheibchen schneiden. Die Pinienkerne in einer Pfanne ohne jegliche Fettzugabe goldbraun rösten. Das Backrohr auf 180° C vorheizen.

◆ Den Strudelteig auf einem leicht bemehlten großen Küchentuch (Strudeltuch) erst mit einem Nudelwalker rechteckig ausrollen, dann hauchdünn ausziehen. Man greift dazu mit dem bemehlten Rücken der einen Hand unter den Teig, beginnt mit der anderen Hand immer von der Teigmitte aus in Richtung Tischkante vorsichtig zu ziehen. Die Teigplatte muß so dünn werden, daß man eine Zeitung darunter lesen kann.

◆ Die Teigplatte mit der Hälfte der flüssigen Butter bepinseln. Mit dem Quittenmus bestreichen und mit den Apfelspalten und den gerösteten Pinienkernen bestreuen. Den Strudel mit Hilfe des Tuches aufrollen, auf ein gefettetes Blech gleiten lassen. Mit etwas flüssiger Butter bepinseln und im heißen Backrohr etwa 35 - 40 Minuten backen, dabei gelegentlich mit zerlassener Butter bestreichen.

◆ Etwas abkühlen lassen und mit Staubzucker bestäuben!

Tips und Tricks:

*Es gibt Apfel- und Birnenquitten!
Wenn Sie die Wahl haben,
entscheiden Sie sich für Apfelquitten,
die sind aromatischer und
verfärben sich nicht rötlich wie die
Birnenquitten.*

Topfen-Marillen-Strudel

Für 4 Personen *(Hauptspeise)*
Zubereitungszeit: *1 Stunde, 30 Minuten*

Für den Teig:
250 g Mehl
1 Prise Salz
1 Eidotter
1 EL Öl
knapp 1/8 l lauwarmes Wasser
Für die Fülle:
250 g Topfen
1/4 l Rahm
1 EL Vanillezucker
3 EL Kristallzucker
2 Eier
2 EL flüssige Butter
1 kg vollreife Marillen
2 EL grob gehackte Mandeln
Außerdem:
60 g flüssige Butter
1/8 l Obers
2 EL Vanillezucker
Staubzucker zum Bestäuben

◆ Das gesiebte Mehl mit Salz auf eine Arbeitsplatte häufen, in die Mitte eine Mulde drücken und Eidotter, Öl sowie das Wasser hineingießen. Mit einer Gabel verquirlen und mit den Händen zu einem weichen Teig verkneten oder alle Zutaten in eine Schüssel geben und mit Hilfe der Knethaken eines Handrührgerätes bzw. einer Küchenmaschine kräftig durcharbeiten. Falls der Teig zu trocken und brüchig ist, noch ein wenig Wasser dazugießen. Der Teig muß geschmeidig, glatt und leicht glänzend sein. Zu einer runden Kugel formen und die Oberfläche mit Öl bepinseln. Eine vorgewärmte Metallschüssel darüberstülpen und etwa 30 Minuten ruhen lassen.

◆ In der Zwischenzeit Topfen und Rahm verrühren, Vanillezucker, Kristallzucker, Eier und dann die flüssige Butter dazugeben. Die Marillen waschen, halbieren, entkernen und in kleine Stücke schneiden. Die Mandelblättchen in einer Pfanne ohne Fett goldbraun rösten. Das Backrohr auf 160° C vorheizen.

◆ Den Strudelteig auf einem leicht bemehlten großen Küchentuch (Strudeltuch) erst mit einem Nudelwalker rechteckig ausrollen, dann hauchdünn ausziehen. Man greift dazu mit dem bemehlten Rücken der einen Hand unter den Teig, beginnt mit der anderen Hand immer von der Teigmitte aus in Richtung Tischkante vorsichtig zu ziehen. Die Teigplatte muß so dünn werden, daß man eine Zeitung darunter lesen kann.

◆ Die Teigplatte mit der Hälfte der flüssigen Butter bepinseln. Mit der Topfenmasse bestreichen und mit den Marillen und den gerösteten Mandelblättchen bestreuen. Den Strudel mit Hilfe des Tuches aufrollen und in eine gefettete Reine gleiten lassen. Mit etwas flüssiger Butter bepinseln und im heißen Backrohr etwa 20 Minuten backen, dabei gelegentlich mit zerlassener Butter bestreichen. Obers und Vanillezucker verrühren und über den Strudel gießen. In weiteren 20 - 25 Minuten fertigbacken.

◆ Etwas abkühlen lassen und mit Staubzucker bestäuben!

Tips und Tricks:

Notfalls kann man auch eingemachte Marillen verwenden, dann allerdings gut abtropfen lassen, damit der Strudel nicht zu sehr durchweicht.

Fruchtiger Beerenstrudel

Für 4 - 6 Personen *(Hauptspeise)*
Zubereitungszeit: *1 Stunde, 30 Minuten*

Für den Teig:
200 g Mehl
1 Prise Salz
1 Ei
2 EL Öl
ca. 1/16 l lauwarmes Wasser
Für die Fülle:
80 g Butter
100 g Biskuitbrösel
50 g geriebene Haselnüsse
2 EL Kristallzucker
1 kg frische gemischte Beerenfrüchte,
z. B.: Ribisel, Himbeeren, Brombeeren, Erdbeeren
oder Heidelbeeren
6 - 8 Blätter frische Zitronenmelisse
1/8 l Rahm
2 EL Vanillezucker
abgeriebene Schale von 1/2 unbehandelten Zitrone
Außerdem:
50 g flüssige Butter
Staubzucker zum Bestäuben

◆ Das gesiebte Mehl mit Salz auf eine Arbeitsplatte häufen, in die Mitte eine Mulde drücken und Ei, Öl sowie das Wasser hineingießen. Mit einer Gabel verquirlen und mit den Händen zu einem weichen Teig verkneten oder alle Zutaten in eine Schüssel geben und mit Hilfe der Knethaken eines Handrührgerätes bzw. einer Küchenmaschine kräftig durcharbeiten. Falls der Teig zu trocken und brüchig ist, noch ein wenig Wasser dazugießen. Der Teig muß geschmeidig, glatt und leicht glänzend sein. Zu einer runden Kugel formen und die Oberfläche mit Öl bepinseln. Eine vorgewärmte Metallschüssel darüberstülpen und etwa 30 Minuten ruhen lassen.

◆ Die Butter in einer Pfanne zerlassen und Brösel, Nüsse und Kristallzucker darin unter Rühren goldbraun rösten. Die Beeren kurz waschen, gut abtropfen lassen und falls nötig entstielen. Die Zitronenmelisse fein hacken und unter die Beeren mischen. Rahm, Vanillezucker und Zitronenschale miteinander verquirlen. Das Backrohr auf 180° C vorheizen.

◆ Den Strudelteig auf einem leicht bemehlten großen Küchentuch (Strudeltuch) erst mit einem Nudelwalker rechteckig ausrollen, dann hauchdünn ausziehen. Man greift dazu mit dem bemehlten Rücken der einen Hand unter den Teig, beginnt mit der anderen Hand immer von der Teigmitte aus in Richtung Tischkante vorsichtig zu ziehen. Die Teigplatte muß so dünn werden, daß man eine Zeitung darunter lesen kann.

◆ Den ausgezogenen Strudelteig mit dem Rahm bestreichen und erst mit der Bröselmischung, dann mit den vorbereiteten Beeren bestreuen. Den Strudel mit Hilfe des Tuches aufrollen. Mit der Teignaht nach unten auf ein gefettetes Backblech gleiten lassen und mit der zerlassenen Butter bestreichen. Im heißen Backrohr 30 - 35 Minuten backen, dabei gelegentlich mit zerlassener Butter bestreichen.

◆ Mit Staubzucker bestäubt mit Vanillesauce oder Schlagobers servieren.

Grießstrudel

Für 4 - 6 Personen *(Hauptspeise)*
Zubereitungszeit: *1 Stunde, 40 Minuten*

Für den Teig:
200 g Mehl
1 Prise Salz
1 Ei
2 EL Öl
ca. 1/16 l lauwarmes Wasser
Für die Fülle:
80 g Butter
1 Prise Salz
80 g Kristallzucker
abgeriebene Schale von 1/2 unbehandelten Zitrone
4 Eidotter
1/4 Obers
200 g Grieß
4 Eiklar
3 EL flüssige Butter
Für den Überguß:
1/4 l Milch
2 EL Kristallzucker
Außerdem:
Staubzucker zum Bestäuben

◆ Das gesiebte Mehl mit Salz auf eine Arbeitsplatte häufen, in die Mitte eine Mulde drücken und Ei, Öl sowie das Wasser hineingießen. Mit einer Gabel verquirlen und mit den Händen zu einem weichen Teig verkneten oder alle Zutaten in eine Schüssel geben und mit Hilfe der Knethaken eines Handrührgerätes bzw. einer Küchenmaschine kräftig durcharbeiten. Falls der Teig zu trocken und brüchig ist, noch ein wenig Wasser dazugießen. Der Teig muß geschmeidig, glatt und leicht glänzend sein. Zu einer runden Kugel formen und die Oberfläche mit Öl bepinseln. Eine vorgewärmte Metallschüssel darüberstülpen und etwa 30 Minuten ruhen lassen.

◆ Butter, Salz, die Hälfte des Kristallzuckers und Zitronenschale cremig rühren und nach und nach die Dotter, Obers und Grieß hinzufügen. Die Eiklar steif schlagen, dabei den restlichen Zucker einrieseln lassen. Den Schnee locker unter die Grießmasse ziehen. Das Backrohr auf 180° C vorheizen.

◆ Den Strudelteig auf einem leicht bemehlten großen Küchentuch (Strudeltuch) erst mit einem Nudelwalker rechteckig ausrollen, dann hauchdünn ausziehen. Man greift dazu mit dem bemehlten Rücken der einen Hand unter den Teig, beginnt mit der anderen Hand immer von der Teigmitte aus in Richtung Tischkante vorsichtig zu ziehen. Die Teigplatte muß so dünn werden, daß man eine Zeitung darunter lesen kann.

◆ Die Grießmasse fingerdick auf zwei Drittel des ausgezogenen Strudelteiges streichen, die restliche Teigplatte mit etwas flüssiger Butter bepinseln und den Strudel von der bestrichenen Seite her aufrollen. Mit der Teignaht nach unten in eine gefettete Reine gleiten lassen und mit der zerlassenen Butter bestreichen. 15 Minuten im heißen Backrohr backen. Milch und Zucker erhitzen und den Strudel damit übergießen und in weiteren 25 - 30 Minuten fertigbacken, dabei gelegentlich mit zerlassener Butter bestreichen.

◆ Mit Staubzucker bestäubt, am besten in der Reine servieren und je nach Jahreszeit Zwetschken- oder Marillenröster dazu reichen.

Tips und Tricks:

Verfeinern Sie den Grießstrudel zur Abwechslung mal mit 60 g gehackten Mandeln oder mit 80 g in Rum eingeweichten Rosinen.

Mohnstrudel

Für 4 - 6 Personen *(Hauptspeise)*
Zubereitungszeit: *1 Stunde, 40 Minuten*

Für den Teig:	
200 g Mehl	
1 Prise Salz	
1 Ei	
2 EL Öl	
ca. 1/16 l lauwarmes Wasser	
Für die Fülle:	
250 g frisch gemahlener Mohn	
gut 1/8 l heiße Milch	
100 g Rosinen	
4 cl Rum	
etwas gemahlener Zimt	
80 g Kristallzucker	
3 Eidotter	
3 Eiklar	
50 g flüssige Butter	
Außerdem:	
Staubzucker zum Bestäuben	

◆ Das gesiebte Mehl mit Salz auf eine Arbeitsplatte häufen, in die Mitte eine Mulde drücken und Ei, Öl sowie das Wasser hineingießen. Mit einer Gabel verquirlen und mit den Händen zu einem weichen Teig verkneten oder alle Zutaten in eine Schüssel geben und mit Hilfe der Knethaken eines Handrührgerätes bzw. einer Küchenmaschine kräftig durcharbeiten. Falls der Teig zu trocken und brüchig ist, noch ein wenig Wasser dazugießen. Der Teig muß geschmeidig, glatt und leicht glänzend sein. Zu einer runden Kugel formen und die Oberfläche mit Öl bepinseln. Eine vorgewärmte Metallschüssel darüberstülpen und etwa 30 Minuten ruhen lassen.

◆ Den frisch gemahlenen Mohn mit heißer Milch übergießen und etwa 15 Minuten quellen lassen. Rosinen in Rum einweichen. Die Hälfte des Kristallzuckers, Zimt sowie die Eidotter unter die Mohnmasse rühren und die Rosinen samt Einweichflüssigkeit hinzufügen. Die Eiklar steif schlagen, dabei den restlichen Zucker einrieseln lassen. Den Schnee locker unter die Mohnmasse ziehen. Das Backrohr auf 180° C vorheizen.

◆ Den Strudelteig auf einem leicht bemehlten großen Küchentuch (Strudeltuch) erst mit einem Nudelwalker rechteckig ausrollen, dann hauchdünn ausziehen. Man greift dazu mit dem bemehlten Rücken der einen Hand unter den Teig, beginnt mit der anderen Hand immer von der Teigmitte aus in Richtung Tischkante vorsichtig zu ziehen. Die Teigplatte muß so dünn werden, daß man eine Zeitung darunter lesen kann.

◆ Die Mohnmasse auf zwei Drittel des ausgezogenen Strudelteiges streichen, den freibleibenden Teil mit etwas flüssiger Butter bepinseln und den Strudel von der bestrichenen Seite her aufrollen. Mit der Teigkante nach unten auf ein gefettetes Backblech gleiten lassen und die Oberfläche mit etwas zerlassener Butter bepinseln.

◆ Im heißen Backofen 35 - 40 Minuten backen, dabei gelegentlich mit Butter bestreichen. Mit Staubzucker bestäuben und heiß mit Vanillesauce als Hauptgericht oder abgekühlt mit Schlagobers genießen.

Tiroler Strudel

Für 4 - 6 Personen *(Hauptspeise)*
Zubereitungszeit: *1 Stunde, 30 Minuten*

Für den Teig:
200 g Mehl
1 Prise Salz
1 Ei
2 EL Öl
ca. 1/16 l lauwarmes Wasser
Für die Fülle:
80 g getrocknete Datteln
80 g Kletzen
80 g Feigen
160 g Walnüsse
40 g Rosinen
160 g Butter
2 EL Staubzucker
6 Eidotter
abgeriebene Schale von 1/2 unbehandelten Zitrone
1 Msp Zimt
6 Eiklar
60 g Kristallzucker
Außerdem:
50 g flüssige Butter
Staubzucker zum Bestäuben

◆ Das gesiebte Mehl mit Salz auf eine Arbeitsplatte häufen, in die Mitte eine Mulde drücken und Ei, Öl sowie das Wasser hineingießen. Mit einer Gabel verquirlen und mit den Händen zu einem weichen Teig verkneten oder alle Zutaten in eine Schüssel geben und mit Hilfe der Knethaken eines Handrührgerätes bzw. einer Küchenmaschine kräftig durcharbeiten. Falls der Teig zu trocken und brüchig ist, noch ein wenig Wasser dazugießen. Der Teig muß geschmeidig, glatt und leicht glänzend sein. Zu einer runden Kugel formen und die Oberfläche mit Öl bepinseln. Eine vorgewärmte Metallschüssel darüberstülpen und etwa 30 Minuten ruhen lassen.

◆ Datteln, Kletzen und Feigen in kleine Würfel schneiden, die Walnüsse grob hacken und mit den Rosinen vermischen. Das Backrohr auf 160° C vorheizen.

◆ Butter, Staubzucker und Eidotter mit den Schneebesen eines Handrührgerätes schaumig rühren. Zitronenschale, Zimt und die vorbereitete Trockenfruchtmischung hinzufügen. Eiklar steif schlagen, dabei den Kristallzucker einrieseln lassen. Den Schnee vorsichtig unter die Früchtemasse ziehen.

◆ Den Strudelteig auf einem leicht bemehlten großen Küchentuch (Strudeltuch) erst mit einem Nudelwalker rechteckig ausrollen, dann hauchdünn ausziehen. Man greift dazu mit dem bemehlten Rücken der einen Hand unter den Teig, beginnt mit der anderen Hand immer von der Teigmitte aus in Richtung Tischkante vorsichtig zu ziehen. Die Teigplatte muß so dünn werden, daß man eine Zeitung darunter lesen kann.

◆ Die Fruchtmasse gleichmäßig auf den ausgezogenen Strudelteig streichen, dabei rundherum einen etwa 2 cm breiten Rand lassen. Mit Hilfe des Tuches von der Längsseite her aufrollen. Mit der Teignaht nach unten auf ein gefettetes Backblech gleiten lassen und mit etwas flüssiger Butter bepinseln. Im heißen Backrohr 30 - 35 Minuten backen, dabei gelegentlich mit zerlassener Butter bepinseln.

◆ Mit Staubzucker bestäuben und mit einer Weinschaumsauce oder Vanillesauce reichen.

Nußstrudel

Für 4 - 6 Personen *(Hauptspeise)*
Zubereitungszeit: *1 Stunde, 30 Minuten*

Für den Teig:
200 g Mehl
1 Prise Salz
1 Ei
2 EL Öl
ca. 1/16 l lauwarmes Wasser
Für die Fülle:
200 g geröstete fein geriebene Haselnüsse
100 g gehackte Walnüsse
100 g gehackte Mandeln
400 ml Obers
1 Vanilleschote
100 g Zartbitter-Schokolade
80 g Zucker
1/2 TL gemahlener Zimt
4 cl Rum
Außerdem:
50 g flüssige Butter
Staubzucker zum Bestäuben

◆ Das gesiebte Mehl mit Salz auf eine Arbeitsplatte häufen, in die Mitte eine Mulde drücken und Ei, Öl sowie das Wasser hineingießen. Mit einer Gabel verquirlen und mit den Händen zu einem weichen Teig verkneten oder alle Zutaten in eine Schüssel geben und mit Hilfe der Knethaken eines Handrührgerätes bzw. einer Küchenmaschine kräftig durcharbeiten. Falls der Teig zu trocken und brüchig ist, noch ein wenig Wasser dazugießen. Der Teig muß geschmeidig, glatt und leicht glänzend sein. Zu einer runden Kugel formen und die Oberfläche mit Öl bepinseln. Eine vorgewärmte Metallschüssel darüberstülpen und etwa 30 Minuten ruhen lassen.

◆ Die geriebenen Haselnüsse mit den gehackten Walnüssen und Mandelkernen vermischen. Das Obers mit der aufgeschlitzten Vanilleschote erhitzen. Das Mark der Vanilleschote mit einem spitzen Messer in das Obers schaben. Die Zartbitter-Schokolade in kleinen Stückchen, Kristallzucker und Zimt dazugeben und dicklich einkochen lassen. Von der Kochplatte nehmen und die Nüsse sowie den Rum darunterrühren. Das Backrohr auf 180° C vorheizen.

◆ Den Strudelteig auf einem leicht bemehlten großen Küchentuch (Strudeltuch) erst mit einem Nudelwalker rechteckig ausrollen, dann hauchdünn ausziehen. Man greift dazu mit dem bemehlten Rücken der einen Hand unter den Teig, beginnt mit der anderen Hand immer von der Teigmitte aus in Richtung Tischkante vorsichtig zu ziehen. Die Teigplatte muß so dünn werden, daß man eine Zeitung darunter lesen kann.

◆ Die Nußmasse auf zwei Drittel des ausgezogenen Strudelteiges streichen, den frei bleibenden Teil mit etwas flüssiger Butter bepinseln und den Strudel von der bestrichenen Seite her aufrollen. Mit der Teigkante nach unten auf ein gefettetes Backblech gleiten lassen und die Oberfläche mit etwas zerlassener Butter bepinseln.

◆ Im heißen Backrohr 35 - 40 Minuten backen, dabei gelegentlich mit Butter bestreichen. Mit Staubzucker bestäuben und heiß mit Vanillesauce als Hauptgericht oder abgekühlt mit Schlagobers genießen.

Millirahmstrudel

Für 4 - 6 Personen *(Hauptspeise)*
Zubereitungszeit: *1 Stunde, 40 Minuten*

Für den Teig:
250 g Mehl
1 Prise Salz
1 EL Öl
2 EL flüssige Butter
gut 1/8 l lauwarmes Wasser
Für die Fülle:
5 Semmeln
ca. 1/8 l heiße Milch
50 g Butter
60 g Staubzucker
1 Päckchen Vanillezucker
abgeriebene Schale von 1/2 unbehandelten Zitrone
3 Eidotter
50 g Topfen
3 EL Obers
3 Eiklar
1 EL Kristallzucker
40 g Rosinen
Für den Überguß:
1/2 l Milch
2 EL Kristallzucker
1 Ei
Außerdem:
50 g flüssige Butter
Staubzucker zum Bestäuben

◆ Aus den angegebenen Zutaten einen Strudelteig zubereiten, wie auf der vorhergehenden Seite beschrieben. Zu einer runden Kugel formen und die Oberfläche mit Öl bepinseln. Eine vorgewärmte Metallschüssel darüberstülpen und etwa 30 Minuten ruhen lassen.

◆ In der Zwischenzeit die Semmeln entrinden und in kleine Würfel schneiden. Mit der heißen Milch übergießen und darin einweichen.

◆ Die Butter mit dem Staubzucker, Vanillezucker, Zitronenschale und Eidotter cremig rühren und den Topfen sowie das Obers dazugeben. Die Eiklar steif schlagen und dabei nach und nach den Kristallzucker einrieseln lassen. Die eingeweichten Semmeln unter die Schaummasse rühren und zum Schluß den Schnee locker unterziehen. Das Backrohr auf 180° C vorheizen.

◆ Den Strudelteig auf einem leicht bemehlten großen Küchentuch (Strudeltuch) erst mit einem Nudelwalker rechteckig ausrollen, dann hauchdünn ausziehen. Man greift dazu mit dem bemehlten Rücken der einen Hand unter den Teig, beginnt mit der anderen Hand immer von der Teigmitte aus in Richtung Tischkante vorsichtig zu ziehen. Die Teigplatte muß so dünn werden, daß man eine Zeitung darunter lesen kann.

◆ Die Semmelmasse auf zwei Drittel des ausgezogenen Strudelteiges streichen und die Rosinen gleichmäßig darauf verteilen. Die restliche Teigplatte mit etwas flüssiger Butter bepinseln und den Strudel von der bestrichenen Seite her aufrollen. Mit der Teignaht nach unten in eine gefettete Bratreine gleiten lassen.

◆ Für den Überguß Milch, Kristallzucker und Ei gründlich verquirlen und ein Drittel davon über den Strudel gießen. Im heißen Backrohr 40 - 45 Minuten backen, dabei immer wieder mit der Milchmischung begießen und mit der zerlassenen Butter bestreichen. Mit Staubzucker bestäuben.

Topfenstrudel

Für 4 - 6 Personen *(Hauptspeise)*
Zubereitungszeit: *1 Stunde, 40 Minuten*

Für den Teig:
250 g Mehl
1 Prise Salz
1 Eidotter
1 EL Öl
knapp 1/8 l lauwarmes Wasser
Für die Fülle:
100 g Butter
120 g Kristallzucker
1 Prise Salz
aberiebene Schale von 1/2 unbehandelten Zitrone
ausgekratztes Mark einer Vanilleschote
4 Eidotter
500 g Topfen
3/8 l Obers
50 g Mehl
4 Eiklar
100 g Rosinen
Für den Überguß:
1/2 l Milch
50 g Kristallzucker
ausgekratztes Mark von 1/2 Vanilleschote
3 Eidotter
50 g flüssige Butter

◆ Das gesiebte Mehl mit Salz auf eine Arbeitsplatte häufen, in die Mitte eine Mulde drücken und Eidotter, Öl sowie das Wasser hineingießen. Mit einer Gabel verquirlen und mit den Händen zu einem weichen Teig verkneten oder alle Zutaten in eine Schüssel geben und mit Hilfe der Knethaken eines Handrührgerätes bzw. einer Küchenmaschine kräftig durcharbeiten. Falls der Teig zu trocken und brüchig ist, noch ein wenig Wasser dazugießen. Der Teig muß geschmeidig, glatt und leicht glänzend sein. Zu einer Kugel formen und die Oberfläche mit Öl bepinseln. Eine vorgewärmte Metallschüssel darüberstülpen und etwa 30 Minuten ruhen lassen.

◆ Inzwischen für die Fülle Butter, die Hälfte des Kristallzuckers, Salz, Zitronenschale und Vanillemark cremig rühren. Nach und nach die Dotter und löffelweiseTopfen, Obers und Mehl unterrühren. Die Eiklar steif schlagen, dabei den restlichen Zucker einrieseln lassen. Den Schnee locker unter die Topfenmasse ziehen. Das Backrohr auf 180° C vorheizen.

◆ Den Strudelteig auf einem leicht bemehlten großen Küchentuch (Strudeltuch) erst mit einem Nudelwalker rechteckig ausrollen, dann hauchdünn ausziehen. Man greift dazu mit dem bemehlten Rücken der einen Hand unter den Teig, beginnt mit der anderen Hand immer von der Teigmitte aus in Richtung Tischkante vorsichtig zu ziehen. Die Teigplatte muß so dünn werden, daß man eine Zeitung darunter lesen kann.

◆ Die Topfenmasse auf zwei Drittel des ausgezogenen Strudelteiges streichen und mit Rosinen bestreuen. Den frei bleibenden Teil mit 2 EL flüssiger Butter bepinseln und den Strudel von der bestrichenen Seite her aufrollen. Mit der Teigkante nach unten in eine gefettete Bratreine gleiten lassen und die Oberfläche mit etwas zerlassener Butter bepinseln.

◆ Im heißen Backrohr 15 Minuten backen. Milch, Kristallzucker, Dotter und Vanillemark gründlich verquirlen und über den Strudel gießen. In weiteren 30 Minuten goldbraun backen, dabei gelegentlich mit Butter bestreichen. Vor dem Aufschneiden ein wenig ruhen lassen und mit Kompott als Hauptgericht servieren. Schmeckt auch kalt zu Kaffee!

Süße Knödel, Tascherl und Nudeln

Was wäre die österreichische Küche ohne Knödel? Sie sind nicht nur eine überaus geschätzte Beilage zu vielen Fleischgerichten, sondern in erster Linie eine der beliebtesten Mehlspeisen! Ob gefüllt mit Früchten der Saison, Marmelade, Nüssen oder Mohn, ob aus Germ-, Kartoffel-, Topfen- oder Brandteig zubereitet und ob gekocht, über Dampf gegart oder gebakken – immer sind sie ein kulinarischer Hochgenuß, dem kaum jemand widerstehen kann.

Dabei tauchen süße Knödel relativ spät auf im österreichischen Repertoire der Fastenspeisen. Das mag daran liegen, daß Zucker zu den besonders kostspieligen Nahrungsmitteln zählte und zum Beispiel Erdäpfel noch im 18. Jahrhundert 360 Kreuzer das Pfund kosteten, Rindfleisch hingegen 5 - 6 Kreuzer pro Pfund.

Erst ab Mitte des 19. Jahrhunderts findet man die ersten Zwetschken- oder Marillenknödel aus Kartoffelteig in heimischen Kochbüchern. Von da an ging's bergauf, eine unübersehbare Palette unterschiedlichster Knödelvariationen wurde kreiert und ständig verfeinert. Fruchtknödel sind heute weit über Österreichs Grenzen hinaus bekannt und heiß geliebt – als süße Hauptspeise oder in der Top-Gastronomie als verführerisches Dessert.

Eine Abwandlung der Knödel sind die aus der böhmischen Küche stammenden „Tascherl" oder „Tatschkerl". Das Wort leitet sich ab von dem slawisch-ungarischen „tarca“ bzw. „társsa“, was soviel wie „kleines Schildchen“ bedeutet. Die rund ausgestochenen Teigstücke ähneln gefüllt und zusammengeklappt tatsächlich einem kleinen Wappenschildchen. Vorwiegend werden Tascherl aus Kartoffelteig hergestellt, seltener aus Topfenteig, aber immer mit Powidl gefüllt. Powidl ist ein wichtiger, wenn nicht der wichtigste Bestandteil österreichisch-böhmischer Schmankerl – der selbstgemacht natürlich am feinsten schmeckt. Allen Schleckermäulern sei deshalb empfohlen, sich im Spätherbst die Mühe zu machen, aus den gedörrten Zwetschken dieses aromatische Mus zu kochen.

Damit von dem köstlichen Inhalt der Tascherl nichts in das Kochwasser entweicht, muß die Fülle richtig dosiert, und die Ränder müssen gut verschlossen werden. Das Tüpfelchen auf dem „i“ sind die goldbraun gerösteten Butterbrösel!

Unter Nudeln versteht man in der allgemeinen Küchensprache einen aus Mehl, Eiern und etwas Wasser hergestellten Teig, dünn ausgerollt, geschnitten und in Salzwasser gekocht. Heute überläßt man diese Arbeit überwiegend der Industrie, und kaum jemand nimmt sich noch Zeit, diese Art von Nudeln selber zu machen. Will man jedoch daraus eine süße Mehlspeise zubereiten, lohnt es sich, selber Hand anzulegen, denn der Geschmack von hausgemachten Nudeln ist einfach unbeschreiblich! In der österreichischen Küche versteht man unter Nudeln jedoch nicht nur die klassischen Eierteigwaren, sondern auch aus Kartoffelteig geformte Gebilde mit spitz zulaufenden Enden. Es bleibt dem persönlichen Geschmack überlassen, welche Nudelart man für diese beliebten Mehlspeisen auswählt – mit Butterbröseln, Nüssen oder Mohn bestreut sind sie jedenfalls immer ein Genuß.

Marillenknödel

(aus Kartoffelteig)

Für 4 Personen *(Hauptspeise)*
Zubereitungszeit: *1 Stunde*

Für den Teig:
400 g mehligkochende Kartoffeln
60 g Mehl
20 g Grieß
1 Prise Salz
1 Eidotter
20 g flüssige Butter
abgeriebene Schale von 1/2 unbehandelten Zitrone
Für die Fülle:
8 große, vollreife Marillen
8 Stück Würfelzucker
Für die Butterbrösel:
80 g Butter
100 g Semmelbrösel
ausgekratztes Mark von 1/2 Vanilleschote
Außerdem:
Staubzucker zum Bestäuben

◆ Die Kartoffeln in ein wenig Wasser in etwa 20 Minuten gar kochen, gut abdampfen lassen und schälen. Entweder heiß durch eine Kartoffelpresse drücken oder abgekühlt fein reiben.

◆ Mehl, Grieß, Salz, Eidotter, flüssige Butter und die Zitronenschale zu den erkalteten Kartoffeln geben und rasch mit den Händen zu einem glatten Teig verkneten. Falls der Teig zu weich ist, noch etwas Mehl hinzufügen. Den Kartoffelteig zu einer dicken Rolle formen und etwa 10 Minuten ruhen lassen.

◆ Inzwischen reichlich Salzwasser in einem großen Topf erhitzen. Die Marillen waschen, abtropfen lassen und entkernen. Anstelle des Kerns je ein Stück Würfelzucker in die Frucht geben.

◆ Den Teig in 8 Scheiben teilen, jeweils eine Marille darauflegen und mit dem Teig fest umhüllen. Vorsichtshalber einen Probeknödel kochen, bevor alle Knödel in das kochende Salzwasser kommen. Die Knödel in etwa 6 - 8 Minuten gar ziehen lassen; das Wasser soll dabei nicht kochen.

◆ Die Butter in einer Pfanne zerlassen, Brösel und Vanillemark hineingeben und unter Rühren mit einem Kochlöffel goldbraun rösten.

◆ Die Marillenknödel mit einem Schaumlöffel aus dem Wasser heben, gut abtropfen lassen und in den Bröseln wenden. Mit Staubzucker bestäubt servieren.

Tips und Tricks:

Am besten schmecken die Knödel natürlich mit frischen Früchten – man kann aber auch auf tiefgekühltes Obst zurückgreifen.

Nehmen Sie unbedingt eine mehligkochende, späte Kartoffelsorte, da diese einen höheren Stärkeanteil hat. Frühkartoffeln sind völlig ungeeignet!

Besonders gesund und auch schmackhaft: die Knödel in zerbröselten, mit Zucker vermischten Haferfleks wälzen.

Erdbeerknödel
(aus Topfenteig)

Für 4 Personen *(Hauptspeise)*
Zubereitungszeit: *1 Stunde*

Für den Teig:
60 g Butter
abgeriebene Schale von 1/2 unbehandelten Zitrone
1 Prise Salz
2 Eidotter
250 g Topfen
150 g Mehl
Für die Fülle:
ca. 500 g vollreife Erdbeeren
Für die Brösel:
80 g Butter
2 - 3 EL Kristallzucker
50 g Pistazienkerne

◆ Die weiche Butter mit Zitronenschale und Salz cremig rühren. Nach und nach die Eidotter, Topfen und Mehl unterrühren. Den Teig auf einem bemehlten Backbrett kurz durchkneten und zu einer Rolle formen. Falls der Teig zu weich ist, noch etwas Mehl hinzufügen; falls er zu fest ist, ein wenig flüssige Butter einarbeiten. Etwa 30 Minuten kalt stellen.

◆ Inzwischen reichlich Salzwasser in einem großen Topf erhitzen. Die Erdbeeren entstielen und nur wenn nötig waschen. Jede Beere mit einer dünnen Teigschicht umhüllen. Vorsichtshalber einen Probeknödel kochen, bevor alle Knödel in das kochende Salzwasser kommen. Die Knödel in etwa 6 - 8 Minuten gar ziehen lassen; das Wasser soll dabei nicht kochen.

◆ Butter und Zucker in einer Pfanne goldgelb bräunen.

◆ Die Erdbeerknödel mit einem Schaumlöffel aus dem Wasser heben, gut abtropfen lassen und auf eine vorgewärmte Platte legen. Mit der braunen Butter beträufeln und mit den Pistazien bestreuen.

Tips und Tricks:

Frisch geerntete Gartenerdbeeren schmecken natürlich am feinsten. Selbstverständlich kann man die Erdbeere auch mit Kartoffel- oder Brandteig umhüllen und umgekehrt die Zwetschken und Marillen mit der zarten Topfenmasse!

Früher nannte man die Erdbeeren Ananas!

Zwetschkenknödel

(aus Brandteig)

Für 4 Personen *(Hauptgericht)*
Zubereitungszeit: *45 Minuten*

Für den Teig:
1/4 l Wasser
1 Prise Salz
20 g Butter
150 g Mehl
2 - 3 Eier
Für die Fülle:
8 große Zwetschken
8 Stück Würfelzucker
Für die Butterbrösel:
80 g Butter
100 g Biskuitbrösel
1 Msp gemahlener Zimt
Außerdem:
Staubzucker zum Bestäuben

◆ Wasser, Salz und Butter in einem Topf mit dikkem Boden zum Kochen bringen. Das Mehl auf einmal hineinschütten und mit einem Kochlöffel so lange rühren, bis sich der Teig vom Topfboden löst. Von der Kochplatte nehmen und sofort ein Ei unterrühren. Etwas abkühlen lassen, dann das nächste Ei in den Teig einarbeiten. Falls die Masse noch zu fest ist, ein weiteres Ei hinzufügen. Den Brandteig auf einem bemehlten Backbrett durchkneten und zu einer Rolle formen.

◆ Inzwischen reichlich Salzwasser in einem großen Topf erhitzen. Die Zwetschken waschen, abtropfen lassen und entkernen. Anstelle des Kerns je ein Stück Würfelzucker in die Frucht geben.

◆ Den Teig in 8 Scheiben teilen, jeweils eine Zwetschke darauflegen und mit dem Teig fest umhüllen. Vorsichtshalber einen Probeknödel kochen, bevor alle Knödel in das kochende Salzwasser kommen. Die Knödel in etwa 6 - 8 Minuten gar ziehen lassen; das Wasser soll dabei nicht kochen.

◆ Die Butter in einer Pfanne zerlassen, Brösel und Zimt hineingeben und unter Rühren mit einem Kochlöffel goldbraun rösten.

◆ Die Zwetschkenknödel mit einem Schaumlöffel aus dem Wasser heben, gut abtropfen lassen und in den Böseln wenden. Mit Staubzucker bestäubt servieren.

Tips und Tricks:

Warten Sie mit den Zwetschkenknödeln, bis die Spätzwetschken reif sind. Frühe Sorten sind zu wässerig, weichen leicht durch und haben nicht soviel Aroma wie die späten Sorten.

Man kann die Knödel auch mit tiefgefrorenen Zwetschken füllen oder, noch besser, die fertiggeformten Knödel ungekocht einfrieren. Bei Bedarf gefroren in das siedende Wasser geben und etwa 5 Minuten länger ziehen lassen.

Zwetschkenknödel
mit Lebkuchenbröseln und Topfensauce
(aus getrockneten Zwetschken)

Für 4 Personen *(Hauptspeise)*
Zubereitungszeit: *40 Minuten*
Ruhezeit: *1 Stunde*

Für den Teig:
100 g Topfen
50 g Butterschmalz
1 Eidotter
100 ml lauwarme Milch
1 Prise Salz
200 g Mehl
Für die Fülle:
200 g getrocknete Zwetschken
100 g Würfelzucker
Für die Lebkuchenbrösel:
100 g etwas harte Lebkuchen
80 g Butterschmalz
Für die Topfensauce:
150 g Topfen
80 g Staubzucker
ausgekratztes Mark von 1 Vanilleschote
etwas Zitronensaft
1/8 l Obers

◆ Den Topfen auf einem Sieb oder Küchenpapier abtropfen lassen. Das Butterschmalz cremig rühren und nach und nach Eidotter, Topfen, Milch und Salz unterrühren. Das Mehl dazugeben und mit den Knethaken eines Handrührgerätes so lange verkneten, bis sich der Teig vom Schüsselboden löst. 1 Stunde ruhen lassen.

◆ Die Dörrzwetschken, falls nötig, entkernen und jeweils ein Stück Würfelzucker in die Frucht drücken.

◆ In einem großen Topf reichlich Salzwasser zum Kochen bringen. Den Teig auf einem bemehlten Backbrett 3 - 4 mm dick ausrollen und in 16 Quadrate teilen. Jedes Quadrat mit einer gefüllten Frucht belegen und mit dem Teig umhüllen. Zu Knödeln formen. Vorsichtshalber einen Probeknödel kochen, bevor die übrigen Knödel in das leicht siedende Wasser kommen. In etwa 8 - 10 Minuten gar ziehen lassen.

◆ Die Lebkuchen auf einem Reibeisen fein reiben und im heißen Butterschmalz rösten.

◆ Für die Topfensauce den Topfen mit Obers, Staubzucker, Vanillemark und Zitronensaft cremig rühren!

◆ Die Zwetschkenknödel mit einem Schaumlöffel herausheben, gut abtropfen lassen und in den Lebkuchenbröseln wälzen. Mit der Topfensauce servieren.

Tips und Tricks:

Falls die Zwetschken schon sehr trocken sind, vorher in Rum oder Armagnac einweichen.

Mohnknödel
mit Kirschen gefüllt

Für 4 Personen *(Hauptspeise)*
Zubereitungszeit: *1 Stunde, 15 Minuten*

Für den Teig:
1/4 l Milch
30 g Kristallzucker
ausgekratztes Mark von 1/2 Vanilleschote
150 g frisch geriebener Mohn
je 1 Msp gemahlener Zimt und Nelken
3 Eidotter
80 g Semmelbrösel
Für die Fülle:
500 g vollreife Kirschen
2 EL Pinienkerne
Für die Butterbrösel:
80 g Butter
100 g Biskuitbrösel
1 Msp gemahlener Zimt
Außerdem:
Staubzucker zum Bestreuen

◆ Milch, Zucker und Vanillemark aufkochen und den Mohn und die Gewürze auf einmal hineinschütten. Mit einem Kochlöffel, wie bei einem Brandteig, so lange rühren, bis sich der Teig vom Topfboden löst. Die Mohnmasse etwa 30 Minuten kalt stellen.

◆ Die Kirschen entsteinen, dabei die Kerne durch Pinienkerne ersetzen. In einem großen Topf reichlich Salzwasser zum Kochen bringen.

◆ Die Eidotter sowie die Semmelbrösel unter die abgekühlte Mohnmasse rühren. Auf einem bemehlten Backbrett kurz durchkneten. Falls nötig, noch etwas Semmelbröseln hinzufügen. Jeweils einige Kirschen mit Teig umhüllen und zu Knödeln formen. Vorsichtshalber einen Probeknödel kochen, bevor die übrigen Knödel in das leicht siedende Wasser kommen. In 8 - 10 Minuten gar ziehen lassen. Das Wasser darf dabei nicht kochen.

◆ Inzwischen die Butter in einer Pfanne erhitzen und Biskuitbrösel sowie Zimt unter Rühren goldbraun rösten. Die Mohnknödel mit einem Schaumlöffel aus dem Wasser heben, gut abtropfen lassen und in den Bröseln wenden. Mit Staubzucker bestäubt servieren.

Tips und Tricks:

Die Mohnknödel kann man auch mit Marillen füllen oder 1 - 2 Birnen, in kleine Würfel geschnitten, unter den Teig mischen. Köstlich schmeckt ein Rotweinchaudeau dazu!

Überraschungs-knödel

Für 4 Personen *(Nachspeise)*
Zubereitungszeit: *50 Minuten*

Für den Teig:
2 Eidotter
1 Prise Salz
1 EL Kristallzucker
abgeriebene Schale von 1/2 unbehandelten Zitrone
250 g Topfen
50 g frisch geriebenes Weißbrot
2 EL geschälte, fein geriebene Mandeln
Für die Fülle:
8 Weinbrand-Kirschen, z. B. „Mon Cherie“
50 g Butter
60 g Biskuitbrösel
1 Prise gemahlener Zimt
Außerdem:
Kakao zum Bestäuben

◆ Eidotter, Salz, Zucker und Zitronenschale schaumig rühren und nach und nach den Topfen, die Brösel und die Mandeln hinzufügen. Zu einem formbaren Teig verarbeiten. Etwa 30 Minuten kalt stellen.

◆ Reichlich Salzwasser in einem großen Topf zum Kochen bringen. Jeweils eine gut gekühlte Praline mit der Topfenmasse umhüllen, zu runden Knödeln formen. Vorsichtshalber einen Probeknödel kochen, bevor die übrigen Knödel in das leicht siedende Salzwasser kommen. In etwa 5 - 6 Minuten gar ziehen lassen.

◆ Die Butter zerlassen und die Biskuitbrösel sowie den Zimt darin goldbraun rösten. Die Knödel mit einem Schaumlöffel herausheben, gut abtropfen lassen und in den gerösteten Bröseln wälzen. Auf Teller verteilen und mit Kakao bestreuen. Gut gekühlte Vanillesauce dazu reichen.

Tips und Tricks:

Anstelle der „Mon Cherie“ kann man auch eine andere – beliebige – Praline mit dem Topfenteig umhüllen.

Ersetzen Sie die geriebenen Mandeln einmal durch geröstete, fein geriebene Sonnenblumenkerne!

Dattelknödel

(aus Kartoffelteig)

Für 4 Personen *(Hauptspeise)*
Zubereitungszeit: *1 Stunde*

Für den Teig:
500 g mehligkochende Kartoffeln
1 Prise Salz
80 g Stärkemehl
etwas frisch geriebene Muskatnuß
2 Eidotter
abgeriebene Schale von 1/2 unbehandelten Zitrone
Für die Fülle:
8 frische Datteln
8 geschälte Mandeln
Außerdem:
40 g Butter
25 g gehackte Pistazien
1 EL Kristallzucker

◆ Die Kartoffeln in wenig Wasser in etwa 20 Minuten garen, gut abdampfen lassen und schälen. Entweder heiß durch eine Kartoffelpresse drücken oder abgekühlt fein reiben.

◆ Stärkemehl, Salz, Muskat, Eidotter und die Zitronenschale zu den erkalteten Kartoffeln geben und rasch mit den Händen zu einem glatten Teig verkneten. Falls der Teig zu weich ist, noch etwas Stärkemehl hinzufügen; falls er zu fest sein sollte, ein wenig flüssige Butter untermischen. Den Kartoffelteig zu einer dicken Rolle formen und etwa 10 Minuten ruhen lassen.

◆ Inzwischen reichlich Salzwasser in einem großen Topf zum Kochen bringen. Die frischen Datteln häuten, entkernen und anstelle des Kerns je eine Mandel in die Frucht geben.

◆ Den Teig in 8 Scheiben teilen und jeweils eine gefüllte Dattel darauflegen und mit dem Teig fest umhüllen. Vorsichtshalber einen Probeknödel kochen, bevor alle Knödel in das kochende Salzwasser kommen. Die Knödel in etwa 6 - 8 Minuten gar ziehen lassen; das Wasser soll dabei nicht kochen.

◆ Die Butter in einer Pfanne zerlassen und Pistazien und Zucker darin anrösten.

◆ Die Dattelknödel mit einem Schaumlöffel aus dem Wasser heben, gut abtropfen lassen und in den Pistazien wälzen. Auf eine vorgewärmte Platte legen und eventuell mit Weinschaumsauce servieren!

Tips und Tricks:

Frische Datteln sind bei weitem nicht so süß und klebrig wie die getrockneten.

Die Früchte enthalten viele Mineralstoffe, allen voran Eisen, und reichlich Vitamine der B-Gruppe.

Datteln kann man das ganze Jahr hindurch tiefgekühlt, vorwiegend aus Israel, kaufen.

Kartoffel-Pistazien-Nockerl

Für 4 Personen *(Hauptspeise)*
Zubereitungszeit: *1 Stunde*

Für den Teig:
500 g mehligkochende Kartoffeln
50 g Mehl
1 Prise Salz
1 EL Vanillezucker
abgeriebene Schale von 1/2 unbehandelten Orange
30 g gehackte Pistazien
2 Eidotter
Zum Begießen:
80 g Butter
40 g Kristallzucker
1/2 TL gemahlener Zimt

◆ Die Kartoffeln in wenig Wasser in etwa 20 Minuten gar kochen, gut abdampfen lassen und schälen. Entweder heiß durch eine Kartoffelpresse drücken oder abgekühlt fein reiben.
◆ Mehl, Salz, Vanillezucker, abgeriebene Orangenschale, Pistazien und Eidotter zu den erkalteten Kartoffeln geben und rasch mit den Händen zu einem glatten Teig verkneten. Falls der Teig zu weich ist, noch etwas Mehl hinzufügen; falls er zu fest ist, ein wenig flüssige Butter untermischen.
◆ Reichlich Salzwasser in einem großen Topf zum Kochen bringen. Mit zwei nassen Kaffeelöffeln Nockerl von der Kartoffelmasse abstechen und im leicht siedenden Wasser in etwa 15 Minuten gar ziehen lassen.
◆ Inzwischen die Butter in einer Pfanne zerlassen und Zucker und Zimt dazugeben. Kurz aufschäumen lassen.
◆ Die Nockerl mit einem Schaumlöffel herausheben, gut abtropfen lassen und auf eine vorgewärmte Platte legen. Mit der heißen Zimtbutter begießen. Mit einem der Jahreszeit entsprechenden Kompott servieren.

Tips und Tricks:

Die Nockerl unbedingt aus mehligkochenden Spätkartoffeln zubereiten! Frühkartoffeln sind zu wässerig und daher ungeeignet.

Anstatt der doch etwas kostspieligen Pistazien kann man auch gehackte Mandeln oder Haselnüsse unter den Kartoffelteig mischen.

Besonders locker werden die Nockerl wenn man zum Schluß noch 2 steif geschlagene Eiklar unter den Teig mischt.

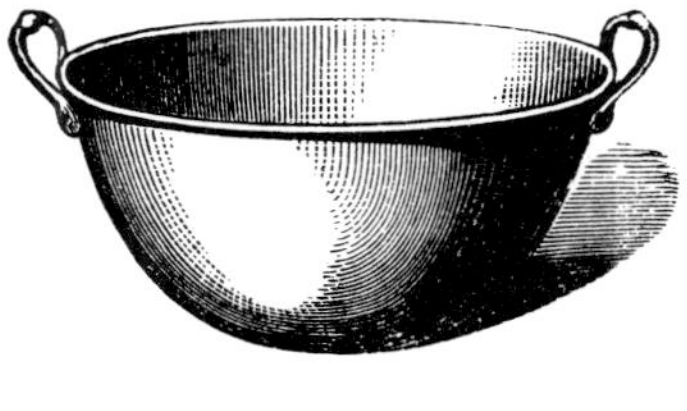

Powidltascherl

Für 4 Personen *(Hauptspeise)*
Zubereitungszeit: *ca. 1 Stunde*

Für den Teig:
500 g mehligkochende Kartoffeln
60 g Mehl
60 g Grieß
1 Prise Salz
ausgekratztes Mark von 1/2 Vanilleschote
1 Eidotter
3 EL flüssige Butter
Für die Fülle:
150 g Powidl (Zwetschkenmus
aus getrockneten Früchten)
etwas gemahlener Zimt
1 EL Rum
1 Eidotter zum Bestreichen
Für die Butterbrösel:
60 g Butter
80 g Semmelbrösel
Außerdem:
Staubzucker zum Bestäuben

◆ Die Kartoffeln in wenig Wasser in etwa 20 Minuten garen, gut abdampfen lassen und schälen. Entweder heiß durch eine Kartoffelpresse drücken oder abgekühlt fein reiben.

◆ Mehl, Grieß, Salz, Vanille, Eidotter und flüssige Butter zu den erkalteten Kartoffeln geben und rasch mit den Händen zu einem glatten Teig verkneten. Falls der Teig zu weich ist, noch etwas Mehl hinzufügen; falls er zu fest ist, ein wenig flüssige Butter untermischen. Den Teig ca. 15 Minuten rasten lassen.

◆ Reichlich Salzwasser in einem großen Topf zum Kochen bringen.

◆ Den Kartoffelteig auf einem bemehlten Backbrett etwa 3 mm dick ausrollen und Kreise mit einem Durchmesser von 8 cm ausstechen. Powidl mit Zimt und Rum verrühren und jeweils etwa 1 TL davon in die Mitte geben. Die Ränder mit verquirltem Eidotter bestreichen und auf die Hälfte zusammenklappen. Es entstehen halbmondförmige Tascherl. Die Ränder gut festdrücken und die Tascherl in leicht siedendem Salzwasser in etwa 6 - 8 Minuten gar ziehen lassen.

◆ Die Butter in einer Pfanne zerlassen, die Semmelbrösel hineingeben und unter Rühren goldbraun rösten. Die Tascherl mit einem Schaumlöffel herausheben, gut abtropfen lassen und in den Butterbröseln wälzen. Mit Staubzucker bestäuben.

Tips und Tricks:

Wälzen Sie die Tascherl einmal in gerösteten Lebkuchenbröseln!

Die Ränder der Tascherl müssen sehr gut verschlossen sein, damit nichts von dem köstlichen Powidl in das Kochwasser entschwindet.

Früher wurde in fast jedem Haushalt im Winter aus den gedörrten Zwetschken Powidl gekocht. Heute kann man sich die etwas mühevolle Arbeit sparen und auf industriell gefertigten Powidl zurückgreifen.

Topfentascherl

mit Preiselbeeren gefüllt

Für 4 Personen *(Hauptspeise)*
Zubereitungszeit: *50 Minuten*

Für den Teig:
500 g Topfen
50 g Butter
3 Eier
1 Prise Salz
abgeriebene Schale von 1/2 unbehandelten Orange
150 g Zwiebackbrösel
Für die Fülle:
150 g Preiselbeermarmelade
1 EL Orangenlikör
1 Msp Zimt
Zum Begießen:
60 g Butter
80 g gehackte Haselnüsse
2 EL Kristallzucker
Außerdem:
Staubzucker zum Bestäuben

◆ Den Topfen auf einem Sieb oder Küchenpapier abtropfen lassen. Butter cremig rühren und nach und nach die Eier, Salz und die Orangenschale dazugeben. Abwechselnd den möglichst trockenen Topfen und die Zwiebackbrösel unterrühren. Falls der Teig zu weich ist, noch etwas mehr Brösel dazugeben; ist der Teig zu fest, etwas flüssige Butter untermischen. Die Topfenmasse 30 Minuten kühl stellen.

◆ Preiselbeeren mit Likör und Zimt verrühren. Reichlich Salzwasser in einem großen Topf zum Kochen bringen.

◆ Aus dem Topfenteig kleine Knödel formen und auf die Hälfte eines ausgebreiteten Geschirrtuches legen. Die zweite Hälfte des Tuches darüberklappen und die Knödel entweder mit einem Nudelwalker oder den Handflächen zu Scheiben mit einem Durchmesser von etwa 10 cm drücken. Jeweils in die Mitte mit einem Kaffeelöffel etwas von den Preiselbeeren setzen. Auf die Hälfte zusammenklappen und die Ränder gut festdrücken.

◆ Im leicht siedenden Wasser in etwa 6 - 8 Minuten gar ziehen lassen.

◆ Die Butter in einer Pfanne zerlassen, Nüsse und Zucker dazugeben und unter Rühren goldbraun rösten. Die Tascherl mit einem Schaumlöffel herausheben, gut abtropfen lassen und in den gerösteten Nüssen wenden. Mit Staubzucker bestäubt servieren.

Tips und Tricks:

Ein einfacher Trick, den Topfen möglichst trocken zu bekommen: in ein Mullsäckchen verpacken, zubinden und in einer Salatschleuder trockenschleudern!

Maschanskerknödel

Für 4 Personen *(Hauptspeise)*
Zubereitungszeit: *1 Stunde, 15 Minuten*

Für den Teig:
5 Semmeln
1/8 l heiße Milch
3 Eidotter
50 g Staubzucker
ausgekratztes Mark von 1/2 Vanilleschote
abgeriebene Schale von 1/2 unbehandelten Zitrone
250 g Topfen
250 g Maschanskeräpfel
oder eine andere aromatische Sorte
30 g Butter
2 EL Kristallzucker
1 Msp Zimt
Für die Butterbrösel:
60 g Butter
80 g Semmelbrösel
Außerdem:
Staubzucker zum Bestäuben

◆ Die Semmeln mit einem Reibeisen entrinden, dann in kleine Würfel schneiden. Mit der heißen Milch übergießen und etwa 15 Minuten ziehen lassen.

◆ Eidotter und Staubzucker schaumig rühren und das Vanillemark, die Zitronenschale und den Topfen dazugeben. Zum Schluß die eingeweichten Semmelwürfel daruntermischen und die Masse 30 Minuten rasten lassen.

◆ Inzwischen die Äpfel schälen, halbieren, entkernen und in sehr kleine Würfel schneiden. Butter, Kristallzucker und Zimt in einer Pfanne erhitzen und die Apfelwürfel darin unter Rühren mit einem Kochlöffel goldbraun braten. Etwas abkühlen lassen und unter die Semmelmasse mischen.

◆ Reichlich Salzwasser in einem großen, weiten Topf zum Kochen bringen. Aus dem Semmel-Apfel-Teig kleine Knödel formen und im leicht siedenden Wasser in etwa 10 - 12 Minuten gar ziehen lassen.

◆ Die Butter in einer Pfanne erhitzen und die Brösel darin goldbraun rösten. Die Maschanskerknödel mit einem Schaumlöffel herausheben, gut abtropfen lassen und in den Semmelbröseln wälzen. Mit Staubzucker bestäuben und am besten Vanillesauce dazu reichen.

Tips und Tricks:

Noch feiner werden die Knödel, wenn man 2 - 3 Eßlöffel geriebene Mandeln oder Haselnüsse unter die Semmelmasse mischt.

Die Maschanskerknödel kann man auch im heißen Fett ausbacken und dann als Gebäck zu Kaffee anbieten.

Süße Grießnockerl
mit Mandelbröseln

Für 4 Personen *(Hauptspeise)*
Zubereitungszeit: *40 Minuten*
Ruhezeit: *1 Stunde, 30 Minuten*

Für den Teig:
1/2 l Milch
80 g Butter
1 Prise Salz
ausgekratztes Mark von 1 Vanilleschote
abgeriebene Schale von 1/2 unbehandelten Zitrone
2 EL Kristallzucker
120 g Grieß
30 g geschälte, geriebene Mandeln
3 Eier
Für die Butterbrösel:
80 g Butter
50 g Semmelbrösel
50 g geschälte, geriebene Mandeln
1 Msp gemahlener Zimt
Außerdem:
Staubzucker zum Bestäuben

◆ Milch, Butter, Salz, Vanillemark, Zitronenschale und Kristallzucker zum Kochen bringen. Den Grieß und die Mandeln unter Rühren mit einen Kochlöffel einlaufen lassen, so lange, bis sich die Masse vom Topfboden löst.

◆ Den Grießteig in eine Schüssel geben und ein Ei nach dem anderen unterrühren. Kräftig durchrühren, bis eine glatte Masse entsteht. Zugedeckt für 1 1/2 Stunden in den Kühlschrank stellen.

◆ In einem großen, weiten Topf reichlich Salzwasser zum Kochen bringen. Mit zwei Eßlöffeln Nockerl von der Grießmasse abstechen und in leicht siedendem Wasser in 10 - 12 Minuten gar ziehen lassen.

◆ Inzwischen die Butter in einer Pfanne zerlassen und Brösel, Mandeln und Zimt darin goldbraun rösten.

◆ Die Grießnockerl mit einem Schaumlöffel herausheben, gut abtropfen lassen und in der Brösel-Mandel-Mischung wälzen. Mit Staubzucker bestäuben und mit einem der Jahreszeit entsprechenden Kompott servieren.

Tips und Tricks:

Man kann aus der Masse auch kleine Knödel formen und diese mit Kirschen, Ringlotten (Mirabellen) oder Erdbeeren füllen!

Es gibt zwei verschiedene Grießsorten im Handel – für süße Mehlspeisen sollten Sie Weichweizengrieß bevorzugen.

Germknödel

Für 4 Personen *(Hauptspeise)*
Zubereitungszeit: *45 Minuten*
Aufgehzeit: *1 Stunde, 30 Minuten*

Für den Teig:
250 g Mehl
10 g Germ
4 - 6 EL lauwarme Milch
1 TL Kristallzucker
1 Eidotter
2 EL flüssige Butter
1 Prise Salz
Außerdem:
150 g Powidl
etwas gemahlener Zimt
1 TL Rum
Außerdem:
50 g Butter
50 g frisch gemahlener Mohn
Staubzucker zum Bestäuben

◆ Mehl in eine Schüssel geben, in die Mitte eine Mulde drücken und die zerbröckelte Germ und den Zucker hineingeben. Mit lauwarmer Milch und etwas Mehl verrühren und zugedeckt 10 Minuten aufgehen lassen. Die restlichen Zutaten dazugeben und mit den Knethaken eines Handrührgerätes so lange durchkneten, bis der Teig Blasen wirft und sich vom Schüsselboden löst. Der Teig muß weich und geschmeidig sein, ist er zu fest, noch etwas Milch dazugeben. Mit einem Tuch bedeckt an einem warmen Ort etwa 1 Stunde aufgehen lassen.

◆ Den Teig kurz durchkneten und mit einem Nudelwalker etwa fingerdick ausrollen. Den Teig in 12 Quadrate teilen. Den Powidl mit Zimt und Rum verrühren und jeweils einen Löffel voll in die Mitte der Teigstücke geben. Zu Knödeln formen und noch einmal etwa 30 Minuten gehen lassen.

◆ In einem großen Topf reichlich Salzwasser zum Kochen bringen. Die Germknödel hineingeben, einmal aufkochen lassen und mit einer Gabel vorsichtig umdrehen. In sanft kochendem Wasser etwa 12 Minuten garen. Mit einer Gabel oder einem Holzspan einen Knödel mehrmals anstechen: Der Knödel ist gar, wenn beim Herausziehen kein Teig haften bleibt.

◆ Mit einem Schaumlöffel herausheben, gut abtropfen lassen und auf eine vorgewärmte Platte geben. Mit heißer Butter begießen, mit gemahlenem Mohn und Staubzucker bestäuben und sofort servieren.

Tips und Tricks:

So zubereitet bezeichnet man die Mehlspeise als Klosterknödel!

Man kann die Germknödel auch über Dampf zubereiten. Dazu die gefüllten Knödel auf ein gefettetes Sieb setzen und in einem großen Topf zugedeckt über Dampf 12 - 14 Minuten garen. Das Wenden der Knödel ist dann überflüssig.

Germknödel-Variationen:

Mit Heidelbeeren gefüllte Germknödel

Aus den angegebenen Zutaten einen Germteig zubereiten. Gehen lassen, ausrollen und in 12 Stücke teilen. Mit jeweils 1 Eßlöffel Heidelbeeren füllen, runde Knödel formen und entweder im kochenden Wasser oder über Dampf 12 - 14 Minuten garen.
100 g Butterschmalz erhitzen und die Knödel damit übergießen. Dick mit Zimtzucker bestreuen.

Böhmische Germknödel

Aus den angegebenen Zutaten einen Germteig zubereiten. Gehen lassen, ausrollen und in 12 Stücke teilen. Mit jeweils einem Löffel Powidl füllen, Knödel formen und entweder im kochenden Wasser oder über Dampf 12 - 14 Minuten garen. Die Knödel gut abtropfen lassen, mit flüssiger Butter beträufeln, abwechselnd mit frisch gemahlenem Mohn und mit ziemlich trockenem, zerbröseltem Topfen bestreuen und mit Staubzucker dick bestäuben.

Germknödel mit Pfirsich gefüllt

Aus den angegebenen Zutaten einen Germteig zubereiten. Gehen lassen, ausrollen und in 4 Stücke teilen. Mit jeweils einer Kompottpfirsichhälfte füllen und zu einem Knödel formen. Entweder im kochenden Wasser oder aber über Dampf etwa 15 Minuten garen. In einer Pfanne 60 g Butter erhitzen und 50 g geriebene Wal- oder Haselnüsse, 50 g Semmelbrösel, 2 EL Zucker und etwas gemahlenen Zimt goldbraun rösten. Die Knödel gut abtropfen lassen und mit den Nußbröseln begießen. Mit Staubzucker bestäuben.

Dampfnudeln

Für 6 Personen *(Hauptspeise)*
Zubereitungszeit: *40 Minuten*
Aufgehzeit: *1 Stunde, 15 Minuten*

Für den Teig:
500 g Mehl
25 g Germ
knapp 1/4 l lauwarme Milch
50 g Kristallzucker
2 Eier
1 Prise Salz
60 g Butter
abgeriebene Schale von 1/2 unbehandelten Zitrone
Zum Dämpfen:
ca. 1/4 l Milch
60 g Butterschmalz oder Butter
2 EL Kristallzucker

◆ Mehl in eine Schüssel geben, in die Mitte eine Mulde drücken und die zerbröckelte Germ und den Kristallzucker hineingeben. Mit lauwarmer Milch und etwas Mehl verrühren und zugedeckt 15 Minuten aufgehen lassen. Die restlichen Zutaten dazugeben und mit den Knethaken eines Handrührgerätes so lange durchkneten, bis der Teig Blasen wirft und sich vom Schüsselboden löst. Der Teig muß weich und geschmeidig sein; ist er zu fest, noch etwas Milch dazugeben. Mit einem Tuch bedeckt an einem warmen Ort 30 Minuten aufgehen lassen.

◆ Den Teig auf ein bemehltes Backbrett geben und mit den Händen kurz durchkneten. Zu einer ca. 5 cm dicken Rolle formen und etwa 5 cm lange Stücke davon abschneiden. Jedes Teigstück zu einer glatten Kugel rollen. Zugedeckt erneut 30 Minuten gehen lassen.

◆ In einer gut schließenden hohen Pfanne oder einem Schmortopf Milch, Butter und Zucker zum Kochen bringen. Die Germkugeln nebeneinander hineinsetzen, die Pfanne zudecken und bei schwacher Hitze 20 Minuten garen.

◆ Zwischendurch auf keinen Fall öffnen, sonst entweicht Dampf, die Nudeln fallen zusammen, und alle Mühe war umsonst.

◆ Die Flüssigkeit muß völlig aufgesogen sein, und die Nudeln müssen unten ein dickes, goldbraunes Rammerl haben. Dazu ißt man Vanille-, Mokka- oder Karamelsauce oder Apfelmus.

Tips und Tricks:

Will man ein knuspriges, goldbraunes und dennoch saftiges Rammerl, auf keinen Fall fettarme Milch verwenden und unbedingt Butter oder Butterschmalz hinzufügen. Wenn Sie keine unbehandelte Zitrone bekommen, schmecken Sie den Teig mit 1/2 Päckchen Citropack ab.

Falls Sie keinen gut verschließbaren Topf besitzen, dichten Sie den Rand rundherum zusätzlich mit einem Streifen Alufolie ab!

Zwetschkenknödel mit Lebkuchenbröseln und Topfensauce

Germknödel

Dukatennudeln

Für 4 Personen *(Hauptspeise)*
Zubereitungszeit: *50 Minuten*
Aufgehzeit: *1 Stunde, 15 Minuten*

Für den Teig:
350 g Mehl
20 g Germ
200 ml lauwarme Milch
1 Prise Salz
1 Eidotter
50 g Kristallzucker
60 g flüssige Butter
3 EL geschälte, geriebene Mandeln

Für die Form:
80 g Butter
2 EL Vanillezucker

Außerdem:
Staubzucker zum Bestäuben

◆ Mehl in eine Schüssel geben, in die Mitte eine Mulde drücken und die Germ hineinbröckeln. Mit etwas lauwarmer Milch und wenig Mehl verrühren. Zugedeckt an einem warmen Ort 15 Minuten gehen lassen.

◆ Restliche Milch, Salz, Eidotter, Zucker, flüssige Butter und Mandeln dazugeben und mit einem Kochlöffel oder mit den Knethaken eines Handrührgerätes so lange schlagen, bis der Teig Blasen wirft, sich vom Schüsselboden löst und einen leichten Glanz bekommt. Zugedeckt ca. 30 Minuten gehen lassen, bis sich das Volumen verdoppelt hat. Den Backofen auf 180° C vorheizen.

◆ Den Teig zu einer Rolle mit einem Durchmesser von etwa 3 cm formen, ca. 3 cm dicke Scheiben abschneiden und diese zu glatten Kugeln drehen.

◆ Eine Bratreine oder eine Pfanne mit feuerfesten Griffen mit der Hälfte der Butter ausfetten und mit Vanillezucker ausstreuen. Die Germteigkugeln dicht nebeneinander hineinsetzen und erneut 20 Minuten gehen lassen.

◆ Die restliche Butter erwärmen und die Oberfläche der Nudeln damit bestreichen. Im heißen Backofen in etwa 30 - 35 Minuten goldbraun und knusprig backen.

◆ Die Nudeln aus der Form stürzen, voneinander lösen und mit kalter Vanillesauce oder Apfelkompott servieren.

Tips und Tricks:

Je kleiner die Dukatennudeln sind,
desto feiner schmecken sie.

Füllt man die Nudeln mit Kirschen,
Marillen, Zwetschken
oder einer Armagnacpflaume, müssen
sie natürlich größer sein.
Richtiger werden sie dann
„Buchteln" genannt.

Mohnbuchteln

Für 4 Personen *(Hauptspeise)*
Zubereitungszeit: *1 Stunde*
Aufgehzeit: *1 Stunde, 15 Minuten*

Für den Teig:
350 g Mehl
20 g Germ
knapp 200 ml lauwarme Milch
1 Prise Salz
2 EL Kristallzucker
50 g flüssige Butter
1 Ei
abgeriebene Schale von 1/2 unbehandelten Orange
Für die Fülle:
25 g Rosinen
1 EL Rum
1/8 l Milch
125 g frisch gemahlener Mohn
60 g blütenzarte Haferflocken
75 g Zucker
1 EL Honig
1/2 TL gemahlener Zimt
1 Tropfen Bittermandelöl
1 Ei
Außerdem:
50 g flüssige Butter
Staubzucker zum Bestäuben

◆ Mehl in eine Schüssel geben, in die Mitte eine Mulde drücken und die Germ hineinbröckeln. Mit etwas lauwarmer Milch und wenig Mehl verrühren. Zugedeckt an einem warmen Ort 15 Minuten gehen lassen.

◆ Restliche Milch, Salz, Zucker, flüssige Butter, Ei und Orangenschale dazugeben und mit einem Kochlöffel oder mit den Knethaken eines Handrührgerätes so lange schlagen, bis der Teig Blasen wirft, sich vom Schüsselboden löst und einen leichten Glanz bekommt. Zugedeckt ca. 30 Minuten gehen lassen, bis sich das Volumen verdoppelt hat. Den Backofen auf 180° C vorheizen.

◆ Für die Fülle die gewaschenen Rosinen in Rum einweichen. Die Milch zum Kochen bringen, den Mohn dazugeben und bei schwacher Hitze unter Rühren quellen lassen. Haferflocken, Zucker, Honig, Zimt, Bittermandelöl und das Ei hinzufügen und unter Rühren etwa 5 Minuten durchkochen lassen. Die Rosinen mitsamt der Einweichflüssigkeit unterrühren, von der Kochplatte nehmen und abkühlen lassen!

◆ Den Germteig fingerdick zu einem Rechteck ausrollen und die Teigplatte in 12 Quadrate teilen. Jeweils etwas von der Füllung darauf verteilen, die Teigränder darüberklappen und zu Kugeln drehen.

◆ Eine Bratreine oder eine Pfanne mit feuerfesten Griffen mit der Hälfte der Butter ausfetten und mit Vanillezucker ausstreuen. Die Germteigkugeln dicht nebeneinander hineinsetzen, mit der restlichen Butter bepinseln und erneut 20 Minuten gehen lassen.

◆ Im heißen Backofen etwa 35 - 40 Minuten goldbraun backen. Die Mohnbuchteln aus der Form stürzen, voneinander lösen und mit Staubzucker bestäuben.

Tips und Tricks:

Wird nicht alles aufgegessen, kein Problem – Mohnbuchteln schmecken auch kalt, selbst am nächsten Tag!

Rosinenbuchteln
mit Topfenfülle

Für 4 Personen *(Hauptspeise)*
Zubereitungszeit: *1 Stunde*
Aufgehzeit: *1 Stunde, 15 Minuten*

Für den Teig:
- 350 g Mehl
- 20 g Germ
- knapp 200 ml lauwarme Milch
- 1 Prise Salz
- 2 EL Kristallzucker
- 50 g flüssige Butter
- 1 Ei
- 80 g Rosinen

Für die Fülle:
- 50 g Butter
- 60 g Staubzucker
- 2 EL Vanillezucker
- 1 EL Vanillepuddingpulver
- 250 g Topfen
- 2 Eidotter
- 1 EL Zitronensaft
- abgeriebene Schale von 1/2 unbehandelten Zitrone

Außerdem:
- 50 g flüssige Butter
- Staubzucker zum Bestäuben

◆ Mehl in eine Schüssel geben, in die Mitte eine Mulde drücken und die Germ hineinbröckeln. Mit etwas lauwarmer Milch und wenig Mehl verrühren. Zugedeckt an einem warmen Ort 15 Minuten gehen lassen.

◆ Restliche Milch, Salz, Zucker, flüssige Butter und das Ei dazugeben und mit einem Kochlöffel oder mit den Knethaken eines Handrührgerätes so lange schlagen, bis der Teig Blasen wirft, sich vom Schüsselboden löst und einen leichten Glanz bekommt. Zum Schluß die Rosinen in den Teig einarbeiten und zugedeckt ca. 30 Minuten gehen lassen, bis sich das Volumen verdoppelt hat. Den Backofen auf 180° C vorheizen.

◆ Für die Fülle Butter, Staubzucker und Vanillezucker cremig rühren und nach und nach Puddingpulver, Topfen, Eidotter, Zitronensaft und -schale untermischen. Den Backofen auf 180° C vorheizen.

◆ Den Germteig fingerdick zu einem Rechteck ausrollen und die Teigplatte in 12 Quadrate teilen. Jeweils etwas von der Füllung darauf verteilen, die Teigränder darüberklappen und zu Kugeln drehen.

◆ Eine Bratreine oder eine Pfanne mit feuerfesten Griffen mit der Hälfte der Butter ausfetten und mit Vanillezucker ausstreuen. Die Germteigkugeln dicht nebeneinander hineinsetzen, mit der restlichen Butter bepinseln und erneut 20 Minuten gehen lassen.

◆ Im heißen Backofen etwa 35 - 40 Minuten goldbraun backen. Die gefüllten Rosinenbuchteln aus der Form stürzen, voneinander lösen und mit Staubzucker bestäuben.

Tips und Tricks:

Verwenden Sie für die Fülle einen möglichst trockenen, gut abgetropften Topfen, da sonst die Füllung leicht durchweicht. Außerdem ist die Handhabung mit einer zu weichen Masse schwierig!

Bröselnudeln

(aus Kartoffelteig)

Für 4 Personen *(Hauptspeise)*
Zubereitungszeit: *1 Stunde*

Für den Teig:
500 g mehligkochende Kartoffeln
80 g Mehl
30 g Grieß
1 Prise Salz
1 Eidotter
1 EL flüssige Butter
abgeriebene Schale von 1/2 unbehandelten Zitrone
Für die Brösel:
80 g Butter
100 g Biskuitbrösel
etwas gemahlener Zimt
Außerdem:
Staubzucker zum Bestäuben

◆ Die Kartoffeln in wenig Wasser in etwa 20 Minuten garen, gut abdampfen lassen und schälen. Entweder heiß durch eine Kartoffelpresse drücken oder abgekühlt fein reiben.

◆ Mehl, Grieß, Salz, Eidotter, flüssige Butter und die Zitronenschale zu den erkalteten Kartoffeln geben und rasch mit den Händen zu einem glatten Teig verkneten. Falls der Teig zu weich ist, noch etwas Mehl hinzufügen. Mit einem Kaffeelöffel etwas vom Kartoffelteig abstechen und auf einem bemehlten Backbrett mit den Handflächen zu länglichen Nudeln rollen, die zu den Enden hin spitz zulaufen.

◆ Reichlich Salzwasser in einem großenTopf zum Kochen bringen und die Kartoffelnudeln hineingeben. Bei leicht siedendem Wasser etwa 4 Minuten garen; die Nudeln müssen obenauf schwimmen.

◆ Inzwischen die Butter in einer großen Pfanne zerlassen und Biskuitbrösel und Zimt darin goldbraun rösten. Die Kartoffelnudeln mit einem Schaumlöffel herausheben, gut abtropfen lassen und in den Bröseln wälzen. Mit Staubzucker bestäubt servieren. Dazu ißt man Zwetschkenröster, Apfel- oder Kirschenkompott.

Tips und Tricks:

Der Teig darf nicht zu weich sein, sonst bleiben die Nudeln nicht in Form.

Ein kleiner Trick, damit der Kartoffelteig nicht zu feucht wird: die gekochten Kartoffeln schälen, in einen Topf geben und bei schwacher Hitze unter Schütteln des Topfes einige Minuten ausdämpfen lassen. Falls das Backrohr ohnehin eingeschaltet ist, in 5 - 10 Minuten darin abtrocknen lassen.

Nudel-Variationen:

Für 4 Personen *(als Hauptgericht)*

Folgende Rezepte können Sie entweder aus dem nebenstehenden Kartoffelteig zubereiten oder aus dem nachfolgenden Nudelteigrezept:

Nudelteig:
300 g griffiges Mehl
3 Eier
1 Prise Salz
etwas Wasser

◆ Mehl, Eier und Salz in eine Schüssel geben und mit den Knethaken eines Handrührgerätes zu einem glatten, festen Teig verkneten. Falls nötig, etwas Wasser hinzufügen. Den Teig zu einer Kugel formen und etwa 15 Minuten rasten lassen.

◆ Mit einem Nudelwalker dünn ausrollen und in ca. 1 cm breite Streifen schneiden. Die Nudeln kurz antrocknen lassen und in reichlich kochendem Salzwasser in wenigen Minuten bißfest kochen.

Mohnnudeln

Nudeln nach dem entsprechenden Rezept zubereiten, kochen und anstatt in Butterbröseln in Mohnbröseln wälzen.
Dazu 60 g Butter zerlassen und 80 g frisch geriebenen Mohn und etwas gemahlenen Zimt kurz darin anrösten. Die abgetropften Nudeln darin wenden und mit Staubzucker bestäuben.

Walnußnudeln

Nudeln nach dem entsprechenden Rezept zubereiten, kochen und anstatt in Butterbröseln in geriebenen Walnüssen wälzen.
Dazu 80 g Butter zerlassen und 60 g frisch geriebene Walnüsse, 40 g grob gehackte Walnüsse, 2 EL Zucker und 1 EL Vanillezucker darin goldbraun rösten. Die abgetropften Nudeln darin wenden und mit Staubzucker bestäuben.

Grießnudeln aus Kartoffel-Topfen-Teig

Einen Kartoffelteig aus 250 g gekochten, abgedampften und durchpassierten Kartoffeln, 250 g Topfen, 1 Eidotter, 50 g Mehl, 1 Prise Salz zubereiten. Wie im nebenstehenden Rezept beschrieben zu Nudeln formen und im Salzwasser garen.
60 g Butter in einer Pfanne zerlassen und 100 g Grieß darin goldgelb rösten. Mit knapp einem 1/8 l Milch aufgießen, 1 EL Vanillezucker dazugeben und bei schwacher Hitze etwa 3 Minuten köcheln lassen. Die abgetropften Nudeln in die Grießmasse geben und darin wälzen. Anschließend die Pfanne einige Minuten im etwa 200° C heißen Backofen überkrusten. Mit Staubzucker bestäubt servieren.

Aufläufe, Wiener Koche, Puddinge und Soufflés

Es ist ziemlich schwierig, exakt zwischen Auflauf, Koch, Pudding und Soufflé zu unterscheiden. Eines haben alle gemeinsam: Frische Eier. Der Dotter für die Schaummasse und der möglichst steifgeschlagene Schnee für die Lockerung spielen die Hauptrolle.

Im Rumohrs „Geist der Kochkunst" steht: „Leckerhafter als der Pudding ist der Auflauf. Ein Auflauf soll hoch steigen, eine fest aufgerissene Kruste bilden, welche auf einer Seite mit Anmut überhängen muß. Dieses veranlaßt der Koch, indem er teils schon beim Umrühren einer zu großen Verdünnung des Teiges sich enthält, teils auch beim Backen selbst auf dem Deckel der Tortenpfanne, oder von oben her das Feuer lebendiger unterhält als von unten." An dieser Erkenntnis hat sich bis heute nichts geändert – von einem guten Auflauf erwartet man eine lockere Masse unter einer knusprigen Oberfläche! Um das gewünschte Ergebnis zu erreichen, ist ein Backrohr mit separat verstellbarer Ober- und Unterhitze ideal, da die Unterhitze niedriger sein soll. Wer diese Möglichkeit nicht hat, schiebt ganz einfach unter die Auflaufform ein bis zwei Backbleche!

Während Aufläufe auch in der internationalen Küche Bedeutung haben, sind

„Koche" seit je eine typische wienerische Angelegenheit! Sie wurden ursprünglich ausschließlich auf kaltem Wege hergestellt und wie Aufläufe im Rohr gebacken, allerdings – und das ist der einzig erkennbare Unterschied – die offene Form wird in ein Wasserbad gestellt. Die „Koch"-Litanei ist lang: Nudelkoch, Topfenkoch, Grießkoch, Rahmkoch, Blamascheekoch, Krapferlkoch, Kindskoch oder Wiener-Koch – um nur einige zu nennen. Auch der berühmte „Mohr im Hemd" gehört eigentlich unter die Rubrik „Koch", wird aber in einer geschlossenen Puddingform gekocht – und daher in neuzeitlichen Kochbüchern meist als Kochpudding aufgeführt. Kochpuddinge werden in einer geschlossenen Form, meist aus Metall, in einem leicht siedenden Wasserbad – manchmal im Backrohr, häufiger auf der Kochplatte – schonend gegart. Der Vorteil gegenüber den offen gebackenen Aufläufen: Die Aromen bleiben besonders gut erhalten. Kochpuddinge müssen nach dem Stürzen rasch serviert werden, sonst fallen sie zusammen – ähnlich wie die zartesten dieser Gruppe: die Soufflés. Manche, besonders schaumige Miniaufläufe, fallen schon beim ersten Luftzug zusammen, wie etwa die Salzburger Nockerl, die selbst den geringsten Luftzug übelnehmen.

Die in kleinen Förmchen im Wasserbad im Backrohr gebackenen lockeren Gebilde werden besonders gern als Nachspeise gegessen.

Bei den nachfolgenden Rezepten bleibt es, mit einigen Ausnahmen, Ihnen überlassen, ob Sie die Masse wie einen Auflauf, Koch oder Pudding garen – je nach Gusto!

Reisauflauf

Für 4 Personen *(Hauptspeise)*
Zubereitungszeit: *1 Stunde, 20 Minuten*

Für die Auflaufmasse:
160 g Rundkornreis
1/2 l Milch
1 Prise Salz
50 g Butter
1 Vanilleschote
abgeriebene Schale von 1/2 unbehandelten Zitrone
3 Eidotter
80 g Staubzucker
1 EL Rum
40 g Rosinen
3 Eiklar
1 EL Kristallzucker
Außerdem:
Butter und Brösel für die Form

◆ Den Reis in kochendem Salzwasser wenige Minuten blanchieren und anschließend auf einem Sieb gut abtropfen lassen. Den Reis mit Milch, Salz, Butter, dem ausgekratzten Mark der Vanilleschote und der Zitronenschale in einen Topf geben, zum Kochen bringen und etwa 20 Minuten sanft köcheln lassen. Von der Kochplatte nehmen und erst zugedeckt ausquellen lassen, dann den Deckel abnehmen und überkühlen lassen.

◆ Das Backrohr auf 180° C vorheizen. Eidotter, Staubzucker und Rum schaumig rühren und den Reis und die Rosinen untermischen. Die Eiklar steif schlagen und dabei den Kristallzucker einrieseln lassen. Den Schnee locker und gleichmäßig unter die Reismasse heben.

◆ Eine Auflaufform mit Butter ausfetten und mit Bröseln ausstreuen. Die Reismasse hineinfüllen; dabei muß ein etwa 3 - 4 cm breiter Rand bleiben, da der Auflauf aufgeht. Auf der mittleren Schiene des Backrohrs 35 - 40 Minuten backen. Mit einer Fruchtsauce oder Kompott servieren.

Tips und Tricks:

Unbedingt Rundkorn, bzw. Milchreis für die Aufläufe verwenden. Langkornreis saugt nicht so gut auf und außerdem fehlt ihm die Reisstärke für die nötige Bindung.

Maschansker-Reisauflauf

Für 4 Personen *(Hauptspeise)*
Zubereitungszeit: *1 Stunde, 20 Minuten*

Für die Auflaufmasse:
160 g Rundkornreis
1/2 l Milch
1 Prise Salz
80 g Butter
1 Vanilleschote
abgeriebene Schale von 1/2 unbehandelten Zitrone
500 g Maschansker
oder eine andere aromatische Apfelsorte
60 g Kristallzucker
2 cl Calvados
40 g Rosinen
2 EL gehackte Mandeln
3 Eidotter
60 g Staubzucker
2 cl Rum
3 Eiklar
Außerdem:
Butter und Brösel für die Form
einige Backoblaten

◆ Den Reis in kochendem Salzwasser wenige Minuten blanchieren und anschließend auf einem Sieb gut abtropfen lassen. Den Reis mit Milch, Salz, 50 g Butter und dem ausgekratzten Mark der Vanilleschote und der Zitronenschale in einen Topf geben, zum Kochen bringen und etwa 20 Minuten sanft köcheln lassen. Von der Kochplatte nehmen und erst zugedeckt ausquellen lassen, dann den Deckel abnehmen und überkühlen lassen. Das Backrohr auf 180° C vorheizen.

◆ Die Äpfel schälen, vierteln und quer in dünne Scheibchen schneiden. 30 g Butter und 50 g Kristallzucker in einer Pfanne leicht karamelisieren lassen, die Äpfel dazugeben und unter Rühren kurz anbraten. Mit Calvados begießen und in wenigen Minuten gar dünsten. Die Rosinen und die Mandeln untermischen und von der Kochplatte nehmen.

◆ Eidotter, Staubzucker und Rum schaumig rühren. Den Reis und die Hälfte der Äpfel untermischen. Die Eiklar steif schlagen und dabei den restlichen Kristallzucker einrieseln lassen. Den Schnee locker und gleichmäßig unter die Reismasse heben.

◆ Eine Auflaufform mit Butter ausfetten und mit Bröseln ausstreuen. Die Hälfte der Reismasse hineinfüllen, mit Oblaten belegen und die zurückgelassenen Äpfel darauf verteilen. Mit der übrigen Reismasse bedecken. Die Oberfläche glattstreichen und darauf achten, daß ein etwa 3 - 4 cm breiter Rand bleibt, da der Auflauf aufgeht. Auf der mittleren Schiene des Backrohrs 35 - 40 Minuten backen.

Tips und Tricks:

Die Aufläufe werden am schönsten, wenn man zuerst das Backrohr einen Spalt aufläßt und erst nach etwa der Hälfte der Garzeit das Rohr schließt. Eventuell einen Kochlöffel einklemmen.

Rhabarber-Reisauflauf

Für 4 Personen *(Hauptspeise)*
Zubereitungszeit: *1 Stunde, 30 Minuten*

Für die Auflaufmasse:
400 g Rhabarber
100 g Kristallzucker
160 g Rundkornreis
1/2 l Milch
1 Prise Salz
50 g Butter
abgeriebene Schale von 1/2 unbehandelten Orange
3 Eidotter
60 g Staubzucker
2 cl Orangenlikör
150 g Topfen
3 Eiklar
Außerdem:
Butter und Brösel für die Form

◆ Rhabarber waschen, falls nötig schälen und in 2 cm lange Stücke schneiden. Mit 80 g Kristallzucker bestreuen und etwa 30 Minuten Saft ziehen lassen.

◆ Den Reis in kochendem Salzwasser wenige Minuten blanchieren und anschließend auf einem Sieb gut abtropfen lassen. Den Reis mit Milch, Salz, Butter und Orangenschale in einen Topf geben, zum Kochen bringen und etwa 20 Minuten sanft köcheln lassen. Von der Kochplatte nehmen und erst zugedeckt ausquellen lassen, dann den Deckel abnehmen und überkühlen lassen.

◆ Das Backrohr auf 180° C vorheizen. Eidotter, Staubzucker und Orangenlikör schaumig rühren und Reis, Topfen und den gut abgetropften Rhabarber untermischen. Den entstandenen Fruchtsaft aufbewahren. Die Eiklar steif schlagen und dabei den restlichen Kristallzucker einrieseln lassen. Den Schnee locker und gleichmäßig unter die Reismasse heben.

◆ Eine Auflaufform mit Butter ausfetten und mit Bröseln ausstreuen. Die Reismasse hineinfüllen; dabei muß ein etwa 3 - 4 cm breiter Rand bleiben, da der Auflauf aufgeht. Auf der mittleren Schiene des Backrohrs 40 - 45 Minuten backen.

Tips und Tricks:

Servieren Sie zu dem Auflauf eine frische Erdbeersauce. Dazu 250 g Erdbeeren mit dem zurückgelassenen Rhabarbersaft pürieren, mit Staubzucker nach Geschmack süßen und durch ein Sieb passieren! Je nach Geschmack einige fein geschnittene Zitronenmelisseblätter untermischen.

Schönbrunner Reisauflauf

Für 4–6 Personen *(Hauptspeise)*
Zubereitungszeit: *1 Stunde, 30 Minuten*

Für die Auflaufmasse:
160 g Rundkornreis
1/2 l Milch
1 Prise Salz
50 g Butter
1 Vanilleschote
3 Eidotter
80 g Staubzucker
1 EL Kaffeelikör
80 g fein geriebene Zartbitter-Schokolade
1 EL Orangenlikör
abgeriebene Schale von 1/2 unbehandelten Orange
3 Eiklar
1 EL Kristallzucker
Für die Schneehaube:
2 Eiklar
50 g Kristallzucker
2 EL geschälte, geriebene Mandeln
Außerdem:
Butter und Brösel für die Form

◆ Den Reis in kochendem Salzwasser wenige Minuten blanchieren und anschließend auf einem Sieb gut abtropfen lassen. Den Reis mit Milch, Salz, Butter und dem ausgekratzten Mark der Vanilleschote in einen Topf geben, zum Kochen bringen und etwa 20 Minuten sanft köcheln lassen. Von der Kochplatte nehmen und erst zugedeckt ausquellen lassen, dann den Deckel abnehmen und überkühlen lassen.

◆ Das Backrohr auf 180° C vorheizen. Eidotter und Staubzucker schaumig rühren und den Reis untermischen. Die Masse halbieren. Unter die eine Hälfte Zartbitter-Schokolade und Kaffeelikör, unter die andere Hälfte Orangenschale und -likör rühren. Die Eiklar steif schlagen und dabei den Kristallzucker einrieseln lassen. Den Eischnee auf die beiden Hälften verteilen und jeweils locker und gleichmäßig unterheben.

◆ Eine Auflaufform mit Butter ausfetten und mit Bröseln ausstreuen. Erst die helle, dann die dunkle Reismasse hineinfüllen; dabei muß ein etwa 3 - 4 cm breiter Rand bleiben, da der Auflauf aufgeht. Auf der mittleren Schiene des Backrohrs 35 - 40 Minuten backen.

◆ Für die Schneehaube die Eiklar steif schlagen, dabei den Kristallzucker einrieseln lassen. Die Baisermasse muß schnittfest und glänzend sein. Zum Schluß die Mandeln untermischen und die Masse auf den gebackenen Reisauflauf aufdressieren. Das Backrohr auf 220° C schalten und den Auflauf 2 - 4 Minuten überbacken. Mit Orangensauce servieren.

Tips und Tricks:

Der Schnee wird am schönsten, wenn man die gut gekühlten Eiklar in einer unbedingt völlig fettfreien Schüssel langsam aufschlägt. Profis schlagen daher den Schnee mit der Hand auf. Nimmt man ein Handrührgerät, nicht auf höchster Stufe schlagen, sonst gelangt zuwenig Luft in die Masse!

Grießauflauf

Für 4 Personen *(Hauptspeise)*
Zubereitungszeit: *1 Stunde*

Für den Grießbrei:
1/2 l Milch
1 Prise Salz
30 g Butter
120 g Grieß
ausgekratztes Mark von 1/2 Vanilleschote
Für die Schaummasse:
50 g Rosinen
2 EL Rum
50 g Butter
50 g Staubzucker
3 Eidotter
3 Eiklar
1 EL Kristallzucker
Außerdem:
Butter und geriebene Mandeln für die Form
Staubzucker zum Bestäuben

◆ Milch, Salz und Butter zum Kochen bringen. Den Grieß unter Rühren einlaufen lassen, das Vanillemark dazugeben und unter weiterem Rühren bei schwacher Hitze in 3 - 4 Minuten ausquellen lassen. Von der Kochplatte nehmen und auskühlen lassen. Das Backrohr auf 160° C vorheizen.

◆ Die Rosinen in Rum einweichen. Butter und Staubzucker schaumig rühren und nach und nach die Eidotter und zum Schluß löffelweise den Grießbrei sowie die eingeweichten Rosinen unterrühren. Die Eiklar steif schlagen, dabei den Zucker einrieseln lassen. Den Schnee locker und gleichmäßig unter die Grießmasse ziehen.

◆ Eine Auflaufform mit Butter ausfetten und mit gemahlenen Mandeln ausstreuen. Die Masse einfüllen, dabei einen etwa 3 - 4 cm breiten Rand lassen, weil der Auflauf aufgeht. Bei leicht geöffneter Backofentür 20 Minuten backen, dann die Tür schließen und in weiteren 20 Minuten goldbraun backen. Mit Kompott oder Fruchtsauce servieren.

Tips und Tricks:

Mischen Sie zur Abwechslung etwa 50 g geschälte, gehackte Mandeln oder 2 geschälte, in kleine Würfel geschnittene Äpfel unter den Auflauf.

Grießauflauf
mit Sauerkirschen

Für 4 Personen *(Hauptspeise)*
Zubereitungszeit: *1 Stunde, 10 Minuten*

Für die Auflaufmasse:
500 g Sauerkirschen
2 cl Kirschwasser
100 g Butter
100 g Kristallzucker
1 EL Vanillezucker
abgeriebene Schale von 1/2 unbehandelten Zitrone
4 Eidotter
500 g Topfen
80 g Grieß
50 g gehackte Pistazienkerne
4 Eiklar
Außerdem:
Butter und Brösel für die Form

◆ Die Kirschen gut waschen, entsteinen und mit Kirschwasser begießen. Zugedeckt etwa 15 Minuten marinieren. Das Backrohr auf 160° C vorheizen.

◆ Butter, 80 g Kristallzucker, Vanillezucker und Zitronenschale cremig rühren und nach und nach die Eidotter dazugeben. Zu einer schaumigen Masse rühren, dann den Topfen, Grieß und die Pistazien hinzufügen. Kirschen mitsamt der Einweichflüssigkeit unter die Schaummasse mischen. Die Eiklar steif schlagen, dabei den restlichen Zucker einrieseln lassen. Den Eischnee locker und gleichmäßig unter die Grießmasse ziehen.

◆ Eine Auflaufform mit Butter ausfetten und mit Bröseln bestreuen. Die Masse einfüllen, dabei einen 3 - 4 cm breiten Rand lassen, da der Auflauf aufgeht. In etwa 20 Minuten bei leicht geöffneter Backofentür, weitere 25 - 30 Minuten bei geschlossenem Backofen goldbraun backen.

Tips und Tricks:

Bleibt etwas von dem saftig-köstlichen Auflauf übrig – kein Problem: Der Kirsch-Grießauflauf ist auch kalt am nächsten Tag noch ein Genuß!

Ödenburger Nudelauflauf

Für 4 Personen *(Hauptspeise)*
Zubereitungszeit: *1 Stunde, 10 Minuten*

Für die Auflaufmasse:

1/2 l Milch
1 Prise Salz
120 g Bandnudeln
50 g Butter
20 g Staubzucker
ausgekratztes Mark 1/2 Vanilleschote
4 Eidotter
4 Eiklar
60 g Kristallzucker

Für die Fülle:

100 g frisch geriebener Mohn
30 g Staubzucker
1 Msp gemahlener Zimt
60 g Rosinen
2 EL flüssige Butter

Außerdem:

Butter und Brösel für die Form

◆ Die Milch mit Salz zum Kochen bringen und die Nudeln darin in etwa 5 - 6 Minuten weich kochen. Von der Kochstelle nehmen und ausdünsten lassen. Das Backrohr auf 180° C vorheizen.

◆ Butter mit Staubzucker, Vanille und den Eidottern schaumig rühren. Die abgekühlte Nudelmasse untermischen.

Eiklar steif schlagen, dabei den Kristallzucker einrieseln lassen. Den Schnee locker und gleichmäßig unter die Nudelmasse ziehen.

◆ Eine Auflaufform mit Butter ausfetten und mit Bröseln ausstreuen. Die Hälfte der Masse einfüllen.

◆ Mohn, Staubzucker und Zimt vermischen und mit den Rosinen auf der Nudelmasse verteilen, mit flüssiger Butter beträufeln und die zweite Hälfte der Nudelmasse darübergeben und den Auflauf auf der mittleren Schiene des heißen Backrohrs in 35 - 40 Minuten backen.

Tips und Tricks:

Am feinsten schmeckt der Auflauf natürlich aus selbstgemachten Nudeln. Die Kochzeit ist dann ein wenig kürzer.

Streuen Sie als Füllung einmal geriebene Walnüsse, mit Zucker und Zimt vermischt, auf die Nudeln. Unbedingt ein Kompott dazu servieren.

Nudelauflauf
mit Powidl

Für 4 Personen *(Hauptspeise)*
Zubereitungszeit: *1 Stunde*

Für die Auflaufmasse:
1/2 l Milch
1 Prise Salz
120 g Bandnudeln
30 g Butter
80 g Zucker
ausgekratztes Mark von 1/2 Vanilleschote
4 Eidotter
4 Eiklar
150 g Powidl
1/2 TL Zimt
2 EL Rum
100 g gehackte Haselnüsse
Außerdem:
Butter und Brösel für die Form

◆ Die Milch mit Salz zum Kochen bringen und die Nudeln darin in etwa 5 - 6 Minuten weich kochen. Von der Kochstelle nehmen und ausdünsten lassen. Das Backrohr auf 180° C vorheizen.

◆ Butter, die Hälfte des Kristallzuckers, Vanillemark und Eidotter unter die etwas abgekühlten Nudeln rühren. Eiklar steif schlagen, dabei den restlichen Kristallzucker einrieseln lassen. Den Schnee locker und gleichmäßig unter die Nudelmasse ziehen.

◆ Eine Auflaufform mit Butter ausfetten und mit Bröseln ausstreuen. Die Hälfte der Masse einfüllen.

◆ Powidl mit Zimt und Rum verrühren, auf die Nudelmasse streichen und die zweite Hälfte darüber geben. Die Oberfläche dick mit den gehackten Haselnüssen bestreuen und den Auflauf auf der mittleren Schiene des heißen Backrohrs in 35 - 40 Minuten backen.

Tips und Tricks:

Köstlich schmeckt eine Vanillesauce dazu!

Falls Sie keine selbstgemachten Nudeln verwenden, nehmen Sie unbedingt sehr gute industriell gefertigte Eierteigwaren! Der Geschmack dieser Aufläufe hängt nämlich in erster Linie von der Nudelqualität ab!

Wiener Gerstl-auflauf
mit Rosinen

Für 4 Personen *(Hauptspeise)*
Zubereitungszeit: *1 Stunde, 15 Minuten*
Ruhezeit: *1 Stunde*

Für den Nudelteig:
200 g Mehl
1 Prise Salz
2 Eier
Zum Kochen:
1/2 l Milch
1 Prise Salz
1 Vanilleschote
Für die Schaummasse:
80 g Butter
50 g Staubzucker
abgeriebene Schale von 1/2 unbehandelten Zitrone
4 Eidotter
50 g Rosinen
4 Eiklar
30 g Kristallzucker
Außerdem:
Butter und Brösel für die Form

◆ Mehl, 1 Prise Salz und Eier in eine Schüssel geben und mit den Knethaken eines Handrührgerätes zu einem sehr festen Nudelteig verkneten. Falls der Teig zu fest ist, ein wenig Wasser zufügen. Den Teig zugedeckt etwa 15 Minuten rasten lassen. Dann auf einem Reibeisen fein reiben und auf einem bemehlten Backbrett etwa 45 Minuten trocknen lassen. Die so entstandenen Nudeln nennt man Gerstl.

◆ Milch, 1 Prise Salz und das ausgekratzte Mark der Vanilleschote zum Kochen bringen. Die Gerstl hineinstreuen und bei schwacher Hitze weich garen und anschließend ein wenig abkühlen lassen. Das Backrohr auf 180° C vorheizen.

◆ Die weiche Butter mit Staubzucker, Zitronenschale und Eidotter schaumig rühren. Die überkühlten Gerstl und die Rosinen untermischen. Eiklar steif schlagen, dabei den Kristallzucker einrieseln lassen. Den Schnee locker und gleichmäßig unter die Gerstlmischung ziehen.

◆ Die Masse in eine gut gefettete und mit Bröseln ausgestreute Auflaufform geben und dabei einen 3 - 4 cm breiten Rand lassen, da der Auflauf aufgeht! Im heißen Backrohr in etwa 30 Minuten goldbraun backen. Mit Kompott oder Fruchtsauce genießen.

Tips und Tricks:

Fast kaiserlich wird der Gerstlauflauf, wenn man anstatt der Rosinen kleingewürfelte kandierte Früchte, eventuell in einem Likör eingeweicht, untermischt.

Eine schöne Kruste bekommt der Auflauf, wenn man die Oberfläche mit grob geriebenen Nüssen bestreut!

Wenn die Zeit fehlt, die Gerstl selber zu machen, greifen Sie auf fertig käufliche kleine Nudeln zurück.

Dampfnudeln

Mohnbuchteln

Mohr im Hemd

Preiselbeersoufflé

Mannheimer Auflauf

Für 4 Personen *(Hauptspeise)*
Zubereitungszeit: *1 Stunde, 20 Minuten*

Für die Apfelfülle:
500 g aromatische Äpfel, z. B. Boskop
1/8 l Wasser
40 g Kristallzucker
ein Stück unbehandelte Zitronenschale
1 Stück Zimtrinde
1 Gewürznelke
Für die Schaummasse:
80 g Butter
40 Staubzucker
4 Eidotter
abgeriebene Schale von 1/2 unbehandelten Zitrone
1 EL Vanillezucker
1 Msp gemahlener Zimt
2 EL Rum
100 g geschälte, geriebene Mandeln
4 Eiklar
40 g Kristallzucker
Außerdem:
einige Backoblaten
Butter und geriebene Mandeln für die Form

◆ Die Äpfel schälen, vierteln und entkernen. In einen Topf geben und mit Wasser begießen, Zucker, Zitronenschale, Zimtrinde und Gewürznelke dazugeben und in wenigen Minuten nicht ganz weich dünsten. Abkühlen lassen. Das Backrohr auf 180° C vorheizen.

◆ Butter und Zucker cremig rühren, nach und nach die Eidotter dazugeben und schaumig schlagen. Zitronenschale, Vanillezucker, Zimt und Rum dazugeben. Die Eiklar steif schlagen, dabei den Kristallzucker einrieseln lassen. Den schnittfesten und glänzenden Schnee auf die Schaummasse häufen, die Mandeln darüberstreuen und alles locker und gleichmäßig vermischen.

◆ Die Hälfte des Teiges in eine gefettete und mit Mandeln ausgebröselte Auflaufform geben, die Oberfläche mit Oblaten belegen und die gut abgetropften und überkühlten Apfelviertel darauf verteilen. Mit der restlichen Mandelmasse bedecken und im heißen Backrohr in 30 - 35 Minuten gar backen.

Tips und Tricks:

Bei diesem Auflauf ist es besonders wichtig, die Backofentür während der ersten 15 Minuten Backzeit einen Spalt geöffnet zu lassen.

Heben Sie den Dunstfond der Äpfel auf, und beträufeln Sie den fertig gebackenen Auflauf damit!

Scheiterhaufen
mit Schneehaube

Für 4 Personen *(Hauptspeise)*
Zubereitungszeit: *1 Stunde*

Für die Auflaufmasse:
5 Semmeln
1/4 l Milch
2 Eier
1 Msp gemahlener Zimt
abgeriebene Schale von 1/2 unbehandelten Zitrone
ausgekratztes Mark von 1/2 Vanilleschote
Für die Fülle:
250 g aromatische Äpfel
40 g Rosinen
40 g Kristallzucker
2 EL gehackte Haselnüsse
30 g flüssige Butter
Für die Schneehaube:
2 Eiklar
50 g Kristallzucker
Außerdem:
Butter und Brösel für die Form

◆ Die Semmeln in dünne Scheiben schneiden. Milch, Eier, Zitronenschale, Zimt und Vanillemark verquirlen und über die blätterig geschnittenen Semmeln gießen. Einweichen lassen, bis alle Flüssigkeit aufgesogen ist. Das Backrohr auf 180° C vorheizen.

◆ Die Äpfel schälen, vierteln und dünnblätterig aufschneiden. Mit Rosinen, Nüssen und Zucker vermischen.

◆ Die Hälfte der Semmelmasse in eine gefettete und ausgebröselte Auflaufform geben. Mit der Apfelmischung belegen und mit der restlichen Semmelmasse bedecken. Die Oberfläche mit zerlassener Butter beträufeln. Im heißen Backofen etwa 40 Minuten backen.

◆ Die Eiklar steif schlagen, dabei den Zucker einrieseln lassen und so lange weiterschlagen, bis der Schnee schnittfest und glänzend ist.
Den Auflauf aus dem Rohr nehmen, das Backrohr auf 250° C schalten. Den Schnee auf den gebackenen Scheiterhaufen streichen und die Schneehaube bei starker Hitze in wenigen Minuten überbräunen.

Tips und Tricks:

Falls möglich, für das Überbacken der Schneehaube Oberhitze oder Grill dazuschalten.

Man kann anstelle der Äpfel auch kleingeschnittene Marillen als Fülle in den Scheiterhaufen geben.

Semmel-Topfen-Auflauf

mit Birnen und kandierten Früchten

Für 4–6 Personen *(Hauptspeise)*
Zubereitungszeit: *1 Stunde*

Für die Semmelmasse:
100 g gemischte kandierte Früchte
4 cl Kirsch- oder Birnenschnaps
2 vollreife Birnen
Saft von 1/2 Zitrone
4 Semmeln
5 Eier
100 g Kristallzucker
ausgekratztes Mark von 1/2 Vanilleschote
500 g Topfen
1/4 l Milch
1/8 l Obers
2 EL Staubzucker
40 g Mandelstifte
30 g Butter
Außerdem:
Butter und Brösel für die Form

◆ Die kandierten Früchte in kleine Würfel schneiden, mit Schnaps begießen und mindestens 15 Minuten marinieren. Die Birnen schälen, vierteln, entkernen und dünnblätterig aufschneiden. Mit Zitronensaft beträufeln

◆ Die Semmeln in dünne Scheiben schneiden. Zwei Eier mit Zucker und Vanillemark schaumig schlagen und löffelweise den Topfen und zum Schluß die eingeweichten Früchte mitsamt der Flüssigkeit sowie die blätterigen Birnen dazugeben. Das Backrohr auf 180° C vorheizen.

◆ Den Boden einer gefetteten und ausgebröselten Auflaufform mit Semmelscheiben auslegen. Mit einer Topfenschicht bedecken und darauf wieder Semmelscheiben verteilen. So fortfahren, bis alle Zutaten aufgebraucht sind.

◆ Milch, Obers, restliche Eier und Staubzucker sorgfältig verquirlen und gleichmäßig über den Auflauf gießen. Die Oberfläche mit Mandelstiften bestreuen und mit Butterflöckchen belegen. Im heißen Backrohr in etwa 35 - 40 Minuten goldbraun backen.

Tips und Tricks:

Birnen durch Äpfel oder Marillen ersetzen.

Soll der Auflauf ganz besonders fein werden, ersetzen Sie die Semmeln durch Brioches oder Milchkipferl.
Die Zuckermenge dann ein wenig reduzieren!

Zwetschkenauflauf

Für 4 Personen *(Hauptspeise)*
Zubereitungszeit: *1 Stunde, 15 Minuten*

Für den Teig:
800 g Zwetschken
60 g Butter
150 g Staubzucker
4 Eidotter
abgeriebene Schale von 1/2 unbehandelten Zitrone
1 Prise Salz
150 g Weizenmehl
50 g geröstete gehackte Haselnüsse
1/2 TL gemahlener Zimt
1/2 Päckchen Backpulver
4 Eiklar
1 EL Kristallzucker
Außerdem:
Butter und geriebene Haselnüsse für die Form
Staubzucker zum Bestäuben

◆ Zwetschken waschen, halbieren und entsteinen. Das Backrohr auf 180° C vorheizen.

◆ Butter und Staubzucker cremig rühren und nach und nach die Eidotter, Zitronenschale und Salz hinzufügen. Löffelweise das Mehl, die Nüsse, Zimt und das Backpulver unterrühren. Die Eiklar steif schlagen, dabei den Kristallzucker einrieseln lassen und den Schnee locker und gleichmäßig unter den Teig ziehen.

◆ Eine gefettete und mit Nüssen ausgestreute Auflaufform mit der Hälfte der Masse füllen, die Zwetschkenhälften auf dem Teig verteilen und einsinken lassen. Mit der restlichen Teigmasse bedecken und im heißen Backrohr in etwa 45 - 50 Minuten gar backen. Mit Vanillesauce servieren.

Tips und Tricks:

Es macht zwar etwas mehr Arbeit, aber geröstet haben Haselnüsse wesentlich mehr Aroma. Dazu die Nüsse auf ein Backblech geben und im etwa 200° C heißen Backrohr so lange rösten, bis sich das braune Häutchen abreiben läßt!

Am besten gleich etwas mehr Nüsse auf Vorrat rösten und in einer gut verschließbaren Dose aufbewahren.

Der Auflauf schmeckt auch kalt, selbst am nächsten Tag noch, zum Beispiel mit Schlagobers.

Zwiebackauflauf
mit Himbeeren

Für 4 Personen *(Hauptspeise)*
Zubereitungszeit: *1 Stunde, 20 Minuten*

Für den Zwiebackteig:
200 g Zwieback
400 ml Milch
1/2 Vanilleschote
250 g Himbeeren
50 g Butter
60 g Staubzucker
abgeriebene Schale von 1/2 unbehandelten Zitrone
4 Eidotter
4 Eiklar
30 g Kristallzucker
Außerdem:
Butter und geriebene Mandeln für die Form
Staubzucker zum Bestäuben

◆ Den Zwieback fein reiben und in eine Schüssel geben. Die Milch mit der aufgeschlitzten Vanilleschote erhitzen. Das Vanillemark mit einem spitzen Messer in die heiße Milch schaben und über die Zwiebackbrösel gießen. Etwa 10 Minuten einweichen, bis die Milch aufgesogen ist. Die Himbeeren entkelchen! Das Backrohr auf 160° C vorheizen.

◆ Butter, Staubzucker und Zitronenschale cremig rühren und nach und nach die Eidotter hinzufügen. Die gut eingeweichten Zwiebackbrösel unter die Schaummasse mischen.

◆ Eiklar steif schlagen, dabei den Zucker einrieseln lassen. Den Schnee auf die Schaummasse häufen, die Himbeeren darüber verteilen und alles locker und gleichmäßig vermischen.

◆ Eine Auflaufform mit Butter ausfetten und mit geriebenen Mandeln ausstreuen. Die Zwieback-Himbeer-Masse einfüllen und im heißen Backofen 30 Minuten backen, dabei die Ofentür einen Spalt offen lassen. Dann bei geschlossenem Backrohr in weiteren 20 - 30 Minuten goldgelb backen.

Tips und Tricks:

Statt Zwiebackbrösel fein geriebene Reste eines altbackenen Kuchens oder der übriggebliebenen Weihnachtskekse nehmen. 20 g Staubzucker bei der Schaummasse sind dann ausreichend.

Eiskoch

Für 4 Personen *(Hauptspeise)*
Zubereitungszeit: *1 Stunde*

Für die Semmelmasse:
4 Semmeln
1/4 l Milch
40 g Butter
40 g Staubzucker
1 Ei
2 Eidotter
2 Eiklar
2 EL Vanillezucker
20 g Semmelbrösel
20 g geschälte geriebene Mandeln
Für die Fülle:
80 g Ribisel- oder Preiselbeermarmelade
2 EL Rum
Für die Schneehaube:
2 Eiklar
60 g Kristallzucker
1 EL Zitronensaft
Außerdem:
Butter und Brösel für die Form

◆ Die Semmeln entrinden, das heißt, die Kruste an einem feinen Reibeisen abreiben. Die Semmeln in dünne Scheiben schneiden, mit der kalten Milch übergießen und mindestens 10 Minuten einweichen. Anschließend gut ausdrücken, durch ein grobes Sieb passieren und gut verrühren. Das Backrohr auf 180° C vorheizen.

◆ Butter und Staubzucker cremig rühren und nach und nach das ganze Ei, die Eidotter und die Semmelmasse unterrühren.

◆ Die Eiklar steif schlagen, dabei den Vanillezucker einrieseln lassen und, sobald der Schnee richtig steif ist, Semmelbrösel und Mandeln hinzufügen. Die Baisermasse mit der Semmelmasse sorgfältig vermischen und in eine gefettete und ausgebröselte Form füllen. Dabei muß ein etwa 4 - 5 cm breiter Rand bleiben, da einerseits der Auflauf aufgeht und andererseits noch eine Schneehaube darüberkommt. In die Fettpfanne des Backofens etwa zwei Fingerbreit heißes Wasser füllen, die Form hineinstellen und 20 Minuten backen. Dann herausnehmen und das Backrohr auf 250° C (falls möglich mit Oberhitze) schalten.

◆ Ribisel- oder Preiselbeermarmelade mit Rum verrühren und auf den gebackenen Auflauf streichen. Eiklar steif schlagen, dabei den Kristallzucker einrieseln lassen und den Zitronensaft hinzufügen. So lange weiterschlagen, bis der Schnee schnittfest und glänzend ist. Über der Marmeladenschicht gleichmäßig verteilen und im heißen Rohr in etwa 6 - 8 Minuten überbacken. Die Oberfläche muß goldbraun gefärbt sein.

Tips und Tricks:

Zum Portionieren ein großes Messer in heißes Wasser tauchen!

Linzer Koch

Für 4 Personen *(Hauptspeise)*
Zubereitungszeit: *1 Stunde, 15 Minuten*

Für den Teig:
80 g Kuchenbrösel
3–4 EL Milch
50 g Butter
50 g Staubzucker
abgeriebene Schale von 1/2 unbehandelten Zitrone
3 Eidotter
40 g geriebene Mandeln
3 Eiklar
1 EL Vanillezucker
einige Backoblaten
ca. 80 g Ribiselmarmelade
Außerdem:
Butter und Brösel für die Form

◆ Die Kuchenbrösel mit kalter Milch begießen und mindestens 15 Minuten einweichen. Das Backrohr auf 180° C vorheizen.

◆ Butter, Staubzucker und Zitronenschale cremig rühren und nach und nach die Eidotter, die eingeweichten Kuchenbrösel und die geriebenen Mandeln dazugeben. Die Eiklar steif schlagen, dabei den Vanillezucker einrieseln lassen und den Schnee locker und gleichmäßig unter den Teig ziehen.

◆ Eine große, nicht zu hohe Auflaufform mit Butter ausfetten und mit Bröseln ausstreuen. Die Hälfte der Masse einfüllen, glattstreichen und mit Oblaten belegen. Mit Ribiselmarmelade bestreichen und die zweite Teighälfte darüberstreichen.

◆ In die Fettpfanne des Backofens etwa zwei Fingerbreit heißes Wasser füllen, die Form hineinstellen und 40 - 45 Minuten backen!

Tips und Tricks:

Falls nach der Weihnachtszeit Lebkuchen übriggeblieben sind, diese fein reiben und damit das Linzer Koch zubereiten.

Salzburger Koch

Für 4 Personen *(Hauptspeise)*
Zubereitungszeit: *1 Stunde, 10 Minuten*

Für den Teig:
250 g Kirschen
2 cl Kirschwasser
3 Semmeln
200 ml Milch
80 g Butter
20 g Staubzucker
4 Eidotter
ausgekratztes Mark von 1/2 Vanilleschote
50 g geschälte, geriebene Mandeln
3 Eiklar
30 g Kristallzucker
Außerdem:
Butter und geriebene Mandeln für die Form
Staubzucker zum Bestäuben

◆ Die Kirschen entsteinen, in eine Schüssel geben und mit Kirschwasser marinieren. Die Semmeln entrinden, das heißt, die Kruste an einem feinen Reibeisen abreiben. Die Semmeln in dünne Scheiben schneiden, mit der kalten Milch übergießen und mindestens 10 Minuten einweichen. Anschließend gut ausdrücken, durch ein grobes Sieb passieren und sehr gut verrühren. Das Backrohr auf 180° C vorheizen.

◆ Butter und Staubzucker cremig rühren und nach und nach die Eidotter, Vanillemark, Mandeln und die Semmelmasse unterrühren.

◆ Die Eiklar steif schlagen, dabei den Kristallzucker einrieseln lassen. Den Schnee locker und gleichmäßig unter die Teigmasse ziehen.

◆ Eine Auflaufform mit Butter ausstreichen und mit geriebenen Mandeln ausstreuen. Die Hälfte der Masse einfüllen, mit Oblaten belegen und die Früchte mitsamt Einweichflüssigkeit darauf verteilen. Mit dem restlichen Teig bedecken.

◆ In die Fettpfanne des Backofens etwa zwei Fingerbreit heißes Wasser füllen, die Form hineinstellen und 40 - 45 Minuten backen! Mit Staubzucker bestäubt servieren!

Tips und Tricks:

Statt mit Semmeln schmeckt das Koch ganz besonders fein mit eingeweichtem alt gewordenen Biskuit oder Löffelbiskuit.

Die Kirschen kann man, je nach Jahreszeit, durch andere Früchte ersetzen.

Kipferlkoch

Für 4 Personen *(Hauptspeise)*
Zubereitungszeit: *1 Stunde, 10 Minuten*

Für die Kipferlmasse:
5 altbackene Kipferl
1/8 l Milch
1 Prise Salz
2 Eier
2 EL Kristallzucker
400 g aromatische Äpfel
40 g Rosinen
1/2 TL gemahlener Zimt
Für die Eiermilch:
1/8 l Milch
2 Eidotter
2 EL Vanillezucker
2 EL Rum
Außerdem:
Butter für die Form und zum Belegen

◆ Die Kipferl in dünne Scheiben schneiden und in eine Schüssel geben. Die kalte Milch mit Salz, Eiern und Zucker verquirlen und über die blättrig geschnittenen Kipferl gießen. Gut durchweichen lassen.

◆ Die Äpfel schälen, vierteln, entkernen und blättrig aufschneiden. Mit Rosinen und Zimt vermischen. Das Backrohr auf 160° C vorheizen.

◆ Eine Auflaufform mit einem Drittel der Butter ausfetten, die Hälfte der Kipferlmasse hineingeben und mit der Apfelmischung belegen. Mit der restlichen Kipferlmasse bedecken.

◆ Die Milch mit den Eidottern, Vanillezucker und Rum gründlich verquirlen und mit einem Löffel über den vorbereiteten Auflauf verteilen. Die Oberfläche mit der restlichen Butter in kleinen Flöckchen belegen.

◆ In die Fettpfanne des Backofens etwa zwei Fingerbreit heißes Wasser füllen, die Form hineinstellen und ca. 45 Minuten backen! Mit Staubzucker bestäubt sofort servieren! Dazu paßt hervorragend Zwetschkenröster!

Tips und Tricks:

Die Oberfläche muß goldbraun und knusprig werden.

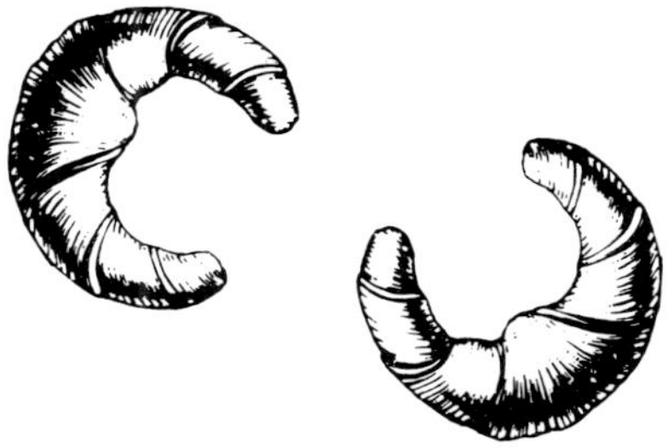

Nußkoch

Für 4 Personen *(Hauptgericht)*
Zubereitungszeit: *1 Stunde, 10 Minuten*

Für den Teig:
4 Eidotter
40 g Staubzucker
1 Msp gemahlener Zimt
ausgekratztes Mark von 1/2 Vanilleschote
4 Eiklar
60 g Kristallzucker
80 g geriebene Walnüsse
20 g Biskuitbrösel
50 g Mehl
Außerdem:
Butter und Brösel für die Form

◆ Eidotter, Staubzucker, Zimt und Vanillemark mit den Schneebesen eines Handrührgerätes oder einer Küchenmaschine schaumig schlagen. Das Backrohr auf 180° C vorheizen.

◆ In einer zweiten Schüssel die Eiklar steif schlagen, dabei den Kristallzucker einrieseln lassen. Ein Drittel des Schnees auf die Schaummasse häufen, geriebene Nüsse, Biskuitbrösel und Mehl darüberstreuen und alles sorgfältig miteinander verrühren. Den restlichen Schnee locker und gleichmäßig, am besten mit einem Kochlöffel, unterheben.

◆ Eine Auflaufform mit Butter ausstreichen und mit Bröseln ausstreuen. Die Nußmasse einfüllen, dabei einen etwa 3 cm breiten Rand lassen.

◆ In die Fettpfanne des Backofens etwa zwei Fingerbreit heißes Wasser füllen, die Form hineinstellen und ca. 45 Minuten backen! Mit Staubzucker bestäubt sofort servieren, zum Beispiel mit Weinchaudeau.

Tips und Tricks:

Füllt man die Masse in eine gut verschließbare Puddingform und kocht diesen im Wasserbad, wird die Mehlspeise zwar saftiger, dafür fehlt die Kruste.

Reste kann man wie Kuchen zu Kaffee oder Tee anbieten!

Schokoladenkoch
mit Preiselbeeren

Für 4 Personen *(Hauptspeise)*
Zubereitungszeit: *1 Stunde, 15 Minuten*

Für den Teig:
200 g Biskuitbrösel
ca. 1/4 l Milch
2 cl Rum
50 g Butter
20 g Staubzucker
4 Eidotter
50 g gute Zartbitter-Schokolade
1 Msp gemahlener Zimt
1 Msp gemahlene Nelken
4 Eiklar
2 EL Vanillezucker
80 g geröstete, geriebene Haselnüsse
Für die Fülle:
einige Backoblaten
ca. 150 g Preiselbeermarmelade
Außerdem:
Butter und geriebene Haselnüsse für die Form

◆ Die Biskuitbrösel langsam mit kalter Milch und Rum beträufeln – die Brösel dürfen auf keinen Fall zu naß werden. Kurz einweichen lassen. Das Backrohr auf 160° C vorheizen.
◆ Butter und Staubzucker cremig rühren und nach und nach die Eidotter hinzufügen. Die Schokolade in kleine Stücke brechen und erwärmen, bis sie flüssig ist, dann mit Zimt, Nelken und den eingeweichten Biskuitbröseln unter die Schaummasse mischen.
◆ Eiklar steif schlagen, dabei den Vanillezucker einrieseln lassen. Den Schnee auf die Schaummasse häufen, die geriebenen Haselnüsse darüberstreuen und locker und gleichmäßig, am besten mit einem Kochlöffel, unterziehen.
◆ Eine Auflaufform mit Butter ausstreichen und mit geriebenen Haselnüssen ausstreuen. Die Hälfte des Teiges einfüllen, die Oberfläche glattstreichen und mit den Oblaten belegen. Die Preiselbeermarmelade daraufstreichen und mit der zweiten Teigmasse bedecken. Darauf achten, daß ein 3 cm breiter Rand bleibt, da der Auflauf aufgeht.
◆ In die Fettpfanne des Backofens etwa zwei Fingerbreit heißes Wasser füllen, die Form hineinstellen und 40 - 45 Minuten backen! Mit Staubzucker bestäuben und eventuell mit Vanillesauce servieren.

Tips und Tricks:

Auch abgekühlt mit Schlagobers ist diese Mehlspeise eine wahre Gaumenfreude!

Haselnüsse vor dem Reiben im 200° C heißen Backofen so lange rösten, bis sich die braune Haut leicht abreiben läßt!

Weinkoch

Für 4 Personen *(Hauptspeise)*
Zubereitungszeit: *1 Stunde*

Für den Teig:
4 Eidotter
80 g Staubzucker
Saft und Schale von 1 unbehandelten Orange
1 Prise Salz
1 Msp gemahlener Zimt
1 Msp gemahlene Gewürznelken
4 Eiklar
2 EL Vanillezucker
60 g Semmelbrösel
60 g geschälte geriebene Mandeln
Zum Tränken:
1/4 l kräftiger Rotwein
1 Stückchen unbehandelte Orangenschale
1 Stückchen Zimtstange
1 Gewürznelke
1–2 EL Kristallzucker
Außerdem:
Butter und Brösel für die Form

◆ Das Backrohr auf 180° C vorheizen. Eidotter, Staubzucker, Saft und Schale der Orange, Salz, Zimt und Gewürznelke mit den Schneebesen eines Handrührgerätes schaumig schlagen. In einer zweiten fettfreien Schüssel die Eiklar steif schlagen, dabei den Vanillezucker einrieseln lassen. Ein Drittel des steifgeschlagenen Schnees mit den Bröseln und den Mandeln unter die Schaummasse rühren. Den restlichen Schnee locker und gleichmäßig, am besten mit einem Kochlöffel, unterziehen.

◆ Die Masse in eine gefettete und mit Bröseln ausgestreute Gugelhupfform füllen.

◆ In die Fettpfanne des Backofens etwa zwei Fingerbreit heißes Wasser füllen, die Form hineinstellen und 35 - 40 Minuten backen!

◆ Den Rotwein mit Orangenschale, Zimtstange, Gewürznelke und Zucker erhitzen, aber nicht kochen lassen.

◆ Gugelhupf auf eine vorgewärmte Platte stürzen und mit dem Glühwein löffelweise durch ein Sieb beträufeln, bis das „Koch“ vollgesogen und saftig ist. Mit Kompott, Schlagobers oder Weinchaudeau genießen.

Tips und Tricks:

Das Wiener Weinkoch, von dem es viele Rezeptvarianten gibt, ist auch gut gekühlt, mit Schlagobers, ein willkommener Kuchen!

Diese festliche Mehlspeise wird in manchen Gegenden auch mit heißem gewürztem Weißwein oder mit Glühmost getränkt!

Früher war das Wiener Weinkoch eine geschätzte Mehlspeise bei einem Hochzeits- oder Leichenmahl!

Maronipudding

Für 4 Personen *(Hauptspeise)*
Zubereitungszeit: *1 Stunde, 10 Minuten*

Für die Maronimasse:
50 g Butter
60 g Staubzucker
4 Eidotter
150 g gekochte Maroni
2 EL Rum
abgeriebene Schale von 1/2 unbehandelten Orange
1 Msp gemahlener Zimt
4 Eiklar
2 EL Vanillezucker
1 Prise Salz
1 EL Zitronensaft
Außerdem:
Butter und Vanillezucker für die Form

◆ Butter und Staubzucker cremig rühren und nach und nach die Eidotter unterrühren. Die weichgekochten Maroni durch ein Sieb passieren und mit Rum, Orangenschale und Zimt mit der Schaummasse vermischen.

◆ Die Eiklar steif schlagen, dabei den Vanillezucker, Salz und Zitronensaft hinzufügen. Ein Drittel des Schnees unterrühren, den Rest mit einem Kochlöffel locker und gleichmäßig unterziehen.

◆ Eine Kochpuddingform und den dazugehörenden Deckel sorgfältig mit Butter ausstreichen und mit Vanillezucker ausstreuen. Einen großen, hohen Topf zur Hälfte mit Wasser füllen und zum Kochen bringen.

◆ Die Teigmasse in die Kochpuddingform füllen, darauf achten, daß die Form nur zu Dreiviertel gefüllt ist, damit sich die Masse während des Garens ausdehnen kann. Die Form mit dem passenden Deckel fest verschließen.
Einen umgestürzten Teller in das Wasserbad legen, die Form daraufstellen und den Topf mit einem gut schließenden Deckel bedecken. Ein feuchtes Tuch darüberlegen und den Pudding bei schwacher Hitze in 45 - 50 Minuten garen. Das Wasser darf dabei nicht kochen.

◆ Den gegarten Pudding herausnehmen, einige Minuten ruhen lassen, dann den Deckel öffnen und auf eine vorgewärmte Platte stürzen. Gut dazu passen Preiselbeeren und Orangensauce.

Tips und Tricks:

Maroni gibt es bereits fertig gekocht im Glas zu kaufen.

Frische Maroni kreuzweise einschneiden, im kochenden Salzwasser weich kochen und anschließend schälen.

Mokka-schokoladenpudding

Für 4 Personen *(Hauptspeise)*
Zubereitungszeit: *1 Stunde*

Für den Teig:
1/4 l Milch
50 g Butter
125 g Mehl
100 g Mokkaschokolade
2 cl Kaffeelikör
5 Eidotter
5 Eiklar
1 EL Vanillezucker
50 g Kristallzucker
Außerdem:
Butter und Staubzucker für die Form

◆ Milch und Butter unter Rühren zum Kochen bringen. Das Mehl hineinschütten und so lange mit einem Kochlöffel rühren, bis sich die Masse vom Topfboden löst.

◆ Topf von der Kochstelle nehmen. Die Schokolade in Stücke brechen und bei schwacher Hitze, am besten im Wasserbad, schmelzen. Die flüssige Schokolade und den Likör unter die gekochte Masse mischen und nach und nach die Eidotter unterrühren.

◆ Die Eiklar steif schlagen und dabei den Vanillezucker und Kristallzucker einrieseln lassen. So lange weiterschlagen, bis der Schnee schnittfest und glänzend ist. Vorsichtig, am besten mit einem Kochlöffel, unter die Masse heben.

◆ Eine Kochpuddingform und den dazugehörenden Deckel sorgfältig mit Butter ausstreichen und mit Staubzucker ausstreuen. Einen großen, hohen Topf zur Hälfte mit Wasser füllen und zum Kochen bringen.

◆ Die Schokoladenmasse in die Kochpuddingform füllen, darauf achten, daß die Form nur zu Dreiviertel gefüllt ist, damit sich die Masse während des Garens ausdehnen kann. Die Form mit dem passenden Deckel fest verschließen.

◆ Einen umgestürzten Teller in das Wasserbad legen, die Form daraufstellen und den Topf mit einem gut schließenden Deckel bedecken. Ein feuchtes Tuch darüberlegen und den Pudding bei schwacher Hitze in 30 - 35 Minuten garen. Das Wasser darf dabei nicht kochen.

◆ Den gegarten Pudding herausnehmen, einige Minuten ruhen lassen, dann den Deckel öffnen und auf eine vorgewärmte Platte stürzen. Mit Vanillesauce servieren.

Tips und Tricks:

Ob Mokka-, Zartbitter- oder Nußschokolade, das bleibt Ihrem ganz persönlichen Geschmack überlassen.
Den Alkohol dann jedoch passend dazu abstimmen!

Mohr im Hemd

Für 4 Personen *(Hauptspeise)*
Zubereitungszeit: *1 Stunde*

Für die Schokoladenmasse:
100 g Zartbitter-Schokolade
100 g Butter
100 g Staubzucker
5 Eidotter
1 EL Kakao
abgeriebene Schale von 1/2 unbehandelten Orange
2 cl Orangenlikör
4 Eiklar
2 EL Vanillezucker
100 g geriebene Mandeln
50 g Semmelbrösel
Außerdem:
Butter und Staubzucker für die Form
100 g dunkle Kuvertüre
1/4 l Obers

◆ Die Schokolade in Stücke brechen und im Wasserbad schmelzen lassen.

◆ Butter und Staubzucker cremig rühren und nach und nach die Eidotter, Kakao, Orangenschale, Likör und die flüssige, etwas abgekühlte Schokolade dazugeben. Die Eiklar steif schlagen, dabei den Vanillezucker einrieseln lassen. Ein Drittel des Schnees auf die Schaummasse häufen, die geriebenen Mandeln und die Semmelbrösel darüberstreuen und gut miteinander verrühren. Den restlichen Schnee locker und gleichmäßig, am besten mit einem Kochlöffel, unterziehen.

◆ Eine Kochpuddingform und den dazugehörenden Deckel sorgfältig mit Butter ausstreichen und mit Staubzucker ausstreuen. Einen großen, hohen Topf zur Hälfte mit Wasser füllen und zum Kochen bringen.

◆ Die Schokoladenmasse in die Kochpuddingform füllen, darauf achten, daß die Form nur zu Dreiviertel gefüllt ist, damit sich die Masse während des Garens ausdehnen kann. Die Form mit dem passenden Deckel fest verschließen.

◆ Einen umgestürzten Teller in das Wasserbad legen, die Form daraufstellen und den Topf mit einem gut schließenden Deckel bedecken. Ein feuchtes Tuch darüberlegen und den Pudding bei schwacher Hitze in 30 - 35 Minuten garen. Das Wasser darf dabei nicht kochen.

◆ Den gegarten Mohr herausnehmen, einige Minuten ruhen lassen, dann den Deckel öffnen und auf eine vorgewärmte Platte stürzen.

◆ Die Kuvertüre im Wasserbad schmelzen lassen, über den Mohr gießen oder aufraspeln und den Mohr umkränzen. Halbsteif geschlagenes Obers getrennt dazu reichen.

Tips und Tricks:

Warm und kalt ein Klassiker der österreichischen Mehlspeisenküche.

Unzählige Varianten gibt es davon – mal mit Haselnüssen, mal mit oder ohne Kakaopulver, mal mit viel oder weniger Schokolade.

Topfenpudding

Für 4 Personen *(Hauptspeise)*
Zubereitungszeit: *1 Stunde, 20 Minuten*

Für die Topfenmasse:
3 Eidotter
80 g Staubzucker
1 Prise Salz
abgeriebene Schale von 1 unbehandelten Zitrone
5 EL Obers
40 g Vanillepuddingpulver
500 g Topfen
100 g Rosinen
50 geschälte, gehackte Mandeln
4 Eiklar
2 EL Vanillezucker
Außerdem:
Butter und Staubzucker für die Form

◆ Eidotter, Staubzucker, Salz und Zitronenschale mit den Schneebesen eines Handrührgerätes oder einer Küchenmaschine schaumig schlagen. Löffelweise das Obers, Puddingpulver, Topfen, Rosinen und Mandeln unterrühren.

◆ Eiklar steif schlagen, dabei den Vanillezucker einrieseln lassen. Den Schnee locker und gleichmäßig unter die Topfenmasse ziehen.

◆ Eine Kochpuddingform und den dazugehörenden Deckel sorgfältig mit Butter ausstreichen und mit Staubzucker ausstreuen. Einen großen, hohen Topf zur Hälfte mit Wasser füllen und zum Kochen bringen.

◆ Die Topfenmasse in die Kochpuddingform füllen, darauf achten, daß die Form nur zu Dreiviertel gefüllt ist, damit sich die Masse während des Garens ausdehnen kann. Die Form mit dem passenden Deckel fest verschließen.

◆ Einen umgestürzten Teller in das Wasserbad legen, die Form daraufstellen und den Topf mit einem gut schließenden Deckel bedecken. Ein feuchtes Tuch darüberlegen und den Pudding bei schwacher Hitze in 40 - 45 Minuten garen. Das Wasser darf dabei nicht kochen.

◆ Den gegarten Topfenpudding herausnehmen, einige Minuten ruhen lassen, dann den Deckel öffnen und auf eine vorgewärmte Platte stürzen.

Tips und Tricks:

Fast alle Früchte – ob als Kompott oder als Fruchtsauce – lassen sich mit dem lockeren Topfenpudding kombinieren, zum Beispiel Rhabarber-Erdbeer-Kompott, Marillensauce oder Himbeerpüree!

Schoko-Palatschinken mit Marillenkompott

Einfache Topfenpalatschinken

Mohnpudding

Für 4 Personen *(Hauptspeise)*
Zubereitungszeit: *1 Stunde, 10 Minuten*

Für die Mohnmasse:
2 Semmeln
1/8 l kräftiger Rotwein
100 g Butter
80 g Staubzucker
2 cl Rum
abgeriebene Schale von 1/2 unbehandelten Orange
5 Eidotter
100 g frisch gemahlener Mohn
6 Eiklar
1 Prise Salz
40 g Kristallzucker
Außerdem:
Butter und Staubzucker für die Form

◆ Die Semmeln in sehr kleine Würfel schneiden, in eine Schüssel geben, mit Rotwein begießen und einige Minuten durchweichen lassen.
◆ Butter, Staubzucker, Rum und Orangenschale cremig rühren und nach und nach die Eidotter hinzufügen. Zu einer schaumigen Masse aufschlagen, dann den Mohn untermischen. Die Eiklar steif schlagen, dabei den Kristallzucker einrieseln lassen. Ein Drittel des Schnees unter die Mohnmasse rühren, dann den Rest locker und gleichmäßig, am besten mit einem Kochlöffel, unterziehen.
◆ Eine Kochpuddingform und den dazugehörenden Deckel sorgfältig mit Butter ausstreichen und mit Vanillezucker ausstreuen. Einen großen, hohen Topf zur Hälfte mit Wasser füllen und zum Kochen bringen.
◆ Die Mohnmasse in die Kochpuddingform füllen, darauf achten, daß die Form nur zu Dreiviertel gefüllt ist, damit sich die Masse während des Garens ausdehnen kann. Die Form mit dem passenden Deckel fest verschließen. Einen umgestürzten Teller in das Wasserbad legen, die Form daraufstellen und den Topf mit einem gut schließenden Deckel bedecken. Ein feuchtes Tuch darüberlegen und den Pudding bei schwacher Hitze in 45 - 50 Minuten garen. Das Wasser darf dabei nicht kochen.
◆ Den gegarten Pudding herausnehmen, einige Minuten ruhen lassen, dann den Deckel öffnen und auf eine vorgewärmte Platte stürzen. Mit Vanillesauce, Schlagobers oder Birnenkompott servieren.

Tips und Tricks:

Das herrliche Mohnaroma kommt auf diese schonende Weise zubereitet, optimal zur Geltung – allerdings nur, wenn der Mohn erst kurz vor dem Gebrauch frisch gemahlen wurde!

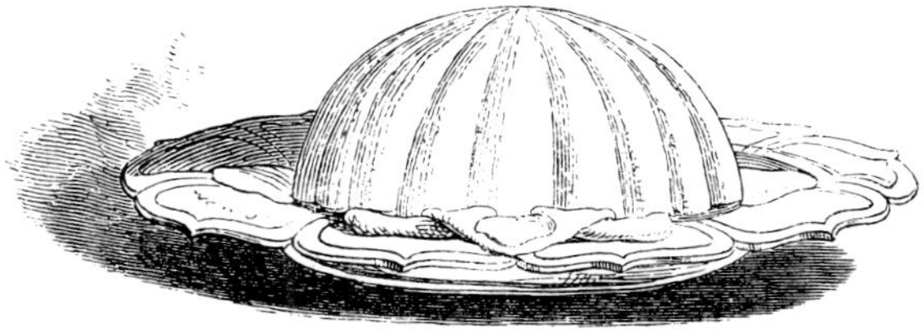

Kabinettpudding

Für 4 Personen *(Hauptspeise)*
Zubereitungszeit: *1 Stunde, 30 Minuten*

Für die Puddingmasse:
200 g Biskuitreste oder Löffelbiskuits
50 g gehackte Mandeln
50 g Zitronat und Arancini, in Würfel geschnitten
50 g Rosinen
4 cl Orangenlikör
300 ml Milch
50 g Kristallzucker
2 EL Vanillezucker
3 Eier
Außerdem:
Butter für die Form
Staubzucker zum Bestäuben

◆ Biskuitreste oder Löffelbiskuits in kleine Würfel schneiden und mit den Mandeln in einer Schüssel vermischen. Zitronat, Arancini und Rosinen mit dem Likör begießen und 10 Minuten marinieren.
◆ Milch, Kristallzucker, Vanillezucker und Eier gründlich mit einem Schneebesen verquirlen.
◆ Eine Kochpuddingform und den dazugehörenden Deckel sorgfältig mit Butter ausstreichen und mit Staubzucker ausstreuen. Einen großen, hohen Topf zur Hälfte mit Wasser füllen und zum Kochen bringen.
◆ Biskuitwürfel und die marinierten Früchte miteinander vermischen, in die Kochpuddingform füllen und mit der Eiermilch übergießen. Darauf achten, daß die Form nur zu Dreiviertel gefüllt ist, damit sich die Masse während des Garens ausdehnen kann. Die Form mit dem passenden Deckel fest verschließen.
◆ Einen umgestürzten Teller in das Wasserbad legen, die Form daraufstellen und den Topf mit einem gut schließenden Deckel bedecken. Ein feuchtes Tuch darüber legen und den Pudding bei schwacher Hitze in 50 - 60 Minuten garen. Das Wasser darf dabei nicht kochen.
◆ Den gegarten Pudding herausnehmen, einige Minuten ruhen lassen, dann den Deckel öffnen und auf eine vorgewärmte Platte stürzen. Mit Staubzucker bestäuben und mit Kompott oder Weinchaudeau servieren.

Tips und Tricks:

Form und Deckel müssen sehr gut eingefettet werden, will man beim Stürzen keine böse Überraschung erleben.

Nachdem die Form aus dem Wasserbad genommen wurde, unbedingt einige Minuten abdampfen lassen, bevor der Deckel geöffnet wird.

Preiselbeersoufflé

Für 4 Personen *(Nachspeise)*
Zubereitungszeit: *50 Minuten*

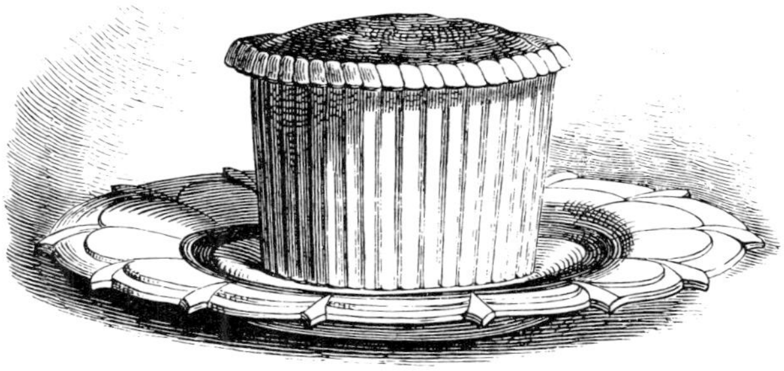

Für den Soufflémasse:
250 g frische Preiselbeeren
2 EL Rotwein
160 g Kristallzucker
2 EL Kirschschnaps
6 Eiklar
2 EL Vanillezucker
Außerdem:
Butter und Kristallzucker für die Form
Staubzucker zum Bestäuben

◆ Die Preiselbeeren verlesen, kurz waschen und abgetropft in einen Topf geben. Den Rotwein darübergießen und zugedeckt in etwa 5 Minuten weichdünsten. Die Früchte durch ein Sieb passieren und das entstandene Mus mit 100 g Zucker verrühren. Mit Kirschschnaps abschmecken.

◆ Eine Souffléform mit Butter ausstreichen, mit Zucker ausstreuen und die Form in den Kühlschrank stellen. Das Backrohr auf 180° C vorheizen.

◆ Die Eiklar steif schlagen, dabei den Vanillezucker einrieseln lassen und so lange weiterschlagen, bis der Schnee schnittfest und glänzend ist. Ein Drittel davon unter das abgekühlte Preiselbeermus rühren, den restlichen Schnee locker und gleichmäßig unterziehen. Die Schaummasse in die gut gekühlte Form füllen und im heißen Backrohr 25 - 30 Minuten goldbraun backen.

◆ Herausnehmen, mit Staubzucker bestäuben und sofort servieren.

Tips und Tricks:

Schließen Sie vor dem Auftragen die Fenster, damit kein Luftzug das zarte Gebilde zusammenklatschen läßt! Ein lockerer, leicht bekömmlicher Abschluß nach einem etwas üppigen Menü!

Orangensoufflé

Für 4 Personen *(Nachspeise)*
Zubereitungszeit: *50 Minuten*

Für die Soufflémasse:
30 g kandierte Orangenscheiben
2 cl Orangenlikör
Saft und Schale von 1/2 unbehandelten Orange
40 g Kristallzucker
1/8 l Milch
20 g Butter
20 g Mehl
3 Eiklar
2 Eidotter
30 g gehackte Pistazien
Außerdem:
Butter und Vanillezucker für die Förmchen
Staubzucker zum Bestäuben

◆ Die kandierten Orangenscheiben in kleine Würfel schneiden, mit Orangenlikör und -saft begießen und mindestens 15 Minuten marinieren. Die Orangenschale und 20 g Kristallzucker in der Milch erhitzen.

◆ Das Backrohr auf 200° C vorheizen und einen großen, flachen Topf, zwei Fingerbreit mit Wasser gefüllt, auf die mittlere Schiene stellen.

◆ Die Butter in einem Topf bei schwacher Hitze zerlassen. Das Mehl unter Rühren mit einem Kochlöffel dazugeben und aufschäumen lassen. Mit der heißen Orangenmilch ablöschen und unter Rühren einige Male aufkochen lassen. Sofort 1 Eiklar unterrühren. Überkühlen lassen, dann nach und nach die Eidotter sowie die kandierten Orangenwürfel mitsamt Flüssigkeit und die Pistazien gleichmäßig untermischen.

◆ 4 Souffléförmchen mit Butter ausfetten und mit Vanillezucker ausstreuen. Die restlichen Eiklar steif schlagen, dabei den restlichen Kristallzucker einrieseln lassen und so lange weiterschlagen, bis der Schnee schnittfest und glänzend ist. Ein Drittel des Schnees unter den Teig rühren, den Rest locker und gleichmäßig, am besten mit einem Kochlöffel, unterziehen.

◆ Die Masse in die Förmchen füllen, dabei einen etwa 1 cm breiten Rand lassen, da die Soufflés aufgehen. Etwa 20 Minuten im Wasserbad garen. Falls nötig die Oberfläche mit Alufolie abdecken, damit die Soufflés nicht zu stark bräunen. Sofort mit Staubzucker bestäubt servieren.

Tips und Tricks:

Ideal für das Soufflébacken ist ein Backofen, bei dem man Ober- und Unterhitze einstellen kann. Die zarte Mehlspeise benötigt eine hohe Unterhitze und eine schwache Oberhitze. Eine altbewährte Abhilfe: ein bis zwei Bleche auf die oberste Schiene schieben.

Schokoladen-Walnuß-Soufflé

Für 4 Personen *(Nachspeise)*
Zubereitungszeit: *50 Minuten*

Für die Soufflémasse:
1/8 l Milch
50 g Nußschokolade
20 g Butter
20 g Mehl
3 Eiklar
2 Eidotter
2 EL Rum
50 g gehackte Walnüsse
30 g Kristallzucker
Außerdem:
Butter und Vanillezucker für die Förmchen
Staubzucker zum Bestäuben

◆ Das Backrohr auf 200° C vorheizen und einen großen, flachen Topf, zwei Fingerbreit mit Wasser gefüllt, auf die mittlere Schiene stellen.
◆ Die Schokolade in Stücke brechen und in der Milch erhitzen, bis sie sich aufgelöst hat. Die Butter in einem Topf bei schwacher Hitze zerlassen. Das Mehl unter Rühren mit einem Kochlöffel dazugeben und aufschäumen lassen. Mit der heißen Schokoladenmilch ablöschen und unter Rühren einige Male aufkochen lassen. Sofort 1 Eiklar unterrühren. Überkühlen lassen, dann nach und nach die Eidotter, den Rum und die gehackten Walnüsse untermischen.
◆ 4 Souffléförmchen mit Butter ausfetten und mit Vanillezucker ausstreuen. Die restlichen Eiklar steif schlagen, dabei den Kristallzucker einrieseln lassen und so lange weiterschlagen, bis der Schnee schnittfest und glänzend ist. Ein Drittel des Schnees unter den Teig rühren, den Rest locker und gleichmäßig, am besten mit einem Kochlöffel, unterziehen.
◆ Die Masse in die Förmchen füllen, dabei einen etwa 1 cm breiten Rand lassen, da die Soufflés aufgehen. Etwa 20 Minuten im Wasserbad garen. Falls nötig, die Oberfläche mit Alufolie abdecken, damit die Soufflés nicht zu stark bräunen. Sofort mit Staubzucker bestäubt servieren.

Tips und Tricks:

Soufflés sind sehr empfindliche Speisen – sie vertragen keine Wartezeit und keinen Luftzug! Deshalb das Soufflé erst in den Ofen stellen, wenn alles am Tisch sitzt, und beim Servieren die Fenster schließen – sonst wird aus dem luftigen Traum ein glitschiger Fladen.

Ringlotten-Soufflé

Für 4 Personen *(Nachspeise)*
Zubereitungszeit: *50 Minuten*

Für die Soufflémasse:
60 g Butter
50 g Staubzucker
Saft und Schale von 1/2 unbehandelten Zitrone
2 cl Ringlottenschnaps
2 Eidotter
30 g geriebene Pinienkerne
30 g Zwiebackbrösel
20 g Mehl
2 Eiklar
20 g Kristallzucker
200 g Ringlotten
Außerdem:
Butter und Vanillezucker für die Förmchen
Staubzucker zum Bestäuben

◆ Das Backrohr auf 200° C vorheizen und einen großen, flachen Topf, zwei Fingerbreit mit Wasser gefüllt, auf die mittlere Schiene stellen.

◆ Butter, Staubzucker, Zitronenschale, -saft und Schnaps cremig rühren und nach und nach die Eidotter hinzufügen. Geriebene Pinienkerne, Zwiebackbrösel und Mehl unterrühren. Die Eiklar steif schlagen, dabei den Kristallzucker einrieseln lassen und so lange weiterschlagen, bis der Schnee schnittfest und glänzend ist. Ein Drittel des Schnees unter den Teig rühren, den Rest locker und gleichmäßig, am besten mit einem Kochlöffel, unterziehen.

◆ Die Masse in die Förmchen füllen, dabei einen etwa 1 cm breiten Rand lassen, da die Soufflés aufgehen. Die entsteinten Ringlotten auf dem Teig verteilen. Die Förmchen in das Wasserbad stellen und in 20 Minuten garen. Falls nötig, die Oberfläche mit Alufolie abdecken, damit die Soufflés nicht zu stark bräunen. Sofort mit Staubzucker bestäubt servieren.

Tips und Tricks:

Die gesamte Masse in eine große Form füllen und wie einen Auflauf backen.

Das Souffé ist unproblematisch in der Herstellung und ist auch kalt noch ein Genuß!

Vanille-Topfensoufflé

Für 4 Personen *(Nachspeise)*
Zubereitungszeit: *45 Minuten*

Für die Soufflémasse:
3 Eidotter
80 g Staubzucker
ausgekratztes Mark von 1 Vanilleschote
abgeriebene Schale von 1/2 unbehandelten Zitrone
200 g Topfen
3 EL Obers
20 g Stärkemehl
3 Eiklar
1 EL Vanillezucker
Außerdem:
Butter und Vanillezucker für die Förmchen
Staubzucker zum Bestäuben

◆ Das Backrohr auf 200° C vorheizen und einen großen, flachen Topf, zwei Fingerbreit mit Wasser gefüllt, auf die mittlere Schiene stellen.

◆ Eidotter, Staubzucker, Vanillemark und Zitronenschale mit den Schneebesen eines Handrührgerätes schaumig rühren. Löffelweise Topfen, Obers und Stärkemehl hinzufügen und zu einer glatten Creme verrühren.

◆ 4 Souffléförmchen mit Butter ausfetten und mit Vanillezucker ausstreuen. Die Eiklar steif schlagen, dabei den Vanillezucker einrieseln lassen und so lange weiterschlagen, bis der Schnee schnittfest und glänzend ist. Ein Drittel des Schnees unter den Teig rühren, den Rest locker und gleichmäßig, am besten mit einem Kochlöffel, unterziehen.

◆ Die Masse in die Förmchen füllen, dabei einen etwa 1 cm breiten Rand lassen, da die Soufflés aufgehen. Etwa 20 Minuten im Wasserbad garen. Falls nötig, die Oberfläche mit Alufolie abdecken, damit die Soufflés nicht zu stark bräunen. Sofort mit Staubzucker bestäubt servieren.

Tips und Tricks:

Eigentlich harmonieren fast alle Früchte und Saucen mit diesem duftigen Dessert. Zum Beispiel ist im Frühling ein frisches Erdbeerpüree oder im Winter Schokoladensauce eine ideale Begleitung.

Salzburger Nockerl

(im Rohr gebacken)

Für 2 Personen *(Nachspeise)*
Zubereitungszeit: *30 Minuten*

Für die Schaummasse:
5 Eiklar
30 g Kristallzucker
abgeriebene Schale von 1/2 unbehandelten Zitrone
ausgekratztes Mark von 1/2 Vanilleschote
20 g Mehl
3 Eidotter
Für die Form:
20 g Butter
2 EL Vanillezucker
5 EL Milch
Außerdem:
Staubzucker zum Bestäuben

◆ Das Backrohr auf 250° C vorheizen. Die Eiklar steif schlagen, dabei den Kristallzucker einrieseln lassen und so lange weiterschlagen, bis der Schnee schnittfest und glänzend ist. Zitronenschale und Vanillemark dazugeben, das Mehl darübersieben und mit den verquirlten Eidottern alles vorsichtig vermischen. Auf keinen Fall rühren, die Dotterstreifen sollen noch sichtbar sein.

◆ Eine ovale, feuerfeste Form mit Butter ausstreichen und mit 1 Eßlöffel Vanillezucker ausstreuen. Aus der Teigmasse, am besten mit einer Teigkarte, drei große, pyramidenförmige Nockerl formen und nebeneinander in die Form setzen. Im heißen Backofen auf der mittleren Schiene etwa 5 Minuten backen. Die Milch mit dem restlichen Vanillezucker erhitzen und um den Rand der Nockerl gießen. Die Backofentür nicht mehr ganz schließen – eventuell einen Kochlöffel dazwischenklemmen – und die Nockerl in weiteren 3 - 4 Minuten fertig backen. Herausnehmen, mit Staubzucker bestäuben und sofort servieren!

Tips und Tricks:

Richtige Salzburger Nockerl dürfen nicht durchgebacken werden. Sie müssen innen noch cremig sein.

Das Originalrezept der Salzburger Nockerl ist äußerst schwierig. Sie werden in der Pfanne gebacken. *Das Rezept dazu steht auf Seite 109*

Salzburger-Nockerl-Auflauf

Für 4 Personen *(Hauptmahlzeit)*
Zubereitungszeit: *1 Stunde, 20 Minuten*

Für den Brandteig:
1/4 l Milch
1 Prise Salz
30 g Butter
150 g Mehl
4 Eier
Zum Backen:
1/2 l Milch
1 Vanilleschote
50 g Kristallzucker
3 Eidotter
1 EL Stärkemehl
2 EL Obers
3 Eiklar
Butter und Vanillezucker für die Form
Außerdem:
Staubzucker zum Bestäuben

◆ Milch, Salz und Butter in einem Topf mit dickem Boden zum Kochen bringen. Das Mehl auf einmal hineinschütten und mit einem Kochlöffel so lange rühren, bis sich der Teig vom Topfboden löst. Sofort ein Ei unterühren und von der Kochplatte nehmen. Etwas überkühlen lassen, dann ein Ei nach dem anderen unterrühren. Es muß ein glatter, formbarer Teig entstehen. Das Backrohr auf 160° C vorheizen.

◆ Die Milch mit der aufgeschlitzten Vanilleschote in einem flachen Topf erhitzen. Aus dem Brandteig mit zwei nassen Kafffeelöffeln Nockerl abstechen und in die heiße Vanillemilch geben. In 3 - 4 Minuten garen. Mit einem Schaumlöffel herausheben und in eine halbhohe, gefettete und mit Vanillezucker ausgestreute Auflaufform geben.

◆ 1/4 l der heißen Milch in eine Schüssel gießen und mit 30 g Kristallzucker, dem herausgekratzten Vanillemark, den Eidottern und dem mit etwas Obers angerührten Stärkemehl verquirlen. Die Eiklar steif schlagen, dabei den restlichen Kristallzukker einrieseln lassen. Die Eiermilch vorsichtig mit dem Schnee vermischen und die Masse gleichmäßig über die Nockerl verteilen.

◆ Im heißen Backofen in etwa 30 - 35 Minuten goldgelb backen. Mit Staubzucker bestäubt auftragen.

Tips und Tricks:

Salzburger Nockerl – das ist ein Thema mit Variationen. Laut ursprünglichem Rezept sollen die Nockerl, wie in diesem Rezept beschrieben, aus Brandteig hergestellt und wie ein Auflauf gebacken worden sein. Probieren Sie einfach alle Rezepte aus, und entscheiden Sie sich selbst für Ihre ganz persönlichen Lieblingsnockerl.

Palatschinken, Omeletten, Schmarren und Liwanzen

Seit Jahrhunderten sind Pfannkuchen, Schmarren und Co. als einfache bäuerliche Gerichte bekannt. Milch, Eier, Mehl und Schmalz waren auf den Höfen immer vorhanden, und so wurden daraus die unterschiedlichsten Pfannengerichte zubereitet. Besonders geschätzt war der Schmarren, da die in Stücke gerissenen Teigstücke gleich in der Pfanne auf den Tisch kamen und jeder sich direkt bedienen konnte. Feinere Unterschiede – ob Palatschinken oder Pfannkuchen oder Omeletten – machte man in der bäuerlichen Küche sicherlich nicht; Hauptsache, es schmeckte und machte satt.

Im Laufe der Geschichte wurden diese einfachen, aus dem Hunger und oftmals aus der Not entstandenen Kreationen immer wieder verfeinert, und heute sind diese traumhaften Mehlspeisen aus der feinen Küche nicht mehr wegzudenken.

Bei Palatschinken ist der Teig im Grunde genommen sekundär – wichtig ist in erster Linie die Fülle. Die Teigfladen werden aus einem dünnflüssigen Teig hergestellt und in möglichst kleinen Pfannen ausgebacken. Gefüllt können diese dünnen, zarten Gebilde mit allem werden, was gut schmeckt, zum Beispiel: aromatische, möglichst selbstgemachte Marmelade, geriebene Nüsse aller Art, Schokolade, Nougat, sanft geschmorte Früchte – eventuell sogar mit passendem Schnaps mariniert.

Das Wort „Palatschinken" ist charakteristisch für die große Zahl an Wiener Mehlspeisen. Ursprünglich leitet sich das Wort

Palatschinken vom römischen „placenta" (Mutterkuchen) ab. Über einige Umwege gelangte der Begriff und das Gericht nach Ungarn. Dort hieß es dann „palascinta", woraus, über den böhmischem Umweg, die Wiener Küche schlußendlich Wort und Speise übernahm und es zum festen Bestandteil der Mehlspeisenküche machte.

Im Unterschied zu Palatschinken, die ein wenig den französischen Crêpes ähneln, wird der Pfannkuchen etwas dicker gebakken und enthält mehr Eier. Häufig wird der Teig mit steifgeschlagenem Schnee aufgelockert und mit Früchten in der Pfanne gebacken. An Wohlgeschmack und Saftigkeit kaum zu überbieten ist der Heidelbeer-, Apfel- oder Kirschpfannkuchen.

Die absolute Verfeinerung von Palatschinken und Pfannkuchen ist das oder wie man in Österreich sagt „die" Omelette! Das Wort wurde schon im 18. Jahrhundert aus dem Französischen übernommen. Damals war es eine der beliebtesten Speisen der noblen Gesellschaft. Hauptbestandteil der überaus lockeren Mehlspeise sind natürlich Eier, die man entweder großzügig unter Bechamelmassen mischt oder lockere Biskuitteige daraus herstellt.

Immer muß das Eiklar steif geschlagen zum Schluß untergezogen werden – und immer muß der Gast auf die Omelette warten – niemals umgekehrt!

In der französischen Küche ist die Omelette lediglich sehr steif geschlagenes Eiklar, unter das schlierenartig die Dotter gezogen werden, bevor es dann auf sanfte Weise in einer Pfanne gebacken wird. Da der Österreicher eine ausbalancierte Mischung von Gourmand und Gourmet ist, konnte er es sich nicht verkneifen, etwas Mehl darunter zu mischen, um die zarte Speise ein wenig handfester zu machen!

Viele der unzähligen Schmarrenvarianten sind das geblieben, was sie ursprünglich waren – sättigende Mahlzeiten, die so unvergleichlich gut schmecken, daß man kaum aufhören kann zu essen. Ob aus lockerem Pfannkuchenteig, alten Semmeln oder Kipferln – sie sind bei großen und kleinen Kindern eine beliebte Mehlspeise!

Einzig und allein der Kaiserschmarren ist, durch die vielen rührenden, romantischen Legenden über seine Entstehung, in die Geschichte eingegangen. Ob der kaiserliche Schmarren nun für den im Wald verirrten Kaiser Franz Joseph von einer Bäuerin zubereitetet wurde oder eine Hommage an Kaiserin Sissy war – keiner weiß es genau! Viel wahrscheinlicher ist, daß der „Kaiserschmarrn" aus dem Wort „Kaser" entstand, was Senner heißt und im Laufe der Zeit Kaiserschmarren daraus wurde. Unbestritten ist: Ein echter Kaiserschmarren besteht aus vielen Eiern, Obers, Mehl und Rosinen als Einlage – alles weitere ist schon eine Verfälschung!

Schoko-Palatschinken
mit Marillenkompott

Für 4 Personen *(Nachspeise)*
Zubereitungszeit: *35 Minuten*

Für den Teig:
100 g Mehl
1 EL Kakao
1 Prise Salz
1/8 l Milch
100 ml Mineralwasser mit Kohlensäure
2 Eier
1 Eidotter
40 g Schokoladenstreusel
Außerdem:
Butter oder Butterschmalz zum Backen
Marillenmarmelade zum Füllen
Marillenröster siehe Seite 351

◆ Mehl, Kakao und Salz in eine Schüssel geben und unter Rühren mit einem Kochlöffel die Milch und das Mineralwasser dazugießen. Nach und nach die Eier und den Eidotter hinzufügen und den Teig kräftig durchschlagen. Falls nötig, noch so viel Milch dazugießen, bis ein dünnflüssiger Teig entsteht. Zum Schluß die Schokoladenstreusel untermischen und mindestens 15 Minuten rasten lassen, damit das Mehl quellen kann.

◆ In einer Pfanne etwa 1 Kaffeelöffel Fett erhitzen und mit einem Schöpflöffel etwas vom Teig in die Mitte gießen. Durch Drehen der Pfanne den Teig gleichmäßig dünn auf dem Pfannenboden verteilen. Bei mittlerer Hitze eine Seite bräunen, dann mit einer Palette oder durch einen gekonnten Schwung die Palatschinken wenden. Bei Bedarf noch etwas Fett in die Pfanne geben und auch die zweite Seite goldbraun backen.

◆ Die fertige Palatschinke auf einen großen Teller legen und einen zweiten Teller darüberstülpen. So weiterarbeiten, bis der Teig verbraucht ist.

◆ Die Palatschinken mit Marillenmarmelade bestreichen und auf die Hälfte zusammenklappen oder aufrollen. Nebeneinander auf eine vorgewärmte Platte legen und mit Marillenkompott servieren.

Tips und Tricks:

Früher gab es in jedem Haushalt eine ganz spezielle Omelettenpfanne, die immer nur mit Papier oder einem Tuch ausgerieben wurde und ein ganzes Pfannenleben lang weder Spülmittel noch Scheuersand sah.

Es geht aber auch eine beschichtete Pfanne, die zudem einen Vorteil hat, der in der heutigen Zeit wichtig ist – man benötigt weniger Fett.

Bereitet man die Palatschinken aus halb Milch, halb Mineralwasser mit Kohlensäure zu, werden sie besonders knusprig!

Böhmische Palatschinken

Für 4 - 6 Personen *(Hauptspeise)*
Zubereitungszeit: *1 Stunde*

Für den Teig:
140 g Mehl
1 Prise Salz
1/8 l Milch
1/8 l Obers
2 Eier
1 Eidotter
Für die Fülle:
1/8 l Obers
50 g Nougat
200 g geröstete geriebene Haselnüsse
evtl. 2 EL Rum
Außerdem:
Butter oder Butterschmalz zum Backen
Staubzucker zum Bestäuben
ca. 80 g flüssige Schokolade

◆ Mehl und Salz in eine Schüssel geben und unter Rühren mit einem Kochlöffel Milch und Obers dazugießen. Nach und nach die Eier und den Eidotter hinzufügen und den Teig kräftig durchschlagen. Falls nötig, noch so viel Milch dazugießen, bis ein dünnflüssiger Teig entsteht. Mindestens 15 Minuten rasten lassen, damit das Mehl quellen kann.

◆ In einer Pfanne etwa 1 Kaffeelöffel Fett erhitzen und mit einem Schöpflöffel etwas vom Teig in die Mitte gießen. Durch Drehen der Pfanne den Teig gleichmäßig dünn auf dem Pfannenboden verteilen. Bei mittlerer Hitze eine Seite bräunen, dann mit einer Palette oder durch einen gekonnten Schwung die Palatschinke wenden. Bei Bedarf noch etwas Fett in die Pfanne geben und auch die zweite Seite goldbraun braten.

◆ Die fertige Palatschinke auf einen großen Teller legen und einen zweiten Teller darüberstülpen. So weiterarbeiten, bis der Teig verbraucht ist.

◆ Für die Fülle das Obers mit dem zerbröckelten Nougat erhitzen und dicklich einkochen lassen. Nüsse und Rum unterrühren.

◆ Die Palatschinken dünn mit der Nußmasse bestreichen, aufrollen und in eine längliche gefettete Form legen. Mit Staubzucker bestäuben und im heißen Backrohr etwa 10 Minuten glasieren. Mit flüssiger Schokolade beträufeln

Tips und Tricks:

Wenn Kinder mitessen, verzichten Sie auf die Rumbeigabe.

Wer's noch üppiger möchte, übergießt die aufgerollten Palatschinken vor dem Überbacken mit etwa 1/8 l Obers.

Einfache Topfenpalatschinken

Für 4 - 6 Personen *(Hauptspeise)*
Zubereitungszeit: *1 Stunde*

Für den Teig:
140 g Mehl
1 Prise Salz
ca. 200 ml Milch
1/8 l Mineralwasser mit Kohlensäure
2 Eier
1 Eidotter
Für die Fülle:
80 g Butter
50 g Staubzucker
3 Eidotter
250 g Topfen
ausgekratztes Mark von 1/2 Vanilleschote
Saft und abgeriebene Schale von
1/2 unbehandelten Zitrone
80 g Rosinen
3 Eiklar
1 EL Vanillezucker
Außerdem:
Butter oder Butterschmalz zum Backen
Staubzucker zum Bestäuben

◆ Mehl und Salz in eine Schüssel geben und unter Rühren mit einem Kochlöffel Milch und Mineralwasser dazugießen. Nach und nach die Eier und den Eidotter hinzufügen und den Teig kräftig durchschlagen. Falls nötig, noch so viel Milch dazugießen, bis ein dünnflüssiger Teig entsteht. Mindestens 15 Minuten rasten lassen, damit das Mehl quellen kann.

◆ In einer Pfanne etwa 1 Kaffeelöffel Fett erhitzen und mit einem Schöpflöffel etwas vom Teig in die Mitte gießen. Durch Drehen der Pfanne den Teig gleichmäßig dünn auf dem Pfannenboden verteilen. Bei mittlerer Hitze eine Seite bräunen, dann mit einer Palette oder durch einen gekonnten Schwung die Palatschinke wenden. Bei Bedarf noch etwas Fett in die Pfanne geben und auch die zweite Seite goldbraun backen. Das Backrohr auf 160° C vorheizen.

◆ Die fertige Palatschinke auf einen großen Teller legen und einen zweiten Teller darüberstülpen. So weiterarbeiten, bis der Teig verbraucht ist.

◆ Für die Fülle die Butter mit dem Staubzucker cremig rühren und nach und nach die Eidotter, löffelweise den Topfen, Vanillemark, Zitronensaft und -schale dazugeben. Die Eiklar steif schlagen, dabei den Vanillezucker einrieseln lassen. Den Schnee locker und gleichmäßig unter die Topfencreme ziehen.

◆ Die Palatschinken mit der Topfenmasse bestreichen und mit den Rosinen bestreuen. Quer in der Mitte durchschneiden und dachziegelartig in einer länglichen feuerfesten Form anrichten. Mit Staubzucker bestäuben und im heißen Backrohr etwa 15 Minuten überbacken. Sofort auftragen und Kompott dazu reichen.

Topfenpalatschinken „Royal“

Für 4 Personen *(Hauptspeise)*
Zubereitungszeit: *1 Stunde, 15 Minuten*

Für den Teig:
120 g Mehl
1 Prise Salz
ca. 1/8 l Milch
1/8 l Mineralwasser mit Kohlensäure
2 Eier
1 Eidotter
abgeriebene Schale von 1/2 unbehandelten Zitrone
Für die Fülle:
200 g Topfen
2 Eidotter
50 g Staubzucker
1 EL flüssige Butter
ausgekratztes Mark von 1/2 Vanilleschote
Saft und abgeriebene Schale von
1/2 unbehandelten Zitrone
1 EL Vanillepuddingpulver
30 g Rosinen
30 g gehackte Mandeln
2 Eiklar
1 EL Vanillezucker
Für den Guß:
1/4 l Milch
1/8 l Rahm
2 Eier
2 EL Vanillezucker
Außerdem:
Butter oder Butterschmalz zum Backen

◆ Mehl und Salz in eine Schüssel geben und unter Rühren mit einem Kochlöffel die Milch und das Mineralwasser dazugießen. Nach und nach die Eier, Eidotter und Zitronenschale hinzufügen und den Teig kräftig durchschlagen. Falls nötig, noch so viel Milch dazugießen, bis ein dünnflüssiger Teig entsteht. Mindestens 15 Minuten rasten lassen, damit das Mehl quellen kann. Das Backrohr auf 150° C vorheizen.

◆ In einer Pfanne etwa 1 Kaffeelöffel Fett erhitzen und mit einem Schöpflöffel etwas vom Teig in die Mitte gießen. Durch Drehen der Pfanne den Teig gleichmäßig dünn auf dem Pfannenboden verteilen. Bei mittlerer Hitze eine Seite bräunen, dann mit einer Palette oder durch einen gekonnten Schwung die Palatschinke wenden. Bei Bedarf noch etwas Fett in die Pfanne geben und auch die zweite Seite goldbraun backen.

◆ Die fertige Palatschinke auf einen großen Teller legen und einen zweiten Teller darüberstülpen. So weiterarbeiten, bis der Teig verbraucht ist.

◆ Für die Fülle den Topfen mit Eidotter, Staubzucker, flüssiger Butter, Vanillemark, Zitronensaft und -schale sowie Puddingpulver zu einer glatten Creme verrühren. Die Eiklar steif schlagen, dabei den Vanillezucker einrieseln lassen. Den Schnee locker und gleichmäßig unter die Topfencreme ziehen.

◆ Die Palatschinken mit der Topfenmasse bestreichen und mit den Rosinen und Mandeln bestreuen. Die Palatschinken zur Mitte hin zusammenklappen und noch mal zur Hälfte einschlagen, so daß ein Dreieck entsteht. In einer länglichen, feuerfesten Form dachziegelartig anrichten. Mit Staubzucker bestäuben und im heißen Backrohr etwa 15 Minten überbacken.

◆ Milch, Rahm, Eier und Vanillezucker gründlich mit einem Schneebesen verquirlen und über die gebackenen Palatschinken gießen. In 12 - 15 Minuten fertig backen und in der Form auf den Tisch bringen. Mit Marmelade oder Powidl gefüllt ein besonderer Genuß!

Gefüllte Palatschinken
mit marinierten Kirschen

Für 4 - 6 Personen *(Nachspeise)*
Zubereitungszeit: *1 Stunde*
Abkühl- und Marinierzeit: *1 Stunde*

Für die Fülle:

1/4 l Milch
4 EL Obers
15 g Vanillepuddingpulver
ausgekratztes Mark von 1 Vanilleschote
50 g Kristallzucker
2 Eidotter
1 unbehandelte Orange, 1 unbehandelte Zitrone
1 EL Schlagobers

Für das Kirschragout:

5 EL Kirschsaft
Saft von 1 Orange
1/8 l Rotwein
100 g Akazienhonig
1/2 Vanilleschote
1 Stückchen Zimtstange
10 g frisch geriebener Ingwer
abgeriebene Schale von 1/2 unbehandelten Orange
10 g Vanillepuddingpulver
400 g Schattenmorellen (frisch oder tiefgekühlt)

Für den Teig:

100 g Mehl
1 Prise Salz
ca. 1/8 l Milch
100 ml Mineralwasser mit Kohlensäure
4 Eier

Außerdem:

Butter oder Butterschmalz zum Backen
Staubzucker zum Bestäuben
evtl. Vanille- oder Zimteis

◆ Für die Füllung Milch und Obers mischen und 2 Eßlöffel davon abnehmen, den Rest mit dem Zucker und dem Vanillemark zum Kochen bringen. Das Puddingpulver mit der kalten Milch und den Eidottern verquirlen und unter Rühren in die kochende Milch gießen. Einige Male aufkochen lassen, dann von der Kochplatte nehmen. Zitrone und Orange waschen, hauchdünn schälen und, in feine Streifen geschnitten, unter die Vanillecreme mischen. Die Creme zugedeckt abkühlen lassen.
Für die Kirschbeilage den Kirschsaft mit dem ausgepreßten Orangensaft, Rotwein, Honig und den Gewürzen einmal aufkochen lassen und etwa 1 Stunde durchziehen lassen. 2 Eßlöffel von der Flüssigkeit abnehmen und das Puddingpulver damit anrühren. Die Kirschflüssigkeit erneut zum Kochen bringen und mit dem angerührten Puddingpulver andicken. Kurz aufkochen lassen, dann die Sauce durch ein feines Sieb gießen und mit den ensteinten Kirschen vermischen.

◆ Mehl und Salz in eine Schüssel geben und unter Rühren mit einem Kochlöffel die Milch und das Mineralwasser dazugießen. Nach und nach die Eier hinzufügen und den Teig kräftig durchschlagen. Falls nötig, noch so viel Milch dazugießen, bis ein dünnflüssiger Teig entsteht. Mindestens 15 Minuten rasten lassen, damit das Mehl quellen kann.

◆ In einer Pfanne etwa 1 Kaffeelöffel Fett erhitzen und mit einem Schöpflöffel etwas vom Teig in die Mitte gießen. Durch Drehen der Pfanne den Teig gleichmäßig dünn auf dem Pfannenboden verteilen. Bei mittlerer Hitze eine Seite bräunen, dann mit einer Palette oder durch einen gekonnten Schwung die Palatschinke wenden. Bei Bedarf noch etwas Fett in die Pfanne geben.

◆ Die fertige Palatschinke auf einen großen Teller legen und einen zweiten Teller darüberstülpen. So weiterarbeiten, bis der Teig verbraucht ist.

◆ Das Schlagobers unter die abgekühlte Vanille-Zitrus-Creme mischen und die Palatschinken damit füllen. Die Palatschinken erst auf die Hälfte, dann noch einmal zu einem Dreieck zusammenschlagen. Mit den marinierten Kirschen und eventuell mit je einer Kugel Vanille- oder Zimteis anrichten. Mit Staubzucker bestäuben!

Tips und Tricks:

Unbedingt frischen Ingwer verwenden – das pulverisierte Gewürz ist für dieses Rezept nicht geeignet. Notfalls auf eingelegte Ingwerstücke zurückgreifen!

Variation:

Die nach nebenstehendem Rezept gebackenen Palatschinken mit Orangen füllen:

Für die Fülle:
60 g Staubzucker
Saft und Schale von 2 unbehandelten Orangen
4 cl Grand Marnier (Orangenlikör)
2 Orangen
40 g kalte Butter

◆ Für die Fülle den Staubzucker und die abgeriebene Orangenschale in einer Pfanne goldgelb karamelisieren lassen. Mit dem frisch gepreßten Orangensaft und dem Likör ablöschen und kurz durchkochen lassen. Die Orangen so dick schälen, daß die weiße Haut völlig entfernt ist. Mit einem scharfen Messer das Fruchtfleisch aus den Zwischenhäuten herauslösen und in der Orangensauce erhitzen.

◆ In einer Pfanne etwa 1 Kaffeelöffel Fett erhitzen und mit einem Schöpflöffel etwas vom Teig in die Mitte gießen. Durch Drehen der Pfanne den Teig gleichmäßig dünn auf dem Pfannenboden verteilen. Bei mittlerer Hitze eine Seite bräunen, dann mit einer Palette oder durch einen gekonnten Schwung die Palatschinke wenden. Bei Bedarf noch etwas Fett in die Pfanne geben und auch die zweite Seite goldbraun backen.

◆ Die fertige Palatschinke auf einen großen Teller legen und einen zweiten Teller darüberstülpen. So weiterarbeiten, bis der Teig verbraucht ist.

◆ Die Palatschinken mit den Orangenspalten füllen und erst auf die Hälfte, dann noch einmal zu einem Dreieck zusammenklappen. Auf vier Teller verteilen, mit der Orangensauce begießen und mit je einer Kugel Vanilleeis anrichten. Mit einem Minzezweig garnieren.

Palatschinken
mit Calvadosäpfeln

Für 4 Personen *(Nachspeise)*
Zubereitungszeit: *40 Minuten*

Für den Teig:

80 g Mehl
1 Prise Salz
ca. 100 ml Milch
100 ml Mineralwasser mit Kohlensäure
2 cl Calvados
2 Eier
abgeriebene Schale von 1/2 unbehandelten Zitrone

Für die Fülle:

20 g Butter
250 g aromatische Äpfel
60 g Staubzucker
2 EL Rosinen
Saft von 1/2 Zitrone
4 cl Calvados

Außerdem:

Butter oder Butterschmalz zum Backen
4 Kugeln Vanilleeis
Staubzucker zum Bestäuben

◆ Mehl und Salz in eine Schüssel geben und unter Rühren mit einem Kochlöffel Milch, Mineralwasser und Calvados dazugießen. Nach und nach die Eier sowie die Zitronenschale hinzufügen und den Teig kräftig durchschlagen. Falls nötig, noch so viel Milch dazugießen, bis ein dünnflüssiger Teig entsteht. Mindestens 15 Minuten rasten lassen, damit das Mehl quellen kann.

◆ Die Äpfel schälen, halbieren und entkernen. Die Fruchthälften in längliche Spalten schneiden. Die Butter in einer Pfanne zerlassen und den Staubzukker darin karamelisieren lassen. Apfelspalten und Rosinen hineingeben und unter Rühren goldgelb braten. Mit Zitronensaft und Calvados ablöschen und die Äpfel weich dünsten.

◆ In einer Pfanne etwa 1 Kaffeelöffel Fett erhitzen und mit einem Schöpflöffel etwas vom Teig in die Mitte gießen. Durch Drehen der Pfanne den Teig gleichmäßig dünn auf dem Pfannenboden verteilen. Bei mittlerer Hitze eine Seite bräunen, dann mit einer Palette oder durch einen gekonnten Schwung die Palatschinke wenden. Bei Bedarf noch etwas Fett in die Pfanne geben und auch die zweite Seite goldbraun backen.

◆ Die fertige Palatschinke auf einen großen Teller legen und einen zweiten Teller darüberstülpen. So weiterarbeiten, bis der Teig verbraucht ist.

◆ Die Palatschinken mit den Apfelspalten füllen und erst auf die Hälfte, dann noch einmal zu einem Dreieck zusammenklappen. Auf vier Teller verteilen und mit je einer Kugel Vanilleeis anrichten. Mit Staubzucker bestäuben.

Ingwerpalatschinken
mit Birnen gefüllt

Für 4 Personen *(Nachspeise)*
Zubereitungszeit: *40 Minuten*

Für den Teig:
80 g Mehl
1 Prise Salz
ca. 100 ml Milch
100 ml Mineralwasser mit Kohlensäure
2 Eier
3 EL flüssige Butter
1 EL frisch geriebene Ingwerwurzel
2 EL Birnenschnaps
Für die Fülle:
20 g Butter
250 g aromatische Birnen
50 g Staubzucker
Saft von 1/2 Zitrone
4 cl Birnenschnaps
2 EL Pinienkerne
Außerdem:
Butter oder Butterschmalz zum Backen
4 Kugeln Schokoladeneis
Staubzucker zum Bestäuben

◆ Mehl und Salz in eine Schüssel geben und unter Rühren mit einem Kochlöffel Milch, Mineralwasser und Birnenschnaps dazugießen. Nach und nach die Eier, flüssige Butter, die geriebene Ingwerwurzel sowie den Birnenschnaps hinzufügen und den Teig kräftig durchschlagen. Falls nötig, noch so viel Milch dazugießen, bis ein dünnflüssiger Teig entsteht. Mindestens 15 Minuten rasten lassen, damit das Mehl quellen kann.

◆ Die Birnen schälen, halbieren und entkernen. Die Fruchthälften in längliche Spalten schneiden. Die Butter in einer Pfanne zerlassen und den Staubzucker darin karamelisieren lassen. Die Birnenspalten hineingeben und unter Rühren goldgelb braten. Mit Zitronensaft und Birnenschnaps ablöschen und die Birnen in wenigen Minuten weich dünsten. Die Pinienkerne in einer Pfanne goldbraun rösten.

◆ In einer Pfanne etwa 1 Kaffeelöffel Fett erhitzen und mit einem Schöpflöffel etwas vom Teig in die Mitte gießen. Durch Drehen der Pfanne den Teig gleichmäßig dünn auf dem Pfannenboden verteilen. Bei mittlerer Hitze eine Seite bräunen, dann mit einer Palette oder durch einen gekonnten Schwung die Palatschinke wenden. Bei Bedarf noch etwas Fett in die Pfanne geben und auch die zweite Seite goldbraun backen.

◆ Die fertige Palatschinke auf einen großen Teller legen und einen zweiten Teller darüberstülpen. So weiterarbeiten, bis der Teig verbraucht ist.

◆ Die Palatschinken mit den Birnenspalten füllen und erst auf die Hälfte, dann noch einmal zu einem Dreieck zusammenklappen. Auf vier Teller verteilen und mit je einer Kugel Schokoladeneis anrichten. Mit Staubzucker bestäuben.

Apfelpfannkuchen

Für 2 Personen *(Hauptspeise)*
Zubereitungszeit: *25 Minuten*

2 mittelgroße Äpfel
Saft von 1/2 Zitrone
Für den Teig:
80 g Mehl
1 Prise Salz
etwa 1/8 l Milch
3 Eidotter
3 Eiklar
2 EL Vanillezucker
1 TL Zitronensaft
Außerdem:
50 g Butter zum Backen
40 g Kristallzucker
1 Msp gemahlener Zimt

◆ Die Äpfel schälen und die Kerngehäuse mit einem Entkerner ausstechen. Die Äpfel in etwa 1 cm dicke Scheiben schneiden und mit Zitronensaft beträufeln.

◆ Mehl, Salz und Milch gründlich verquirlen und die Eidotter nach und nach unterrühren. Die Eiklar steif schlagen, dabei den Vanillezucker und den Zitronensaft hinzufügen. So lange weiterschlagen, bis der Schnee schnittfest und glänzend ist. Locker und gleichmäßig unter den Pfannkuchenteig ziehen. Das Backrohr auf 180° C vorheizen.

◆ In zwei kleinen Pfannen jeweils 25 g Butter erhitzen und jeweils die Scheiben eines Apfels darin anbraten. Mit etwas Zucker und Zimt bestreuen, wenden und auch die zweite Seite leicht bräunen lassen. Die Apfelscheiben kreisförmig in der Pfanne anordnen, jeweils die Hälfte des Teiges darübergießen und eine Seite goldbraun backen. Mit Zimtzucker bestreuen.

◆ Die Pfannen in das heiße Backrohr stellen und in wenigen Minuten fertig backen.

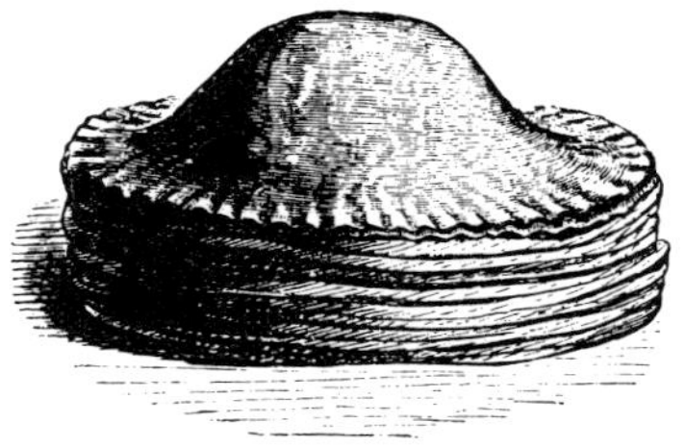

Tips und Tricks:

Selbstverständlich kann man den Apfelpfannkuchen auch in einer großen Pfanne backen.

Es sieht hübsch aus und schmeckt auch gut, wenn man vor dem Servieren auf jede Apfelscheibe einen Löffel Preiselbeermarmelade häuft!

Heidelbeerpfannkuchen

Für 2 Personen *(Hauptspeise)*
Zubereitungszeit: *30 Minuten*

100 g Mehl
1 Prise Salz
ca. 200 ml Milch
2 EL flüssige Butter
3 Eidotter
3 Eiklar
2 EL Kristallzucker
abgeriebene Schale von 1/2 unbehandelten Zitrone
200 g frische Waldheidelbeeren
Außerdem:
50 g Butter
30 g Mandelstifte
Staubzucker zum Bestäuben

◆ Mehl und Salz in eine Schüssel geben und mit Milch und flüssiger Butter gründlich verquirlen. Die Eidotter nach und nach unterrühren. Die Eiklar steif schlagen, dabei den Vanillezucker und den Zitronensaft hinzufügen. So lange weiterschlagen, bis der Schnee schnittfest und glänzend ist. Locker und gleichmäßig unter den Pfannkuchenteig ziehen. Das Backrohr auf 180° C vorheizen.

◆ In zwei kleinen Pfannen jeweils 25 g Butter erhitzen, jeweils die Hälfte des Teiges hineingießen und am Boden stocken und leicht bräunen lassen. Die Heidelbeeren auf den beiden Pfannen verteilen und mit Mandelstiften bestreuen.

◆ Die Pfannen in das heiße Backrohr stellen und in wenigen Minuten fertig backen. Mit Staubzucker bestäubt servieren.

Tips und Tricks:

In einer großen Pfanne gebacken und auf eine Platte gestürzt, mit Vanilleeis serviert, ist der Heidelbeerpfannkuchen auch ein wohlschmeckender Nachtisch für 4 Personen.

Mit 250 g Sauerkirschen zubereitet, schmeckt der Pfannkuchen ebenfalls köstlich.

Schokoladen-pfannkuchen

mit Bananen gefüllt

Für 4 Personen *(Nachspeise)*
Zubereitungszeit: *45 Minuten*

100 g Mehl
1 EL Kakao
1 Prise Salz
ca. 1/8 l Milch
4 - 6 EL Mineralwasser mit Kohlensäure
3 Eidotter
3 Eiklar
2 EL Vanillezucker
abgeriebene Schale von 1/2 unbehandelten Orange
Für die Fülle:
2 kleine Bananen
Saft von 1/2 Orange
100 g Topfen
4 - 5 EL Obers
2 EL gehackte Pistazien
80 g Zartbitter-Kuvertüre
Für die Eiermilch:
1/8 l Milch
1 Eidotter
1 EL Vanillezucker
Außerdem:
Butter oder Butterschmalz zum Backen

◆ Mehl, Kakao, Salz, Milch und Mineralwasser gründlich verquirlen und die Eidotter nach und nach unterrühren. Die Eiklar steif schlagen, dabei den Vanillezucker und die Orangenschale hinzufügen. So lange weiterschlagen, bis der Schnee schnittfest und glänzend ist. Locker und gleichmäßig unter den Pfannkuchenteig ziehen. Das Backrohr auf 180° C vorheizen.

◆ Die Bananen schälen. Eine Banane mit einer Gabel zerdrücken, die zweite in kleine Würfel schneiden. Mit Orangensaft beträufeln. Den Topfen mit Obers glattrühren und die Bananen sowie die Pistazien untermischen. Die Zartbitter-Kuvertüre im Wasserbad schmelzen lassen.

◆ In einer Pfanne etwa 1 Kaffeelöffel Fett erhitzen und mit einem Schöpflöffel etwas vom Teig in die Mitte geben und mit einem Löffelrücken auf dem Pfannenboden verteilen. Bei mittlerer Hitze eine Seite bräunen, dann mit einer Palette oder mit Hilfe eines Tellers vorsichtig wenden. Bei Bedarf noch etwas Fett in die Pfanne geben und auch die zweite Seite goldbraun backen. Im Backrohr warm halten, bis die 4 Pfannkuchen fertig gebacken sind.

◆ Erst mit der Hälfte der flüssigen Kuvertüre, dann mit der Bananenmasse bestreichen. Zur Hälfte zusammenklappen und leicht überlappend in einer flachen feuerfesten Form anrichten. Milch, Eidotter und Vanillezucker verquirlen und darübergießen. Im heißen Backrohr etwa 10 Minuten überbacken.

◆ Herausnehmen und die restliche Kuvertüre mit einem Löffel fadenartig über die Pfannkuchen träufeln. Sofort servieren.

Topfenpfannkuchen
mit Marillen

Für 2 Personen *(Hauptspeise)*
Zubereitungszeit: *25 Minuten*

Für den Teig:
150 g Topfen
1 Prise Salz
1/8 l Milch
3 Eier
abgeriebene Schale von 1/2 Zitrone
60 g Mehl
2 EL geschälte geriebene Mandeln

Für den Belag:
50 g Butter
ca. 200 g Kompott-Marillen
2 EL Mandelblättchen
2 cl Marillenlikör

Außerdem:
Staubzucker zum Bestäuben

◆ Topfen, Salz, Milch, Eier und Zitronenschale gründlich verrühren und löffelweise das Mehl und die Mandeln hinzufügen. Das Backrohr auf 180° C vorheizen.
◆ In zwei kleinen Pfannen jeweils 25 g Butter erhitzen, jeweils die Hälfte des Teiges hineingießen und den Teig am Boden stocken und leicht bräunen lassen. Die Marillenhälften mit der gewölbten Seite nach oben auf dem Teig verteilen, mit Mandelblättchen bestreuen und mit Marillenlikör beträufeln.
◆ Die Pfannen in das heiße Backrohr stellen und in wenigen Minuten fertig backen. Mit Staubzucker bestäubt servieren.

Tips und Tricks:

Für die wenigen Minuten hält der Kunststoffgriff der Pfanne die angegebene Backofentemperatur problemlos aus.

Frische, sehr weiche Marillen sind noch besser für diesen Pfannkuchen geeignet.

Kaiseromelette

Für 4 Personen *(Nachspeise)*
Zubereitungszeit: *25 Minuten*

Für die Bechamelmasse:
30 g Butter
30 g Mehl
1/8 l Milch
1 Prise Salz
4 Eiklar
2 EL Vanillezucker
4 Eidotter
Außerdem:
Butter zum Backen
4 EL Marillenmarmelade zum Füllen
Staubzucker zum Bestäuben

◆ Die Butter in einem Topf zerlassen und das Mehl einrühren. Aufschäumen lassen, dann mit der kalten Milch aufgießen und unter stetem Rühren mit einem Kochlöffel einige Male aufkochen lassen. Von der Kochplatte nehmen und etwas überkühlen lassen. Das Backrohr auf 150° C vorheizen.
◆ Die Eiklar steif schlagen, dabei den Vanillezukker einrieseln lassen und so lange weiterschlagen, bis der Schnee schnittfest und glänzend ist.
◆ Nach und nach die Eidotter und ein Drittel des Schnees unter die abgekühlte Bechamelmasse rühren. Den restlichen Schnee locker und gleichmäßig unterziehen.
◆ In zwei kleinen Pfannen jeweils etwas Butter erhitzen. In jede Pfanne ein Viertel der Teigmasse geben, die Oberfläche mit einem Löffelrücken glattstreichen und bei schwacher Hitze wenige Minuten anbraten. Mit einer Palette vorsichtig wenden, erneut etwas Butter dazugeben und auch die zweite Seite goldbraun backen. Die Omeletten auf die Hälfte zusammenklappen und im heißen Backofen warm halten, bis die beiden nächsten Omeletten auf die gleiche Weise gebacken sind.
◆ Die Omeletten mit glattgerührter Marillenmarmelade füllen, erneut zusammenklappen und mit Staubzucker bestäubt servieren.

Tips und Tricks:

Eine andere Möglichkeit, Bechamelomeletten zuzubereiten, ist: Die Pfannen nach dem Anbraten auf der Kochplatte in das Backrohr bei 180° C stellen. Diese Methode ist dann gut geeignet, wenn man über zwei große Pfannen verfügt. Man gibt dann mit einem kleinen Schöpflöffel zwei Teigportionen in das heiße Fett, streicht die Masse mit einem Löffelrücken zu runden Omeletten, brät sie auf der Kochplatte an und schiebt dann eine Pfanne in das Backrohr, während die nächsten Omeletten in der zweiten Pfanne gebacken werden.

Omelette „Johann Strauß"

Für 4 Personen *(Nachspeise)*
Zubereitungszeit: 35 Minuten

Für die Fülle:
2 Orangen
2 EL Orangenlikör
Für die Orangensauce:
3 Stück Würfelzucker
3 unbehandelte Orangen
20 g Zucker
40 g Marillenmarmelade
20 g kalte Butter
1 EL Orangenlikör
Für die Bechamelmasse:
30 g Butter
30 g Mehl
1/8 l Milch
1 Prise Salz
4 Eiklar
2 EL Vanillezucker
4 Eidotter
Außerdem:
Butter zum Backen

◆ Die Orangen so dick schälen, daß die weiße Haut völlig entfernt ist. Mit einem scharfen Messer die Fruchtsegmente aus den Zwischenhäuten schneiden. Die Orangenfilets auf einen Teller legen und mit Orangenlikör beträufeln. Marinieren, bis die Omeletten fertig sind.

◆ Für die Orangensauce den Würfelzucker an den gewaschenen und abgetrockneten Orangen so lange reiben bis die Zuckerwürfel rundherum gelb und mit Aroma getränkt sind. Die Orangen halbieren und auspressen. Die Zuckerwürfel und den restlichen Zucker in einer Pfanne schmelzen lassen, mit Orangensaft ablöschen, die Marillenmarmelade unterrühren und kurz durchkochen lassen. Von der Kochplatte nehmen und die kalte Butter in kleinen Flöckchen mit einem Schneebesen unterschlagen. Zum Schluß mit Orangenlikör abschmecken.

◆ Die Butter in einem Topf zerlassen und das Mehl einrühren. Aufschäumen lassen, dann mit der kalten Milch aufgießen und unter Rühren mit einem Kochlöffel einige Male aufkochen lassen. Von der Kochplatte nehmen und etwas überkühlen lassen. Das Backrohr auf 150° C vorheizen.

◆ Die Eiklar steif schlagen, dabei den Vanillezukker langsam einrieseln lassen und so lange weiterschlagen, bis der Schnee schnittfest und glänzend ist.

◆ Nach und nach die Eidotter und ein Drittel des Schnees unter die übergekühlte Bechamelmasse rühren. Den restlichen Eischnee locker und gleichmäßig unterziehen.

◆ In zwei kleinen Pfannen jeweils etwas Butter erhitzen. In jede Pfanne ein Viertel der Teigmasse geben, die Oberfläche mit einem Löffelrücken glattstreichen und bei schwacher Hitze wenige Minuten anbraten. Mit einer Palette vorsichtig wenden, erneut etwas Butter dazugeben und auch die zweite Seite goldbraun backen. Die Omelette auf die Hälfte zusammenklappen und im heißen Backofen warm halten, bis die beiden nächsten Omeletten auf die gleiche Weise gebacken sind.

◆ Die Omeletten mit den marinierten Orangenspalten füllen, erneut zusammenklappen und mit der Orangensauce begießen.

Omelette „George Sand“

Für 6 - 8 Personen *(Nachspeise)*
Zubereitungszeit: *45 Minuten*

Für die Vanillecreme:
1/8 l Milch
10 g Vanillepuddingpulver
1/2 Vanilleschote
30 g Kristallzucker
100 g abgetropfte Kompottfrüchte
1/4 l Schlagobers
Für die Bechamelmasse:
60 g Butter
80 g Mehl
1 Prise Salz
1/4 l Milch
6 Eidotter
6 Eiklar
60 g Kristallzucker
Außerdem:
Butter zum Backen

◆ Für die Füllung 2 Eßlöffel von der Milch abnehmen und das Puddingpulver damit anrühren. Die restliche Milch mit der aufgeschlitzten Vanilleschote und dem Kristallzucker zum Kochen bringen. Das Vanillemark mit einem spitzen Messer in die Milch kratzen und das angerührte Puddingpulver unter Rühren in die kochende Milch gießen. Einmal aufkochen lassen und von der Kochplatte nehmen. Abkühlen lassen, dann durch ein Sieb passieren. Die Früchte und das Schlagobers locker unterziehen.

◆ Die Butter in einem Topf zerlassen und das Mehl einrühren. Aufschäumen lassen, dann mit der kalten Milch aufgießen und unter Rühren mit einem Kochlöffel einige Male aufkochen lassen. Von der Kochplatte nehmen und etwas überkühlen lassen. Das Backrohr auf 150° C vorheizen.

◆ Die Eiklar steif schlagen, dabei den Vanillezukker einrieseln lassen und so lange weiterschlagen, bis der Schnee schnittfest und glänzend ist.

◆ Nach und nach die Eidotter und ein Drittel des Schnees unter die übergekühlte Bechamelmasse rühren. Den restlichen Schnee locker und gleichmäßig unterziehen.

◆ In zwei kleinen Pfannen jeweils etwas Butter erhitzen. In jede Pfanne ein Sechstel der Teigmasse geben, die Oberfläche mit einem Löffelrücken glattstreichen und bei schwacher Hitze wenige Minuten anbraten. Mit einer Palette vorsichtig wenden, erneut etwas Butter dazugeben und auch die zweite Seite goldbraun backen. Die Omelette auf die Hälfte zusammenklappen und im heißen Backofen warm halten, bis die beiden nächsten Omeletten auf die gleiche Weise gebacken sind.

◆ Die Omeletten mit der Vanillecreme füllen, erneut zusammenklappen und mit Maronimus und Staubzucker bestäubt servieren.

Tips und Tricks:

Das Rezept für das Maronimus finden Sie auf Seite 323.

Schönbrunner Biskuitomelette

Für 2 Personen *(Nachspeise)*
Zubereitungszeit: *20 Minuten*

Für die Bechamelmasse:
3 Eiklar
40 g Kristallzucker
abgeriebene Schale von 1/2 unbehandelten Zitrone
3 Eidotter
50 g Mehl
Für die Fülle:
4 EL Marillenmarmelade
2 EL in Würfel geschnittene Kompottfrüchte
Für die Schokoladensauce:
5 EL Obers
50 g Schokolade
evtl. 1 EL Marillenschnaps
Außerdem:
Butter und Mehl zum Backen

◆ Das Backrohr auf 200° C vorheizen. Die Eiklar steif schlagen, dabei den Kristallzucker einrieseln lassen. So lange weiterschlagen, bis der Schnee schnittfest und glänzend ist. Zitronenschale, Eidotter und das fein gesiebte Mehl locker und gleichmäßig unterziehen.

◆ Eine große Pfanne mit Butter ausstreichen und mit Mehl bestäuben. Die Bechamelmasse hineingeben und mit einem Löffelrücken so in der Pfanne verteilen, daß der Rand dicker ist als der mittlere Teil.

◆ Die Pfanne in das Rohr stellen und etwa 6 - 8 Minuten backen. Die Oberfläche muß leicht gebräunt sein und auf leichten Druck mit den Fingerkuppen nachgeben.

◆ In dieser Zeit das Obers mit den Schokoladenstückchen bei schwacher Hitze schmelzen lassen. Mit einem kleinen Schneebesen kräftig durchrühren. Wenn keine Kinder mitessen, mit Marillenschnaps abschmecken.

◆ Eine Hälfte der Omelette mit Marillenmarmelade bestreichen, die gut abgetropften Kompottfrüchte darauf verteilen. Die Omelette auf die Hälfte zusammenklappen, auf einen vorgewärmten Teller gleiten lassen und mit der Schokoladensauce fadenartig begießen. Sofort servieren!

Tips und Tricks:

Natürlich kann man aus der Masse auch zwei kleine Omeletten backen – einfacher und auch flaumiger ist es jedoch auf diese Weise.

Ob Fruchtcocktail aus der Dose, selbst eingekochte Früchte oder auch frische Himbeeren, das bleibt Ihrem ganz persönlichen Geschmack überlassen.

Nußomelette
mit Zimteis

Für 4 Personen *(Nachspeise)*
Zubereitungszeit: *25 Minuten*

Für die Bechamelmasse:
4 Eiklar
50 g Kristallzucker
4 Eidotter
50 g Staubzucker
1 EL Rum
50 g Mehl
50 g Stärkemehl
1 Prise Salz
50 g geriebene Haselnüsse
50 g flüssige Butter
Außerdem:
Butter zum Backen
40 gehackte Haselnüsse
4 TL brauner Zucker
4 große Kugeln Zimteis
Staubzucker zum Bestäuben

◆ Die Eiklar steif schlagen, dabei 50 g Kristallzucker einrieseln lassen und so lange weiterschlagen, bis der Schnee schnittfest und glänzend ist. In einer zweiten Schüssel Eidotter, Staubzucker und Rum schaumig rühren. Mehl, Stärkemehl, Salz, Haselnüsse und flüssige Butter unterrühren und zum Schluß den Schnee unterziehen.

◆ In zwei kleinen Pfannen jeweils etwas Butter erhitzen und 10 g Haselnüsse mit 1 Kaffeelöffel braunen Zucker goldbraun rösten. Mit einem Schöpflöffel ein Viertel des Teiges darauf verteilen, mit dem Löffelrücken glattstreichen und die Omeletten bei schwacher Hitze 2 bis 3 Minuten zugedeckt backen. Mit einer Palette oder mit Hilfe eines Tellers vorsichtig wenden und die zweite Seite ebenfalls in wenigen Minuten goldbraun backen.
Die Omeletten im heißen Backrohr warm halten, bis die nächsten beiden Nußomeletten fertig sind. Dann auf 4 Teller verteilen, in die Mitte jeweils eine Kugel Zimteis legen und mit Staubzucker bestäuben!

Tips und Tricks:

Leicht angetautes Vanilleeis mit etwas gemahlenem Zimt verrührt - fertig ist ein feines Zimteis! Preiselbeerkompott harmoniert gut dazu!

Salzburger Nockerl
(aus der Pfanne)

Für 2 Personen *(Nachspeise)*
Zubereitungszeit: *20 Minuten*

Für die Nockerlmasse:
5 Eiklar
40 g Kristallzucker
1 EL Vanillezucker
3 Eidotter
abgeriebene Schale von 1/2 unbehandelten Zitrone
20 g Mehl
Außerdem:
30 g Butter
Staubzucker zum Bestäuben

◆ Die Eiklar steif schlagen, dabei Kristallzucker und Vanillezucker einrieseln lassen und weiterschlagen, bis der Schnee schnittfest und glänzend ist. Die verquirlten Eidotter, Zitronenschale und das gesiebte Mehl locker und gleichmäßig unterziehen.
◆ Die Butter in einer Pfanne zerlassen. Aus der Schaummasse drei große pyramidenförmige Nokken formen und in das heiße Fett setzen. Bei mittlerer Hitze anbraten, dann vorsichtig unter zweimaligem Wenden auf jeder Seite goldbraun backen. Die Nocken sollen innen noch cremig sein.
◆ Die Salzburger Nockerl herausheben, auf einer Platte anrichten und mit Staubzucker bestäuben.

Tips und Tricks:

Ganz vorzüglich dazu: frisches, mit Schlagobers durchzogenes Erdbeer- oder Himbeermark!

Die Version der Salzburger Nockerl aus dem Rohr finden Sie auf Seite 88!

Kaiserschmarren

Für 2 Personen *(Hauptspeise)*
Zubereitungszeit: *30 Minuten*

3 Eidotter
30 g Kristallzucker
1 Prise Salz
100 ml Obers
80 g Mehl
20 g Stärkemehl
50 g Rosinen
4 Eiklar
1 EL Vanillezucker
Außerdem:
40 g Butterschmalz zum Backen
2 EL Staubzucker zum Bestäuben

◆ Das Backrohr auf 220° C vorheizen. Eidotter, Kristallzucker und Salz mit den Schneebesen eines Handrührgerätes schaumig rühren. Abwechselnd nach und nach Obers, Mehl, Stärkemehl und Rosinen unterrühren. Eiklar steif schlagen, dabei den Vanillezucker einrieseln lassen und so lange weiterschlagen, bis der Schnee schnittfest und glänzend ist. Locker und gleichmäßig unter den Teig ziehen.

◆ 20 g Butterschmalz in einer großen Pfanne mit feuerfestem Griff erhitzen und den Teig hineingeben. 2 - 3 Minuten anbraten lassen, dann die Pfanne in das heiße Backrohr stellen und den Teig in etwa 6 - 8 Minuten aufgehen und goldbraun backen lassen.

◆ Die Pfanne erneut auf die heiße Kochplatte stellen, und die Omelette mit zwei Gabeln in Stücke reißen. Das restliche Butterschmalz dazugeben und mit Staubzucker bestäuben. Den Schmarren unter Schwenken der Pfanne glasieren.

◆ Auf eine vorgewärmte Platte geben und sofort, am besten mit Zwetschkenröster oder Apfelmus, servieren!

Tips und Tricks:

Vorweg einen Teller Suppe und dann einen Kaiserschmarren, das ist eine sättigende Mahlzeit.

Soll der Schmarren krönender Nachtisch nach einem vollständigen Menü sein, reicht die angegebene Menge für 4 Personen.

Marillenschmarren

Für 4 Personen *(Nachspeise)*
Zubereitungszeit: *25 Minuten*

400 g vollreife Marillen
4 cl Marillenlikör
Für die Schaummasse:
5 Eidotter
40 g Staubzucker
1 Prise Salz
1 EL Marillenschnaps
1/8 l Milch
100 g Mehl
40 g geschälte, geriebene Mandeln
4 Eiklar
2 EL Vanillezucker
Außerdem:
Butter oder Butterschmalz zum Backen
20 g Mandelblätter
Staubzucker zum Bestäuben

◆ Die Marillen halbieren, entsteinen und in Viertel schneiden. In eine Schüssel geben, mit Marillenschnaps beträufeln und zugedeckt marinieren.

◆ Das Backrohr auf 220° C vorheizen. Eidotter, Staubzucker, Salz und Schnaps mit den Schneebesen eines Handrührgerätes schaumig rühren. Abwechselnd nach und nach Milch, Mehl und Mandeln unterrühren. Eiklar steif schlagen, dabei den Vanillezucker einrieseln lassen und so lange weiterschlagen, bis der Schnee schnittfest und glänzend ist. Locker und gleichmäßig mit der Hälfte der Marillen unter den Teig ziehen.

◆ 20 g Butterschmalz in einer großen Pfanne mit feuerfestem Griff erhitzen und den Teig hineingeben. 2 - 3 Minuten anbraten lassen. Die Pfanne in das heiße Backrohr stellen und den Teig in etwa 6 - 8 Minuten aufgehen und goldbraun backen lassen.
In einer zweiten Pfanne noch etwas Fett erhitzen und die restlichen Marillen darin weich dünsten. Die Mandelblätter in einer weiteren Pfanne goldbraun rösten.

◆ Die Omelette erneut auf die heiße Kochplatte stellen und mit zwei Gabeln in Stücke reißen. Noch etwas Fett dazugeben und mit Staubzucker bestäuben. Den Schmarren unter Schwenken der Pfanne glasieren.

◆ Mit den gedünsteten Marillen auf eine vorgewärmte Platte geben, mit Mandelblättchen bestreuen und mit Staubzucker bestäuben!

Tips und Tricks:

Dieser fruchtige Schmarren kann ebenso mit Kirschen zubereitet werden: Dazu 300 g entsteinte Kirschen mit Kirschschnaps marinieren und den Teig mit Kirschschnaps verfeinern!

Manche Hausfrau schwört darauf, den Schmarren auf der Kochplatte zuzubereiten. Dann allerdings während des Anbratens bei schwacher Hitze die Pfanne zudecken! Das Wenden der großen Omelette geht am besten mit Hilfe des Deckels oder eines großen Tellers. Offen fertig backen und dann in Stücke reißen.

Topfenschmarren

Für 4 Personen *(Nachspeise)*
Zubereitungszeit: *1 Stunde*

Für die Topfenmasse:
400 g Topfen
50 g Rosinen
2 cl Rum
4 Eidotter
30 g Staubzucker
1 Prise Salz
3 EL Obers
abgeriebene Schale von 1/2 unbehandelten Zitrone
50 g Mandelstifte
80 g Grieß
4 Eiklar
2 EL Vanillezucker
Außerdem:
Butter oder Butterschmalz zum Backen
2 EL Kristallzucker
1 Msp gemahlener Zimt

◆ Den Topfen am besten über Nacht auf einem Sieb abtropfen lassen. Die Rosinen in Rum einweichen.

◆ Eidotter, Staubzucker und Salz schaumig rühren. Topfen, Obers, Zitronenschale, Mandeln und Grieß dazugeben und zu einer glatten Masse verrühren. 30 Minuten quellen lassen.

◆ Das Backrohr auf 220° C vorheizen. Die Eiklar steif schlagen, dabei den Vanillezucker einrieseln lassen und so lange weiterschlagen, bis der Schnee schnittfest und glänzend ist. Locker und gleichmäßig unter die Topfenmasse ziehen.

◆ Etwas Fett in einer großen Pfanne erhitzen und die Topfenmasse hineingeben. Mit dem Löffelrükken glattstreichen und bei mittlerer Hitze einige Minuten goldbraun anbraten. Die Omelette in das Backrohr stellen und 8 - 10 Minuten goldbraun backen.

◆ Die Omelette erneut auf die heiße Kochplatte stellen und mit zwei Gabeln in Stücke reißen. Noch etwas Fett dazugeben und mit Zimtzucker bestäuben. Den Schmarren unter Schwenken der Pfanne glasieren.

Tips und Tricks:

Ist der Topfen zu feucht, wird der Schmarren leicht matschig. Eine rasche Methode, den Topfen trocken zu bekommen, ist, ihn in ein Mullsäckchen zu packen, dieses zuzubinden und in einer Salatschleuder trockenzuschleudern!

Gefüllte Palatschinken mit marinierten Kirschen

Apfelpfannkuchen

Nußschmarren

Für 4 Personen *(Hauptspeise)*
Zubereitungszeit: *1 Stunde*

Für den Teig:
30 g Butter
100 g geriebene Haselnüsse
150 g Mehl
150 g blütenzarte Haferflocken
1 Prise Salz
1/2 l Milch
6 Eidotter
6 Eiklar
50 g Kristallzucker
Außerdem:
Butter oder Butterschmalz zum Backen
Staubzucker zum Bestäuben

◆ Die Butter in einer Pfanne zerlassen und die Haselnüsse darin unter ständigem Rühren goldbraun anrösten, anschließend überkühlen lassen.

◆ Mehl, Haferflocken, Salz und die abgekühlten Nüsse in einer Schüssel vermischen und unter Rühren mit einem Kochlöffel die Milch und nach und nach die Eidotter dazugeben. Zu einem glatten Pfannkuchenteig verrühren und 30 Minuten quellen lassen.

◆ Die Eiklar steif schlagen, dabei den Zucker einrieseln lassen. Den Schnee locker und gleichmäßig unter den Pfannkuchenteig ziehen.

◆ Das Fett in einer großen Pfanne erhitzen und den Teig etwa 1/2 cm hoch hineingießen. Die Oberfläche mit einem Löffelrücken glattstreichen und die Masse zugedeckt bei mittlerer Hitze goldbraun bakken. Die Omelette mit Hilfe des Deckels oder eines Tellers wenden, noch etwas Fett in die Pfanne geben und auch die zweite Seite goldbraun backen. Die Omelette mit zwei Gabeln in Stücke reißen, dick mit Staubzucker bestäuben und unter Schütteln der Pfanne glasieren lassen. Sofort servieren!

Tips und Tricks:

Durch die Haferflocken wird der Teig besonders locker!
Die Nüsse durch Mandeln oder Walnüsse ersetzen!

Semmel-Kirsch-Schmarren

Für 4 Personen *(Hauptspeise)*
Zubereitungszeit: *1 Stunde*

Für die Semmelmasse:
5 Semmeln
1/2 l Milch
6 Eidotter
1 Prise Salz
abgeriebene Schale von 1/2 unbehandelten Zitrone
500 g Weichseln (Sauerkirschen)
50 g gehackte Pistazien oder Mandeln
6 Eiklar
2 EL Vanillezucker
Außerdem:
Butter oder Butterschmalz zum Backen
Zucker und Zimt zum Bestreuen

◆ Die Semmeln in dünne Scheiben schneiden und in eine große Schüssel geben. Milch, Eidotter, Salz und Zitronenschale verquirlen und über die Semmelscheiben gießen. Gut miteinander vermischen und 30 Minuten durchziehen lassen.

◆ Die Sauerkirschen entkernen und mit den Pistazien oder Mandeln unter den durchgeweichten Semmelteig mischen. Die Eiklar steif schlagen, dabei den Vanillezucker einrieseln lassen und so lange weiterschlagen, bis der Schnee schnittfest und glänzend ist. Den steif geschlagenen Schnee unter die Semmelmasse ziehen.

◆ Butter oder Butterschmalz in einer großen Pfanne erhitzen und die Semmelmasse in das heiße Fett geben. Bei mittlerer Hitze unter gelegentlichem Wenden mit einer Backschaufel so lange backen, bis der Schmarren goldbraun ist und in Stücke zerfällt. Falls nötig, noch etwas Fett hinzufügen.

◆ Zucker mit dem Zimt vermischen und den Schmarren damit bestreuen. Noch einmal kurz durchschwenken, bis der Zucker karamelisiert und alle Stücke leicht glänzen.

Tips und Tricks:

A und O für das gute Gelingen jedes Schmarren-Rezeptes ist die Pfanne. Am besten bewährt haben sich Eisenpfannen mit feuerfesten Griffen, da sie sehr hoch erhitzbar sind, die Hitze gut halten und bedenkenlos in das Rohr geschoben werden können.

Mit beschichteten Pfannen kann man zwar Fett sparen, der Schmarren wird allerdings nicht ganz so knusprig!

Kipferlschmarren
mit Rosinen

Für 4 Personen *(Hauptspeise)*
Zubereitungszeit: *1 Stunde*

Für die Kipferlmasse:
100 g Rosinen
4 cl Rum
6 Kipferl
ca. 1/4 l Milch
5 Eidotter
1 Prise Salz
ausgekratztes Mark von 1 Vanilleschote
1 Msp Zimt
5 Eiklar
2 EL Kristallzucker
50 g gehackte Mandeln
Außerdem:
Butter oder Butterschmalz zum Backen
Staubzucker zum Bestäuben

◆ Die Rosinen mit Rum einweichen! Die Kipferl in dünne Scheiben schneiden und in eine große Schüssel geben. Milch, Eidotter, Salz, Vanillemark und Zimt gründlich verquirlen und über die Kipferlscheiben gießen. Gut miteinander vermischen und etwa 30 Minuten einweichen. Das Backrohr auf 200° C vorheizen.

◆ Die Eiklar steif schlagen, dabei den Kristallzukker einrieseln lassen. Die eingeweichten Rosinen mitsamt Einweichflüssigkeit, Mandeln sowie den Schnee locker und gleichmäßig unter die Kipferlmasse ziehen.

◆ In einer großen Pfanne etwas Fett erhitzen und die Kipferlmasse hineingeben. Kurz anbraten, dann in das Backrohr stellen und etwa 20 Minuten backen lassen. Die Pfanne erneut auf die heiße Kochplatte stellen und die Kippferlmasse mit zwei Gabeln in Stücke reißen. Dick mit Staubzucker bestäuben und den Schmarren unter Wenden glasieren.

Tips und Tricks:

Mit Zwetschkenröster schmeckt der Kipferlschmarren am allerbesten!

Rezept dazu siehe Seite 350.

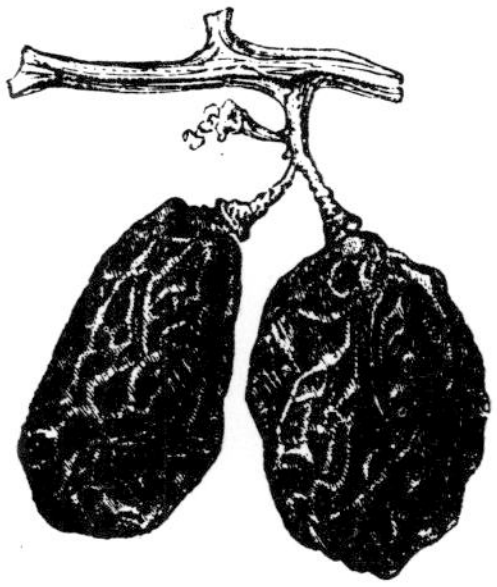

Grießschmarren
mit Äpfeln

Für 4 Personen *(Hauptspeise)*
Zubereitungszeit: *50 Minuten*

Für die Grießmasse:
1/2 l Milch
abgeriebene Schale von 1/2 unbehandelten Zitrone
ausgekratztes Mark von 1 Vanilleschote
1 Prise Salz
50 g Butter
200 g Hartweizengrieß
2 Eidotter
Außerdem:
100 g Butter
250 g aromatische Äpfel
60 g Rosinen
20 g Staubzucker

◆ Die Milch mit Zitronenschale, Vanillemark, Salz und Butter zum Kochen bringen. Den Grieß unter Rühren mit einem Kochlöffel einlaufen lassen und dick einkochen. Von der Kochplatte nehmen und überkühlen lassen. Dann die Eidotter unterrühren.

◆ Die Hälfte der Butter in einer großen Pfanne erhitzen, die Grießmasse hineingeben und etwa 15 Minuten goldgelb anbraten. Die Masse dabei mit einer Backschaufel immer wieder zerkleinern und wenden.

◆ Die Äpfel schälen, vierteln, entkernen und in dünne Blättchen schneiden. Die Apfelstücke mit den Rosinen und der restlichen Butter in Flöckchen in die Pfanne zum Schmarren geben. Mit Staubzucker bestäuben, unter gelegentlichem Wenden in etwa 20 Minuten goldbraun und knusprig backen. Mit einem aromatischen Kompott servieren.

Tips und Tricks:

Für fast alle Mehlspeisen aus Grieß verwendet man besser Hartweizengrieß, da dieser kleberreicher ist und mehr Eiweiß enthält als Weichweizengrieß. Das ist für den Zusammenhalt der Speisen sehr wichtig ist.

Sesam-Grießrauten
mit Bananen

Für 4 Personen *(Hauptspeise)*
Zubereitungszeit: *40 Minuten*

Für die Grießmasse:
3/4 l Milch
1 Prise Salz
30 g Kristallzucker
abgeriebene Schale von 1/2 unbehandelten Zitrone
125 g Hartweizengrieß
2 Eidotter
4 mittelgroße Bananen
2 Eiklar
1 EL Vanillezucker
1/2 TL Kardamom
Außerdem:
50 g flüssige Butter
3 EL Sesamsamen
20 g Staubzucker

◆ Milch, Salz, Kristallzucker und Zitronenschale in einem Topf zum Kochen bringen. Den Grieß unter Rühren mit einem Kochlöffel einlaufen lassen und unter ständigem Rühren in etwa 3 - 4 Minuten dick einkochen. Von der Kochplatte nehmen und etwas überkühlen lassen. Das Backrohr auf 220° C vorheizen.

◆ Die Bananen schälen, in kleine Würfel schneiden und mit den Eidottern und dem Kardamom unter den Grießbrei rühren. Die Eiklar steif schlagen, dabei den Vanillezucker einrieseln lassen. Den Schnee locker und gleichmäßig unter die Grießmasse ziehen.

◆ Die Masse auf ein gefettetes Backblech streichen, die Oberfläche glattstreichen und mit flüssiger Butter bestreichen. Mit Sesamsamen bestreuen, mit Staubzucker bestäuben und im heißen Backofen etwa 15 Minuten bräunen lassen.

◆ Nach dem Backen in Rauten oder Würfel schneiden und mit einer Fruchtsauce oder Kompott servieren.

Tips und Tricks:

Die Sesam-Grießrauten schmecken auch kalt als Dessert!

Grießschnitten
mit Zimtzucker

Für 4 Personen *(Nachspeise)*
Zubereitungszeit: *55 Minuten*

Für die Grießmasse:
1/2 l Milch
1 Prise Salz
1 Vanilleschote
abgeriebene Schale von 1/2 unbehandelten Zitrone
80 g Hartweizengrieß
2 Eidotter
Außerdem:
1 Ei
2 EL Obers
ca. 40 g Zwiebackbrösel
40 g fein geriebene Mandeln
Butter zum Backen
Zucker und Zimt zum Wenden

◆ Die Milch mit Salz, der aufgeschlitzten Vanilleschote und der Zitronenschale erhitzen. Das Vanillemark mit einem spitzen Messer herausschaben und die Milch zum Kochen bringen. Den Grieß unter Rühren einlaufen lassen und zu einem dicken Brei kochen. Von der Kochplatte nehmen und die Eidotter unterrühren.

◆ Die heiße Grießmasse etwa 1 cm dick auf eine mit kaltem Wasser abgespülte Platte streichen und auskühlen lassen.

◆ Die kalte Grießplatte entweder in gleich große Stücke schneiden oder mit einem Ausstecher beliebige Formen aus der Grießmasse ausstechen.

◆ Ei und Obers in einem tiefen Teller verquirlen. In einem zweiten Teller Zwiebackbrösel mit Mandeln vermischen. Die Grießschnitten erst in der Ei-, dann in der Bröselmischung wenden und die Panade gut festdrücken.

◆ Die Butter in einer großen Pfanne erhitzen und die Schnitten darin bei mittlerer Hitze pro Seite in 2 - 3 Minuten goldbraun backen. Aus der Pfanne nehmen, das Fett auf Küchenpapier etwas abtropfen lassen und die Schnitten in Zimtzucker wenden. Auf Tellern anrichten und mit Kompott servieren.

Tips und Tricks:

Grießschnitten sind auch ein ideales Hauptgericht nach einer Suppe vorweg! Die angegebene Menge reicht dann für 2 - 3 Personen!

Wollen Sie Kinder mit den Grießschnitten überraschen, stechen Sie Sterne, Herzen oder Fische aus der Grießmasse aus, und legen Sie die gebackenen Figuren in einen Erdbeer- Himbeer- oder Heidelbeersee! Dazu die Früchte mit Zucker pürieren und durch ein Sieb streichen. Als Spiegel auf einen Teller gießen und die Figuren hineinlegen.

Böhmische Liwanzen

(aus Germteig)

Für 4 Personen *(Hauptspeise)*
Zubereitungszeit: *40 Minuten*
Aufgehzeit: *45 Minuten*

Für den Teig:
250 g Mehl
30 g Germ
ca. 200 ml lauwarme Milch
40 g Kristallzucker
1 Prise Salz
2 Eidotter
1 EL flüssige Butter
abgeriebene Schale von 1/4 unbehandelten Zitrone
2 Eiklar
Außerdem:
ca. 80 g Butter oder Butterschmalz
ca. 100 g Powidl
Staubzucker zum Bestäuben

◆ Das Mehl in eine Schüssel geben, in die Mitte eine Mulde drücken und die Germ hineinbröckeln. Mit etwas lauwarmer Milch und wenig Mehl verrühren und zugedeckt an einem warmen Ort 15 Minuten gehen lassen.

◆ Restliche Milch, die Hälfte des Kristallzuckers, Salz, Eidotter, flüssige Butter und Zitronenschale dazugeben und mit einem Kochlöffel oder mit den Knethaken eines Handrührgerätes so lange schlagen, bis der Teig Blasen wirft. Es muß ein weicher Teig entstehen. Zugedeckt ca. 30 Minuten gehen lassen, bis sich das Volumen verdoppelt hat.

◆ Eiklar steif schlagen, dabei den restlichen Zucker einrieseln lassen. Den Germteig kurz durchrühren, dann den Schnee gleichmäßig untermischen.

◆ In den Vertiefungen einer Liwanzen- oder Spiegeleierpfanne etwas geklärte Butter oder Butterschmalz erhitzen, einen Eßlöffel Teig hineingeben und bei mittlerer Hitze goldbraun backen lassen. Mit einer Gabel vorsichtig wenden, etwas Fett dazugeben und auch die zweite Seite langsam bräunen lassen.

◆ Auf jede Liwanze ein wenig Powidl geben und mit Staubzucker bestäuben.

Tips und Tricks:

Von der aus Böhmen stammenden Mehlspeise gibt es viele Variationen – so kann man sie mit geriebenem trockenem Topfen bestreuen, Heidelbeerkompott dazu reichen oder in heiße Topfenmilch tauchen und mit Lebkuchenbröseln bestreuen: Dazu gut 1/4 l Milch mit 2 EL Topfen, 2 - 3 EL Kristallzucker und das ausgekratzte Mark von 1/2 Vanilleschote erhitzen. Die fertig gebackenen Liwanzen in die heiße Flüssigkeit tauchen und mit Lebkuchenbröseln bestreuen. Eventuell noch zusätzlich Powidl oder Zwetschkenröster dazu reichen.

Böhmische Liwanzen

(aus Backpulverteig)

Für 4 Personen *(Hauptspeise)*
Zubereitungszeit: *25 Minuten*

Für den Teig:
200 g Mehl
gut 1/4 l Milch
60 g Kristallzucker
2 Eidotter
1 Prise Salz
1 gestr. TL Backpulver
1 EL Rum
2 Eiklar
Außerdem:
ca. 80 g Butter oder Butterschmalz
ca. 100 g Marmelade nach Wahl
Staubzucker zum Bestäuben

◆ Mehl mit Milch verquirlen, die Hälfte des Zukkers, Eidotter, Salz, Backpulver und Rum hinzufügen und zu einem glatten Teig verrühren. Eiklar steif schlagen, dabei den restlichen Zucker einrieseln lassen. Den Schnee locker und gleichmäßig unter den Teig ziehen.

◆ In den Vertiefungen einer Liwanzen- oder Spiegeleierpfanne etwas Butter oder Butterschmalz erhitzen, einen Eßlöffel Teig hineingeben und bei mittlerer Hitze goldbraun backen lassen. Mit einer Gabel vorsichtig wenden, erneut etwas Fett dazugeben und auch die zweite Seite langsam bräunen lassen.

◆ Jeweils zwei Liwanzen mit Marmelade zusammensetzen und mit Staubzucker bestäuben.

Tips und Tricks:

Die Hälfte der Liwanzen mit einem süß angemachten Topfen bestreichen, darauf etwas Powidl geben und mit einer zweiten Liwanze bedecken. Mit Staubzucker bestäuben.

Liwanzen
mit Zwetschken gefüllt

Für 4 Personen *(Hauptspeise)*
Zubereitungszeit: *40 Minuten*
Aufgehzeit: *45 Minuten*

Für den Teig:
150 g Mehl
100 g Instant-Haferflocken
25 g Germ
2 EL Zucker
400 ml lauwarme Buttermilch
1 Prise Salz
3 Eidotter
3 Eiklar
ca. 500 g Zwetschken
Zum Braten:
ca. 80 g Butter oder Butterschmalz
2 - 3 EL Zucker
1/2 TL gemahlener Zimt

◆ Mehl und Haferflocken in eine Schüssel geben, in die Mitte eine Mulde drücken, die Germ hineinbröckeln. Mit der Hälfte des Zuckers bestreuen und mit etwas Buttermilch verrühren. Zugedeckt 15 Minuten gehen lassen.

◆ Restliche Buttermilch, Salz und Eidotter dazugeben und mit einem Kochlöffel oder mit den Knethaken eines Handrührgerätes so lange schlagen, bis der Teig Blasen wirft. Es muß ein weicher Teig entstehen. Zugedeckt ca. 30 Minuten gehen lassen, bis sich das Volumen verdoppelt hat.

◆ Die Eiklar steif schlagen, dabei den restlichen Zucker einrieseln lassen. Den Germteig kurz durchrühren, dann den Schnee gleichmäßig untermischen. Zwetschken waschen, halbieren und entkernen.

◆ In den Vertiefungen einer Liwanzen- oder Spiegeleierpfanne etwas geklärte Butter oder Butterschmalz erhitzen, einen Eßlöffel Teig hineingeben, eine Zwetschkenhälfte hineindrücken und bei mittlerer Hitze goldbraun backen lassen. Mit einer Gabel vorsichtig wenden, etwas Fett dazugeben und auch die zweite Seite langsam bräunen lassen.
Mit Zimtzucker bestreut servieren!

Tips und Tricks:

Die Zwetschken durch Marillen oder Kirschen ersetzen.

Liwanzen kann man übrigens gut einfrieren! Bei Bedarf im heißen Backofen aufbacken und beliebig belegt als Dessert servieren!

Klassisches Schmalzgebäck

Bereits 140 v. Chr. kannte man anscheinend ein krapfenähnliches Gebäck: Erwähnt wurde ein Rezept mit einem breiartigen Teig, der im heißen Fett gekocht und dann mit Honig bestrichen wird.

Die Bezeichnung „krapfe“, untrennbar mit dem Schmalzgebäck verbunden, tauchte bereits im 12. Jahrhundert auf. Man vermutet, daß sich der Name von „krumm bzw. hufeisenförmig“ ableitete, da die mit einem Löffel abgestochenen und im heißen Fett ausgebackenen Teigstücke sich meist hufeisenähnlich verformten.

Schmalzgebäck, gleich welcher Art, spielte schon immer in der bäuerlichen Alltagskost, aber ganz besonders als Festtagsgebäck eine große Rolle. Dabei waren Größe, Form und Fülle anlaßbedingt festgelegt. Im oberösterreichischen Innviertel gab es Krapfen immer an den Rauhnächten – vom Silvester auf Neujahrsmorgen und in der Nacht zum Dreikönigsfest und natürlich in der Faschingszeit. In einer alten Kostverordnung aus dem Jahre 1749 für das Gesinde stand geschrieben: „Extra zum Faschingsmahl jeder Person drey Krapfen“!

Auffallend ist, daß Fettgebackenes immer an fröhlichen Festtagen, wie z. B. an Hochzeiten, aufgetischt wurde – niemals jedoch zu traurigen Anlässen wie etwa bei einem Leichenschmaus.

Krapfen, Strauben oder Apfelkücherl sorgten nicht nur damals für eine ausgelassene, fröhliche Stimmung! Woran mag das liegen? Ist es der unwiderstehliche Duft, der beim Ausbacken des süßen Gebäcks entsteht, oder der unbeschreibliche Genuß, in ein frisch gebackenes Kücherl oder Krapferl zu beißen? Wer weiß – auf jeden Fall gibt es nur wenige Menschen, die beim Anblick von frischem, noch lauwarmem Fettgebakkenen standhaft widerstehen können.

Schmalzgebackenes kann man sowohl aus Germ-, Brand-, Wein- als auch Bierteig zubereiten. Es kann gefüllt oder ungefüllt sein, aber immer muß es möglichst frisch gebacken verzehrt werden. Lauwarm – das ist allerhöchster Genuß! Schon nach einigen Stunden verlieren nämlich die süßen Naschereien ihre Knusprigkeit und damit auch viel vom eigentlichen Reiz!

Beim Ausbacken ist die richtige Backtemperatur entscheidend für das gute Gelingen. Zwischen 160 und 180° C sind ideal, je nachdem, welchen Durchmesser das Backwerk hat. Je dicker die Teigstücke, um so niedriger die Temperatur, damit die Teigstücke außen nicht zu rasch bräunen, bevor sie innen gar sind.

Das Gebackene immer auf Küchenpapier legen, dadurch wird überschüssiges Fett aufgesogen. Früher war das nicht notwendig, ja sogar frevelhaft – da für die schwere körperliche Arbeit das Fett sehr wichtig war! Heute, im Zeitalter einer gesundheits- und kalorienbewußten Ernährungsweise, ist diese fettreduzierende Methode, die dem Wohlgeschmack nicht schadet, sinnvoll!

Ob man die Krapfen, Pofesen, Strauben usw. nun in Zimtzucker, Schokoladenzukker oder Vanillezucker wälzt, mit Staubzukker bestäubt oder mit Guß überzieht – das bleibt dem persönlichen Geschmack überlassen.

Stellen Sie die Friteuse bereit, und überraschen Sie Ihre Lieben mit einem köstlich duftenden Schmalzgebäck – selbst wenn gerade nicht Fasching ist!

Apfelkücherl

Zubereitungszeit: *45 Minuten*

4 - 6 große Äpfel
Saft von 1 Zitrone
Für den Ausbackteig:
200 g Mehl
1 Prise Salz
50 g Kristallzucker
3 Eidotter
ca. 1/4 l Bier
3 Eiklar
1 EL Vanillezucker
Außerdem:
Fett zum Ausbacken
3 EL Kristallzucker
gemahlener Zimt nach Geschmack

◆ Die Äpfel schälen und mit einem Ausstecher die Kerngehäuse entfernen. Die Früchte in etwa 1 cm dicke Scheiben schneiden und mit Zitronensaft beträufeln.

◆ Für den Teig Mehl, Salz, Kristallzucker und Eidotter in eine Schüssel geben. Das Bier dazugießen und mit einem Kochlöffel zu einem glatten Teig verrühren. 20 Minuten ruhen lassen.

◆ Eiklar steif schlagen, dabei den Vanillezucker einrieseln lassen und weiterschlagen, bis der Schnee schnittfest und glänzend ist. Locker und gleichmäßig unter den Teig ziehen.

◆ Das Fett in einer Friteuse oder in einer tiefen Pfanne auf 180° C erhitzen. Die Apfelscheiben im Teig wenden, überschüssigen Teig abtropfen lassen und portionsweise in das heiße Fett legen.

◆ Sobald der Teig goldbraun ist und die Früchte weich sind, mit einem Schaumlöffel herausheben und auf Küchenpapier abtropfen lassen.

◆ Zucker und Zimt in einem tiefen Teller vermischen und die Apfelkücherl darin wenden.

Tips und Tricks:

Auf die gleiche Weise kann man auch Ananasbeignets herstellen. Für die Teigmenge ist eine frische Ananas gerade richtig. Die Frucht dick schälen, damit alle braunen, harten Stellen entfernt sind, das feste Mittelstück herausschneiden. Die Ananas ebenfalls in 1 cm dicke Scheiben schneiden und wie die Apfelkücherl ausbacken!

Die richtige Temperatur des Fettes ist beim Ausbacken äußerst wichtig! Ist das Fett zuwenig heiß, saugt sich der Teig mit Fett voll – ist das Fett zu heiß, bräunt das Gebäck außen viel zu schnell, und die Früchte bleiben hart.

Prüfen Sie mit einem Schaschlikspieß, ob die Früchte weich sind.

Ausgebackene Kirschen

Zubereitungszeit: 40 Minuten

500 g Herzkirschen mit Stiel
Für den Ausbackteig:
150 g Mehl
1 Prise Salz
30 g Kristallzucker
1 Msp gemahlener Zimt
2 Eidotter
ca. 1/8 l Weißwein
2 cl Kirschwasser
1 EL flüssige Butter
2 Eiklar
1 EL Vanillezucker
Außerdem:
Fett zum Ausbacken
Staubzucker zum Bestäuben

◆ Die Früchte kurz mit kaltem Wasser abbrausen. Aufpassen, daß die Stiele an den Früchten bleiben.

◆ Für den Teig Mehl, Salz, Kristallzucker, Vanillezucker, Zimt und Eidotter in eine Schüssel geben. Unter Rühren mit einem Kochlöffel Weißwein, Kirschwasser und die flüssige Butter dazugießen. Den Teig kräftig durchschlagen und etwa 20 Minuten ruhen lassen.

◆ Das Ausbackfett auf 180° C erhitzen. Die Eiklar steif schlagen, dabei den Vanillezucker einrieseln lassen und weiterschlagen, bis der Schnee schnittfest und glänzend ist.

◆ Jeweils 3 Kirschen am Stiel anfassen, in den Teig tauchen und portionsweise in das heiße Fett geben. In etwa 2 - 3 Minuten goldbraun backen.

◆ Mit einem Schaumlöffel herausheben und auf Küchenpapier abtropfen lassen. Mit Staubzucker bestäuben!

Tips und Tricks:

Statt der süßen Herzkirschen Sauerkirschen oder Ringlotten auf diese Weise ausbacken!

Gebackene Hollerblüten

Zubereitungszeit: *45 Minuten*

12 Holunderblüten mit Stiel	
Für den Ausbackteig:	
120 g Mehl	
1 Prise Salz	
1 EL Kristallzucker	
abgeriebene Schale von 1/2 unbehandelten Orange	
150 ml trockener Weißwein	
2 cl Orangenlikör	
2 EL flüssige Butter	
2 Eiklar	
1 EL Vanillezucker	
Außerdem:	
Fett zum Ausbacken	
Staubzucker zum Bestäuben	

◆ Die Hollerblüten in kaltes Wasser legen, damit das eventuell vorhandene Ungeziefer und Schmutz herausgespült wird. Anschließend ausschütteln und auf einem Tuch gut abtrocknen lassen.

◆ Mehl, Salz, Kristallzucker und geriebene Orangenschale in einer Schüssel vermischen. Unter Rühren mit einem Kochlöffel Wein, Likör und flüssige Butter dazugießen, kräftig durchschlagen und 20 Minuten ruhen lassen. Das Ausbackfett auf 180° C erhitzen.

◆ Die Eiklar steif schlagen, dabei den Vanillezukker einrieseln lassen und weiterschlagen, bis der Schnee schnittfest und glänzend ist. Locker und gleichmäßig unter den Teig ziehen.

◆ Die Blüten am Stiel halten, in den Teig tauchen und portionsweise in das heiße Fett legen. In etwa 2 - 3 Minuten goldbraun und knusprig ausbacken. Mit einem Schaumlöffel herausheben und auf Küchenpapier abtropfen lassen. Mit Staubzucker bestäuben!

Tips und Tricks:

Backen Sie im Spätsommer einmal die reifen Dolden des Hollers auf diese Weise aus!

Manche Liebhaber der Hollerkücherl lehnen das Waschen der Blüten energisch ab, weil dadurch Blütenstaub und damit der interessante Geschmack verlorengeht! Gut ausschütteln ist aber dennoch anzuraten, damit Sie kein gebackenes Ungeziefer essen müssen.

Hollerblüten sollten Sie nicht gerade entlang von stark befahrenen Straßen ernten.

Wiener Wäschermadl

Zubereitungszeit: *1 Stunde*

16 Marillen
1/8 l Marillenlikör
20 g Staubzucker
Für den Ausbackteig:
200 g Mehl
1 Prise Salz
30 g Kristallzucker
200 ml trockener Weißwein
2 Eidotter
2 EL flüssige Butter
2 Eiklar
1 EL Vanillezucker
Außerdem:
150 g Rohmarzipan
Stärkemehl zum Wenden
Fett zum Ausbacken
Staubzucker zum Bestäuben

◆ Die Marillen kurz in kochendes Wasser tauchen, kalt abschrecken und die Haut abziehen. Die Seite mit der Narbe einschneiden und den Kern entfernen. Marillenlikör und Staubzucker in einer Schüssel gründlich verrühren und die Früchte darin etwa 30 Minuten marinieren.

◆ Mehl, Salz und Kristallzucker in eine Schüssel geben. Unter Rühren mit einem Kochlöffel Weißwein, Eidotter und flüssige Butter dazugeben und kräftig durchschlagen, bis ein glatter Teig entsteht. Etwa 20 Minuten ruhen lassen. Das Ausbackfett auf 180° C erhitzen.

◆ Die Eiklar steif schlagen, dabei den Vanillezukker einrieseln lassen und weiterschlagen, bis der Schnee schnittfest und glänzend ist. Locker und gleichmäßig unter den Teig ziehen.

◆ Aus dem Marzipan kleine Kugeln formen und diese anstelle der Steine in die Marillen füllen. Die gefüllten Früchte mit Hilfe eines Holzspießes in den Teig tauchen und portionsweise in das heiße Fett legen. In wenigen Minuten goldbraun und knusprig ausbacken. Mit einem Schaumlöffel herausheben und auf Küchenpapier abtropfen lassen. Mit Staubzucker bestäuben!

Tips und Tricks:

Die Wiener Wäschermadl sind eine so beliebte österreichische Mehlspeise, daß sogar ein Faschingsball nach ihnen benannt wird!
Sie sind ein Pendant zu den Schlosserbuben *(siehe nächste Seite).*

Schlosserbuben

(in Weinteig)

Zubereitungszeit: *40 Minuten*
Einweichzeit: *einige Stunden, am besten über Nacht*

Für die Fülle:
30 große Dörrzwetschken
1/4 l Rotwein
1 Msp gemahlener Zimt
1 Msp gemahlene Nelken
30 geschälte Mandeln
Für den Ausbackteig:
150 g Mehl
1 Prise Salz
ca. 200 ml Bier
2 Eidotter
2 EL flüssige Butter
2 Eiklar
2 EL Kristallzucker
Außerdem:
Stärkemehl
Kristallzucker und etwas Kakao zum Wenden

◆ Die Dörrzwetschken in eine Schüssel legen. Rotwein mit Zimt und Nelken kurz erhitzen und über die Zwetschken gießen. Zugedeckt über Nacht marinieren.

◆ Am nächsten Tag Mehl und Salz in eine Schüssel geben und unter Rühren mit einem Kochlöffel Bier, Eidotter und flüssige Butter dazugeben. Kräftig durchschlagen, bis ein glatter Teig entsteht. 20 Minuten rasten lassen.

◆ Das Ausbackfett auf 180° C erhitzen. Die Dörrzwetschken entkernen und an Stelle des Kerns eine Mandel hineingeben. Die Eiklar steif schlagen, dabei den Kristallzucker einrieseln lassen und weiterschlagen, bis der Schnee schnittfest und glänzend ist. Locker und gleichmäßig unter den Teig ziehen.

◆ Die gefüllten Zweschken in Stärkemehl wenden, dann in den Ausbackteig tauchen und portionsweise in das heiße Fett legen. In wenigen Minuten goldbraun und knusprig ausbacken. Mit einem Schaumlöffel herausheben und auf Küchenpapier abtropfen lassen. Kristallzucker und Kakao vermischen und die Schlosserbuben darin wälzen.

Tips und Tricks:

Wenn Kinder mitessen, auf den Rotwein verzichten und die Zwetschken einige Stunden in Wasser einweichen. Dann in dem Einweichwasser halbweich kochen.

Marillenschmarren

Sesam-Grießrauten mit Bananen

Liwanzen mit Zwetschken gefüllt

Bayerische Küchel

Schlosserbuben

(aus Brandteig)

Zubereitungszeit: *45 Minuten*

Für den Brandteig:
1/4 l Wasser
1 Prise Salz
50 g Butter
150 g Mehl
4 - 6 Eier, je nach Größe
Außerdem:
Fett zum Ausbacken
Powidl zum Füllen
Zucker, Kakao und gemahlener Zimt zum Bestäuben

◆ Wasser, Salz und Butter in einem Topf erhitzen und das Mehl unter Rühren mit einem Kochlöffel auf einmal hineinschütten. So lange rühren, bis sich der Teig vom Topfboden löst. Von der Kochplatte nehmen und sofort 1 Ei unterrühren. Überkühlen lassen und anschließend nach und nach die Eier unterrühren. Nach jedem Ei den Teig glattrühren und erst dann das nächste dazugeben. So viele Eier hinzufügen, bis der Teig beim Hochhalten in Spitzen vom Kochlöffel reißt. Das Ausbackfett auf 160° C erhitzen.

◆ Mit einem Kaffeelöffel walnußgroße Stücke abstechen und in das heiße Fett geben. In 3 - 4 Minuten goldbraun und knusprig backen. Mit einem Schaumlöffel herausheben und auf Küchenpapier abtropfen lassen. Den Powidl gut verrühren und in einen Spritzbeutel mit spitzer, langer Tülle füllen. Die Brandteigkrapfen damit füllen.

◆ Zucker, Kakao und Zimt in einem tiefen Teller vermischen und die Schlosserbuben darin wälzen.

Tips und Tricks:

Die Schlosserbuben gehen beim Ausbacken auf, deshalb nicht zu viele Teigstücke in das Fett setzen. Nur wenn sie genügend Platz im heißen Fett haben, geht das Gebäck richtig schön auf.

Spritzstrauben

Zubereitungszeit: *40 Minuten*

Für den Brandteig:
1/4 l Milch
1 Prise Salz
60 g Butter
150 g Mehl
3 - 4 Eier
abgeriebene Schale von 1/2 unbehandelten Zitrone
1 EL Staubzucker
Außerdem:
150 g Staubzucker
Saft von1 Zitrone oder
Kristallzucker und gemahlener Zimt

◆ Milch, Salz und Butter in einem Topf erhitzen und das Mehl unter Rühren mit einem Kochlöffel auf einmal hineinschütten. So lange rühren, bis sich der Teig vom Topfboden löst. Von der Kochplatte nehmen und sofort 1 Ei unterrühren. Überkühlen lassen und anschließend nach und nach die Eier unterrühren. Nach jedem Ei den Teig glattrühren und erst dann das nächste dazugeben. So viele Eier hinzufügen, bis der Teig beim Hochhalten in Spitzen vom Kochlöffel reißt. Die Zitronenschale und den Staubzucker unterrühren. Das Ausbackfett auf 160° C erhitzen.

◆ Aus Pergamentpapier Quadrate von etwa 10 cm schneiden, mit etwas Fett bepinseln und auf jedes Papierstück Kreise im Durchmesser von etwa 5 cm spritzen. 3 - 4 Spritzstrauben auf einmal von dem Papier in das heiße Fett gleiten lassen und in 4 - 5 Minuten goldbraun und knusprig backen, zwischendurch einmal wenden.

◆ Die Spritzstrauben mit einem Schaumlöffel herausheben und auf Küchenpapier abtropfen lassen.

◆ Staubzucker, Zitronensaft und falls nötig einige Tropfen Wasser zu einem glatten Zuckerguß verrühren. Eine Seite der Strauben damit bestreichen oder die Strauben in Zimtzucker wälzen.

Tips und Tricks:

Für Spritzkrapfen den Brandteig ebenfalls in einen Spritzbeutel mit Sterntülle füllen, jedoch fingerlange Streifen in das heiße Fett spritzen. In 2 - 3 Minuten goldbraun und knusprig backen. Nach dem Abtropfen in Zimtzucker wälzen.

Karthäuserkrapferl

Zubereitungszeit: *50 Minuten*

Für den Semmelteig:
4 Milchsemmeln
1/4 l Milch
3 Eier
80 g Kristallzucker
ausgekratztes Mark von 1 Vanilleschote
abgeriebene Schale von 1/2 unbehandelten Zitrone
30 g gehackte Mandeln
30 g Rosinen
Außerdem:
1 Ei
2 EL Obers
ca. 60 g Semmelbrösel
30 g geriebene Mandeln
Fett zum Ausbacken
Zucker und gemahlener Zimt zum Wenden

◆ Die Semmeln in dünne Scheiben schneiden und in eine Schüssel geben. Milch mit Eiern, Kristallzukker, Vanillemark und Zitronenschale gründlich verquirlen. Die Semmeln damit übergießen, alles miteinander vermengen und etwa 15 Minuten durchweichen lassen. Das Ausbackfett auf 180° C erhitzen.

◆ Mandeln und Rosinen unter den Semmelteig mischen und aus der Masse kleine Knödel formen. Das Ei mit Obers in einem tiefen Teller verquirlen und in einem zweiten Teller Semmelbrösel und geriebene Mandeln vermischen.

◆ Die Knödel erst im verquirlten Ei, dann in der Bröselmischung wenden und die Panade gut festdrücken.

◆ Die Knödel portionsweise in 4 - 5 Minuten im heißen Fett goldbraun und knusprig ausbacken. Auf Küchenpapier etwas abtropfen lassen und zum Schluß in Zimtzucker wälzen.

Tips und Tricks:

Karthäuserkrapferl ißt man entweder zu Kaffee oder Tee oder auch als warme Mehlspeise mit Vanillesauce!

Es lohnt sich, die Semmelmasse mal aus Kipferl zuzubereiten!

Mancherorts bereitet man die Karthäuserkrapferl auch aus einem leichten Rührteig zu und serviert sie dann mit Fruchtsaft oder Punsch getränkt.

Zwetschken-pofesen

Zubereitungszeit: *45 Minuten*

6 Milchsemmeln
1/2 l Milch
1 Vanilleschote
30 g Kristallzucker
ca. 60 g Powidl oder Ribiselmarmelade
2 Eier
Außerdem:
Fett zum Ausbacken
Zucker und Zimt zum Wenden

◆ Die Semmeln mit einem Reibeisen entrinden, dann halbieren und die Hälften jeweils einschneiden, aber nicht völlig durchschneiden. Mit Powidl oder Johannisbeermarmelade füllen und zusammenklappen.

◆ Die Milch mit der aufgeschlitzten Vanilleschote und dem Zucker etwa 10 Minuten erhitzen, ohne kochen zu lassen. Das Mark mit einem spitzen Messer herauskratzen, die Vanillemilch in eine Schüssel geben und abkühlen lassen. Das Ausbackfett auf 180° C erhitzen.

◆ Die gefüllten Semmelhälften in die Milch legen und vollsaugen lassen. Die Eier in einem tiefen Teller verquirlen.

◆ Die eingeweichten, etwas ausgedrückten gefüllten Semmelhälften in den verquirlten Eiern wenden und portionsweise im heißen Fett ausbacken. Mit einem Schaumlöffel herausheben und auf Küchenpapier gut abtropfen lassen. Zucker und Zimt vermischen und die Pofesen darin wenden.

Brotfritten

mit Erdbeer-Ketchup

Zubereitungszeit: *20 Minuten*

8 Scheiben Toastbrot
ca. 300 ml Milch
2 Eier
2 EL Vanillezucker
ca. 150 g Kokosflocken
Außerdem:
Fett zum Ausbacken
Für das Erdbeer-Ketchup:
500 g Erdbeeren
Kristallzucker nach Geschmack
etwas Zitronensaft

◆ Die Toastbrotscheiben wie Pommes in etwa 1 cm breite Streifen schneiden. Das Ausbackfett auf 180° C erhitzen.

◆ Milch, Eier und Vanillezucker in einem tiefen Teller gründlich miteinander verquirlen. In einen zweiten Teller die Kokosflocken geben.

◆ Die Brotstäbchen kurz in der Eiermilch wenden, in den Kokosraspeln wälzen und portionsweise 2 - 3 Minuten im heißen Fett ausbacken. Auf einem Küchenpapier abtropfen lassen.

◆ Die Erdbeeren im Mixer pürieren, durch ein Sieb streichen und mit Kristallzucker und Zitronensaft abschmecken.

◆ Die Brotfritten mit dem Erdbeer-Ketchup servieren!

Hasenöhrl

Zubereitungszeit: *1 Stunde, 10 Minuten*

Für den Teig:
400 g Mehl
1 Prise Salz
100 g Butter
3 - 4 EL Rahm
3 Eier
1 Eidotter
Außerdem:
Fett zum Ausbacken
Staubzucker zum Bestäuben

◆ Mehl und Salz in eine Schüssel sieben, die Butter in kleinen Flöckchen darübergeben und mit den Händen abbröseln. Rahm, Eier und Eidotter hinzufügen und mit den Händen rasch zu einem glatten Teig verkneten. Zu einer Kugel formen und etwa 30 Minuten kühl stellen. Das Ausbackfett auf 180° C erhitzen.

◆ Den Teig auf einem bemehlten Backbrett messerrückendick ausrollen und mit einem Teigrad Rauten von ca. 6 cm Kantenlänge ausschneiden. Jede Raute in der Mitte etwa 3 cm einschneiden und jeweils einen Teigzipfel durchziehen.

◆ Die Gebäckstücke portionsweise in das heiße Fett geben und in etwa 3 - 4 Minuten goldbraun und knusprig ausbacken.

Mit einem Schaumlöffel herausheben und auf Küchenpapier abtropfen lassen. Mit Staubzucker bestäuben.

Schneeballen

Zubereitungszeit: *45 Minuten*
Kühlzeit: *1 Stunde*

Für den Teig:
300 g Mehl
1 Prise Salz
2 Eier
2 Eidotter
1/8 l trockener Weißwein
2 EL Vanillezucker
Außerdem:
Fett zum Ausbacken
Staubzucker zum Bestäuben

◆ Mehl und Salz in eine Schüssel geben und in die Mitte eine Mulde drücken. Eier, Eidotter, Wein und Vanillezucker dazugeben und erst mit einer Gabel verquirlen, dann mit den Händen zu einem glatten Teig verkneten. Zugedeckt 1 Stunde kühl stellen. Das Backfett auf 160° C erhitzen.

◆ Den Teig auf einem bemehlten Backbrett etwa 2 - 3 mm dick ausrollen und Quadrate von 12 mal 12 cm ausradeln. Jedes der Teigstücke in gut fingerbreite, parallelverlaufende Streifen schneiden, ohne die Ränder dabei zu durchtrennen. Jeweils einen Teigfleck, gut gelockert, in eine Schneeballenform legen, diese ins heiße Fettbad tauchen und in 4 - 5 Minuten goldbraun und knusprig backen. Mit einem Schaumlöffel herausheben und auf Küchenpapier abtropfen lassen. So fortfahren, bis alle Schneeballen auf diese Weise gebacken sind. Mit Staubzucker bestäuben!

Zuckerstrauben

Zubereitungszeit: *30 Minuten*

Für den Teig:
150 g Mehl
1 Prise Salz
etwas frisch geriebene Muskatnuß
1/8 l trockener Weißwein
5 Eiklar
60 g Kristallzucker
Außerdem:
Fett zum Ausbacken
Staubzucker zum Bestäuben

◆ Mehl, Salz und Muskat in einer Schüssel vermischen. Den Weißwein dazugießen und glattrühren. Kurz quellen lassen und in der Zwischenzeit das Backfett auf 180° C erhitzen.

◆ Die Eiklar steif schlagen, dabei den Zucker einrieseln lassen und weiterschlagen, bis der Schnee schnittfest und glänzend ist. Locker und gleichmäßig unter den Teig ziehen. Den Teig in einen Spritzbeutel mit dünner, glatter Tülle füllen und spiralenartige runde Gebilde in das heiße Fett spritzen. Mit einem Schaumlöffel herausheben und sofort über einen Nudelwalker biegen. Die Strauben müssen gewölbt sein. Auf einem Küchenpapier abtropfen lassen und mit dem restlichen Teig genauso verfahren.

◆ Die Gebäckstücke mit Staubzucker bestäubt servieren.

Tips und Tricks:

Dieser Teig eignet sich auch, um Rosettenküchlein herzustellen. Dazu taucht man ein spezielles Rosetteneisen mit einem schönen Motiv zuerst in den Teig, dann in das heiße Fett. Nach kurzer Zeit löst sich das Teigstück vom Eisen, und es kann goldbraun fertig gebacken werden. Rosetteneisen gibt es mit den unterschiedlichsten Motiven in guten Haushaltswarengeschäften.

Powidlkrapferl

Zubereitungszeit: *1 Stunde, 10 Minuten*

Für den Nudelteig:
250 g Mehl
1 Prise Salz
ausgekratztes Mark von 1/2 Vanilleschote
80 g Butter
ca. 100 ml eiskaltes Wasser
Für die Fülle:
ca. 50 g Powidl
2 EL Zwetschkenschnaps
4 - 5 EL Biskuitbrösel
Außerdem:
Fett zum Ausbacken
Staubzucker zum Bestäuben

◆ Mehl, Salz und Vanillemark in einer Schüssel vermischen, die Butter in Flöckchen dazugeben und zu einem festen Teig verkneten, dabei nur so viel Wasser dazugießen wie unbedingt nötig. Den Teig kurz durchkneten und etwa 30 Minuten an einem kühlen Ort rasten lassen.

◆ Für die Fülle Powidl mit Schnaps und Biskuitbrösel verrühren. Es soll eine streichfähige Paste entstehen. Falls die Fülle zu weich ist, noch ein wenig Brösel dazugeben; falls sie zu fest ist, mit Zwetschkenwasser verdünnen. Das Ausbackfett auf 180° C erhitzen.

◆ Den Teig sehr dünn zu einem Rechteck ausrollen. Auf die eine Hälfte der Teigplatte kleine Powidlhäufchen setzen und mit der zweiten Teighälfte bedecken. Mit einem runden Ausstecher kleine Scheiben ausstechen und die Ränder gut festdrücken.

◆ Die Powidlkrapferl portionsweise in das heiße Fett geben und in 3 - 4 Minuten goldbraun und knusprig backen. Mit einem Schaumlöffel herausheben und auf Küchenpapier abtropfen lassen. Mit Staubzucker bestäuben.

Tips und Tricks:

Die Fülle kann beliebig abgewandelt werden – je nach persönlichem Geschmack. Achten Sie aber darauf, daß die Paste nicht zu dünnflüssig ist, da sonst beim Ausbacken die ganze Köstlichkeit ins Backfett entweicht!

Süße Kartoffelkrapferl

Zubereitungszeit: *1 Stunde*
Aufgehzeit: *45 Minuten*

Für den Kartoffelteig:
500 g mehligkochende Kartoffeln
30 g Germ
1/8 l Milch
100 g Butter
50 g Kristallzucker
3 Eier
250 g Mehl
1 Prise Salz
50 g gehackte Mandeln
50 g Rosinen
Außerdem:
Fett zum Ausbacken
Kristallzucker und gemahlener Zimt

◆ Die Kartoffeln waschen und in wenig Wasser gar kochen. Gut abdampfen lassen, die Schale abziehen und durch eine Kartoffelpresse drücken. Abkühlen lassen.
◆ Die Milch leicht erwärmen, die Germ hineinbröckeln und etwa 15 Minuten aufgehen lassen.
◆ Butter und Kristallzucker cremig rühren. Nach und nach unter ständigem Rühren die Eier und die aufgegangene Germ mit der Milch dazugeben und zum Schluß die Kartoffeln, Mehl, Salz, Mandeln und Rosinen untermischen. Zu einem glatten Teig verarbeiten und zugedeckt an einem warmen Ort 30 Minuten gehen lassen.
◆ Das Ausbackfett auf 180° C erhitzen. Mit einem Kaffeelöffel walnußgroße Stücke vom Teig abstechen und im heißen Fett portionsweise in etwa 4 - 5 Minuten goldbraun und knusprig ausbacken. Mit einem Schaumlöffel herausheben, auf Küchenpapier abtropfen lassen und in Zimtzucker wälzen.

Tips und Tricks:

Für diese feinen Krapferl unbedingt Spätkartoffeln verwenden. Den frühen Sorten fehlt nicht nur Aroma, sondern auch die notwendige Kartoffelstärke.

Apfelkrapferl

Zubereitungszeit: *30 Minuten*
Aufgehzeit: *45 Minuten*

Für den Teig:
250 g Mehl
1 Prise Salz
15 g Germ
ca. 1/8 l lauwarme Milch
50 g Butter
60 g Kristallzucker
2 Eier
2 mittelgroße Äpfel
Saft von 1/2 Zitrone
30 g Rosinen
30 g Mandelstifte
Außerdem:
Fett zum Ausbacken
3 - 4 EL Vanillezucker zum Bestreuen

◆ Mehl und Salz in eine Schüssel geben. In die Mitte eine Mulde drücken und die Germ hineinbrökkeln. Mit der lauwarmen Milch begießen, mit etwas Mehl verrühren und etwa 15 Minuten gehen lassen. Dann Butter in kleinen Flöckchen, Zucker und die Eier dazugeben und mit dem Kochlöffel oder den Knethaken eines Handrührgerätes zu einem weichen Germteig verkneten. An einem warmen Ort etwa 30 Minuten gehen lassen.

◆ Inzwischen die Äpfel schälen, halbieren und entkernen. Die Hälften in kleine Würfel schneiden und mit Zitronensaft beträufeln. Das Ausbackfett auf 160° C erhitzen.

◆ Apfelstücke, Rosinen und Mandeln unter den aufgegangenen Germteig mischen. Mit einem Kaffeelöffel walnußgroße Stücke abstechen und portionsweise in 4 - 5 Minuten im heißen Fett ausbacken. Mit einem Schaumlöffel herausheben, auf Küchenpapier etwas abtropfen lassen und sofort in Vanillezucker wälzen.

Tips und Tricks:

Ein saftiges Gebäck, das rasch und einfach, auch für Kochanfänger, nachzubacken ist.

Wiener Faschingskrapfen

Zubereitungszeit: *1 Stunde*
Aufgehzeit *ca. 45 Minuten*

Für den Teig:
ca. 1/4 l lauwarme Milch
40 g Germ
50 g Kristallzucker
500 g Mehl
5 Eidotter
abgeriebene Schale von 1/2 unbehandelten Zitrone
1 Prise Salz
100 g flüssige Butter
1 EL Rum
Außerdem:
Marillenmarmelade zum Füllen
Staubzucker zum Bestäuben

◆ Die Hälfte der Milch mit der Germ, etwas Kristallzucker und Mehl zu einem Dampferl ansetzen und an einem warmen Ort so lange gehen lassen, bis sich die Mischung verdoppelt hat.

◆ Eidotter mit restlichem Zucker und Zitronenschale mit einem Schneebesen schaumig schlagen. Nach und nach die restliche Milch, Salz, flüssige Butter, Rum und das aufgegangene Dampferl dazugeben. Das Mehl hinzufügen und mit dem Kochlöffel oder den Knethaken eines Handrührgerätes zu einem geschmeidigen Germteig verkneten. So lange schlagen, bis sich der Teig vom Schüsselboden löst und Blasen wirft. An einem warmen Ort etwa 15 Minuten aufgehen lassen.

◆ Dann auf einem bemehlten Backbrett etwa 1 cm dick ausrollen. Kreise mit einem Durchmesser von etwa 6 cm ausstechen. Die Hälfte der Teigscheiben mit einem Kaffeelöffel Marillenmarmelade füllen und mit der zweiten Hälfte bedecken. Mit einem etwas kleineren Ausstecher noch einmal ausstechen, damit die Ränder gut zusammenhalten. Die vorbereiteten Krapfen auf ein bemehltes Tuch legen und mit einem zweiten Tuch bedecken. Etwa 20 Minuten aufgehen lassen. Das Ausbackfett auf 180°C erhitzen.

◆ Jeweils etwa 3 - 4 Krapfen mit der Oberseite nach unten in das heiße Fett legen, zudecken und nach ca. 3 Minuten wenden. Offen in weiteren 3 Minuten fertig backen. Mit einem Schaumlöffel herausheben und auf Küchenpapier abtropfen lassen. Mit Staubzucker bestäubt servieren.

Tips und Tricks:

Den restlichen Teig, der beim Ausstechen übriggeblieben ist, mit etwas Milch noch einmal durchkneten, gehen lassen und weitere Krapfen daraus formen.

Backprobe: Ob die Krapfen auch wirklich durchgebacken sind, erkennt man, wenn sich ein leichter Druck mit den Fingerkuppen langsam wieder ausgleicht!

Krapfen-Variation:

Vanillekrapfen

◆ Wie im nebenstehenden Rezept beschrieben, einen Germteig zubereiten und aufgehen lassen.
◆ Den aufgegangenen Teig zu einer etwa 5 cm dicken Rolle formen und etwa 50 g schwere Stücke abstechen. Mit der Handinnenseite zu gleichmäßigen Kugeln formen, auf ein bemehltes Tuch legen und mit einem zweiten Tuch bedecken. Etwa 30 Minuten aufgehen lassen; die Kugeln müssen sich etwa um ein Drittel vergrößern. Das Ausbackfett auf 160° C erhitzen und etwa 3 - 4 Krapfen etwa 3 Minuten zugedeckt backen. Dann wenden und die zweite Seite in weiteren 3 Minuten bei geöffneter Friteuse gar backen.

Für die Vanillecreme:
1/2 l Milch
1 Vanilleschote
25 g Vanillepuddingpulver
3 Eidotter
80 g Kristallzucker

◆ Milch und die aufgeschlitzte Vanilleschote erhitzen. Das Mark der Vanilleschote mit einem spitzen Messer herauskratzen. Puddingpulver, Eidotter und Kristallzucker verrühren und in die kochende Milch einlaufen lassen. Unter Rühren kurz aufkochen lassen, dann von der Kochplatte nehmen und kalt stellen.
Die Creme durch ein Sieb passieren, in einen Spritzsack mit dünner, spitzer Tülle füllen und die Krapfen damit füllen.

Zum Bestreichen:
Marillenmarmelade
150 g Staubzucker
2 EL Rum
etwas Wasser

◆ Die Marillenmarmelade durch ein Sieb streichen und unter Rühren erhitzen.
◆ Staubzucker und Rum verrühren und tröpfchenweise so viel Wasser dazugeben, daß eine glatte, glänzende Glasur entsteht.
Die Oberseite der Krapfen erst dünn mit der heißen Marmelade bestreichen, dann mit der Glasur überziehen.

Tips und Tricks:

Formen Sie aus dem Germteig Brezen!
Nach dem Ausbacken quer durchschneiden, mit Vanillecreme füllen, aprikotieren und mit Zuckerguß bestreichen.

Gebackene Mäuse

Zubereitungszeit: *35 Minuten*
Aufgehzeit: *45 Minuten*

Für den Teig:
ca. 1/4 l lauwarme Milch
20 g Germ
40 g Kristallzucker
300 g Mehl
4 Eidotter
abgeriebene Schale von 1/2 unbehandelten Zitrone
1 Prise Salz
60 g flüssige Butter
1 EL Rum
30 g Rosinen
Außerdem:
Kristallzucker und gemahlener Zimt zum
Bestäuben

◆ Die Hälfte der Milch mit der Germ, 1 Prise Kristallzucker und etwas Mehl zu einem Dampferl ansetzen und an einem warmen Ort so lange gehen lassen, bis sich die Mischung verdoppelt hat.

◆ Eidotter mit restlichem Zucker und Zitronenschale mit einem Schneebesen schaumig schlagen. Nach und nach die restliche Milch, Salz, flüssige Butter, Rum und das aufgegangene Dampferl dazugeben. Das Mehl hinzufügen und mit dem Kochlöffel oder den Knethaken eines Handrührgerätes zu einem geschmeidigen Germteig verkneten. So lange schlagen, bis sich der Teig vom Schüsselboden löst und Blasen wirft. Zum Schluß die Rosinen einarbeiten.

◆ Den Teig etwa 30 Minuten an einem warmen Ort aufgehen lassen – er soll sich verdoppeln.

◆ Das Backfett auf 180° C erhitzen. Mit einem Eßlöffel, den man vorher in heißes Fett taucht, Nockerl abstechen und portionsweise in etwa 6 - 8 Minuten goldbraun und knusprig ausbacken. Mit einem Schaumlöffel herausheben und auf Küchenpapier abtropfen lassen. Zucker und Zimt vermischen und die Mäuse darin wälzen.

Tips und Tricks:

Die gebackenen Mäuse werden meistens mit Himbeersaft oder einem anderen Fruchtsaft gegessen. Vanillesauce paßt aber auch gut!

Topfenkrapferl

Zubereitungszeit: *35 Minuten*
Aufgehzeit: *45 Minuten*

Für den Teig:
4 - 5 EL Milch
20 g Germ
50 g Kristallzucker
300 g Mehl
1 Prise Salz
150 g Topfen
50 g flüssige Butter
2 Eidotter
1 Ei
ausgekratztes Mark von 1/2 Vanilleschote
30 g geschälte, geriebene Mandeln
Außerdem:
Fett zum Ausbacken
1 Vanilleschote
Kristallzucker

◆ Die lauwarme Milch mit der Germ, 1 Prise Kristallzucker und etwas Mehl zu einem Dampferl ansetzen und an einem warmen Ort so lange gehen lassen, bis sich die Mischung verdoppelt hat.
◆ Restliches Mehl und Zucker mit Salz, Topfen, flüssiger Butter, den Eidottern und dem Ei, Vanillemark sowie dem aufgegangenen Dampferl vermischen. Mit dem Kochlöffel oder den Knethaken eines Handrührgerätes zu einem geschmeidigen Germteig verkneten. Den Teig so lange schlagen, bis er sich vom Schüsselboden löst und Blasen wirft. Zum Schluß die geriebenen Mandeln untermischen. Zugedeckt an einem warmen Ort aufgehen lassen, bis sich der Teig verdoppelt hat. Das Backfett auf 160° C erhitzen.
◆ Mit einem bemehlten Eßlöffel Nockerl vom Teig abstechen, zu Kugeln formen und portionsweise in etwa 3 - 4 Minuten im heißen Fett ausbacken. Mit einem Schaumlöffel herausheben und auf Küchenpapier abtropfen lassen.
◆ Die Vanilleschote aufschlitzen, das Mark mit einem Messer herauskratzen und mit Kristallzucker vermischen. Die Topfenkrapferl noch heiß darin wälzen.

Tips und Tricks:

Die Vanilleschote nach dem Auskratzen auf keinen Fall wegwerfen. Es ist noch genug Aroma in der Schote, um weiteren Vanillezucker herzustellen.
Schneiden Sie die Schoten in kleine Stücke, und mischen Sie diese unter 100 g Kristallzucker. In ein gut verschließbares Schraubglas füllen und einige Tage durchziehen lassen – fertig ist feinster, selbstgemachter Vanillezucker.

Bayerische Küchel

Zubereitungszeit: *40 Minuten*
Aufgehzeit: *45 Minuten*

Für den Teig:
knapp 1/4 l lauwarme Milch
20 g Germ
1 EL Vanillezucker
500 g Mehl
1 Prise Salz
1 Ei
50 g flüssige Butter
Außerdem:
Fett zum Ausbacken
Staubzucker zum Bestäuben

◆ 3 - 4 Eßlöffel lauwarme Milch mit der Germ, 1 Prise Vanillezucker und etwas Mehl zu einem Dampferl ansetzen und an einem warmen Ort so lange gehen lassen, bis sich die Mischung verdoppelt hat.

◆ Restliches Mehl und Vanillezucker mit Salz, Ei, flüssiger Butter, dem aufgegangenen Dampferl und so viel restlicher Milch als nötig vermischen. Mit dem Kochlöffel oder den Knethaken eines Handrührgerätes verkneten. So lange schlagen, bis sich der Teig vom Schüsselboden löst und Blasen wirft. Zugedeckt an einem warmen Ort aufgehen lassen, bis sich der Teig verdoppelt hat.

◆ Aus dem Teig kleine Kugeln im Durchmesser von etwa 4 - 5 cm formen, auf ein bemehltes Tuch legen und mit einem zweiten Tuch bedecken. Erneut etwa 15 Minuten gehen lassen. Das Backfett auf 180° C erhitzen.

◆ Die Finger mit Öl einreiben und die Teigkugeln vorsichtig so auseinanderziehen, daß in der Mitte ein dünnes, durchsichtiges Fenster und ein dicker Rand entsteht. Die Küchel nacheinander in das heiße Fett gleiten lassen, einige Male mit dem Fett beschöpfen und etwa 2 - 3 Minuten backen. Dann vorsichtig wenden und nun darauf achten, daß kein Fett mehr in das „Fenster" gelangt.

◆ Mit einem Schaumlöffel herausheben und auf Küchenpapier abtropfen lassen. Mit Staubzucker bestäuben.

Tips und Tricks:

Bayerische Kücherl müssen innen ein weißes, durchscheinendes Fenster und rundherum einen knusprigen flaumig zarten Rand haben. Frisch gebacken, noch lauwarm sind sie ein Hochgenuß!

Grundsätzlich bleibt es Ihrem persönlichen Geschmack überlassen, welches Fett Sie zum Ausbacken verwenden. Es muß lediglich hoch erhitzbar sein. Geeignet ist neben Butter- oder Schweinschmalz gehärtetes Pflanzenfett und natürlich Öl.

Kirchweihnudeln

Zubereitungszeit: *40 Minuten*
Aufgehzeit: *45 Minuten*

Für den Teig:

ca. 1/4 l lauwarme Milch
40 g Germ
50 g Kristallzucker
500 g Mehl
1 Prise Salz
4 Eidotter
abgeriebene Schale von 1/2 unbehandelten Zitrone
60 g flüssige Butter
3 - 4 EL Obers
2 EL Rum
80 g Rosinen

Außerdem:

Fett zum Ausbacken
Kristallzucker, Vanillezucker oder Staubzucker zum Bestreuen

◆ 3 - 4 Eßlöffel Milch mit der Germ, etwas Kristallzucker und Mehl zu einem Dampferl ansetzen und an einem warmen Ort so lange gehen lassen, bis sich die Mischung verdoppelt hat.

◆ Das restliche Mehl mit Salz, Eidottern, Zitronenschale, flüssiger Butter, Obers, Rum, dem aufgegangenen Dampferl und so viel Milch als nötig vermischen. Mit dem Kochlöffel oder den Knethaken eines Handrührgerätes zu einem mittelfesten Germteig verkneten. So lange schlagen, bis sich der Teig vom Schüsselboden löst und Blasen wirft. Zum Schluß die Rosinen in den Teig einarbeiten. Mit einem Tuch bedeckt, etwa 30 Minuten an einem warmen Ort aufgehen lassen, bis sich der Teig verdoppelt hat.

◆ Mit einem Eßlöffel kleine Stücke vom Teig abstechen und mit der Handinnenfläche zu runden Kugeln formen. Auf ein bemehltes Tuch legen und mit einem zweiten Tuch bedecken. Erneut etwa 15 Minuten gehen lassen. Das Backfett auf 180° C erhitzen.

◆ Die Kugeln mit einer Schere kreuzweise, etwa 1 cm tief, an der Oberfläche einschneiden. Es entstehen 4 Zipfel.

◆ Die Nudeln portionsweise, mit den Zipfeln nach unten, in das heiße Fett geben und zugedeckt etwa 2 - 3 Minuten backen lassen, dann wenden und bei geöffneter Friteuse in weiteren 2 - 3 Minuten fertig backen. Mit einem Schaumlöffel herausheben und auf Küchenpapier abtropfen lassen. Sofort in Kristall- oder Vanillezucker wälzen oder mit Staubzukker bestäuben!

Tips und Tricks:

Perfekte Kirchweihnudel-Bäckerinnen gießen, nachdem die Nudeln im heißen Fett sind, ganz vorsichtig 2 Eßlöffel warmes Wasser hinein und verschließen die Friteuse sofort mit einem Deckel. Erst wenn das „Prasseln“ im Topf verstummt, wird der Deckel abgenommen, und die Kirchweihnudeln werden gewendet! Man muß jedoch dabei sehr gut aufpassen, da das Fett spritzt!

Kalte Mehlspeisen

Während warme Mehlspeisen in erster Linie als nahrhafte, süße „Fastenspeise" oder als eine gebackene oder gekochte Nachspeise verzehrt werden, sind die kalten Mehlspeisen eher eine willkommene Nascherei – am liebsten begleitet von einem Häferl Kaffee! Unter kalten Mehlspeisen versteht man in Österreich Brote, Kuchen aller Art, Torten, Schnitten und Rouladen und natürlich auch Kaffee- und Teegebäck.

All die verführerischen Köstlichkeiten sind eine verfeinerte Weiterentwicklung des Brotbackens. Es war jedoch ein weiter Weg, bis aus den ersten flachen, ungesäuerten Brotfladen ein richtiges Brot, wie wir es heute kennen, entstand. Brotbacken war bei den meisten Völkern Frauensache, und so ist es auch nicht verwunderlich, daß die kreativen Frauen die schlichten Brote bald verfeinerten und veredelten. Die vielen Gebildebrote oder -gebäcke, die wir teilweise heute noch kennen, waren ursprünglich heidnische Kultspeisen.

Auch die vielen würzenden Beimischungen bei der Weihnachtsbäckerei, wie Anis, Fenchel, Mohn, Nüsse und Trockenfrüchte, waren ebenfalls Symbole des keimenden Lebens. Bereits die Kelten mischten getrocknete Früchte unter ihren Brotteig – eine Frühform des heute noch überaus beliebten Kletzenbrots. Selbst das klassische Weihnachtsgebäck, die Lebkuchen, haben eine lange Vergangenheit. In den frühmittelalterlichen Klosterbäckereien, wo die Lebkuchen zuerst gebacken wurden, nannte man diese „Mönchsbrote" oder „Printen" oder „Brenten".

Unerschöpflich sind auch die Namen, die vor allem den süßen Naschereien gegeben wurden, so zum Beispiel Windbeutel, Schlosserbuben, besoffene Kapuziner, Mohr im Hemd, Indianer, Bärenpratzerl, Pfeffernüsse, Linzer Augen oder Apfel im Schlafrock, um nur einige zu nennen.

Die traditionelle Hausbäckerei, wie wir sie heute kennen, entwickelte sich im 18. Jahrhundert, da es erst zu dieser Zeit den Müllern möglich wurde, feines, weißes Mehl aus Weizen herzustellen. Vorwiegend zu Familienfesten, wie Taufen, Hochzeiten und Erstkommunion, begann die Hausfrau nun, ihre Gäste mit feinstem Naschwerk zu versorgen. Man verwendete bereits Marzipan und Marmeladen, und es entwickelte sich die Technik, Eidotter und Eiklar schaumig zu schlagen. Zu dieser Zeit entstand auch das Rezept für die Linzer Torte, und der Budapester Konditor Josef Dobos erfand die bekannte köstliche Biskuit-Komposition! Im 19. Jahrhundert begann die Ära der aufwendig dekorierten Torten und üppigen Kuchen. Die weltberühmte Sachertorte ist eine Kreation dieser Epoche.

Bis in die heutige Zeit ist die unzähmbare Lust auf Süßes genauso ungebrochen. Verlockende Backwaren sind nach wie vor ein wichtiger Bestandteil unserer Eßkultur. Kuchen und Gebäck wurden und werden immer noch nicht zur Sättigung gegessen, sondern aus Freude am Genuß, Torten, saftige Kuchen, Schnitten, Rouladen oder feines Gebäck sind ausschließlich kulinarisches Vergnügen. Deshalb sollte man sich diese Freude nicht durch Kalorienzählen und schlechtes Gewissen vermiesen lassen. Dennoch sind allzu fette Backwaren, wie man sie früher schätzte, für unsere heutige Lebensweise kaum noch zuträglich, deshalb wurden in diesem neu erarbeiteten Sacher Backbuch Kuchen und Torten von unnötigen Kalorien befreit – leichter und bekömmlicher gemacht, ohne allerdings den feinen Geschmack zu vernachlässigen.

War die Zubereitung der sündigen Süßigkeiten früher eine mühevolle Arbeit, so ist dies in unserer Zeit dank der modernen Technik mittlerweile ein Kinderspiel geworden. Moderne Handrührgeräte und Küchenmaschinen schlagen, rühren und kneten, und die modernen Öfen ermöglichen eine exakte Einstellung der gewünschten Temperatur. Dennoch, ohne Fingerspitzengefühl geht es auch heute nicht! Und wahrscheinlich ist das der Reiz, weshalb so viele Frauen – selbst wenn sie nicht gerne kochen – leidenschaftliche Hobbybäckerinnen sind. Backen ist keine Pflicht, sondern ein kreatives Vergnügen, das immer mit glänzenden Augen und viel Anerkennung vergütet wird.

Trockene Kuchen aus Germ-, Butter-, Sand-, Biskuit- und Mürbteig

Trockener Kuchen, das klingt eher negativ und ein wenig trostlos. Dabei ist das Geheimnis eines gelungenen trockenen Kuchens, daß er keinesfalls trocken ist. Der Begriff dient lediglich zur Unterscheidung zu den creme- und obersgefüllten Torten.

Trockene Kuchen können, wie Torten auch, aus unterschiedlichen Teigen hergestellt werden. Die größte Bedeutung in der böhmisch beeinflußten Alt-Wiener Mehlspeisenküche hat der Germteig und der Germbutterteig, auch als Plunderteig bekannt. Erfahrung, Sorgfalt, Geduld und Gründlichkeit sind die Voraussetzungen für das gute Gelingen der Germteigkuchen, die in der Hauptsache aus Mehl, Milch, Zucker, Butter, Eier, Geschmackszutaten und natürlich Germ bestehen.

Frische Germ, die man am angenehm frischen obstartigen Geruch erkennt, ist das A und O für einen lockeren Teig. Das verwendete Mehl sollte unbedingt zimmerwarm sein, und je mehr Eidotter und Butter in den Teig kommen, um so feiner wird das Backergebnis. Germteigspezialisten schwören auf das Abschlagen des Teiges mit einem Kochlöffel und meiden strikt alle technischen Hilfsmittel, wie die Knethaken einer Küchenmaschine. Unerläßlich ist die richtige Zimmertemperatur während des Aufgehens. Und bloß keine Hektik – Germteiggebäcke sind keine Schnellgerichte! Eine Mischung aus Germ- und Butterteig ist der Plunderteig. Ein fester gehaltener Germteig wird mit frischer Butter lagenweise eingeschlagen, wie Butterteig. Das Ergebnis: lokker blättriges Gebäck!

Kochtechnisch ist der Butterteig eine langwierige Aufgabe, die heute kaum noch eine Hausfrau selber bewerkstelligt. Deshalb bietet die Industrie diesen Teig tiefgekühlt oder aus dem Kühlregal an. Allerdings sei bemerkt, daß dieser Teig nicht mit Butter, sondern mit Ziehmargarine zubereitet wird. Richtigerweise sagt man dann Blätterteig! Wer dennoch einmal echten Butterteig machen möchte – das Rezept mit der genauen Anleitung finden Sie auf Seite 172.

Bei der Herstellung von Mürbteig ist äußerst wichtig, daß man keinesfalls die Butter durch Margarine ersetzen darf, da diese eine etwas andere Zusammensetzung hat, die sich speziell bei diesem Teig als Nachteil erweist. Grundsätzlich muß man darauf achten, daß die Butter gut gekühlt ist und daß rasch gearbeitet wird. Anschließend benötigt der Teig einen kühlen Ort, um rasten zu können; erst dann kann gebacken werden!

Einfach und ziemlich problemlos, auch für Backanfänger, gelingen Kuchen aus Sandmassen, auch Rührteig genannt. Das Fett muß weich, darf jedoch nicht flüssig sein, bevor man es mit Zucker cremig rührt. Erst dann kommen die Eier hinzu, und zum Schluß rührt man kurz, aber kräftig, das Mehl und die diversen Geschmacksmittel unter. Trennt man die Eier und hebt man den Schnee zum Schluß unter die Masse, wird der Kuchen besonders locker! Früher wurden die Zutaten ausgehend vom Gewicht der Eier bemessen, deshalb wird der Teig auch heute noch häufig Eischwerteig genannt. Wer ganz sicher gehen will, daß der Teig locker und feinporig wird, fügt etwas Backpulver hinzu. Gebacken wird bei 180-200° C, und ob der Kuchen gar ist, erkennt man an der Stäbchenprobe. Dazu einen Holzspieß in die Mitte des Kuchens stecken: sind beim Herausziehen noch Teigreste sichtbar, braucht der Kuchen noch die Wärme des Backrohrs.

Am lockersten, luftigsten und leichtesten bekömmlich sind die Biskuitteige. Ob der Biskuitteig warm oder kalt aufgeschlagen wird – immer spielen Eier und viel Luft die Hauptrolle. Sobald die Masse dickschaumig ist, darf nicht mehr gerührt werden. Die übrigen Zutaten werden nur noch behutsam untergehoben. Das wohl bekannteste Biskuitgebäck sind Biskotten.

Im Unterschied zu allen anderen Teigen wird bei einem Brandteig das Mehl nicht roh mit den übrigen Zutaten vermischt, sondern in kochender Milch mit Butter so lange gerührt, bis sich der Teig vom Boden löst. Dieser Vorgang wird abbrennen genannt. Die beigefügten Eier dienen der Lockerung, da sie im heißen Backrohr Dampf entwikkeln und somit das Aufgehen des Teiges bewirken. Übrigens, zu viele Eier machen den Teig weich, und er fällt beim Backen zusammen.

Germzopf

Zubereitungszeit: *30 Minuten*
Aufgehzeit: *1 Stunde, 15 Minuten*
Backzeit: *40 Minuten*

Für den Germteig:
1/4 l lauwarme Milch
30 g Germ
100 g Kristallzucker
500 g Mehl
1 Prise Salz
2 Eier
abgeriebene Schale von 1/2 unbehandelten Zitrone
100 g flüssige Butter
Zum Bestreichen:
1 Eidotter
2 - 3 EL Obers
3 - 4 EL Hagelzucker
Außerdem:
Fett für das Blech

◆ Die Hälfte der Milch mit der Germ, 1 Prise Kristallzucker und etwas Mehl zu einem Dampferl ansetzen und an einem warmen Ort so lange gehen lassen, bis sich die Mischung verdoppelt hat.

◆ Restliches Mehl und restlichen Kristallzucker mit dem Salz in eine Schüssel geben. Die Eier, Zitronenschale, flüssige Butter und das aufgegangene Dampferl dazugeben und mit dem Kochlöffel oder den Knethaken eines Handrührgerätes verkneten; dabei so viel von der restlichen Milch dazugießen, daß ein geschmeidiger Germteig entsteht. So lange schlagen, bis sich der Teig vom Schüsselboden löst und Blasen wirft. An einem warmen Ort etwa 30 Minuten aufgehen lassen; der Teig muß sich verdoppeln.

◆ Den Teig auf ein bemehltes Backbrett geben und kräftig durchkneten. Dann in drei gleich große Stücke teilen und jeweils zu 30 cm langen Rollen formen. Die Enden auf einer Seite gut zusammendrücken und die Teigstränge zu einem Zopf flechten. Auf ein gefettetes Backblech legen und mit einem Tuch bedeckt erneut, an einem warmen Ort, ca. 30 Minuten aufgehen lassen. Der Zopf muß etwa doppelt so hoch werden. Das Backrohr auf 180° C vorheizen.

◆ Eidotter und Obers verquirlen und den Striezel damit bestreichen. Mit Hagelzucker bestreuen und im heißen Backrohr auf der mittleren Schiene 35 - 40 Minuten backen.

Tips und Tricks:

Natürlich kann man den Zopf auch mit Sesamsamen, mit Mandelblättchen oder gehackten Nüssen bestreuen oder unglasiert backen oder etwas abgekühlt mit Glasur überziehen.

Mohnzopf

Zubereitungszeit: *40 Minuten*
Aufgehzeit: *1 Stunde, 15 Minuten*
Backzeit: *45 Minuten*

Für den Germteig:
ca. 1/4 l lauwarme Milch
20 g Germ
50 g Kristallzucker
500 g Mehl
1 Prise Salz
2 Eidotter
abgeriebene Schale von 1/2 unbehandelten Zitrone
80 g flüssige Butter
Für die Fülle:
1/4 l Milch
250 g frisch gemahlener Mohn
100 g Kristallzucker
1 Msp Zimt
60 g Rosinen
2 Eidotter
Außerdem:
60 g flüssige Butter
Staubzucker zum Bestäuben

◆ Die Hälfte der Milch mit der Germ, 1 Prise Kristallzucker und etwas Mehl zu einem Dampferl ansetzen und an einem warmen Ort so lange gehen lassen, bis sich die Mischung verdoppelt hat.

◆ Restliches Mehl und restlichen Kristallzucker mit dem Salz in eine Schüssel geben. Eidotter, Zitronenschale, flüssige Butter und das aufgegangene Dampferl dazugeben und mit dem Kochlöffel oder den Knethaken eines Handrührgerätes verkneten; dabei so viel von der restlichen Milch dazugießen, daß ein geschmeidiger Germteig entsteht. So lange schlagen, bis sich der Teig vom Schüsselboden löst und Blasen wirft. An einem warmen Ort etwa 30 Minuten aufgehen lassen; der Teig muß sich verdoppeln.

◆ Für die Mohnfülle die Milch aufkochen lassen, den Mohn einrühren und etwa 2 Minuten köcheln lassen. Von der Kochplatte nehmen und Zucker, Zimt, Rosinen und Eidotter unterrühren. Überkühlen lassen.

◆ Den Germteig auf ein bemehltes Backbrett geben und kräftig durchkneten. Dann in drei gleich große Stücke teilen und jeweils zu 30 cm langen Rollen formen. Jede Rolle etwa 14 cm breit ausrollen. Die drei Teigstreifen erst mit der Hälfte der flüssigen Butter, dann mit der Mohnmasse bestreichen, dann von der Längsseite her aufrollen und die Ränder gut festdrücken. Die Enden auf einer Seite gut zusammendrücken und die Teigstränge zu einem Zopf flechten. Auf ein gefettetes Backblech legen und mit einem Tuch bedeckt erneut, an einem warmen Ort, ca. 30 Minuten aufgehen lassen. Der Zopf muß etwa doppelt so hoch werden. Das Backrohr auf 180° C vorheizen.

◆ Den Zopf mit der restlichen flüssigen Butter bestreichen und auf der mittleren Schiene des vorgeheizten Backrohrs goldbraun backen. Auf einem Kuchengitter abkühlen lassen und mit Staubzucker bestäuben.

Tips und Tricks:

Hübsch sieht es auch aus, wenn man die beiden Enden des Zopfs zu einem Kranz zusammenfügt. Dann am besten die Teigrollen 40 cm lang formen und etwa 12 cm breit ausrollen.

Haselnußzopf

Zubereitungszeit: *40 Minuten*
Aufgehzeit: *1 Stunde, 15 Minuten*
Backzeit: *45 Minuten*

Für den Germteig:
1/4 l lauwarme Milch
20 g Germ
50 g Kristallzucker
500 g Mehl
1 Prise Salz
1 Eidotter
ausgekratztes Mark von 1 Vanilleschote
abgeriebene Schale von 1/2 unbehandelten Zitrone
120 g flüssige Butter
Für die Fülle:
5 EL Honig
5 EL Obers
2 EL Kirschschnaps
200 g geröstete, gehackte Haselnüsse
100 g gehackte Walnüsse
Außerdem:
Fett für das Blech
150 g Staubzucker
2 EL Kirschschnaps
etwas Wasser

◆ Die Hälfte der Milch mit der Germ, 1 Prise Kristallzucker und etwas Mehl zu einem Dampferl ansetzen und an einem warmen Ort so lange gehen lassen, bis sich die Mischung verdoppelt hat.

◆ Restliches Mehl und restlichen Zucker mit dem Salz in eine Schüssel geben. Eidotter, Vanillemark, Zitronenschale, flüssige Butter und das aufgegangene Dampferl dazugeben und mit dem Kochlöffel oder den Knethaken eines Handrührgerätes verkneten; dabei so viel von der restlichen Milch dazugießen, daß ein geschmeidiger Germteig entsteht. So lange schlagen, bis sich der Teig vom Schüsselboden löst und Blasen wirft. An einem warmen Ort etwa 30 Minuten aufgehen lassen; der Teig muß sich verdoppeln.

◆ Für die Nußfülle Honig, Obers und Kirschschnaps in einem Topf erhitzen und die Hasel- und Walnüsse unterrühren. Kurz aufkochen lassen, dann von der Kochplatte nehmen und überkühlen lassen.

◆ Den Germteig auf ein bemehltes Backbrett geben, kräftig durchkneten und etwa 1/2 cm dick zu einem Rechteck ausrollen. Mit der Fülle bestreichen und von der Längsseite her aufrollen. Die Rolle der Länge nach so einschneiden, daß die Enden auf einer Seite zusammenhalten. Dann die beiden Hälften vorsichtig miteinander verschlingen und die Enden gut festdrücken.

◆ Den Zopf auf ein gefettetes Backblech legen und mit einem Tuch bedeckt an einem warmen Ort noch einmal etwa 30 Minuten aufgehen lassen. Den Backofen auf 180° C vorheizen.

◆ Den Germzopf auf der mittleren Schiene des vorgeheizten Backofens 40 - 45 Minuten backen.

◆ Den gesiebten Staubzucker mit Kirschschnaps und so viel Wasser verrühren, bis eine glatte, glänzende Glasur entsteht.

◆ Den Germzopf auf einem Kuchengitter ein wenig überkühlen lassen, dann mit der Glasur bestreichen!

Kärntner Reinling

Zubereitungszeit: *40 Minuten*
Aufgehzeit: *1 Stunde, 15 Minuten*
Backzeit: *35 Minuten*

Für den Germteig:
ca. 1/4 l lauwarme Milch
20 g Germ
80 g Kristallzucker
500 g Mehl
1 Prise Salz
3 Eidotter
ausgekratztes Mark von 1 Vanilleschote
abgeriebene Schale von 1/2 unbehandelten Zitrone
80 g flüssige Butter
Für die Fülle:
150 g Rosinen
4 cl Rum
50 g Butter
100 g Zucker
1 TL Zimt
50 g flüssige Butter
Außerdem:
Fett für das Blech
1 Eidotter
2 - 3 EL Obers

◆ Die Hälfte der Milch mit der Germ, 1 Prise Kristallzucker und etwas Mehl zu einem Dampferl ansetzen und an einem warmen Ort so lange gehen lassen, bis sich die Mischung verdoppelt hat.

◆ Restliches Mehl und restlichen Kristallzucker mit dem Salz in eine Schüssel geben. Die Eidotter, Vanillemark, Zitronenschale, flüssige Butter und das aufgegangene Dampferl dazugeben und mit dem Kochlöffel oder den Knethaken eines Handrührgerätes verkneten; dabei so viel von der restlichen Milch dazugießen, bis ein geschmeidiger Germteig entsteht. So lange schlagen, bis sich der Teig vom Schüsselboden löst und Blasen wirft. An einem warmen Ort etwa 30 Minuten aufgehen lassen; der Teig muß sich verdoppeln.

◆ Für die Fülle die Rosinen in Rum einweichen und mindestens 15 Minuten marinieren. Die Butter mit dem Zucker cremig rühren und den Zimt und die Rosinen samt Einweichflüssigkeit dazugeben.

◆ Den Germteig 1/2 cm dick zu einem Rechteck ausrollen und erst mit der flüssigen Butter, dann mit der Fülle bestreichen, dabei rundherum einen etwa 1 cm breiten Rand lassen. Den Teig von der Längsseite her aufrollen, die Enden gut festdrücken und die Rolle schneckenartig in eine gefettete Bratreine legen. Zugedeckt, an einem warmen Ort, erneut 30 Minuten gehen lassen.

◆ Eidotter und Obers verquirlen und den Reinling damit bestreichen. Im vorgeheizten Backofen auf der mittleren Schiene in etwa 35 Minuten goldbraun backen.

Tips und Tricks:

In manchen Regionen wird der Reinling auch mit eingeweichten und kleingehackten Dörrzwetschken oder Kletzen gefüllt.

Zusätzlich kann man noch gehackte Nüsse oder Mandeln unter die Fülle mischen.

Osterhase

Zutaten für 2 Hasen
Zubereitungszeit: *30 Minuten*
Aufgehzeit: *1 Stunde, 15 Minuten*
Backzeit pro Blech: *35 Minuten*

Für den Germteig:
ca. 1/4 l lauwarme Milch
40 g Germ
80 g Kristallzucker
500 g Mehl
1 Prise Salz
2 Eier
abgeriebene Schale von 1/2 unbehandelten Zitrone
1 Döschen Safran
80 g flüssige Butter
3 EL Rum-Rosinen
30 g gehackte Mandeln
Außerdem:
Fett für das Blech
1 hartgekochtes, gefärbtes Ei
1 Eidotter und 2 EL Obers zum Bestreichen
Sesam, Kürbis- und Sonnenblumenkerne
Zum Bestreuen:
Schokoladen-Mokka-Bohnen für die Augen

◆ Die Hälfte der Milch mit der Germ, 1 Prise Kristallzucker und etwas Mehl zu einem Dampferl ansetzen und an einem warmen Ort so lange gehen lassen, bis sich die Mischung verdoppelt hat.

◆ Restliches Mehl und restlichen Kristallzucker mit dem Salz in eine Schüssel geben. Die Eier, Zitronenschale, Safran, flüssige Butter und das aufgegangene Dampferl dazugeben und mit dem Kochlöffel oder den Knethaken eines Handrührgerätes verkneten; dabei so viel von der restlichen Milch dazugießen, daß ein geschmeidiger Germteig entsteht. So lange schlagen, bis sich der Teig vom Schüsselboden löst und Blasen wirft. Zum Schluß die Rum-Rosinen und die gehackten Mandeln unterkneten und den Teig an einem warmen Ort etwa 30 Minuten aufgehen lassen, bis er sich verdoppelt hat.

◆ Den Teig halbieren. Aus gut der Hälfte des einen Teigstücks eine Rolle formen, schmal beginnend und dick endend. Diese Rolle auf ein gefettetes Backblech um ein gefärbtes Ei legen, und das dicke Ende leicht auslaufen lassen.

◆ Aus dem restlichen Teig einen Kopf, die beiden Ohren, Schwänzchen und ein Pfötchen formen. Mit etwas Wasser befeuchten und an den „Hasenkörper“ kleben. Aus der zweiten Teighälfte auf einem zweiten Backblech einen weiteren Hasen formen. Mit Küchentüchern bedeckt an einem warmen Ort etwa 30 Minuten gehen lassen. Das Backrohr auf 200° C vorheizen.

◆ Eidotter und Obers verquirlen und die Hasen damit bestreichen. Mit Kernen bestreuen und jeweils auf der mittleren Schiene etwa 30 Minuten backen.

◆ Nach dem Abkühlen je eine Mokka-Bohne als Auge einsetzen.

Tips und Tricks:

Wenn Kinder den Osterhasen lieber bunt dekorieren möchten, dann backen Sie die Hasen unglasiert und unbestreut. Bereiten Sie einen Zuckerguß vor, und lassen Sie Ihre Kinder gestalten. Bunten Streuzucker, Belegkirschen oder allerlei süßes Naschwerk zum Garnieren bereitstellen.

Christstollen

Zutaten für 2 Stollen
Zubereitungszeit: *30 Minuten*
Aufgehzeit: *2 Stunden*
Backzeit: *1 Stunde, 30 Minuten*

Für den Germteig:
300 ml lauwarme Milch
60 g Germ
120 g Kristallzucker
500 g Mehl
1/2 TL Salz
2 Eier
300 g Butter
150 g Schweineschmalz
abgeriebene Schale von 1/2 unbehandelten Zitrone
4 cl Rum
250 g gehackte Mandeln
250 g Rosinen
100 g gehacktes Zitronat
100 g gehacktes Orangeat
Außerdem:
Fett für das Blech
120 g flüssige Butter zum Bestreichen
100 g Staubzucker zum Bestäuben

◆ Die Hälfte der Milch mit der Germ, 1 Prise Kristallzucker und etwas Mehl zu einem Dampferl ansetzen und an einem warmen Ort so lange gehen lassen, bis sich die Mischung verdoppelt hat.

◆ Restliches Mehl und restlichen Kristallzucker mit dem Salz in eine Schüssel geben. Die Eier, Butter, Schmalz, Zitronenschale, Rum und das aufgegangene Dampferl dazugeben und mit dem Kochlöffel oder den Knethaken eines Handrührgerätes verkneten; dabei so viel von der restlichen Milch dazugießen, daß ein geschmeidiger Germteig entsteht. So lange schlagen, bis sich der Teig vom Schüsselboden löst und Blasen wirft. An einem warmen Ort etwa 1 Stunde aufgehen lassen; der Teig muß sich verdoppeln.

◆ Nun die gehackten Mandeln, Rosinen, Zitronat und Orangeat in den Teig einarbeiten und auf einem bemehlten Backbrett kräftig durchkneten. Den Teig in zwei Hälften teilen. Jeweils oval ausrollen und um die Hälfte zusammenklappen und nebeneinander auf ein gefettetes Backblech legen. Mit Küchentüchern bedeckt an einem warmen Ort erneut mindestens 1 Stunde gehen lassen. Das Backrohr auf 170° C vorheizen

◆ Die Stollen auf der mittleren Schiene etwa 1 Stunde, 20 Minuten backen. Noch warm mit der Hälfte der flüssigen Butter bestreichen, dick mit Staubzucker bestäuben und nach wenigen Minuten diesen Vorgang wiederholen.

Mohn-Zwetschken-Kuchen

Zubereitungszeit: *1 Stunde, 20 Minuten*
Aufgehzeit: *45 Minuten*
Backzeit: *40 Minuten*

Für den Germteig:

- knapp 1/4 l lauwarme Milch
- 20 g Germ
- 50 g Kristallzucker
- 400 g Mehl
- 1 Prise Salz
- 1 Ei
- abgeriebene Schale von 1/2 unbehandelten Zitrone
- 50 g flüssige Butter

Für den Topfenbelag:

- 250 g Topfen
- 2 Eidotter
- abgeriebene Schale von 1/2 unbehandelten Zitrone
- 60 g Kristallzucker
- 2 EL Vanillezucker
- 2 Eiklar
- 25 g Stärkemehl

Für den Mohnbelag:

- 250 g frisch gemahlener Mohn
- 30 g Grieß
- 1/4 l Milch
- 1/8 l Obers
- 50 g Butter
- 100 g Zucker

Außerdem:

- 750 g Zwetschken
- Fett für das Blech
- 2 - 3 EL Mandelstifte

◆ Die Hälfte der Milch mit der Germ, 1 Prise Kristallzucker und etwas Mehl zu einem Dampferl ansetzen und an einem warmen Ort so lange gehen lassen, bis sich die Mischung verdoppelt hat.

◆ Restliches Mehl und restlichen Kristallzucker mit dem Salz in eine Schüssel geben. Ei, Zitronenschale, flüssige Butter und das aufgegangene Dampferl dazugeben und mit dem Kochlöffel oder den Knethaken eines Handrührgerätes verkneten; dabei so viel von der restlichen Milch dazugießen, daß ein geschmeidiger Germteig entsteht. So lange schlagen, bis sich der Teig vom Schüsselboden löst und Blasen wirft. An einem warmen Ort etwa 30 Minuten aufgehen lassen; der Teig muß sich verdoppeln.

◆ Für den Topfenbelag den Topfen mit den Eidottern, Zitronenschale Kristallzucker und Vanillezukker verrühren. Die Eiklar steif schlagen und den Schnee auf die Topfenmasse häufen. Das Stärkemehl darüberstäuben und alles locker vermischen.

◆ Für den Mohnbelag Mohn und Grieß in einem Topf vermischen. Milch, Obers, Butter und Zucker dazugeben, unter Rühren einige Male aufkochen lassen. Von der Kochplatte nehmen und überkühlen lassen.

◆ Die Zwetschken halbieren und entsteinen.

◆ Den Germteig auf einem bemehlten Backbrett kräftig durchkneten, zu einem Rechteck ausrollen und Boden und Rand eines gut gefetteten Backbleches auslegen. Zugedeckt etwa 15 Minuten gehen lassen. Das Backrohr auf 200° C vorheizen.

◆ Abwechselnd Topfen, Mohn und Zwetschken diagonal auf der Teigplatte anordnen und mit Mandelstiften bestreuen. Auf der mittleren Schiene im vorgeheizten Backrohr etwa 40 Minuten backen.

Streuselkuchen
mit Marillen

Zubereitungszeit: *40 Minuten*
Aufgehzeit: *1 Stunde*
Backzeit: *35 Minuten*

Für den Germteig:
ca. 1/8 l lauwarme Milch
20 g Germ
50 g Kristallzucker
250 g Mehl
1 Prise Salz
1 Eidotter
abgeriebene Schale von 1/2 unbehandelten Zitrone
50 g flüssige Butter
Zum Belegen:
500 g Marillen
Für die Streusel:
150 g Mehl
150 g Kristallzucker
120 g Butter
150 g geschälte, fein geriebene Mandeln
1 Msp Zimt
etwas ausgekratztes Vanillemark
Außerdem:
Fett für das Blech
Staubzucker zum Bestäuben

◆ Die Hälfte der Milch mit der Germ, 1 Prise Kristallzucker und etwas Mehl zu einem Dampferl ansetzen und an einem warmen Ort so lange gehen lassen, bis sich die Mischung verdoppelt hat.

◆ Restliches Mehl und restlichen Kristallzucker mit dem Salz in eine Schüssel geben. Eidotter, Zitronenschale, flüssige Butter und das aufgegangene Dampferl dazugeben und mit dem Kochlöffel oder den Knethaken eines Handrührgerätes verkneten; dabei so viel von der restlichen Milch dazugießen, daß ein geschmeidiger Germteig entsteht. So lange schlagen, bis sich der Teig vom Schüsselboden löst und Blasen wirft. An einem warmen Ort etwa 30 Minuten aufgehen lassen; der Teig muß sich verdoppeln.

◆ Die Marillen waschen, halbieren und entsteinen.

◆ Für die Streusel Mehl, Kristallzucker, die Butter in Flöckchen und Mandeln in eine Schüssel geben, Zimt und Vanille hinzufügen und alles mit den Händen krümelig reiben.

◆ Den Germteig auf einem bemehlten Backbrett kräftig durchkneten und zu einem Rechteck ausrollen. Ein gefettetes Backblech damit auskleiden, mit Marillen belegen und mit Streuseln bestreuen. Zugedeckt an einem warmen Ort noch 15 Minuten aufgehen lassen. Das Backrohr auf 200° C vorheizen.

◆ Den Kuchen auf der mittleren Schiene in etwa 20 Minuten knusprig backen. Leicht überkühlt mit Staubzucker bestäuben.

Zwetschkenfleck

Zubereitungszeit: *25 Minuten*
Aufgehzeit: *1 Stunde*
Backzeit: *30 Minuten*

Für den Germteig:
1/8 l lauwarme Milch
10 g Germ
30 g Kristallzucker
250 g Mehl
1 Prise Salz
1 Ei
abgeriebene Schale von 1/2 unbehandelten Zitrone
50 g flüssige Butter
Zum Belegen:
1 kg vollreife Spätzwetschken
Außerdem:
Fett für das Blech
2 - 3 EL Semmelbrösel
50 - 60 g Kristallzucker
gemahlener Zimt nach Geschmack

◆ Die Hälfte der Milch mit der Germ, 1 Prise Kristallzucker und etwas Mehl zu einem Dampferl ansetzen und an einem warmen Ort so lange gehen lassen, bis sich die Mischung verdoppelt hat.

◆ Restliches Mehl und restlichen Kristallzucker mit dem Salz in eine Schüssel geben. Ei, Zitronenschale, flüssige Butter und das aufgegangene Dampferl dazugeben und mit dem Kochlöffel oder den Knethaken eines Handrührgerätes verkneten; dabei so viel von der restlichen Milch dazugießen, daß ein geschmeidiger Germteig entsteht. So lange schlagen, bis sich der Teig vom Schüsselboden löst und Blasen wirft. An einem warmen Ort etwa 30 Minuten aufgehen lassen; der Teig muß sich verdoppeln.

◆ Die Zwetschken längs bis zur Hälfte einschneiden, aber nicht durchschneiden. Die Kerne entfernen und jede Fruchthälfte noch einmal bis zur Hälfte einschneiden.

◆ Den Germteig auf einem bemehlten Backbrett kräftig durchkneten und zu einem Rechteck ausrollen. Ein gefettetes Backblech damit belegen und mit Semmelbröseln bestreuen. Den Kuchen dicht mit den Zwetschken belegen und zugedeckt noch einmal 15 Minuten gehen lassen. Das Backrohr auf 200° C vorheizen.

◆ Auf der mittleren Schiene etwa 30 Minuten backen; nach 20 Minuten den Kuchen mit der Hälfte des Zimtzuckers bestreuen.

◆ Nach dem Abkühlen die restliche Zuckermischung darübergeben.

Tips und Tricks:

Zwetschkenfleck kann man gut auf Vorrat backen und einfrieren. Aufgebacken schmeckt er wie frisch aus dem Backrohr.

Bienenstich

Zubereitungszeit: *35 Minuten*
Aufgehzeit: *1 Stunde, 15 Minuten*
Backzeit: *30 Minuten*

Für den Germteig:
1/4 l lauwarme Milch
20 g Germ
100 g Kristallzucker
500 g Mehl
1 Prise Salz
2 Eier
abgeriebene Schale von 1/2 unbehandelten Zitrone
100 g flüssige Butter
Für den Belag:
250 g Butter
250 g Honig
5 EL Obers
400 g gehobelte Mandeln
Für die Fülle:
1/4 l Milch
1/2 Päckchen Vanillepuddingpulver
40 g Kristallzucker
2 Eidotter
1/4 l Obers
Außerdem:
Fett für das Blech

◆ Die Hälfte der Milch mit der Germ, 1 Prise Kristallzucker und etwas Mehl zu einem Dampferl ansetzen und an einem warmen Ort so lange gehen lassen, bis sich die Mischung verdoppelt hat.

◆ Restliches Mehl und restlichen Kristallzucker mit dem Salz in eine Schüssel geben. Die Eier, Zitronenschale, flüssige Butter und das aufgegangene Dampferl dazugeben und mit dem Kochlöffel oder den Knethaken eines Handrührgerätes verkneten; dabei so viel von der restlichen Milch dazugießen, daß ein geschmeidiger Germteig entsteht. So lange schlagen, bis sich der Teig vom Schüsselboden löst und Blasen wirft. An einem warmen Ort etwa 30 Minuten aufgehen lassen; der Teig muß sich verdoppeln.

◆ Für den Belag Butter, Honig und Obers in einem Topf schmelzen lassen, dann die Mandeln unterrühren und so lange köcheln lassen, bis die Mandeln leicht karamelisiert sind und die Masse klebrig ist. Etwas überkühlen lassen.

◆ Den Germteig auf einem bemehlten Backbrett durchkneten und zu einem Rechteck ausrollen. Ein gefettetes Backblech damit belegen und mit der Mandelmasse bestreichen. Noch einmal etwa 15 Minuten an einem warmen Ort gehen lassen. Das Backrohr auf 180° C vorheizen.

◆ Den Blechkuchen auf der mittleren Schiene des vorgeheizten Backrohrs etwa 25 - 30 Minuten bakken, dann herausnehmen und völlig erkalten lassen.

◆ Für die Fülle 3 - 4 Eßlöffel der kalten Milch mit dem Puddingpulver, dem Kristallzucker und den Eidottern verrühren. Die restliche Milch zum Kochen bringen und die Mischung unter Rühren einlaufen lassen. Einige Male aufkochen lassen, dann mit etwas Zucker bestreut kalt stellen. Das Obers steif schlagen und unter die abgekühlte Vanillecreme ziehen.

◆ Die Kuchenplatte einmal quer durchschneiden und mit der Vanille-Obers-Creme füllen. Zusammensetzen und in rechteckige Stücke schneiden.

Schichtkuchen

Zubereitungszeit: *35 Minuten*
Aufgehzeit: *15 Minuten*
Backzeit: *45 Minuten*

Für den Germteig:
knapp 1/4 l lauwarme Milch
40 g Germ
50 g Kristallzucker
500 g Mehl
1 Prise Salz
3 Eier
abgeriebene Schale von 1/2 unbehandelten Zitrone
250 g Butter
Zum Füllen:
1 Glas Marmelade nach Geschmack,
z. B. Ribisel, Erdbeer oder Marillen
250 g geriebene Haselnüsse
180 g Kristallzucker
1 Handvoll Rum-Rosinen
Außerdem:
Fett für das Blech
150 g Staubzucker
Saft von 1 Zitrone
evtl. etwas Wasser

◆ Die Hälfte der Milch mit der Germ, 1 Prise Kristallzucker und etwas Mehl zu einem Dampferl ansetzen und an einem warmen Ort so lange gehen lassen, bis sich die Mischung verdoppelt hat.

◆ Restliches Mehl und restlichen Kristallzucker mit dem Salz in eine Schüssel geben. Die Eier, Zitronenschale, die Butter in kleinen Stücken und das aufgegangene Dampferl dazugeben und mit dem Kochlöffel oder den Knethaken eines Handrührgerätes verkneten; dabei so viel von der restlichen Milch dazugießen, daß ein geschmeidiger Germteig entsteht. So lange schlagen, bis sich der Teig vom Schüsselboden löst und Blasen wirft. Den Germteig sofort auf ein bemehltes Backbrett legen, durchkneten und in 4 Teile schneiden. Das Backrohr auf 200° C vorheizen.

◆ Die Teigstücke zu 4 dünnen Rechtecken ausrollen und mit einer Teigplatte ein gefettetes Backblech belegen. Mit Marmelade bestreichen und mit einer weiteren Teigplatte bedecken Mit einer Mischung aus Nüssen, Kristallzucker und Rum-Rosinen bestreuen und erneut mit einer Teigplatte bedecken. Diese wieder mit Marmelade bestreichen und mit der letzten Teigplatte bedecken. Den Kuchen sofort auf der mittleren Schiene des vorgeheizten Backrohrs 35 - 40 Minuten backen.

◆ Staubzucker mit so viel Zitronensaft verrühren, daß eine glatte Glasur entsteht. Gegebenenfalls etwas Wasser hinzufügen. Den Kuchen mit der Glasur überziehen. Abgekühlt in Streifen, Rechtecke oder Quadrate schneiden.

Tips und Tricks:

Man kann den Schichtkuchen auch mit Mohn oder mit geriebenen Mandeln füllen.

Germkuchen
mit Obers-Mandel-Guß

Zubereitungszeit: *20 Minuten*
Aufgehzeit: *1 Stunde*
Backzeit: *30 Minuten*

Für den Germteig:
knapp 1/8 l lauwarme Milch
10 g Germ
30 g Kristallzucker
250 g Mehl
1 Prise Salz
1 Ei
ausgekratztes Mark von 1/2 Vanilleschote
50 g flüssige Butter
Für den Belag:
2 Eier
100 g Kristallzucker
1/4 l Obers
1/8 l Sauerrahm
80 g Mandelblättchen
Außerdem:
Fett für das Blech

◆ Die Hälfte der Milch mit der Germ, 1 Prise Kristallzucker und etwas Mehl zu einem Dampferl ansetzen und an einem warmen Ort so lange gehen lassen, bis sich die Mischung verdoppelt hat.

◆ Restliches Mehl und restlichen Kristallzucker mit dem Salz in eine Schüssel geben. Ei, Vanillemark, flüssige Butter und das aufgegangene Dampferl dazugeben und mit dem Kochlöffel oder den Knethaken eines Handrührgerätes verkneten; dabei so viel von der restlichen Milch dazugießen, daß ein geschmeidiger Germteig entsteht. So lange schlagen, bis sich der Teig vom Schüsselboden löst und Blasen wirft. An einem warmen Ort etwa 30 Minuten aufgehen lassen; der Teig muß sich verdoppeln.

◆ Für den Belag Eier und Kristallzucker mit den Schneebesen eines Handrührgerätes schaumig schlagen und Obers und Rahm dazugießen. Das Backrohr auf 210° C vorheizen.

◆ Den Teig auf ein bemehltes Backbrett geben und kräftig durchkneten. Boden und etwa 3 cm Rand einer Springform von 28 cm Durchmesser damit auskleiden. Den Eierguß darauf verteilen und mit den Mandelblättchen bestreuen. Auf der mittleren Schiene des vorgeheizten Backrohrs 25 - 30 Minuten backen. In der Form abkühlen lassen.

Mandelpotitze

Zubereitungszeit: *35 Minuten*
Aufgehzeit: *1 Stunde, 15 Minuten*
Backzeit: *35 Minuten*

Für den Germteig:
knapp 1/4 l lauwarme Milch
30 g Germ
80 g Kristallzucker
500 g Mehl
1 Prise Salz
4 Eidotter
ausgekratztes Mark von 1 Vanilleschote
60 g flüssige Butter
Für die Fülle:
400 g fein geriebene Mandeln
500 g grob gehackte Mandeln
3 - 4 EL Honig
3 - 4 EL Obers
2 EL Marillenschnaps
etwa 1 TL gemahlener Zimt
Außerdem:
Fett für das Blech
1 Eidotter zum Bestreichen
Staubzucker zum Bestäuben

◆ Die Hälfte der Milch mit der Germ, 1 Prise Kristallzucker und etwas Mehl zu einem Dampferl ansetzen und an einem warmen Ort so lange gehen lassen, bis sich die Mischung verdoppelt hat.

◆ Restliches Mehl und restlichen Kristallzucker mit dem Salz in eine Schüssel geben. Die Eier, Vanillemark, flüssige Butter und das aufgegangene Dampferl dazugeben und mit dem Kochlöffel oder den Knethaken eines Handrührgerätes verkneten; dabei so viel von der restlichen Milch dazugießen, daß ein geschmeidiger Germteig entsteht. So lange schlagen, bis sich der Teig vom Schüsselboden löst und Blasen wirft. An einem warmen Ort etwa 30 Minuten aufgehen lassen; der Teig muß sich verdoppeln.

◆ Für die Fülle Honig, Obers und Schnaps in einem Topf erhitzen, die Mandeln einrühren und von der Kochstelle nehmen. Es muß eine cremige Paste entstehen. Falls nötig, noch etwas Obers dazugeben.

◆ Den Teig auf ein bemehltes Backbrett geben und kräftig durchkneten. Dann zu einem großen Rechteck ausrollen und mit der abgekühlten Mandelmasse bestreichen. Rundherum einen schmalen Rand lassen. Die Teigplatte von den beiden Längsseiten zur Mitte hin einrollen.

◆ Die Rolle in eine gefettete Kastenform legen und zugedeckt noch etwa 30 Minuten an einem warmen Ort aufgehen lassen. Das Backrohr auf 180° C vorheizen.

◆ Die Potitze mit verquirltem Eidotter bestreichen und im vorgeheizten Backrohr etwa 35 - 40 Minuten backen. Abgekühlt mit Staubzucker bestäuben.

Tips und Tricks:

Potitze ist in der Steiermark und in Kärnten ein geschätztes weihnachtliches und österliches Gebäck.

Die Germrolle wird häufig auch mit Mohn oder mit Nüssen gefüllt.

Osterhase aus Germteig

Mohn-Zwetschken-Kuchen

Germgugelhupf

Topfen-Apfelstrudel

Germstrudel
mit Mohn-Rosinen-Fülle

Zubereitungszeit: *30 Minuten*
Aufgehzeit: *1 Stunde, 15 Minuten*
Backzeit: *30 Minuten*

Für den Germteig:
1/8 l lauwarme Milch
20 g Germ
1 EL Kristallzucker
300 g Mehl
1 Prise Salz
3 Eidotter
abgeriebene Schale von 1/2 unbehandelten Zitrone
50 g flüssige Butter
Für die Fülle:
400 g frisch gemahlener Mohn
1/4 l heiße Milch
100 g Rosinen
4 cl Rum
80 g Butter
100 g Kristallzucker
100 g geriebene Haselnüsse
Zum Bestreichen:
1 Eidotter
3 - 4 EL Obers
Außerdem:
Fett für das Blech
Staubzucker zum Bestäuben

◆ Die Hälfte der Milch mit der Germ, 1 Prise Kristallzucker und etwas Mehl zu einem Dampferl ansetzen und an einem warmen Ort so lange gehen lassen, bis sich die Mischung verdoppelt hat.

◆ Restliches Mehl und restlichen Kristallzucker mit dem Salz in eine Schüssel geben. Eidotter, Zitronenschale, flüssige Butter und das aufgegangene Dampferl dazugeben und mit dem Kochlöffel oder den Knethaken eines Handrührgerätes verkneten; dabei so viel von der restlichen Milch dazugießen, daß ein geschmeidiger Germteig entsteht. So lange schlagen, bis sich der Teig vom Schüsselboden löst und Blasen wirft. An einem warmen Ort etwa 30 Minuten aufgehen lassen; der Teig muß sich verdoppeln.

◆ Für die Fülle den Mohn mit der heißen Milch übergießen und etwa 10 Minuten quellen lassen. Die Rosinen in Rum einweichen. Butter und Zucker in einem Topf hellgelb karamelisieren lassen, dann die Haselnüsse, den gequollenen Mohn und die eingeweichten Rosinen mitsamt der Einweichflüssigkeit unterrühren. Von der Kochplatte nehmen und überkühlen lassen.

◆ Den Teig auf ein bemehltes Backbrett geben, kräftig durchkneten, und etwa 3 mm dick zu einem großen Rechteck ausrollen. Mit der Mohnmasse bestreichen, dabei rundherum einen schmalen Rand lassen. Von der Längsseite her aufrollen und auf ein gefettetes Backblech legen. Zugedeckt erneut an einem warmen Ort mindestens 30 Minuten aufgehen lassen. Den Backofen auf 180° C vorheizen.

◆ Eidotter und Obers verquirlen, den Strudel damit bestreichen und auf der mittleren Schiene des vorgeheizten Backofens etwa 30 Minuten backen. Abgekühlt mit Staubzucker bestäuben.

Germgugelhupf

Zubereitungszeit: *20 Minuten*
Aufgehzeit: *1 Stunde, 15 Minuten*
Backzeit: *1 Stunde*

Für den Germteig:
1/8 l lauwarme Milch
20 g Germ
60 g Kristallzucker
250 g Mehl
1 Prise Salz
4 Eidotter
abgeriebene Schale von 1/2 unbehandelten Zitrone
ausgekratztes Mark von 1/2 Vanilleschote
80 g flüssige Butter
50 g Rosinen
50 g gehackte Mandeln
Außerdem:
20 g Butter
12 - 16 abgezogene, halbierte Mandeln
Staubzucker zum Bestäuben

◆ Die Hälfte der Milch mit der Germ, 1 Prise Kristallzucker und etwas Mehl zu einem Dampferl ansetzen und an einem warmen Ort so lange gehen lassen, bis sich die Mischung verdoppelt hat.

◆ Restliches Mehl und restlichen Kristallzucker mit dem Salz in eine Schüssel geben. Eidotter, Zitronenschale, Vanillemark, flüssige Butter und das aufgegangene Dampferl dazugeben und mit dem Kochlöffel oder den Knethaken eines Handrührgerätes verkneten; dabei so viel von der restlichen Milch dazugießen, daß ein geschmeidiger Germteig entsteht. So lange schlagen, bis sich der Teig vom Schüsselboden löst und Blasen wirft. Dann die Rosinen und die Mandeln in den Teig einarbeiten. An einem warmen Ort etwa 30 Minuten aufgehen lassen; der Teig muß sich verdoppeln.

◆ Eine Gugelhupfform mit Butter ausstreichen und in jede Vertiefung abgezogene halbierte Mandeln in die Butter drücken. Den Teig auf einem bemehlten Backbrett kurz durchkneten und mit einem Löffel vorsichtig in die Form füllen. Die Oberfläche glattstreichen und den Teig erneut zugedeckt an einem warmen Ort 30 Minuten gehen lassen. Das Backrohr auf 170° C vorheizen.

◆ Den Gugelhupf auf der mittleren Schiene des vorgeheizten Backrohrs etwa 1 Stunde backen. In der Form auskühlen lassen, dann stürzen und mit Staubzucker bestäuben.

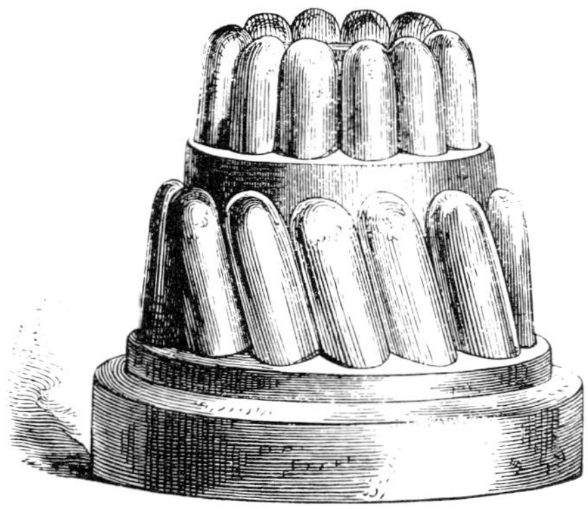

Batzerlgugelhupf

Zubereitungszeit: *45 Minuten*
Aufgehzeit: *1 Stunde, 15 Minuten*
Backzeit: *1 Stunde*

Für den Germteig:
ca. 1/8 l lauwarme Milch
20 g Germ
80 g Kristallzucker
300 g Mehl
1 Prise Salz
3 Eidotter
abgeriebene Schale von 1/2 unbehandelten Zitrone
60 g flüssige Butter

Für die Topfenfülle:
150 g Topfen
2 EL Kristallzucker
ausgekratztes Mark von 1/2 Vanilleschote
1 Eidotter

Für die Mohnfülle:
100 g frisch gemahlener Mohn
3 - 4 EL heiße Milch
2 EL Kristallzucker
2 EL Rosinen
1 EL Rum
1 Msp gemahlener Zimt

Für die Nußfülle:
100 g Haselnüsse
2 EL Honig
3 - 4 EL Obers
2 EL Rum

Für die Powidlfülle:
100 g Powidl

Außerdem:
Fett für die Form

◆ Die Hälfte der Milch mit der Germ, 1 Prise Kristallzucker und etwas Mehl zu einem Dampferl ansetzen und an einem warmen Ort so lange gehen lassen, bis sich die Mischung verdoppelt hat.

◆ Restliches Mehl und restlichen Kristallzucker mit dem Salz in eine Schüssel geben. Eidotter, Zitronenschale, flüssige Butter und das aufgegangene Dampferl dazugeben und mit dem Kochlöffel oder den Knethaken eines Handrührgerätes verkneten; dabei so viel von der restlichen Milch dazugießen, daß ein geschmeidiger Germteig entsteht. So lange schlagen, bis sich der Teig vom Schüsselboden löst und Blasen wirft. An einem warmen Ort etwa 30 Minuten aufgehen lassen; der Teig muß sich verdoppeln.

◆ Topfen mit Kristallzucker, Vanillemark und Eidotter verquirlen.
Den Mohn mit heißer Milch übergießen, kurz quellen lassen und die übrigen Zutaten hinzufügen. Die Nüsse mit Honig, Obers und Rum zu einer cremigen Paste verrühren.

◆ Den aufgegangenen Germteig auf einem bemehlten Brett durchkneten und 16 Kugeln daraus formen. Jede der Kugeln zu einer runden Scheibe ausrollen und je 4 mit Topfen, Mohn, Nüssen und Powidl füllen. Die Teigscheiben wie Buchteln zusammendrücken und abwechselnd nebeneinander in die gefettete Gugelhupfform füllen. Zugedeckt an einem warmen Ort etwa 30 Minuten aufgehen lassen. Das Backrohr auf 170° C vorheizen.

◆ Den Gugelhupf etwa 1 Stunde backen und in der Form abkühlen lassen. Stürzen und mit Staubzukker bestäuben.

Germkipferl

(aus kaltem Germteig)

Zubereitungszeit: *20 Minuten*
Kühlzeit: *5 - 6 Stunden*
Backzeit pro Blech: *15 - 20 Minuten*

Für den Germteig:
500 g Mehl
1 Prise Salz
4 Eidotter
4 EL lauwarme Milch
2 EL Kristallzucker
20 g Germ
400 g Butter
Für die Fülle:
1 Glas pikant-würzige feste Marmelade, zum
Beispiel aus Ribisel oder Preiselbeeren
Zum Bestreuen:
50 - 60 g Kristallzucker
ausgekratztes Mark von 1 Vanilleschote

◆ Mehl mit Salz auf ein Backbrett häufen und in die Mitte eine Vertiefung drücken. Eidotter und die mit Milch und Zucker verrührte Germ hineingeben und die kalte Butter in kleinen Flocken auf dem Mehlrand verteilen. Mit einem breiten Messer alles bröselig zerhacken und dann rasch, mit möglichst kalten Händen, zu einem glatten Teig verkneten. Man kann die Zutaten auch in eine Schüssel geben und mit den Knethaken eines Handrührgerätes oder einer Küchenmaschine bearbeiten. Dann allerdings sollte die Butter weich und die Germ ein wenig aufgegangen sein.

◆ Den Germteig zugedeckt an einem kalten Ort, am besten im Keller, mindestens 5 - 6 Stunden, noch besser über Nacht rasten lassen.

◆ Das Backrohr auf 200° C vorheizen. Die Hälfte des kalten Germteiges etwa 3 - 4 mm dick ausrollen und in 10 cm breite Streifen schneiden. Die Streifen wiederum in Dreiecke mit einer Kantenlänge von 5 cm schneiden. Jeweils auf das breite Ende etwas von der Marmelade geben und zur Spitze hin aufrollen. Zu Kipferln biegen und auf das gefettete Backblech legen. Auf der mittleren Schiene des vorgeheizten Backrohrs in etwa 15 Minuten hellgelb backen. Den restlichen Teig auf die gleiche Weise verarbeiten.

◆ Zucker und Vanillemark vermischen und die noch heißen Kipferln sofort darin wälzen.

Tips und Tricks:

Sie schmecken nicht nur zu Kaffee oder Tee sehr gut, sondern sind auch eine willkommene Knabberei zu Wein, da sie nicht sehr süß sind!

Germ-Plunderteig

Grundrezept

Zubereitungszeit: *1 Stunde*
Kühlzeit: *1 Stunde*

Für den Vorteig:
1/4 l lauwarme Milch
50 g Germ
50 g Staubzucker
500 g Mehl
50 g Butter
3 Eidotter
5 g Salz
ausgekratztes Mark von 1 Vanilleschote
Für den Butterziegel:
400 g Butter
50 g Mehl

◆ Die Hälfte der Milch mit der Germ, einem Löffel Staubzucker und etwas Mehl zu einem Dampferl ansetzen und an einem warmen Ort so lange gehen lassen, bis sich die Mischung verdoppelt hat.

◆ Restliches Mehl und restlichen Staubzucker mit dem Salz in eine Schüssel geben. Butter in kleinen Stückchen, Eidotter, Salz, Vanillemark und das aufgegangene Dampferl dazugeben und mit dem Kochlöffel oder den Knethaken eines Handrührgerätes verkneten; dabei so viel von der restlichen Milch dazugießen, daß ein fester, aber dennoch geschmeidiger Germteig entsteht. So lange schlagen, bis sich der Teig vom Schüsselboden löst und Blasen wirft. Auf einem bemehlten Backbrett kurz durchkneten, zu einer Kugel formen und kreuzweise bis zur Mitte einschneiden. Den Teig so lange in den Kühlschrank legen, bis der Butterziegel fertig ist.

◆ Für den Butterziegel die gut gekühlte Butter mit dem Mehl durchwirken und rasch zu einem quadratischen Ziegel formen.

◆ Nun den eingeschnittenen Vorteig auf einem bemehlten Brett sternförmig ausrollen, in die Mitte dieses Teigstückes den Butterziegel legen und die 4 Teiglappen über der Butter zusammenschlagen. Mit dem Nudelwalker nun gleichmäßig von der Mitte aus nach allen Seiten hin flachklopfen und zu einem fingerhohen Rechteck ausrollen. Daraufhin folgendermaßen zusammenklappen: Das Rechteck in drei gleichmäßig große Teile unterteilen, zuerst das linke Drittel über das mittlere Drittel, dann das rechte Drittel über beide Teile schlagen. Den Teigblock 15 Minuten im Kühlschrank rasten lassen.

◆ Dann wieder zu einem Rechteck ausrollen und nun vierteilig zusammenlegen. Dazu wird die rechteckige Platte in vier Teile unterteilt. Die die zwei äußeren legt man über die zwei inneren Viertel. Daraufhin klappt man die zwei Doppelschichten wie ein Buch zusammen. Dann den Teig in ein angefeuchtetes Tuch einschlagen und 1/2 Stunde in den Kühlschrank legen.

◆ Anschließend kann der Teig beliebig gefüllt und geformt werden.

Tips und Tricks:

Wichtig bei der Herstellung eines Plunderteiges ist, daß der Teig immer wieder gut gekühlt wird – im Sommer ist es sogar empfehlenswert, den Teig zum Rasten in das Tiefkühlgerät zu legen.

Was man aus Plunderteig machen kann, zeigen die nächsten Seiten.

Nußschnecken

Zubereitungszeit: *1 Stunde, 15 Minuten*
Ruhezeit: *1 Stunde*
Backzeit pro Blech: *20 Minuten*

Für den Vorteig:

- 1/4 l lauwarme Milch
- 50 g Germ
- 50 g Staubzucker
- 500 g Mehl
- 50 g Butter
- 3 Eidotter
- 5 g Salz
- ausgekratztes Mark von 1 Vanilleschote

Für den Butterziegel:

- 400 g Butter
- 50 g Mehl

Für die Füllung:

- 150 g gehackte Haselnüsse
- 100 g Kristallzucker
- 1 TL gemahlener Zimt
- 80 g Rosinen
- 50 g flüssige Butter

Außerdem:

- Fett für das Blech
- 1/2 Glas Marillenmarmelade
- 4 EL Marillenschnaps
- 150 g Staubzucker
- etwas Wasser
- 50 g Haselnußblättchen

◆ Nach nebenstehendem Rezept einen Plunderteig zubereiten! Das Backrohr auf 200° C vorheizen.

◆ Den Plunderteig zu einem Rechteck von 30 mal 40 cm ausrollen. Nüsse, Zucker, Zimt und Rosinen in einer Schüssel vermischen. Die Teigplatte mit flüssiger Butter bepinseln und mit der Nußmischung bestreuen. Die Platte von der Längsseite her aufrollen und in fingerdicke Scheiben schneiden. Die Scheiben auf ein gefettetes Backblech legen und auf der mittleren Schiene des Backrohrs in etwa 20 Minuten goldbraun backen.

◆ Die Marillenmarmelade mit 2 Eßlöffel Schnaps in einem kleinen Topf erhitzen und die noch heißen Schnecken damit bestreichen.

◆ Staubzucker mit restlichem Marillenschnaps verrühren und so viel Wasser dazugeben, daß eine glänzende Glasur entsteht. Die Schnecken damit glasieren und mit einigen, blättrig geschnittenen Haselnüssen bestreuen.

Tips und Tricks:

Die Schnecken kann man auch mit Mandeln oder nur mit Zimtzucker füllen.

Mohnrollen

Zubereitungszeit: *1 Stunde, 15 Minuten*
Ruhezeit: *1 Stunde*
Backzeit pro Blech: *20 Minuten*

Für den Vorteig:

1/4 l lauwarme Milch
50 g Germ
50 g Staubzucker
500 g Mehl
50 g Butter
3 Eidotter
5 g Salz
ausgekratztes Mark von 1 Vanilleschote

Für den Butterziegel:

400 g Butter
50 g Mehl

Für die Fülle:

200 g Kristallzucker
2 EL Honig
3/8 l Milch
500 g frisch gemahlener Mohn
150 g Semmelbrösel
abgeriebene Schale von 1/2 unbehandelten Orange
1/2 TL gemahlener Zimt

Außerdem:

50 g flüssige Butter
Fett für das Blech
1/2 Glas Marillenmarmelade
4 EL Marillenschnaps
150 g Staubzucker
2 - 3 EL ungemahlener Mohn

◆ Aus den angegebenen Zutaten einen Plunderteig zubereiten, wie auf Seite 165 beschrieben.

◆ Für die Fülle Zucker, Honig und Milch aufkochen lassen, dann löffelweise den Mohn und die Brösel dazugeben. Zum Schluß die Orangenschale und den Zimt unterrühren und die Masse überkühlen lassen. Das Backrohr auf 200° C vorheizen.

◆ Den Teig etwa 20 cm breit und 40 cm lang ausrollen. Die Teigplatte erst mit flüssiger Butter bestreichen, dann die Mohnmasse gleichmäßig darauf verteilen. Von der Längsseite her aufrollen und in etwa 5 cm breite Streifen schneiden. Die Stücke auf ein gefettetes Backblech stellen und mit einem Kochlöffel jeweils längs zu den Schnittflächen fest eindrücken, dadurch gehen die Seitenteile besser auf. Im heißen Backrohr auf der mittleren Schiene etwa 20 Minuten backen.

◆ Die Marillenmarmelade mit 2 EL Schnaps erhitzen und die Oberfläche der noch heißen Mohnrollen bestreichen.

◆ Staubzucker mit restlichem Marillenschnaps und so viel Wasser verrühren daß eine glatte, glänzende Glasur entsteht. Die Gebäckstücke damit glasieren und mit etwas ungemahlenem Mohn bestreuen.

Rosentorte

Zubereitungszeit: *1 Stunde*
Kühlzeit: *1 Stunde*
Backzeit: *35 Minuten*

Für den Vorteig:
1/8 l lauwarme Milch
20 g Germ
30 g Staubzucker
250 g Mehl
30 g Butter
1 Eidotter
1 Prise Salz
ausgekratztes Mark von 1/2 Vanilleschote
Für den Butterziegel:
200 g Butter
25 g Mehl
Für die Fülle:
2 Eier
100 g Kristallzucker
ausgekratztes Mark von 1 Vanilleschote
100 g Marzipan-Rohmasse
400 g Topfen
100 g geröstete, gehackte Haselnüsse
50 g Korinthen
1 gehäufte EL Vanillepuddingpulver
Außerdem:
Fett für die Form
3 EL Orangenmarmelade
4 EL Orangenlikör
abgeriebene Schale von 1/2 unbehandelten Orange
2 - 3 EL Haselnußblättchen

◆ Aus den angegebenen Zutaten einen Plunderteig zubereiten, wie auf Seite 165 beschrieben.

◆ Für die Fülle Eier, Zucker, Vanillemark schaumig rühren. Das Marzipan in kleinen Stückchen und den Topfen löffelweise dazugeben. So lange rühren, bis eine glatte Creme entsteht, dann die Nüsse, Korinthen und das Puddingpulver unterrühren. Das Backrohr auf 200° C vorheizen.

◆ Den Teig zu einem Rechteck von 40 mal 50 cm ausrollen. Die Teigplatte mit der Topfenmasse bestreichen und von der Längsseite her aufrollen. Eine Springform von 28 cm Durchmesser ausfetten. Die Teigrolle in 12 gleich dicke Scheiben schneiden und diese mit der Schnittfläche nach oben dicht nebeneinander kreisförmig in die Form setzen.

◆ Im vorgeheizten Backofen etwa 35 Minuten backen. Orangenmarmelade und -likör erhitzen, die Oberfläche des noch heißen Kuchens damit bestreichen und mit Nußblättchen bestreuen.

Topfenkolatschen

Zubereitungszeit: *1 Stunde*
Kühlzeit: *1 Stunde*
Backzeit pro Blech: *20 Minuten*

Für den Vorteig:
1/4 l lauwarme Milch
50 g Germ
50 g Staubzucker
500 g Mehl
50 g Butter
3 Eidotter
5 g Salz
ausgekratztes Mark von 1 Vanilleschote
Butterziegel:
400 g Butter
50 g Mehl
Für die Fülle:
50 g Butter
100 g Kristallzucker
2 Eidotter
250 g Topfen
2 EL Vanillepuddingpulver
ausgekratztes Mark von 1/2 Vanilleschote
2 EL Rosinen
2 EL gehackte Mandeln
Außerdem:
2 Eidotter und 2 EL Obers zum Bestreichen
Fett für das Blech

◆ Aus den angegebenen Zutaten einen Plunderteig zubereiten. Das Backrohr auf 200° C vorheizen.

◆ Butter und Kristallzucker cremig rühren und die Eidotter, den Topfen, das Puddingpulver und das Vanillemark hinzufügen. Zu einer glatten Creme verrühren und zum Schluß die Rosinen und die Mandeln unterziehen.

◆ Den Plunderteig zu einem großen Rechteck ausrollen und Quadrate von 10 mal 10 cm ausschneiden. Jeweils in die Mitte einen Löffel der Topfenfülle geben. Eidotter und Obers verquirlen und die Teigecken damit bestreichen. Dann gegengleich über der Topfenfülle zusammenschlagen und festdrücken. Die Kolatschen mit der restlichen Eimischung bestreichen und auf ein gefettetes Backblech legen. In etwa 20 Minuten goldbraun backen.

◆ Leicht überkühlt mit Staubzucker bestäuben!

Tips und Tricks:

Powidlkolatschen werden daraus, wenn man sie anstelle des Topfens mit Powidl füllt!

Plundertaschen
mit Marzipan-Kirsch-Fülle

Zubereitungszeit: *1 Stunde*
Kühlzeit: *1 Stunde*
Backzeit pro Blech: *20 Minuten*

Für den Vorteig:
1/4 l lauwarme Milch
50 g Germ
50 g Staubzucker
500 g Mehl
50 g Butter
3 Eidotter
5 g Salz
ausgekratztes Mark von 1 Vanilleschote
Für den Butterziegel:
400 g Butter
50 g Mehl
Für die Fülle:
100 g Butter
80 g Zucker
200 g Marzipan-Rohmasse
2 Eier
50 g Mehl
500 g Kirschen
2 cl Kirschschnaps
Außerdem:
Fett für das Blech
1 Eidotter
2 - 3 EL Obers
50 g Mandelblättchen

◆ Aus den angegebenen Zutaten einen Plunderteig zubereiten. Das Backrohr auf 200° C vorheizen.

◆ Butter und Zucker cremig rühren und unter weiterem Rühren das Marzipan in kleinen Stückchen, Eier und das Mehl hinzufügen. Zu einer glatten Creme verrühren.

◆ Die Kirschen entsteinen und mit Kirschschnaps marinieren.

◆ Den Plunderteig zu einem großen Rechteck ausrollen und Quadrate von 12 mal 12 cm ausschneiden. In die Mitte jeweils etwas von der Marzipanmasse streichen und mit Kirschen belegen. Erst eine Teighälfte über die Fülle klappen, dann die zweite Hälfte darübergeben und die Enden rundherum gut festdrücken.

◆ Eidotter und Obers verquirlen und die Taschen damit bestreichen. Mit Mandelblättchen bestreuen und auf ein gefettetes Backblech legen. In 20 Minuten auf der mittleren Schiene des Backrohrs goldbraun und knusprig backen.

Mandel-Pistazien-Kipferl

Zubereitungszeit: *1 Stunde*
Kühlzeit: *1 Stunde*
Backzeit pro Blech: *20 Minuten*

Für den Vorteig:
1/4 l lauwarme Milch
50 g Germ
50 g Staubzucker
500 g Mehl
50 g Butter
3 Eidotter
5 g Salz
ausgekratztes Mark von 1 Vanilleschote
Für den Butterziegel:
400 g Butter
50 g Mehl
Für die Fülle:
6 EL Wasser
130 g Kristallzucker
150 g geriebene Mandeln
30 g gehackte Pistazien
1 Eiklar
1 EL Rum
1 Msp gemahlener Zimt
Außerdem:
Fett für das Blech
1/2 Glas Zitronenmarmelade
150 g Staubzucker
2 EL Zitronensaft
etwas Wasser
20 g gehackte Pistazien

◆ Aus den angegebenen Zutaten einen Plunderteig zubereiten. Den Backofen auf 200° C vorheizen.

◆ Für die Fülle Wasser und Kristallzucker so lange kochen lassen, bis die Flüssigkeit sirupartig wird. Sofort die Mandeln und die Pistazien untermischen, einmal kurz aufkochen lassen, dann Eiklar, Rum und Zimt unterrühren.

◆ Den Teig zu einem großen Rechteck ausrollen und Dreiecke mit einer Kantenlänge von etwa 10 cm ausschneiden. Die Nußfülle auf die Dreiecke streichen, dabei rundherum einen schmalen Rand lassen. Die Teigstücke von der Breitseite zur Spitze hin aufrollen und zu Kipferln formen. Nebeneinander auf ein gefettetes Backblech legen und auf der mittleren Schiene des vorgeheizten Backrohrs in etwa 20 Minuten goldbraun backen.

◆ Die Zitronenmarmelade erhitzen und die überkühlten Kipferl damit bestreichen. Staubzucker, Zitronensaft und so viel Wasser verrühren, daß eine glatte Glasur entsteht. Die Kipferl damit glasieren und sofort mit Pistazien bestreuen.

Butterteig

Grundrezept

Zubereitungszeit: *1 Stunde, 30 Minuten*
Kühlzeit: *etwa 1 Tag*

Für den Butterziegel:
300 g Butter
60 g Mehl
Für den Vorteig:
240 g Mehl
1/8 l Wasser
1 EL Rum
1 Prise Salz
1 Eidotter

◆ Für den Butterziegel die Butter mit dem Mehl kurz durchkneten und zu einem quadratischen Ziegel formen. Die Kanten glatt schneiden und kalt stellen.

◆ Für den Vorteig das Mehl mit Wasser, Rum und Salz sowie den Abschnitten des Butterziegels und dem Eidotter zu einem halbfesten, glatten Teig verkneten. Zu einer Kugel formen und kreuzweise einschneiden. Eine 1/2 Stunde im Kühlschrank rasten lassen.

◆ Nun den Vorteig sternförmig ausrollen, den Butterziegel in die Mitte legen und die Teiglappen darüberschlagen. Mit dem Nudelwalker gleichmäßig von der Mitte her nach allen Seiten hin zu einem fingerdicken Rechteck ausrollen. Nun eine Seite bis zur Mitte hin einschlagen, die zweite Seite darüberschlagen. Etwa 30 Minuten kalt stellen, dann erneut zu einem Rechteck ausrollen und vierteilig zusammenlegen. Das bedeutet, die zwei äußeren Viertel legt man über die zwei inneren Viertel. Daraufhin klappt man die zwei Doppelschichten wie ein Buch zusammen. Erneut mindestens 30 Minuten kühl stellen, dann die einfache und doppelte Tour, wie eben beschrieben, wiederholen. Einige Stunden, am besten über Nacht, in den Kühlschrank legen und am nächsten Tag die beiden Touren wiederholen. Nach Möglichkeit in einem kühlen Raum arbeiten, damit die Butter nicht weich wird.

◆ Anschließend kann der Butterteig beliebig weiterverarbeitet werden zu Strudel, Kipferl, Schaumrollen oder Gebäck.

Tips und Tricks:

Butterteiggebäck muß rasch bei etwa 200° C gebacken werden.

Die Herstellung von Butterteig ist ziemlich zeitaufwendig. Es gibt aber heute schon sehr gute Teige aus der Tiefkühltruhe. Allerdings sind diese fast immer mit Ziehmargarine hergestellt und nicht aus Butter. Manche Konditoreien verkaufen jedoch selbstgemachten ungebackenen Blätterteig, aus Butter zubereitet. Fragen Sie danach!

Topfen-Apfelstrudel

Für 12 Stück
Zubereitungszeit: *30 Minuten*
Backzeit:. *40 Minuten*

Für den Teig:
siehe nebenstehendes Rezept
oder 600 g fertig gekaufter Blätterteig
Für die Fülle:
100 g Butter
200 g Staubzucker
4 Eidotter
abgeriebene Schale von 1 unbehandelten Zitrone
ausgekratztes Mark von 1 Vanilleschote
500 g Topfen
1 Päckchen Vanillepuddingpulver
60 g Rosinen
50 g Mandelstifte
2 mittelgroße Äpfel
Außerdem:
Staubzucker zum Bestäuben

◆ Den Butterteig zu einem Rechteck von 40 mal 50 cm ausrollen.

◆ Butter und Staubzucker cremig rühren und nach und nach die Eidotter, die Zitronenschale und das Vanillemark dazugeben. Löffelweise den Topfen und das Vanillepuddingpulver unterrühren Zum Schluß die Rosinen und die Mandelstifte dazugeben. Die Äpfel schälen, vierteln, entkernen und in Scheibchen schneiden.

◆ Das Backrohr auf 200° C vorheizen. Die Butterteigplatte mit der Topfenmasse bestreichen, dabei rundherum einen schmalen Rand lassen. Mit den Äpfeln bestreuen und von der Längsseite her aufrollen. Die Enden gut festdrücken und den Strudel auf ein mit Backpapier ausgelegtes Backblech legen.

◆ Auf der mittleren Schiene in etwa 35 - 40 Minuten goldbraun backen. Etwas abgekühlt dick mit Staubzucker bestäuben.

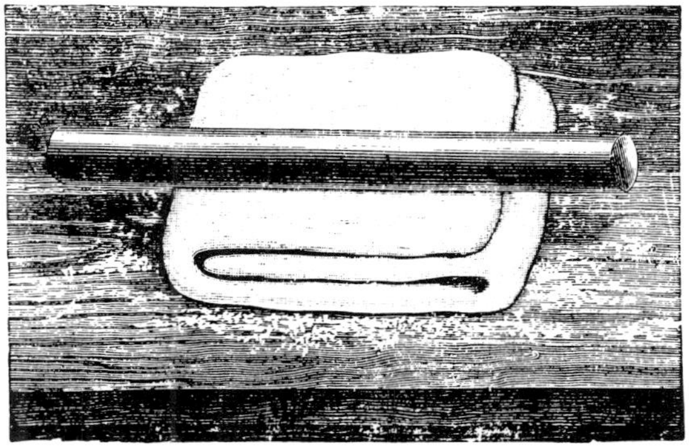

Tips und Tricks:

Servieren Sie den Topfenstrudel mit frischem Erdbeermark, und garnieren Sie ihn mit frischen Minzeblättern. Für das Erdbeermark 250 g vollreife Erdbeeren kurz pürieren, dann durch ein Sieb streichen und mit Staubzucker und Zitronensaft verrühren.

Rhabarber-Erdbeer-Törtchen

Für 8 Stück
Zubereitungszeit: *15 Minuten*
Marinierzeit: *1 Stunde*
Backzeit: *15 Minuten*

Für den Belag:
600 g Rhabarber
80 g Kristallzucker
100 g Butter
100 g Marzipan-Rohmasse
2 EL geriebene Mandeln
80 g Staubzucker
2 Eidotter
40 g Mehl
Für den Teig:
300 g fertig gekaufter Blätterteig
oder 1/2 Rezept des Butterteiges von Seite 172
Außerdem:
4 - 5 EL Erdbeermarmelade
1 EL Orangenlikör
30 g Mandelblättchen

◆ Die Rhabarberstangen waschen, schälen und in 2 cm lange Stücke schneiden. Mit Kristallzucker vermischt etwa 1 Stunde lang Saft ziehen lassen.

◆ Die Butter, das in kleine Stücke geschnittene Marzipan, die geriebenen Mandeln und den Staubzucker cremig rühren. Eidotter und Mehl dazugeben und zu einer glatten, cremigen Masse verrühren.

◆ Den Butterteig 2 - 3 mm dick ausrollen und 8 Scheiben im Durchmesser von etwa 12 cm ausschneiden. Die Teigscheiben mit der Marzipancreme bestreichen, dabei rundherum einen schmalen Rand lassen, damit dieser schön blätterig aufgehen kann.

◆ Die gut abgetropften Rhabarberstückchen gleichmäßig auf die Törtchen verteilen und im heißen Backrohr auf der mittleren Schiene etwa 15 Minuten backen.

◆ Den entstandenen Rhabarber-Fruchtsaft mit dem Orangenlikör unter die Erdbeermarmelade rühren und erhitzen. Die noch heißen Törtchen sofort damit bestreichen und rundherum mit Mandelblättchen bestreuen.

Tips und Tricks:

Die kleinen Törtchen kann man gleichermaßen als Dessert und zur Kaffeetafel reichen.
Nicht vergessen:
Schlagobers dazu reichen!

Cremeschnitten

Für 8 Stück
Zubereitungszeit: *1 Stunde*
Backzeit: *15 Minuten*

Für die Fülle:
- 2 Eier
- 60 g Kristallzucker
- ausgekratztes Mark von 1 Vanilleschote
- 3 Gelatineblätter
- 1/2 l Obers

Für den Teig:
- 600 g fertig gekauften Blätterteig
- oder selbstgemachten Butterteig von Seite 172

Außerdem:
- 1/2 Glas Marillenmarmelade
- 4 EL Marillenschnaps
- 150 g Staubzucker
- etwas Wasser

◆ Für die Vanillecreme die Eier mit Kristallzucker und Vanillemark über einem Wasserbad schaumig schlagen. Sobald die Masse weiß und dickschaumig, ist, die Gelatine in kaltem Wasser einweichen und gut ausgedrückt unter die Schaummasse mischen. Die Creme aus dem Wasserbad nehmen und kalt schlagen.

◆ Obers steif schlagen und locker und gleichmäßig unter die Vanillecreme ziehen. Kalt stellen. Das Backrohr auf 210° C vorheizen.

◆ Den Butterteig zu einem Rechteck von 40 mal 24 cm ausrollen, auf ein mit Backpapier ausgelegtes Backblech legen, mehrmals mit einer Gabel einstechen und im heißen Backofen etwa 15 Minuten baccken.

◆ Den gebackenen Butterteig einmal der Länge nach durchschneiden und in 5 cm breite Streifen schneiden. Die weniger schönen Teigschnitten dick mit der Vanillecreme bestreichen. Die Marillenmarmelade mit 2 Eßlöffel Marillenschnaps erhitzen und die 8 Deckel damit bestreichen. Staubzucker mit dem restlichen Marillenschnaps und so viel Wasser als nötig zu einer glatten Glasur verrühren. Die Deckel damit überziehen und auf die Vanillecreme setzen. Den Rand noch einmal mit Creme glattstreichen und die Schnitten gut gekühlt servieren.

Tips und Tricks:

Man kann die Creme auch mit einem Fruchtlikör verfeinern oder den Boden der Schnitten mit Früchten belegen.

Schweineohren

Für 60 Schweineohren
Zubereitungszeit: *15 Minuten*
Kühlzeit: *40 Minuten*
Backzeit pro Blech: *10 Minuten*

Für den Teig:
300 g fertig gekauften Blätterteig
oder 1/2 Rezept Butterteig von Seite 172
Für die Fülle:
4 EL flüssige Butter
40 - 50 g Kristallzucker
1/2 TL gemahlener Zimt
3 - 4 EL Hagelzucker

◆ Den Butterteig zu einem Rechteck von 18 mal 32 cm ausrollen. Die Oberfläche mit flüssiger Butter bestreichen. Zucker und Zimt vermischen und darüberstreuen.

◆ Den Teig von den beiden Schmalseiten her mehrmals zur Mitte hin umschlagen. Es soll in der Mitte gut 1 cm frei bleiben. Die Rolle 30 Minuten in den Kühlschrank legen.

◆ Die Butterteig-Rolle in 1/2 cm breite Streifen schneiden, mit den Schnittflächen in den Hagelzucker drücken und nebeneinander auf ein mit Backpapier ausgelegtes Backblech legen. Erneut 10 Minuten kalt stellen. In der Zwischenzeit das Backrohr auf 200° C vorheizen. Die Schweineohren auf der mittleren Schiene in 8 - 10 Minuten goldgelb und knusprig backen.

Tips und Tricks:

Das Gebäck kann man in einer Blechdose über mehrere Tage aufbewahren, ohne daß es etwas von der Knusprigkeit einbüßt!

Ähnlich zubereitet werden Teeblätter, auch Schuhsohlen genannt. Dazu werden aus dem ausgerollten Butterteig Scheiben im Durchmesser von 8 cm ausgestochen. Diese Teigscheiben rollt man dann auf einer gezuckerten Arbeitsfläche auf beiden Seiten zu einem Oval aus. Auf ein mit Backpapier ausgelegtes Backblech legen, gut kühlen und vor dem Backen im 200° C heißen Backrohr die Oberfläche mit etwas Obers bestreichen und mit Hagelzucker bestreuen.

Teeblätter werden unterschiedlich angeboten: Entweder werden zwei Stück mit Obers gefüllt zusammengesetzt, oder man bestreicht die nicht mit Hagelzucker bestreute Seite erst mit Schokoladenbuttercreme, dann mit Kuvertüre!

Nußkipferl

Für ca. 16 Kipferl
Zubereitungszeit: *45 Minuten*
Backzeit pro Blech: *20 Minuten*

Für den Teig:
300 g fertig gekaufter Blätterteig
oder 1/2 Rezept vom Butterteig auf Seite 172
Für die Fülle:
2 Eidotter
100 g Kristallzucker
100 g gehackte Haselnüsse
2 EL Rum
2 Eiklar
Außerdem:
1 EL Kristallzucker
2 EL gehobelte Haselnüsse

◆ Den Butterteig 2 - 3 mm dick zu einem Rechteck ausrollen. Den Teig in 12 cm breite Streifen schneiden, dann in spitz zulaufende Dreiecke mit einer Kantenbreite von 8 cm
◆ Für die Füllung die Eidotter mit 80 g Kristallzucker schaumig schlagen, dann die Haselnüsse und den Rum untermischen. Die Eiklar steif schlagen, dabei den restlichen Kristallzucker einrieseln lassen. Den Schnee gleichmäßig unter die Nußmasse ziehen.
◆ Die Nußfülle auf die Breitseite der Dreiecke verteilen und zur Spitze hin einrollen. Zu Kipferl formen und auf das mit Backpapier ausgelegte Backblech legen. Mit Wasser bestreichen und mit Kristallzucker und den gehobelten Haselnüssen bestreuen, dann 20 Minuten kühl stellen.
◆ Das Backrohr auf 200° C vorheizen und die Kipferl in 18 - 20 Minuten goldbraun und knusprig backen.

Tips und Tricks:

Das Kühlen des Butterteiges vor dem Backen unterstützt das blättrige Aufgehen des Teiges, daher sollten Sie darauf nicht verzichten.

Butterteigreste vor dem Weiterverarbeiten niemals verkneten, sondern übereinanderlegen und dann erneut ausrollen. Durch das Kneten geht die Lockerheit des Teiges völlig verloren. Es würde ein fettes, trockenes Gebäck daraus werden.

Ribiseltascherl

Für 12 Tascherl
Zubereitungszeit: *1 Stunde*
Backzeit: *15 Minuten*

Für den Teig:
300 g fertig gekaufter Blätterteig
oder 1/2 Rezept Butterteig von Seite 172
Für die Fülle:
1/2 Glas feste Ribiselmarmelade
Außerdem:
1 Eidotter
2 EL Obers
2 - 3 EL Hagelzucker

◆ Den Butterteig 2 mm dick zu einem Rechteck ausrollen und die Teigplatte in 10 mal 10 cm große Quadrate teilen. Jeweils etwas von der Marmelade in die Mitte geben und die Teigflecke zu Dreiecken zusammenklappen. Die Ränder gut festdrücken und die Tascherl auf ein mit Backpapier ausgelegtes Backblech legen. Mindestens 20 Minuten kühl stellen.

◆ Das Backrohr auf 200° C vorheizen. Eidotter und Obers verquirlen und die Gebäckstücke damit bestreichen. Mit Hagelzucker bestreuen und auf der mittleren Schiene des heißen Backrohrs ca. 15 Minuten backen.

Tips und Tricks:

Butterteiggebäck schmeckt frisch gebacken, noch lauwarm, am besten.

Was nicht gleich gegessen wird, unbedingt einfrieren und erst bei Bedarf wieder rasch aufbacken.

Die Butterteigtascherl kann man selbstverständlich auch mit einer Mohn- oder Nußmasse oder einer anderen Marmelade füllen!

Versöhnungsstangerl

Für 20 Stück
Zubereitungszeit: *50 Minuten*
Backzeit pro Blech: *12 Minuten*

Für den Teig:
300 g fertig gekaufter Blätterteig
oder 1/2 Rezept Butterteig von Seite 172
Für die Fülle:
100 g Marzipan-Rohmasse
1 Ei
2 EL Kirschschnaps
100 g fein geriebene Haselnüsse
50 g grob gehackte Haselnüsse
Außerdem:
2 Eidotter
50 grob gehackte Haselnüsse
Staubzucker zum Bestäuben

◆ Den Butterteig 2 mm dick zu einem Rechteck von 24 mal 30 cm ausrollen.

◆ Marzipan mit dem Ei verrühren, den Schnaps dazugießen und die geriebenen und gehackten Nüsse untermischen. Die Nußmasse der Länge nach bis zur Hälfte auf der Teigplatte verteilen und die zweite Teighälfte darüberklappen. Kurz mit einem Nudelwalker einmal darüberrollen und in etwa 1 1/2 cm breite Streifen schneiden.

◆ Die Teigstreifen zweimal um die eigene Achse drehen, dann auf ein mit Backpapier ausgelegtes Blech legen. Etwa 20 Minuten kalt stellen.

◆ Das Backrohr auf 220° C vorheizen. Die Nußspiralen mit dem verquirlten Eidotter bestreichen und mit den gehackten Nüssen bestreuen. In etwa 10 - 12 Minuten auf der mittleren Schiene des heißen Backrohrs knusprig backen.

◆ Mit Staubzucker bestäubt, am besten lauwarm, genießen!

Tips und Tricks:

Wer beim Anblick und erst recht nach dem Reinbeißen in die knusprigen Versöhnungsstangerl immer noch nicht versöhnt ist, dem ist nicht mehr zu helfen!

Auf die gleiche Weise bereitet man auch pikante Käsestangen zu: Dazu dann eine Teighälfte mit Eidotter bestreichen, dick mit Käse bestreuen und mit Paprikapulver würzen. Sprialförmig drehen, gut kühlen, erneut mit Eidotter bestreichen und, mit Käse bestreut, goldgelb backen!

Schillerlocken

Für 30 Stück
Zubereitungszeit: *40 Minuten*
Backzeit: *15 Minuten*

Für den Teig:
300 g fertig gekaufter Blätterteig
oder 1/2 Rezept des Butterteiges von Seite 172
Außerdem:
3 - 4 El Obers
Hagelzucker zum Bestreuen
Für die Fülle:
1/4 l Obers
2 EL Vanillezucker

◆ Den Butterteig 2 mm dick zu einem 30 mal 30 cm großen Quadrat ausrollen. Den Teig in 1 cm breite Streifen schneiden und jeweils einen Streifen spiralförmig um eine Schillerlockenform wickeln.
◆ Die Teigrollen auf ein mit Backpapier ausgelegtes Backblech legen und etwa 20 Minuten kalt stellen.
◆ Das Backrohr auf 220° C vorheizen. Die Röllchen mit Obers bepinseln und mit Hagelzucker bestreuen. Auf der mittleren Schiene des heißen Backrohrs in etwa 12 - 15 Minuten goldgelb backen.
◆ Das Gebäck von den Formen lösen und überkühlen lassen.
◆ Obers steif schlagen, dabei den Vanillezucker einrieseln lassen und in einen Spritzbeutel füllen. Die Schillerlocken damit füllen und sofort servieren!

Tips und Tricks:

Häufig wird das zarte Gebäck auch mit einer Baisermasse gefüllt!

Besonders raffiniert schmecken die Schillerlocken, wenn man das Obers ein wenig mit Kirsch-, Marillen- oder Orangenschnaps parfümiert – oder, wenn Kinder mitessen, das Obers mit Nüssen oder Kakao verfeinert!

Spezielle Schillerlockenformen gibt es in guten Haushaltswarengeschäften.

Apfel im Schlafrock

Für 10 Stück
Zubereitungszeit: *1 Stunde*
Backzeit: *20 Minuten*

Für den Teig:
600 g fertig gekaufter Blätterteig
oder 1 Rezept Butterteig von Seite 172
Für die Fülle:
10 kleine Äpfel
Saft von 1 Zitrone
60 g gehackte Haselnüsse
40 g Marzipan-Rohmasse
3 - 4 EL Orangenmarmelade
etwas frisch geriebene Ingwerwurzel
1 Msp gemahlener Zimt
2 EL Orangenlikör
Außerdem:
2 Eidotter
2 - 3 EL Obers
3 - 4 EL Mandelblättchen
Staubzucker zum Bestäuben

◆ Den Butterteig 1 mm dick ausrollen und in Quadrate von 12 mal 12 cm teilen.

◆ Die Äpfel schälen, mit einem Apfelausstecher die Kerngehäuse entfernen und die Früchte mit Zitronensaft beträufeln.

◆ Haselnüsse und das in Stückchen geteilte Marzipan verrühren, die Orangenmarmelade, Ingwer, Zimt und Likör dazugeben und zu einer Paste verrühren.

◆ Jeweils einen Apfel in die Mitte eines jeden Teigstückes legen und die Nuß-Orangen-Fülle in den Öffnungen verteilen. Eidotter und Obers verquirlen, die Teigecken damit bestreichen und über den Äpfeln zusammenschlagen. Aus dem restlichen Blätterteig kleine Scheiben mit einem gerillten Ausstecher ausschneiden und oben aufsetzen. Die umhüllten Äpfel mit der restlichen Eidottermischung bepinseln und mit Mandelblättchen bestreuen. Dann die Äpfel etwa 20 Minuten kühl stellen.

◆ Den Backofen auf 210° C erhitzen und die Äpfel auf der mittleren Schiene in etwa 20 Minuten gar backen. Mit Staubzucker bestäubt servieren.

Tips und Tricks:

Stechen Sie mit einem Schaschlikspieß in den Apfel – so spüren Sie am besten, ob die Frucht gar ist. Äpfel im Schlafrock schmecken nämlich nur mit richtig weichen Äpfeln. Gegebenenfalls die Backzeit ein wenig verlängern – und wenn der Teig schon zu stark gebräunt ist, die Äpfel mit Alufolie abdecken.

Topfenkuchen

Für 12 Stücke
Zubereitungszeit: *1 Stunde*
Backzeit: *50 Minuten*

Für den Mürbteig:
200 g Mehl
1 Prise Salz
50 g Kristallzucker
1 Ei
100 g Butter
Für die Fülle:
1 kg Topfen
150 g Kristallzucker
ausgekratztes Mark von 1 Vanilleschote
40 g Vanillepuddingpulver
3 Eidotter
1/4 Obers
50 g Rosinen
50 g geschälte, gehackte Mandeln
3 Eiklar
Außerdem:
Fett für die Form
1 Eidotter
2 EL Obers

◆ Das Mehl mit Salz und Kristallzucker vermischt auf ein Backbrett häufen. In die Mitte eine Mulde drücken und das Ei hineingeben. Die Butter in kleinen Flocken auf den Rand setzen und alles mit einem breiten Messer zerhacken. Dann mit möglichst kalten Händen alles rasch zu einem glatten Teig verkneten. Schneller geht es, wenn man den Mürbteig mit den Knethaken einer Küchenmaschine oder eines Handrührgerätes zubereitet. Mit Folie umhüllt etwa 30 Minuten in den Kühlschrank legen.

◆ Für die Fülle den Topfen in eine Schüssel geben und mit Kristallzucker, ausgekratztem Mark der Vanilleschote, Puddingpulver, Eidotter und Obers zu einer glatten Creme verrühren. Rosinen und Mandeln hinzufügen. Eiklar steif schlagen und zum Schluß locker und gleichmäßig unter die Topfenmasse ziehen.

◆ Das Backrohr auf 180° C vorheizen. Den Mürbteig auf einem bemehlten Backbrett zu einer runden Platte ausrollen und Boden und Rand einer Springform von 24 cm Durchmesser damit auslegen. Die Topfenmasse einfüllen und die Oberfläche glattstreichen. Eidotter und Obers verquirlen und den Kuchen damit bestreichen. Auf der mittleren Schiene etwa 50 Minuten backen. Den Kuchen in der Form abkühlen lassen.

Tips und Tricks:

Je trockener der Topfen, um so schmackhafter wird der Kuchen. Am besten lassen Sie den Topfen über Nacht auf einem Sieb abtropfen.

Birnenkuchen
mit Walnußkruste

Für 12 Stücke
Zubereitungszeit: *45 Minuten*
Backzeit: *45 Minuten*

Für den Mürbteig:
300 g Mehl
1 Prise Salz
130 g Kristallzucker
150 g Butter
1 Ei
abgeriebene Schale von 1/2 unbehandelten Zitrone
Für den Belag:
50 g Butter
50 g Honig
100 g Walnüsse
1/2 TL gemahlener Zimt
2 cl Birnenschnaps
500 g aromatische Birnen
Saft von 1/2 Zitrone
Außerdem:
Fett für die Form

◆ Das Mehl mit Salz und Kristallzucker vermischt auf ein Backbrett häufen. In die Mitte eine Mulde drücken und das Ei hineingeben. Die Butter in kleinen Flocken und die Zitronenschale auf den Rand geben und alles mit einem breiten Messer zerhacken. Dann mit möglichst kalten Händen alles rasch zu einem glatten Teig verkneten. Schneller geht es, wenn man den Mürbteig mit den Knethaken einer Küchenmaschine oder eines Handrührgerätes zubereitet. Mit Folie umhüllt etwa 30 Minuten in den Kühlschrank legen.

◆ Für den Belag Butter und Honig in einem kleinen Topf schmelzen lassen, dann die Walnüsse, Zimt und Birnenschnaps unterrühren und die Mischung etwas überkühlen lassen.

◆ Die Birnen schälen, vierteln und das Kerngehäuse entfernen. Die Früchte in längliche, dünne Spalten schneiden und mit Zitronensaft beträufeln. Das Backrohr auf 180° C vorheizen.

◆ Den Mürbteig auf einem bemehlten Backbrett ausrollen und Boden und etwa 3 cm Rand einer Springform von 24 cm Duchmesser auslegen. Die Birnen kreisförmig darauf anordnen und die Walnußmasse gleichmäßig darauf verteilen. Im heißen Backrohr auf der mittleren Schiene etwa 45 Minuten backen.

◆ Den Kuchen erst in der Form ein wenig überkühlen lassen, dann auf einem Kuchengitter erkalten lassen.

Tips und Tricks:

Bereiten Sie den Kuchen nur mit wirklich aromatischen vollreifen, jedoch nicht zu weichen Birnen zu. Sind die Früchte nämlich überreif, weicht der Kuchen leicht durch und wird matschig! Zu harte Früchte haben zuwenig Aroma!

Stachelbeerkuchen
mit Baisergitter

Für 12 Stücke
Zubereitungszeit: *45 Minuten*
Backzeit: *45 Minuten*

Für den Mürbteig:
250 g Mehl
1 Prise Salz
80 g Kristallzucker
2 Eidotter
125 g Butter
ausgekratztes Mark von 1/2 Vanilleschote
Für den Belag:
750 g grüne Stachelbeeren
100 g Kristallzucker
1/8 l halbtrockener Weißwein
Für die Baisermasse:
3 Eiklar
120 g Kristallzucker
abgeriebene Schale und Saft
von 1/2 unbehandelte Zitrone
Außerdem:
Fett für die Form

◆ Das Mehl mit Salz und Kristallzucker vermischt auf ein Backbrett häufen. In die Mitte eine Mulde drücken und die Eidotter hineingeben. Die Butter in kleinen Flocken auf den Rand setzen, das ausgekratzte Vanillemark darübergeben und alles mit einem breiten Messer zerhacken. Dann mit möglichst kalten Händen alles rasch zu einem glatten Teig verkneten. Schneller geht es, wenn man den Mürbteig mit den Knethaken einer Küchenmaschine oder eines Handrührgerätes zubereitet. Mit Folie umhüllt etwa 30 Minuten in den Kühlschrank legen.

◆ Die Stachelbeeren putzen, kurz waschen und mit Kristallzucker und Wein in einem Topf kurz aufkochen und etwa 5 Minuten in dem Sud ziehen lassen. Anschließend auf einem Sieb gut abtropfen lassen.

◆ Das Backrohr auf 200° C vorheizen. Den Mürbteig auf einem bemehlten Backbrett ausrollen und Boden und 3 cm Rand einer Springform von 24 cm Durchmesser damit auslegen. Den Teig mit einer Gabel mehrmals einstechen und im heißen Backrohr auf der mittleren Schiene etwa 20 Minuten vorbacken. Die gut abgetropften Stachelbeeren auf dem Tortenboden verteilen und weitere 20 Minuten backen. Anschließend die Temperatur auf 220° C schalten.

◆ In der Zwischenzeit die Eiklar steif schlagen und dabei den Kristallzucker einrieseln lassen. So lange weiterschlagen, bis der Schnee schnittfest und glänzend ist. In einen Spritzbeutel füllen und den Schnee als Gitter auf die Stachelbeeren spritzen.

◆ Den Kuchen auf der oberen Schiene in wenigen Minuten goldbraun überbacken.

Tips und Tricks:

Mit grünen Stachelbeeren sind nicht unreife Beeren gemeint, sondern die grünschaligen Sorten.
Rote Stachelbeeren sind meist sehr dickschalig und daher nicht so gut geeignet; die gelben Sorten schmecken gebacken ein wenig fade!

Gedeckter Zwetschkenkuchen

Für 1 Backblech
Zubereitungszeit: *45 Minuten*
Backzeit: *30 Minuten*

Für den Mürbteig:
500 g Mehl
1 Prise Salz
150 g Kristallzucker
2 EL Vanillezucker
2 Eier
250 g Butter
Für den Belag:
1 kg Spätzwetschken
4 cl Zwetschkenschnaps
80 g Mandelblättchen
Außerdem:
200 g Staubzucker
2 EL Zwetschkenschnaps
etwas Wasser

◆ Das Mehl mit Salz, Kristall- und Vanillezucker vermischt auf ein Backbrett häufen. In die Mitte eine Mulde drücken und die Eier hineingeben. Die Butter in kleinen Flocken auf den Rand setzen und alles mit einem breiten Messer zerhacken. Dann mit möglichst kalten Händen alles rasch zu einem glatten Teig verkneten. Schneller geht es, wenn man den Mürbteig mit den Knethaken einer Küchenmaschine oder eines Handrührgerätes zubereitet. Mit Folie umhüllt etwa 30 Minuten in den Kühlschrank legen.

◆ Die Zwetschken waschen, halbieren und entsteinen. Mit dem Schnaps begießen und etwa 15 Minuten marinieren. Das Backrohr auf 200° C vorheizen. Die Hälfte des Mürbteiges etwa 2 - 3 mm dick ausrollen und ein gefettetes Backblech damit auslegen. Die Teigplatte mit Mandelblättchen bestreuen und gleichmäßig nebeneinander die Zwetschkenhälften mit der Schnittfläche nach unten darauf anordnen. Den restlichen Teig ebenfalls dünn ausrollen und vorsichtig mit dem Nudelwalker die Zwetschken damit bedecken. Die Ränder rund um die Zwetschkenwölbung sanft festdrücken und den Kuchen auf der mittleren Schiene des heißen Backrohrs etwa 30 Minuten backen.

◆ Staubzucker mit Zwetschkenschnaps verrühren, so viel Wasser dazugießen, daß eine glatte Glasur entsteht. Den Kuchen damit überziehen und überkühlen lassen. Mit einem Sägemesser in Schnitten von zwei Zwetschkenhälften teilen.

Tips und Tricks:

Verwenden Sie für den Kuchen unbedingt die etwas festeren Spätzwetschken, da die frühen Sorten zuviel Saft lassen und den Kuchen zu sehr durchweichen würden.

Umgedrehter Apfelkuchen

Für 8 Stücke
Zubereitungszeit: *40 Minuten*
Backzeit: *30 Minuten*

Für den Mürbteig:
200 g Mehl
1 Prise Salz
40 g Kristallzucker
1 Eidotter
100 g Butter
ausgekratztes Mark von 1/2 Vanilleschote
Für den Belag:
750 g kleine Äpfel
50 g Kristallzucker
50 g Butter

◆ Das Mehl mit Salz und Kristallzucker vermischt auf ein Backbrett häufen. In die Mitte eine Mulde drücken und den Eidotter hineingeben. Die Butter in kleinen Flocken und das ausgekratzte Mark der Vanilleschote auf den Rand geben und alles mit einem breiten Messer zerhacken. Dann mit möglichst kalten Händen alles rasch zu einem glatten Teig verkneten. Schneller geht es, wenn man den Mürbteig mit den Knethaken einer Küchenmaschine oder eines Handrührgerätes zubereitet. Mit Folie umhüllt etwa 30 Minuten in den Kühlschrank legen.

◆ Die Äpfel schälen, halbieren und die Kerngehäuse entfernen. Die Hälften in vier längliche Schnitze schneiden. Zucker und Butter in einer Tarte-Form karamelisieren lassen. Von der Kochstelle nehmen und die Apfelschnitze darin kreisförmig anordnen. Das Backrohr auf 200° C vorheizen.

◆ Den Mürbteig etwas größer als die Tarteform ausrollen und den Teig vorsichtig – am besten mit Hilfe des Nudelwalkers – über den Äpfeln verteilen. Die Ränder gut festdrücken und den Kuchen 25 - 30 Minuten auf der mittleren Schiene backen.

◆ Nach Ende der Garzeit den Kuchen kurz ruhen lassen, dann auf eine Platte stürzen. Eventuell zerdrückte Apfelstücke wieder zurechtrücken.

Tips und Tricks:

Umgedrehter Apfelkuchen ist unter dem Namen Tarte Tatin eine französische Spezialität, die gerne auch als Dessert gereicht wird.

Ob nun als Nachspeise oder zum Nachmittagskaffee, lauwarm, mit calvadosparfümiertem Schlagobers – der saftige Kuchen ist immer ein Hochgenuß!

Apfelkuchen
mit Mürbteiggitter

Für 12 Stücke
Zubereitungszeit: *1 Stunde*
Backzeit: *40 Minuten*

Für den Mürbteig:
- 300 g Mehl
- 1 Prise Salz
- 100 g Staubzucker
- 2 Eidotter
- 200 g Butter
- abgeriebene Schale von 1/2 unbehandelten Zitrone

Für die Fülle:
- 750 g Äpfel
- 30 g Butter
- 60 g Kristallzucker
- Saft und Schale von 1/2 unbehandelten Zitrone
- 1/2 TL gemahlener Zimt
- 2 cl Rum
- 40 g Rosinen

Außerdem:
- 1 Eidotter
- 2 EL Obers
- Fett für die Form

◆ Das Mehl mit Salz und Staubzucker vermischt auf ein Backbrett häufen. In die Mitte eine Mulde drücken und die Eidotter hineingeben. Die Butter in kleinen Flocken und die Zitronenschale auf den Rand geben und alles mit einem breiten Messer zerhacken. Dann mit möglichst kalten Händen alles rasch zu einem glatten Teig verkneten. Schneller geht es, wenn man den Mürbteig mit den Knethaken einer Küchenmaschine oder eines Handrührgerätes zubereitet. Mit Folie umhüllt etwa 30 Minuten in den Kühlschrank legen. Das Backrohr auf 160° C vorheizen.

◆ Für die Fülle die Äpfel schälen, vierteln und entkernen. Die Apfelviertel dünnblätterig aufschneiden. Eine Auflaufform mit Butter ausstreichen, die Äpfel mit den übrigen Zutaten vermischt hineingeben und zugedeckt im heißen Backrohr weich dünsten. Anschließend überkühlen lassen und das Backrohr auf 200° C schalten.

◆ Zwei Drittel des Mürbteiges auf einem bemehlten Backbrett 4 mm dick ausrollen und Boden und Rand einer Springform von 24 cm Durchmesser damit auslegen. Mit einer Gabel mehrmals einstechen. Im heißen Backrohr etwa 20 Minuten vorbacken, dann die abgekühlte Apfelmischung darauf verteilen. Den restlichen Teig dünn ausrollen und mit einem gezackten Teigrädchen etwa 1 1/2 cm breite Streifen ausradeln. Die Teigstreifen gitterförmig auf der Fruchtfüllung anordnen und die Ränder festdrücken. Eidotter und Obers verquirlen und das Gitter damit bestreichen. In weiteren 15 - 20 Minuten fertig backen.

Tips und Tricks:

Wenn es schnell gehen soll, auf eingekochte Apfelstücke aus dem Glas zurückgreifen.

Gedeckter Apfelkuchen

Für 12 Stücke
Zubereitungszeit: *50 Minuten*
Backzeit: *45 Minuten*

Für den Mürbteig:
250 g Mehl
1 Prise Salz
125 g Kristallzucker
1 Ei
125 g Butter
ausgekratztes Mark von 1 Vanilleschote
Für die Fülle:
750 g leicht säuerliche Äpfel
Saft von 1 Zitrone
1 Prise gemahlener Zimt
50 g Kristallzucker
1 TL gehackte Mandeln
100 g Sultaninen
2 cl Calvados
Außerdem:
Fett für die Form
3 EL Semmelbrösel
1 Eidotter
2 EL Marillenmarmelade
100 g Staubzucker
2 - 3 EL Zitronensaft

◆ Das Mehl mit Salz und Kristallzucker vermischt auf ein Backbrett häufen. In die Mitte eine Mulde drücken und das Ei hineingeben. Die Butter in kleinen Flocken auf den Rand setzen, das ausgekratzte Vanillemark darübergeben und alles mit einem breiten Messer zerhacken. Dann mit möglichst kalten Händen alles rasch zu einem glatten Teig verkneten. Schneller geht es, wenn man den Mürbteig mit den Knethaken einer Küchenmaschine oder eines Handrührgerätes zubereitet. Mit Folie umhüllt etwa 30 Minuten in den Kühlschrank legen.

◆ Für die Fülle die Äpfel schälen, vierteln und entkernen. In dünne Scheibchen schneiden. Sofort mit Zitronensaft vermischen und Zimt, Kristallzucker, Mandeln, Sultaninen und Calvados hinzufügen. Das Backrohr auf 200° C vorheizen.

◆ Zwei Drittel des Mürbteiges ausrollen und Boden und Rand einer gefetteten Springform von 24 cm Durchmesser damit auslegen. Den Teig mehrmals mit einer Gabel einstechen, mit Semmelbröseln ausstreuen und die Apfelmischung einfüllen. Den restlichen Teig auf Springformgröße ausrollen und auf die Fruchtfülle legen. Mit den Handflächen vorsichtig etwas andrücken und die Ränder rundherum gut festdrücken. Den Teigdekkel ebenfalls einige Male einstechen, dann mit dem verquirlten Eidotter bestreichen und im vorgeheizten Backofen auf der untersten Schiene etwa 45 Minuten backen.

◆ Den Kuchen in der Form überkühlen lassen, dann herausnehmen und auf einem Kuchengitter völlig erkalten lassen.

◆ Die Marillenmarmelade erhitzen und die Oberfläche des Kuchens damit bestreichen. Staubzucker mit Zitronensaft verrühren und dabei so viel Wasser dazugießen, daß eine glänzende Glasur entsteht. Den Kuchen damit überziehen.

Apfelkuchen
mit Kokoskruste

Für 12 Stücke
Zubereitungszeit: *45 Minuten*
Backzeit: *35 Minuten*

Für den Mürbteig:
200 g Mehl
50 g Stärkemehl
1 Prise Salz
100 g Kristallzucker
2 Eidotter
150 g Butter
abgeriebene Schale von 1/2 unbehandelten Zitrone
Für den Belag:
500 g Äpfel
Saft von 1/2 Zitrone
3 Eidotter
60 g Kristallzucker
2 EL Créme fraîche
2 cl Kokoslikör
100 g Kokosflocken
3 Eiklar
Außerdem:
Fett für die Form

◆ Das Mehl mit Stärkemehl, Salz und Kristallzucker vermischt auf ein Backbrett häufen. In die Mitte eine Mulde drücken und die Eidotter hineingeben. Die Butter in kleinen Flocken auf den Rand setzen, die Zitronenschale darüberstreuen und alles mit einem breiten Messer zerhacken. Dann mit möglichst kalten Händen alles rasch zu einem glatten Teig verkneten. Schneller geht es, wenn man den Mürbteig mit den Knethaken einer Küchenmaschine oder eines Handrührgerätes zubereitet. Mit Folie umhüllt etwa 30 Minuten in den Kühlschrank legen.

◆ Für die Fülle die Äpfel schälen, vierteln, die Kerngehäuse entfernen und in längliche Schnitze schneiden. Mit Zitronensaft beträufeln.

◆ Für die Kokoskruste Eidotter und Kristallzucker mit den Schneebesen eines Handrührgerätes dickschaumig schlagen. Crème fraîche, Kokoslikör und Kokosflocken unterrühren. Eiklar steif schlagen und den Schnee locker und gleichmäßig unter die Kokosmasse ziehen. Das Backrohr auf 200° C vorheizen.

◆ Den Mürbteig auf einem bemehlten Backbrett 4 mm dick ausrollen und Boden und Rand einer gefetteten Springform von 24 cm Durchmesser damit auskleiden. Den Teig mehrmals mit einer Gabel einstechen. Die Äpfel kranzartig in der ausgekleideten Form anordnen und gleichmäßig mit dem Kokosguß bedecken.

◆ Auf der unteren Schiene des vorgeheizten Backrohrs etwa 35 Minuten backen.

Mohnschnitten
mit Birnen

Für 1 Backblech
Zubereitungszeit: *1 Stunde*
Backzeit: *45 Minuten*

Für den Mürbteig:
400 g Mehl
1 Prise Salz
100 g Kristallzucker
1 EL Vanillezucker
2 Eidotter
200 g Butter
Für den Mohnbelag:
250 g frisch gemahlener Mohn
30 g Grieß
1/4 l Milch
1/8 l Obers
50 g Butter
100 g Kristallzucker
50 g Korinthen
Für den Topfenbelag:
2 Eidotter
100 g Kristallzucker
abgeriebene Schale von 1 unbehandelten Zitrone
500 g Topfen
3 - 4 EL Obers
2 Eiklar
Für den Fruchtbelag:
1 kg reife aromatische Birnen
4 cl Birnenschnaps
50 g Mandelblättchen
Staubzucker zum Bestäuben
Außerdem:
Fett für die Form

◆ Das Mehl mit Salz, Kristall- und Vanillezucker vermischt auf ein Backbrett häufen. In die Mitte eine Mulde drücken und die Eidotter hineingeben. Die Butter in kleinen Flocken auf den Rand setzen und alles mit einem breiten Messer zerhacken. Dann mit möglichst kalten Händen alles rasch zu einem glatten Teig verkneten. Schneller geht es, wenn man den Mürbteig mit den Knethaken einer Küchenmaschine oder eines Handrührgerätes zubereitet. Mit Folie umhüllt etwa 30 Minuten in den Kühlschrank legen.

◆ Für den Mohnbelag den gemahlenen Mohn mit dem Grieß in einer Schüssel vermischen. Milch, Obers, Butter und Kristallzucker in einem kleinen Topf erhitzen und die Mohnmischung hineinstreuen. Einmal aufwallen lassen, die Korinthen dazugeben und von der Kochplatte nehmen. Überkühlen lassen.

◆ Für den Topfenbelag die Eidotter mit dem Kristallzucker und der Zitronenschale schaumig rühren, dann löffelweise den Topfen und das Obers dazugeben. Eiklar steif schlagen und locker und gleichmäßig unter die Topfencreme ziehen.

◆ Die Birnen schälen, halbieren, die Kerngehäuse entfernen und die Hälften in längliche Schnitze schneiden. Mit Birnenschnaps marinieren. Das Backrohr auf 200° C vorheizen.

◆ Den Mürbteig ausrollen und Boden und Rand eines gefetteten Backbleches damit auslegen. Den Teig mehrmals mit einer Gabel einstechen. Zuerst die Topfenmasse daraufstreichen, dann mit einem Eßlöffel den Mohnbelag darauf verteilen und darüber die Birnen reihenweise, leicht überlappend, anordnen. Mit Mandelblättchen bestreuen und mit etwas Staubzucker bestäuben.

◆ Auf der unteren Schiene des heißen Backrohrs 40 - 45 Minuten backen. Auf dem Blech abkühlen lassen, dann in Stücke schneiden und leicht mit Staubzucker bestäuben.

Topfen-Streusel-Kuchen

Für 12 Stücke
Zubereitungszeit: *40 Minuten*
Backzeit: *35 Minuten*

Für den Mürbteig:
400 g Mehl
1/2 Päckchen Backpulver
1 Prise Salz
150 g Kristallzucker
1 EL Vanillezucker
1 Ei
200 g Butter
Für den Topfenbelag:
750 g Topfen
150 g Kristallzucker
2 Eier
1/2 Päckchen Vanillepuddingpulver
ausgekratztes Mark von 1 Vanilleschote
50 g Rum-Rosinen
40 g Mandelstifte
Außerdem:
Fett für die Form

◆ Das Mehl mit Backpulver, Salz, Kristall- und Vanillezucker vermischt auf ein Backbrett häufen. In die Mitte eine Mulde drücken und das Ei hineingeben. Die Butter in kleinen Flocken auf den Rand setzen und alles mit einem breiten Messer zerhakken. Dann mit möglichst kalten Händen alles rasch zu einem glatten Teig verkneten. Schneller geht es, wenn man den Mürbteig mit den Knethaken einer Küchenmaschine oder eines Handrührgerätes zubereitet. Mit Folie umhüllt etwa 30 Minuten in den Kühlschrank legen.

◆ Für den Topfenbelag den Topfen mit Kristallzucker, Eiern und Puddingpulver und dem Vanillemark zu einer glatten Creme verrühren. Zum Schluß die Rum-Rosinen und die Mandelstifte untermischen. Das Backrohr auf 200° C vorheizen.

◆ Zwei Drittel des Mürbteiges ausrollen und Boden und Rand einer gefetteten Springform von 24 cm Durchmesser auslegen. Mit einer Gabel mehrmals einstechen. Die Topfenmasse gleichmäßig darauf verteilen und den restlichen Teig als Streusel über den Belag bröseln.

◆ Den Kuchen auf der untersten Schiene des heißen Backrohrs etwa 40 Minuten backen. Mit Staubzucker bestäuben.

Ribiselkuchen

Für 12 Stücke
Zubereitungszeit: *40 Minuten*
Backzeit: *45 Minuten*

Für den Mürbteig:
200 g Mehl
1 Prise Salz
100 g Kristallzucker
50 g gemahlene Mandeln
2 Eidotter
100 g Butter
Für die Fülle:
500 g rote Ribisel
3 Eiklar
120 g Kristallzucker
50 g geschälte, gehackte Mandeln
1 EL Stärkemehl
Außerdem:
Fett für die Form

◆ Das Mehl mit Salz, Kristallzucker und Mandeln vermischt auf ein Backbrett häufen. In die Mitte eine Mulde drücken und die Eidotter hineingeben. Die Butter in kleinen Flocken auf den Rand setzen und alles mit einem breiten Messer zerhacken. Dann mit möglichst kalten Händen alles rasch zu einem glatten Teig verkneten. Schneller geht es, wenn man den Mürbteig mit den Knethaken einer Küchenmaschine oder eines Handrührgerätes zubereitet. Mit Folie umhüllt etwa 30 Minuten in den Kühlschrank legen.

◆ In der Zwischenzeit die Ribisel von den Stielen streifen, kurz waschen und auf einem Sieb gut abtropfen lassen.

◆ Das Backrohr auf 180° C vorheizen. Den Mürbteig auf einem bemehlten Backbrett ausrollen und Boden und Rand einer Springform von 26 cm Durchmesser auslegen. Den Teig mehrmals mit einer Gabel einstechen und im heißen Backofen auf der mittleren Schiene etwa 20 Minuten vorbacken. Dann die Temperatur auf 150° C zurückschalten.

◆ Währenddessen die Eiklar steif schlagen, dabei den Kristallzucker langsam einrieseln lassen und so lange weiterschlagen, bis der Schnee schnittfest und glänzend ist. Erst die Mandeln und das Stärkemehl, dann die Ribisel unterziehen und die Masse auf den vorgebackenen Boden verteilen. Die Oberfläche glattstreichen und den Kuchen auf der mittleren Schiene in weiteren 20 Minuten fertig backen.

Tips und Tricks:

Der Kuchen muß noch am Backtag verzehrt werden, da er schnell durchweicht und dann die Knusprigkeit verliert.

Gedeckter Apfelkuchen

Zimtkuchen

Innviertler Apfelkuchen

Bananengugelhupf

Zimtkuchen

Für 12 Stücke
Zubereitungszeit: *40 Minuten*
Backzeit: *45 Minuten*

Für den Mürbteig:	
250 g Mehl	
1 Prise Salz	
80 g Staubzucker	
1 Eidotter	
125 g Butter	
Für die Fülle:	
150 g Butter	
50 g Staubzucker	
3 Eidotter	
1 Prise Salz	
1 TL gemahlener Zimt	
1 Msp Nelkenpulver	
3 Eiklar	
100 g Kristallzucker	
200 g geriebene ungeschälte Mandeln	
100 g Biskuitbrösel	
Außerdem:	
Fett für die Form	
Kakaopulver	

◆ Das Mehl mit Salz und Staubzucker vermischt auf ein Backbrett häufen. In die Mitte eine Mulde drücken, Eidotter hineingeben und die Butter in kleinen Flocken auf den Rand setzen. Alles mit einem breiten Messer zerhacken. Dann mit möglichst kalten Händen rasch zu einem glatten Teig verkneten. Schneller geht es, wenn man den Mürbteig mit den Knethaken einer Küchenmaschine oder eines Handrührgerätes zubereitet. Mit Folie umhüllt etwa 30 Minuten in den Kühlschrank legen.

◆ Das Backrohr auf 190° C vorheizen. Den Mürbteig auf einem bemehlten Backbrett ausrollen und Boden und 3 cm Rand einer Tarteform oder Springform damit auslegen. Den Teig mehrmals mit einer Gabel einstechen, mit getrockneten Hülsenfrüchten belegen und etwa 10 Minuten vorbacken.

◆ Inzwischen für die Fülle die weiche Butter mit dem Staubzucker cremig rühren und nach und nach die Eidotter und die Gewürze dazugeben. Eiklar steif schlagen und dabei den Kristallzucker einrieseln lassen. So lange weiterschlagen, bis der Schnee schnittfest und glänzend ist. Etwa ein Drittel davon unter die Eimasse rühren, den Rest mit den Mandeln und Bröseln locker und gleichmäßig unterziehen.

◆ Die Hülsenfrüchte entfernen und die Zimtfülle auf den Boden verteilen. Die Oberfläche glattstreichen und im heißen Backrohr 30 - 35 Minuten backen.

◆ Überkühlen lassen, dann mit Kakao bestäuben.

Tips und Tricks:

Belegt man den Boden mit Hülsenfrüchten, bleiben Boden und Rand besser in Form als ohne! Welche Hülsenfrüchte Sie verwenden, ist völlig ohne Bedeutung für das Backergebnis – am besten jedoch bewahrt man diese immer wieder auf, für weiteres Blindbacken.

Baiserkuchen
mit Walnüssen

Für 12 Stücke
Zubereitungszeit: *40 Minuten*
Backzeit: *40 Minuten*

Für den Mürbteig:	
250 g Mehl	
1 Prise Salz	
80 g Staubzucker	
1 Eidotter	
125 g Butter	
Für die Fülle:	
100 g Butter	
120 g Kristallzucker	
150 g fein gemahlene Walnüsse	
100 g grob gehackte Walnüsse	
abgeriebene Schale von 1/2 unbehandelten Orange	
2 EL Orangenlikör	
3 Eiklar	
Außerdem:	
Fett für die Form	
Staubzucker zum Bestäuben	

◆ Das Mehl mit Salz und Staubzucker vermischt auf ein Backbrett häufen. In die Mitte eine Mulde drücken und den Eidotter hineingeben. Die Butter in kleinen Flocken auf den Rand setzen und alles mit einem breiten Messer zerhacken. Dann mit möglichst kalten Händen alles rasch zu einem glatten Teig verkneten. Schneller geht es, wenn man den Mürbteig mit den Knethaken einer Küchenmaschine oder eines Handrührgerätes zubereitet. Mit Folie umhüllt etwa 30 Minuten in den Kühlschrank legen.

◆ Das Backrohr auf 190° C vorheizen. Den Mürbteig auf einem bemehlten Backbrett ausrollen und Boden und 3 cm Rand einer Tarteform oder Springform damit auslegen. Den Teig mehrmals mit einer Gabel einstechen, mit getrockneten Hülsenfrüchten belegen und etwa 10 Minuten vorbacken.

◆ Inzwischen für die Fülle Butter mit 80 g Kristallzucker in einer Pfanne leicht karamelisieren lassen, die geriebenen und gehackten Walnüsse dazugeben und mit anrösten. Von der Kochplatte nehmen und die Orangenschale sowie den -likör dazugeben und überkühlen lassen.

◆ Eiklar steif schlagen und dabei den restlichen Kristallzucker einrieseln lassen. So lange weiterschlagen, bis der Schnee schnittfest und glänzend ist. Locker und gleichmäßig unter die Walnußmasse ziehen.

◆ Die Hülsenfrüchte entfernen und die Nußfülle auf den Boden verteilen. Die Oberfläche glattstreichen und im heißen Backrohr 25 - 30 Minuten backen. Überkühlen lassen, dann mit Staubzucker bestäuben.

Tips und Tricks:

Besonders hübsch sieht der Kuchen aus, wenn man eine Papierschablone mit einem Muster auf den Kuchen legt, bevor man ihn mit Staubzucker bestäubt. Anschließend die Schablone wieder vorsichtig abheben.

Engadiner Nußtorte

Zubereitungszeit: *50 Minuten*
Backzeit: *1 Stunde*

Für den Mürbteig:
400 g Mehl
1 Prise Salz
150 g Staubzucker
2 Eier
200 g Butter
ausgekratztes Mark von 1 Vanilleschote
Für die Fülle:
300 g gehackte Haselnüsse
200 g Zucker
1/4 l Obers
2 EL Honig
Außerdem:
Fett für die Form
3 EL Ribiselmarmelade
1 Eidotter

◆ Das Mehl mit Salz und Staubzucker vermischt auf ein Backbrett häufen. In die Mitte eine Mulde drücken und die Eier hineingeben. Die Butter in kleinen Flocken auf den Rand setzen, Vanillemark darüberstreuen und alles mit einem breiten Messer zerhacken. Dann mit möglichst kalten Händen alles rasch zu einem glatten Teig verkneten. Schneller geht es, wenn man den Mürbteig mit den Knethaken einer Küchenmaschine oder eines Handrührgerätes zubereitet. Mit Folie umhüllt etwa 30 Minuten in den Kühlschrank legen. Das Backrohr auf 190° C vorheizen.

◆ Für die Fülle den Zucker in einer Pfanne karamelisieren lassen. Dann die Haselnüsse hineingeben und goldbraun rösten. Mit Obers aufgießen und gut durchkochen lassen. Zum Schluß den Honig unterrühren und die Masse überkühlen lassen.

◆ Zwei Drittel des Mürbteiges 3 mm dick ausrollen und Boden und 4 cm Rand einer gefetteten Springform von 26 cm Durchmesser damit auskleiden. Den Boden mehrmals mit einer Gabel einstechen, mit Ribiselmarmelade bestreichen und dann die Nußmasse gleichmäßig darüber verteilen. Aus dem restlichen Teig einen Deckel ausrollen und die Fülle damit bedecken. Die Ränder gut festdrücken und die Oberfläche mit verquirltem Eidotter bestreichen. Im heißen Backofen auf der unteren Schiene etwa 45 - 50 Minuten backen.

Rhabarberschnitten
mit Mandelstreuseln

Für 1 Backblech
Zubereitungszeit: *50 Minuten*
Backzeit: *40 Minuten*

Für den Mürbteig:
500 g Mehl
1 Prise Salz
180 g Kristallzucker
2 Eidotter
250 g Butter
abgeriebene Schale von 1 unbehandelten Zitrone
Für den Belag:
1 kg Rhabarber
100 g Zucker
Für die Mandelstreusel:
200 g Mehl
150 g Kristallzucker
1/2 TL gemahlener Zimt
100 g gehackte Mandeln
150 g Butter
Außerdem:
Fett für das Blech
Staubzucker zum Bestäuben

◆ Das Mehl mit Salz und Kristallzucker vermischt auf ein Backbrett häufen. In die Mitte eine Mulde drücken und die Eidotter hineingeben. Die Butter in kleinen Flocken auf den Rand setzen, Zitronenschale darüberstreuen und alles mit einem breiten Messer zerhacken. Dann mit möglichst kalten Händen alles rasch zu einem glatten Teig verkneten. Schneller geht es, wenn man den Mürbteig mit den Knethaken einer Küchenmaschine oder eines Handrührgerätes zubereitet. Mit Folie umhüllt etwa 30 Minuten in den Kühlschrank legen.

◆ In der Zwischenzeit von den Rhabarberstangen die Blatt- und Stengelansätze entfernen, falls nötig schälen und in 2 cm lange Stücke schneiden. Mit Zucker bestreut etwa 20 Minuten Saft ziehen lassen. Das Backrohr auf 180° C vorheizen

◆ Für die Streusel Mehl, Kristallzucker, Zimt und Mandeln vermischen und die Butter in Flocken dazugeben. Alles rasch mit einem großen Messer zerhacken und mit den Händen zerbröseln.

◆ Den Mürbteig etwa 4 mm dick ausrollen und ein gefettetes Backblech damit belegen. Mit einer Gabel mehrmals einstechen. Die Rhabarberstückchen auf einem Sieb abtropfen lassen und darüber verteilen. Mit den Mandelstreuseln bestreuen und im heißen Backrohr auf der mittleren Schiene 40 Minuten backen. Überkühlen lassen, dann mit Staubzucker bestäuben und in rechteckige Stücke schneiden

Haferflocken-Nuß-Schnitten

Für 8 Stücke
Zubereitungszeit: *1 Stunde, 15 Minuten*
Backzeit: *20 Minuten*

Für den Mürbteig:
250 g Mehl
1 Prise Salz
100 g zarte Haferflocken
150 g Kristallzucker
2 EL Vanillezucker
1 Eidotter
200 g Butter
1/2 TL gemahlener Zimt
Für die Fülle:
1/4 l Milch
150 g Kristallzucker
30 g Vanillepuddingpulver
2 Eidotter
250 g Butter
60 g geriebene Haselnüsse
Außerdem:
Fett für die Form
30 g Butter
30 g Kristallzucker
50 g kernige Haferflocken
16 schöne Haselnüsse

◆ Das Mehl mit Salz, Haferflocken, Kristall- und Vanillezucker vermischt auf ein Backbrett häufen. In die Mitte eine Mulde drücken, Eidotter hineingeben und die Butter in kleinen Flocken auf den Rand setzen. Zimt darüberstreuen und alles mit einem breiten Messer zerhacken. Dann mit möglichst kalten Händen rasch zu einem glatten Teig verkneten. Schneller geht es, wenn man den Mürbteig mit den Knethaken einer Küchenmaschine oder eines Handrührgerätes zubereitet. Mit Folie umhüllt für etwa 30 Minuten in den Kühlschrank legen.

◆ Für die Fülle zwei Drittel der Milch erhitzen. Mit der restlichen Milch das Puddingpulver mit Zucker und Eidottern verquirlen und diese Mischung in die kochende Milch einlaufen lassen. Einige Male aufwallen lassen, dann, mit etwas Kristallzucker bestreut, kalt stellen. Die Butter cremig rühren und löffelweise die kalte Vanillecreme dazugeben. So lange rühren, bis eine glatte Buttercreme entsteht. Die Nüsse in einer Pfanne trocken rösten und abgekühlt unter die Creme mischen.

◆ Das Backrohr auf 200° C vorheizen. Den Mürbteig etwa 4 mm dick zu einem Rechteck ausrollen und die Teigplatte in vier 10 cm breite Streifen teilen. Die Teigstreifen nebeneinander auf ein gefettetes Backblech legen, mit einer Gabel mehrmals einstechen und im heißen Backofen auf der mittleren Schiene 15 - 20 Minuten knusprig backen.

◆ Die ausgekühlten Teigplatten mit der Nuß-Butter-Creme zusammensetzen und rundherum mit der Creme bestreichen.

◇ Butter und Kristallzucker in einer Pfanne karamelisieren lassen und die kernigen Haferflocken darin goldbraun rösten. Überkühlen lassen und den Kuchenrand damit bestreuen. Den Kuchen etwa 2 Stunden durchziehen lassen, dann mit einem Sägemesser in Schnitten teilen und diese mit Buttercremetupfen und Haselnüssen garnieren.

Schokoladen-Nuß-Schnitten

Für 12 Schnitten
Zubereitungszeit: *50 Minuten*
Backzeit: *20 Minuten*

Für den Mürbteig:
250 g Mehl
1 Prise Salz
1/2 TL Backpulver
100 g Kristallzucker
2 EL Vanillezucker
100 g geriebene Haselnüsse
2 Eidotter
150 g Butter
Für die Fülle:
100 g Zartbitter-Schokolade
50 g geriebene Haselnüsse
2 EL Obers
Für die Glasur:
150 g Staubzucker
2 - 3 EL Ribiselgelee
1 EL Ribisellikör
etwas Wasser

◆ Das Mehl mit Salz, Backpulver, Kristall- , Vanillezucker und Haselnüssen vermischt auf ein Backbrett häufen. In die Mitte eine Mulde drücken und die Eidotter hineingeben. Die Butter in kleinen Flocken auf den Rand setzen und alles mit einem breiten Messer zerhacken. Dann mit möglichst kalten Händen alles rasch zu einem glatten Teig verkneten. Schneller geht es, wenn man den Mürbteig mit den Knethaken einer Küchenmaschine oder eines Handrührgerätes zubereitet. Mit Folie umhüllt etwa 30 Minuten in den Kühlschrank legen.

◆ Für die Fülle die Schokolade in kleine Stückchen brechen und im Wasserbad schmelzen lassen. Die Nüsse in einer Pfanne trocken rösten und mit dem Obers unter die Schokolade rühren. Überkühlen lassen. Das Backrohr auf 180° C vorheizen.

◆ Den Mürbteig 4 mm dick ausrollen, ein gefettetes Backblech damit auslegen und im heißen Backrohr auf der unteren Schiene etwa 15 - 20 Minuten backen. Der Länge nach halbieren und die Platten abkühlen lassen, dann vom Blech nehmen.

◆ Eine Platte mit der Schokoladenmasse bestreichen und mit der zweiten bedecken.

◆ Staubzucker mit Ribiselgelee, -likör und etwas Wasser zu einer glatten Glasur verrühren und die Oberfläche damit bestreichen. Nach dem Festwerden mit dem Sägemesser in gleichmäßige Schnitten teilen.

Tips und Tricks:

Wenn es schnell gehen soll, füllen Sie die Schnitten mit fertigem Schokoladen-Nuß-Brotaufstrich!

Kokosschnitten

Für 1 Backblech
Zubereitungszeit: *50 Minuten*
Backzeit: *25 Minuten*

Für den Mürbteig:
400 g Mehl
1 Prise Salz
120 g Kristallzucker
2 Eidotter
200 g Butter
abgeriebene Schale von 1/2 unbehandelten Zitrone
Für den Belag:
250 g Butter
200 g Zucker
4 cl Marillenschnaps
400 g Kokosflocken
1 Glas Marillenmarmelade
Außerdem:
Fett für das Blech
100 g dunkle Kuvertüre

◆ Das Mehl mit Salz und Kristallzucker vermischt auf ein Backbrett häufen. In die Mitte eine Mulde drücken und die Eidotter hineingeben. Die Butter in kleinen Flocken auf den Rand setzen, Zitronenschale darüberstreuen und mit einem breiten Messer zerhacken. Dann mit möglichst kalten Händen alles rasch zu einem glatten Teig verkneten. Schneller geht es, wenn man den Mürbteig mit den Knethaken einer Küchenmaschine oder eines Handrührgerätes zubereitet. Mit Folie umhüllt etwa 30 Minuten in den Kühlschrank legen.

◆ Für den Belag Butter und Zucker in einer Pfanne unter Rühren goldgelb karamelisieren lassen. Mit Marillenschnaps ablöschen und die Kokosflocken unterrühren. Überkühlen lassen. Das Backrohr auf 180° C vorheizen.

◆ Den Teig auf einem bemehlten Backbrett etwa 4 mm dick ausrollen und ein gefettetes Backblech damit auslegen. Mit einer Gabel mehrmals einstechen. Die Teigplatte mit der Marillenmarmelade bestreichen und die Kokosmasse gleichmäßig darauf verteilen. Die Oberfläche glattstreichen und im heißen Backrohr auf der unteren Schiene etwa 20 Minuten backen.

◆ Den Kuchen sofort nach dem Backen in Dreiecke schneiden und dann überkühlen lassen.

◆ Die Kuvertüre in kleine Stückchen schneiden und im Wasserbad schmelzen lassen. Gut durchrühren und die Kuchenecken in die flüssige Kuvertüre tauchen. Auf einem Kuchengitter abtropfen lassen.

Tips und Tricks:

Mit pikanter Ribisel- oder Preiselbeermarmelade gefüllt, schmecken die Kokosschnitten ebenfalls.

Achten Sie darauf, daß die Flocken wirklich frisch sind! Unbedingt vorher probieren, denn alte Kokosflocken schmecken ranzig und würden den Kuchen verderben.

Obstschüsserl

Für 8 - 10 Obstschüsserl
Zubereitungszeit: *50 Minuten*
Backzeit: *20 Minuten*

Für den Mürbteig:
300 g Mehl
1 Prise Salz
100 g Staubzucker
100 g geriebene, geröstete Haselnüsse
1 Ei
200 g Butter

Für die Fülle:
1/8 l Milch
15 g Vanillepuddingpulver
30 g Staubzucker
ausgekratztes Mark von 1/2 Vanilleschote
1 Eidotter
1/4 l Obers
2 EL Kirsch-, Marillen- oder Zwetschkenschnaps

Außerdem:
Früchte zum Belegen, je nach Jahreszeit:
Erdbeeren, Himbeeren, Orangenfilets, Bananen,
Weintrauben usw.

◆ Das Mehl mit Salz, Staubzucker und Haselnüssen vermischt auf ein Backbrett häufen. In die Mitte eine Mulde drücken und die Eidotter hineingeben. Die Butter in kleinen Flocken auf den Rand setzen und alles mit einem breiten Messer zerhacken. Dann mit möglichst kalten Händen rasch zu einem glatten Teig verkneten. Schneller geht es, wenn man den Mürbteig mit den Knethaken einer Küchenmaschine oder eines Handrührgerätes zubereitet. Mit Folie umhüllt 30 Minuten in den Kühlschrank legen.

◆ Für die Fülle zwei Drittel der Milch erhitzen. Die restliche kalte Milch mit dem Puddingpulver, Staubzucker, Vanillemark und Eidotter verrühren und in die kochende Milch einlaufen lassen. Einige Male aufwallen lassen, dann, mit etwas Kristallzukker bestreut, kalt stellen. Das Backrohr auf 200° C vorheizen.

◆ Den Mürbteig 3 mm dick ausrollen und kleine, gefettete Schüsselformen (Tortelettförmchen) damit auslegen. Den Teig mit einer Gabel mehrmals einstechen, mit Hülsenfrüchten belegen und auf der mittleren Schiene des heißen Backrohrs 15 - 20 Minuten backen.

◆ Die Vanillecreme durch ein Sieb streichen und das steif geschlagene Obers locker und gleichmäßig mit dem Schnaps unterziehen.

◆ Die gebackenen Torteletts aus der Form stürzen und abkühlen lassen. Jeweils etwas von der Oberscreme auf dem Boden verteilen und mit Früchten nach Wahl belegen.

Apfeltaschen

Für 6 Taschen
Zubereitungszeit: *45 Minuten*
Kühlzeit: *30 Minuten*
Backzeit: *25 Minuten*

Für den Mürbteig:
200 g Mehl
50 g Stärkemehl
1 Prise Salz
100 g Kristallzucker
2 Eidotter
150 g Butter
abgeriebene Schale von 1/2 unbehandelten Zitrone
Für die Fülle:
300 g Äpfel
Saft von 1/2 Zitrone
30 g Zucker
2 EL Rum-Rosinen
2 EL Mandelstifte
Außerdem:
Fett für das Blech
1 Eidotter
150 g Staubzucker
Saft von 1/2 Zitrone
etwas Wasser
2 EL gehackte Pistazien

◆ Das Mehl mit Stärkemehl, Salz und Kristallzucker vermischt auf ein Backbrett häufen. In die Mitte eine Mulde drücken und die Eidotter hineingeben. Die Butter in kleinen Flocken auf den Rand setzen, die Zitronenschale darüberstreuen und alles mit einem breiten Messer zerhacken. Dann mit möglichst kalten Händen alles rasch zu einem glatten Teig verkneten. Schneller geht es, wenn man den Mürbteig mit den Knethaken einer Küchenmaschine oder eines Handrührgerätes zubereitet. Mit Folie umhüllt etwa 30 Minuten in den Kühlschrank legen.

◆ Für die Fülle die Äpfel schälen, halbieren und entkernen. Auf einer Rohkostreibe fein reiben und sofort mit Zitronensaft, Zucker, Rum-Rosinen und Mandelstiften vermischen. Das Backrohr auf 180° C vorheizen.

◆ Den Mürbteig auf einem bemehlten Backbrett 3 mm dick ausrollen. Die Teigplatte in Quadrate von etwa 12 cm Seitenlänge schneiden. Jeweils in die Mitte etwas von der Apfelfülle geben und die Ränder mit verquirltem Eidotter bestreichen. Zu einem Dreieck zusammenklappen und die Ränder mit den Fingerkuppen gut festdrücken. Auf das gefettete Backblech legen und im heißen Backrohr auf der unteren Schiene etwa 25 Minuten backen.

◆ Staubzucker mit Zitronensaft und so viel Wasser verrühren, daß eine glatte Glasur entsteht. Die Taschen damit bestreichen und jeweils in die Mitte einige Pistazien streuen.

Marmor-Gugelhupf

Für 12 Stücke
Zubereitungszeit: *15 Minuten*
Backzeit: *ca. 1 Stunde*

Für den Rührteig:
220 g Butter
120 g Staubzucker
40 g Stärkemehl
4 Eidotter
1 Prise Salz
2 cl Rum
ausgekratztes Mark von 1/2 Vanilleschote
abgeriebene Schale von 1/2 unbehandelten Zitrone
220 g Mehl
1/8 l Milch
4 Eiklar
100 g Kristallzucker
20 g Kakao
30 g feingeriebene geschälte Mandeln
Außerdem:
Fett und Brösel für die Form
Staubzucker zum Bestäuben

◆ Das Backrohr auf 170° C vorheizen. Butter mit Zucker mit den Schneebesen eines Handrührgerätes oder einer Küchenmaschine cremig rühren und nach und nach das Stärkemehl, die Eidotter, Rum, Salz, Vanillemark und Zitronenschale dazugeben. Abwechselnd Mehl und Milch unterrühren.

◆ Die Eiklar steif schlagen, dabei den Kristallzukker einrieseln lassen und so lange weiterschlagen, bis die Masse schnittfest und glänzend ist. Den Schnee locker und gleichmäßig unter den Rührteig heben.

◆ Ein Drittel des Teiges abnehmen und mit dem Kakao verrühren. Unter die restliche Teigmenge die gemahlenen Mandeln mischen.

◆ Eine Gugelhupfform sorgfältig ausfetten und mit Brösel ausstreuen. Abwechselnd den hellen und den dunklen Teig in die Form füllen und mit einer Gabel spiralenförmig durch beide Teige ziehen. Es muß ein schlierenartiges Marmormuster entstehen.
Auf der unteren Schiene des heißen Backrohrs etwa1 Stunde backen.

◆ In der Form überkühlen lassen, dann stürzen und dick mit Staubzucker bestäuben.

Tips und Tricks:

Ob der Gugelhupf durchgebacken ist,
merkt man ganz einfach,
wenn man mit einem Schaschlikspieß
in den Teig sticht.
Klebt kein Teig an dem Spieß,
ist er fertig.

Läßt man den ganzen Teig weiß und
mischt noch Rosinen darunter
erhält man einen saftigen Gugelhupf.

Zwetschkenkuchen

Für 12 Stücke
Zubereitungszeit: *30 Minuten*
Marinierzeit: *einige Stunden*
Backzeit: *50 Minuten*

250 g entkernte Dörrzwetschken
1/8 l kräftiger Rotwein
6 cl Weinbrand
Für den Rührteig:
125 g Butterschmalz
125 g Kristallzucker
1 Prise Salz
1/2 TL gemahlener Zimt
2 Eier
1 TL Backpulver
125 g Mehl
Außerdem:
150 g frische Zwetschken
Staubzucker zum Bestäuben

◆ Die Dörrzwetschken in kleine Würfel schneiden, in eine Schüssel geben und mit Rotwein und Weinbrand begießen. Zugedeckt einige Stunden marinieren. Die Zwetschken müssen die ganze Flüssigkeit aufgesogen haben.

◆ Das Backrohr auf 170° C vorheizen. Das weiche Butterschmalz mit dem Zucker, Salz und Zimt mit den Schneebesen eines Handrührgerätes oder einer Küchenmaschine cremig rühren. Dann die Eier hinzufügen und löffelweise das mit Backpulver vermischte Mehl unterrühren. Die eingeweichten, gut abgetropften Dörrzwetschken unterheben und die Masse in eine gefettete Springform von 20 cm Durchmesser füllen. Die Oberfläche glattstreichen und auf der mittleren Schiene des heißen Backofens ca. 50 Minuten backen.

◆ Den Kuchen aus der Form lösen und auf einem Kuchengitter abkühlen lassen. Die Zwetschken halbieren und entkernen und die Fruchthälften in längliche Schnitze schneiden. Den Kuchen kreisförmig damit belegen und mit Staubzucker bestäuben.

Gewürzkuchen

Für 12 Stücke
Zubereitungszeit: *20 Minuten*
Backzeit: *50 Minuten*

Für den Rührteig:
100 g Butter
120 g Kristallzucker
4 Eidotter
abgeriebene Schale von 1 unbehandelten Orange
1 TL gemahlener Zimt
1/2 TL gemahlener Ingwer
1 Msp geriebene Muskatnuß
1 Msp Pimentpulver
2 cl Orangenlikör
80 g gemahlene Haselnüsse
4 Eiklar
1 EL Kakao
150 g Mehl
50 g Stärkemehl
1 TL Backpulver
Außerdem:
Fett für die Form
Staubzucker zum Bestäuben

◆ Das Backrohr auf 170° C vorheizen. Weiche Butter und 100 g Kristallzucker mit den Schneebesen eines Handrührgerätes oder einer Küchenmaschine cremig rühren. Nach und nach die Eidotter, die Orangenschale, die Gewürze und den Likör hinzufügen und zu einer dickschaumigen Creme schlagen.

◆ Die Haselnüsse in einer Pfanne trocken goldbraun rösten und überkühlen lassen. Die Eiklar steif schlagen und dabei den restlichen Kristallzucker einrieseln lassen. So lange weiterschlagen, bis der Schnee schnittfest und glänzend ist. Ein Drittel des Schnees auf die Schaummasse häufen. 50 g Haselnüsse, Kakao, Mehl, Stärkemehl und Backpulver darübersieben und alles gleichmäßig miteinander verrühren. Den restlichen Schnee locker unter die Teigmasse ziehen.

◆ Eine Kastenform von etwa 24 cm Länge ausfetten und mit den restlichen geriebenen Haselnüssen ausstreuen. Den Teig einfüllen, die Oberfläche glattstreichen und den Kuchen auf der unteren Schiene des heißen Backrohrs ca. 50 Minuten backen

◆ Auf ein Kuchengitter stürzen und überkühlen lassen, dann mit Staubzucker bestäuben.

Tips und Tricks:

Versuchen Sie auch einmal, anstelle der angegebenen Gewürze ein Päckchen fertige Lebkuchengewürzmischung unter den Teig zu rühren!

Gewürzkuchen hält sich lange und schmeckt von Tag zu Tag aromatischer!

Anisbrot

Für 12 Stücke
Zubereitungszeit: *15 Minuten*
Backzeit: *50 Minuten*

Für den Rührteig:
370 g Butter
ausgekratztes Mark von 1 Vanilleschote
abgeriebene Schale von 1 unbehandelten Zitrone
370 g Staubzucker
6 Eier
25 g gemahlener Anis
420 g Mehl
Außerdem:
Fett für die Form
150 g Staubzucker
Saft von 1/2 Zitrone
etwas Wasser
25 g gehackte Pistazien

◆ Das Backrohr auf 180° C vorheizen. Weiche Butter, Vanillemark, Zitronenschale und Staubzukker mit den Schneebesen eines Handrührgerätes oder einer Küchenmaschine cremig rühren. Nach und nach die Eier dazugeben und zum Schluß das mit Anis vermischte Mehl unterrühren.

◆ Eine Rehrückenform gut ausfetten und die Masse einfüllen. Die Oberfläche glattstreichen und den Kuchen auf der mittleren Schiene des heißen Backrohrs ca. 50 Minuten backen.

◆ Auf einem Kuchengitter überkühlen lassen. Staubzucker mit Zitronensaft und so viel Wasser als nötig zu einer glatten Glasur verrühren und das Anisbrot damit überziehen. Der Länge nach in die Mitte die Pistazien streuen. Den Kuchen vor dem Anschneiden einige Stunden durchziehen lassen.

Tips und Tricks:

Anis, das ist der Samen einer im Mittelmeerraum vorkommenden einjährigen Pflanze. Das Aroma ist süßlich würzig und kommt am besten zur Geltung, wenn man die Samen frisch mahlt oder in einem Mörser zerstößt. Wenn Sie gemahlenen Anis verwenden, achten Sie darauf, daß das Gewürz nicht schon zu alt ist.

Rotweinkuchen

Für 12 Stücke
Zubereitungszeit: *20 Minuten*
Backzeit: *1 Stunde*

Für den Rührteig:
200 g Butter
200 g Kristallzucker
2 EL Vanillezucker
4 Eier
1 EL gemahlener Zimt
3 EL Kakao
100 g Schokoladenstreusel
1/8 l kräftiger Rotwein
250 g Mehl (am besten griffiges Mehl)
1 Päckchen Backpulver
Außerdem:
Fett und Brösel für die Form
150 g Staubzucker
3 - 4 EL Rotwein

◆ Das Backrohr auf 180° C vorheizen. Die weiche Butter mit Kristall- und Vanillezucker mit den Schneebesen eines Handrührgerätes oder einer Küchenmaschine cremig rühren und nach und nach Eier, Zimt, Kakao und Schokoladenstreusel hinzufügen. Zu einer dickschaumigen Masse schlagen und zum Schluß abwechselnd den Rotwein mit dem Mehl-Backpulver-Gemisch unterrühren.

◆ Die Masse in eine gefettete und mit Bröseln ausgestreute Gugelhupfform füllen und auf der unteren Schiene des heißen Backrohrs ca. 1 Stunde backen.

◆ Den Kuchen auf ein Kuchengitter stürzen und überkühlen lassen. Staubzucker mit so viel Rotwein anrühren, daß eine glatte, glänzende Glasur entsteht. Den Kuchen damit überziehen.

Tips und Tricks:

Es muß kein sehr teurer, alter Bordeaux-Wein sein, den Sie unter den Teig rühren, aber ein gehaltvoller, nicht allzu trockener Rotwein sollte es schon sein. Je besser der Wein, um so schmackhafter der Kuchen.

Der Kuchen ist, wird er nicht sofort aufgegessen, lange haltbar.

Mokkakuchen

Für 12 Stücke
Zubereitungszeit: *20 Minuten*
Backzeit: *1 Stunde*

Für den Rührteig:
250 g Butter
250 g Staubzucker
ausgekratztes Mark von 1 Vanilleschote
5 Eidotter
150 g Mehl
1 Päckchen Backpulver
80 g Kakao
80 geriebene Mandeln
1/4 l starker Mokka
5 Eiklar
50 g Kristallzucker
Außerdem:
Fett und Brösel für die Form
100 g dunkle Kuvertüre

◆ Das Backrohr auf 170° C vorheizen. Weiche Butter, Staubzucker und Vanillemark mit den Schneebesen eines Handrührgerätes oder einer Küchenmaschine cremig rühren. Nach und nach die Eidotter dazugeben und zu einer dickschaumigen Creme aufschlagen. Mehl, Backpulver, Kakao und Mandeln vermischen und abwechselnd mit dem Kaffee unter die Schaummasse rühren.

◆ Eiklar steif schlagen, dabei den Kristallzucker einrieseln lassen und so lange weiterschlagen, bis der Schnee schnittfest und glänzend ist. Ein Drittel des Schnees unter den Teig rühren, den Rest locker und gleichmäßig unterheben. Die Masse in eine gut gefettete und mit Bröseln ausgestreute Gugelhupfform geben und auf der unteren Schiene des heißen Backrohrs etwa 1 Stunde backen.

◆ Die Kuvertüre im Wasserbad schmelzen lassen und den Kuchen damit überziehen.

Tips und Tricks:

Rührteige gelingen am besten, wenn alle Zutaten Zimmertemperatur haben, da sie sich so besser miteinander verbinden. Stellen Sie deshalb alle benötigten Zutaten rechtzeitig bereit!

Baumkuchen

Für 12 Stücke
Zubereitungszeit: *30 Minuten*
Backzeit: *1 Stunde*

Für den Rührteig:
400 g Butter
350 g Kristallzucker
8 Eidotter
4 cl Marillenschnaps
100 g geschälte, geriebene Mandeln
200 g Mehl
100 g Stärkemehl
8 Eiklar
Außerdem:
Fett für die Form
200 g Staubzucker
2 - 3 EL Marillenschnaps
etwas Wasser
einige getrocknete Marillen
einige Pistazienkerne

◆ Das Backrohr auf 220° C vorheizen. Weiche Butter und Kristallzucker mit den Schneebesen eines Handrührgerätes oder einer Küchenmaschine cremig rühren. Nach und nach die Eidotter und den Schnaps dazugeben und zu einer dickschaumigen Creme aufschlagen. Mandeln, Mehl und Stärkemehl vermischen und unter die Schaummasse rühren.

◆ Eiklar steif schlagen und ein Drittel des Schnees unter den Teig rühren, den Rest locker und gleichmäßig unterziehen.

◆ Eine Springform von 22 cm Durchmesser gut ausfetten und eine etwa 1/2 cm dicke Teigschicht auf den Boden streichen. Im heißen Backofen auf der mittleren Schiene goldbraun backen. Herausnehmen und eine weitere dünne Teigschicht auf der gebackenen Schicht mit einem Eßlöffelrücken oder mit einer Palette verteilen. Die Form auf die obere Schiene des Backofens stellen und entweder auf Oberhitze schalten oder zwei Backbleche unter die Form schieben. Sobald die Teigschicht wieder goldbraun gebacken ist, erneut eine dünne Teigschicht darübergeben und so fortfahren, bis der Teig verbraucht ist. Es sollen mindestens 15 Schichten entstehen.

◆ Den fertigen Baumkuchen auf einem Kuchengitter überkühlen lassen. Staubzucker mit Marillenschnaps und so viel Wasser verrühren, daß eine glatte und glänzende Glasur entsteht. Den Kuchen damit überziehen. Die getrockneten Marillen in schmale Schnitze schneiden und rundherum mit den Pistazienkernen auf dem Kuchen hübsch anordnen.

Tips und Tricks:

Den Baumkuchen vor dem Anschneiden am besten einen Tag ruhen lassen – er wird dann noch saftiger!

Venezianische Weihnachtstorte

Ribiseltorte

Nußkuchen

Für 12 Stücke
Zubereitungszeit: *30 Minuten*
Backzeit *1 Stunde*

Für den Rührteig:

250 g Haselnüsse
250 g Butter
180 g Kristallzucker
2 cl Nuß- oder Mandellikör
5 Eidotter
150 g Mehl
80 g Semmelbrösel
1 TL Backpulver
5 Eiklar

Außerdem:

Fett und Brösel für die Form
1/2 Glas Marillenmarmelade
150 g Staubzucker
2 - 3 EL Marillenschnaps
24 schöne Haselnüsse

◆ Das Backrohr auf 220° C vorheizen. Die Haselnüsse auf einem Backblech verteilen und so lange im heißen Backofen rösten lassen, bis sich die braune Haut entfernen läßt. Herausnehmen, überkühlen lassen und abrubbeln.

◆ Das Backrohr auf 170° C zurückschalten. 150 g der Nüsse fein reiben, den Rest grob hacken.

◆ Weiche Butter, 150 g Kristallzucker und den Likör mit den Schneebesen eines Handrührgerätes oder einer Küchenmaschine cremig rühren. Nach und nach die Eidotter dazugeben und zu einer dickschaumigen Creme aufschlagen. Mehl, Brösel und Backpulver vermischen und unterrühren. Die Eiklar steif schlagen und dabei den restlichen Kristallzucker einrieseln lassen. So lange weiterschlagen, bis der Schnee schnittfest und glänzend ist. Ein Drittel davon mit den geriebenen und gehackten Nüssen unter den Teig rühren, den Rest locker und gleichmäßig unterziehen.

◆ Eine Kastenform von ca. 24 cm Länge gut ausfetten und mit Bröseln ausstreuen. Die Nußmasse einfüllen, und auf der unteren Schiene des heißen Backrohrs gut eine Stunde backen.

◆ Den fertigen Kuchen auf ein Kuchengitter stürzen und überkühlen lassen. Marillenmarmelade erhitzen und den Kuchen damit rundherum bestreichen. Staubzucker mit Marillenschnaps und so viel Wasser verrühren, daß eine glänzende Glasur entsteht. Den Kuchen damit bestreichen und der Länge nach auf beiden Seiten mit Haselnüssen verzieren.

Tips und Tricks:

Möglichst Nüsse immer im ganzen kaufen und selber reiben. Fertig geriebene Nüsse verlieren sehr rasch ihr feines Aroma!

Durch das Rösten bekommen die Haselnüsse zusätzlich einen feinen Karamelgeschmack!

Rehrücken

Für 12 Stücke
Zubereitungszeit: *30 Minuten*
Backzeit: *50 Minuten*

Für den Rührteig:	
100 g Butter	
40 g Staubzucker	
90 g Zartbitter-Schokolade	
6 Eidotter	
6 Eiklar	
60 g Kristallzucker	
170 g geriebene Mandeln	
70 g geriebene Biskuitbrösel	
Außerdem:	
Fett und etwas Mehl für die Form	
1 Glas Ribiselmarmelade	
40 g Mandelstifte	
Für die Glasur:	
100 g Zartbitter-Schokolade	
100 g Butter	

◆ Das Backrohr auf 170° C vorheizen. Weiche Butter mit Staubzucker cremig rühren. Die Schokolade in kleine Stückchen brechen und im Wasserbad schmelzen lassen. Die flüssige Schokolade mit den Eidottern nach und nach zu der Buttercreme geben und zu einer dickschaumigen Creme aufschlagen.

◆ Die Eiklar steif schlagen und dabei den Kristallzucker einrieseln lassen. So lange weiterschlagen, bis der Schnee schnittfest und glänzend ist. Ein Drittel davon mit den geriebenen Mandeln und den Biskuitbröseln unter die Schaummasse rühren. Den restlichen Schnee locker und gleichmäßig unterziehen.

◆ Eine Rehrückenform gut ausfetten und mit Mehl ausstäuben. Die Teigmasse einfüllen und die Oberfläche glattstreichen. Auf der mittleren Schiene des heißen Backrohrs ca. 50 Minuten backen.

◆ Den fertigen Kuchen auf ein Kuchengitter stürzen und überkühlen lassen. Anschließend zweimal quer durchschneiden, mit der Ribiselmarmelade füllen und zusammensetzen. Den Kuchen rundherum mit der Marmelade bestreichen. Mit den Mandelstiften der Länge nach in gleichmäßigen Reihen spicken.

◆ Die Schokolade in kleine Stücke brechen und im Wasserbad schmelzen lassen. Die Butter nach und nach in kleinen Stückchen unterschlagen. Glattrühren und den Rehrücken mitsamt den Mandelstiften damit überziehen.

Tips und Tricks:

Rehrücken wird immer mit vanillegewürztem Schlagobers serviert!

Gerührte Linzer-Torte

Für 12 Stücke
Zubereitungszeit: *30 Minuten*
Backzeit: *1 Stunde*

Für den Rührteig:
200 g Butter
200 g Staubzucker
3 Eier
Saft und Schale von 1/2 unbehandelten Zitrone
1 Prise Nelkenpulver
1 TL gemahlener Zimt
130 g geriebene Mandeln
200 g Mehl
1 Päckchen Backpulver
Außerdem:
Fett für die Form
1 große Oblate oder einige kleine Oblaten
150 g Himbeermarmelade
1 Eidotter
2 EL Obers
40 g gestiftelte Mandeln
Staubzucker zum Bestäuben

◆ Das Backrohr auf 170° C vorheizen. Weiche Butter und Staubzucker mit den Schneebesen eines Handrührgerätes oder einer Küchenmaschine cremig rühren. Nach und nach die Eier, Zitronensaft und -schale sowie die Gewürze dazugeben und zu einer dickschaumigen Masse aufschlagen. Mandeln, Mehl und Backpulver vermischen und unterrühren.

◆ Zwei Drittel der Masse in eine gefettete Springform von 26 cm Durchmesser füllen. Die Oberfläche glattstreichen und mit einer Oblate belegen. Die Himbeermarmelade gleichmäßig darauf verteilen. Die restliche Masse in einen Spritzbeutel mit glatter Tülle füllen und als Gitter auf die Marmelade spritzen. Rundherum einen Rand spritzen. Eidotter und Obers verquirlen und den Rand sowie das Teiggitter damit bestreichen. Die Mandeln in den Zwischenräumen verteilen und den Kuchen auf der unteren Schiene des heißen Backrohrs etwa 1 Stunde backen.

◆ In der Form ein wenig überkühlen lassen, dann auf dem Kuchengitter völlig erkalten lassen und mit Staubzucker bestäuben.

Tips und Tricks:

Die Original Linzer Torte aus Mürbteig finden Sie auf Seite 241. Mit Rührteig zubereitet wird die berühmte österreichische Mehlspeise aber immer beliebter, weil sie nicht ganz so üppig ist.

Schokoladenkuchen

Für 12 Stücke
Zubereitungszeit: *30 Minuten*
Backzeit: *45 Minuten*

Für den Rührteig:
150 g Zartbitter-Schokolade
150 g geriebene Haselnüsse
125 g Butter
125 g Kristallzucker
4 cl Cognac oder Weinbrand
6 Eidotter
6 Eiklar
100 g Biskuitbrösel
Außerdem:
Fett und geriebene Haselnüsse für die Form
1/2 Glas Orangenmarmelade
100 g dunkle Kuvertüre

◆ 100 g Zartbitter-Schokolade in Stückchen brechen und im Wasserbad schmelzen lassen. Die restliche Schokolade hacken. Die Haselnüsse in einer Pfanne trocken rösten, dann überkühlen lassen. Das Backrohr auf 170° C vorheizen.

◆ Weiche Butter, 100 g Kristallzucker und Cognac oder Weinbrand mit den Schneebesen eines Handrührgerätes oder einer Küchenmaschine cremig rühren. Nach und nach die Eidotter dazugeben und zu einer dickschaumigen Masse aufschlagen.

◆ Die Eiklar steif schlagen, dabei den restlichen Kristallzucker einrieseln lassen und so lange weiterschlagen, bis der Schnee schnittfest und glänzend ist. Ein Drittel davon mit Biskuitbröseln und Haselnüssen unterrühren und den restlichen Schnee locker und gleichmäßig unterziehen.

◆ Eine Kasten- oder Gugelhupfform ausfetten und mit Nüssen ausstreuen. Die Teigmasse einfüllen und die Oberfläche glattstreichen. Auf der unteren Schiene des heißen Backofens knapp eine Stunde backen.

◆ Den fertigen Kuchen auf ein Kuchengitter stürzen und überkühlen lassen. Orangenmarmelade erhitzen und den Kuchen damit bestreichen. Die Kuvertüre im Wasserbad schmelzen lassen und den Schokoladenkuchen damit überziehen.

Tips und Tricks:

Man kann die Schokoladenmasse auch in einer Springform backen und anschließend mit Schlagobers füllen und garnieren.

Wer keine Biskuitbrösel zur Hand hat, nimmt statt dessen Semmelbrösel oder fein geriebenen Zwieback.

Tiroler Mohnkranz

Für 12 Stücke
Zubereitungszeit: *25 Minuten*
Backzeit: *50 Minuten*

Für den Rührteig:
100 g Rosinen
4 cl Rum
200 g Butter
220 g Kristallzucker
abgeriebene Schale von 1/2 unbehandelten Zitrone
7 Eidotter
7 Eiklar
250 frisch gemahlener Mohn
200 g geriebene Walnüsse
30 g Mehl
1/2 TL Backpulver
Außerdem:
Fett und Brösel für die Form
Staubzucker und 1 EL Vanillezucker zum
Bestäuben

◆ Das Backrohr auf 170° C vorheizen. Rosinen in Rum einweichen und 10 Minuten marinieren.

◆ Weiche Butter, 200 g Kristallzucker und die abgeriebene Schale von 1/2 Zitrone cremig rühren. Nach und nach die Eidotter dazugeben und zu einer dickschaumigen Masse aufschlagen.

◆ Eiklar steif schlagen, dabei den restlichen Zucker einrieseln lassen und so lange weiterschlagen, bis der Schnee schnittfest und glänzend ist. Ein Drittel davon mit dem gemahlenen Mohn, den geriebenen Walnüssen, Mehl und Backpulver unterrühren. Den restlichen Schnee locker und gleichmäßig unterziehen.

◆ Eine Kranzform gut ausfetten und mit Bröseln ausstreuen. Die Mohnmasse einfüllen und die Oberfläche glattstreichen. Auf der unteren Schiene des heißen Backrohrs etwa 50 Minuten backen.

◆ Den fertigen Kuchen auf ein Kuchengitter stürzen und überkühlen lassen. Staubzucker und Vanillezucker vermischen und den Kuchen damit dick bestäuben.

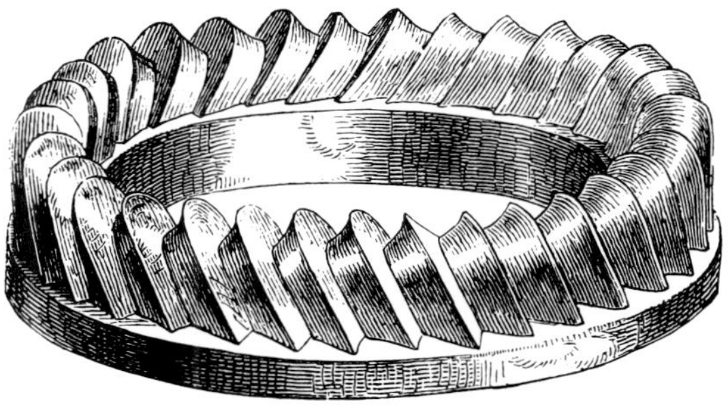

Kirsch-Streuselkuchen

Für 1 Backblech
Zubereitungszeit: *40 Minuten*
Backzeit: *35 Minuten*

Für den Rührteig:
150 g Butter
150 g Kristallzucker
1 Prise Salz
ausgekratztes Mark von 1 Vanilleschote
abgeriebene Schale von 1/2 unbehandelten Zitrone
4 Eier
2 Eidotter
3 gestrichene TL Backpulver
250 g Mehl
Für den Belag:
1 kg süße Kirschen
180 g Mehl
120 g Kristallzucker
1/2 TL gemahlener Zimt
120 g Butter
Außerdem:
Fett für das Blech

◆ Das Backrohr auf 200° C vorheizen. Weiche Butter, Kristallzucker, Salz, Vanillemark und Zitronenschale mit den Schneebesen eines Handrührgerätes oder einer Küchenmaschine cremig rühren. Nach und nach die Eier, dann die Eidotter dazugeben und zu einer dickschaumigen Masse schlagen. Zum Schluß löffelweise das mit Backpulver vermischte Mehl unterrühren und die Masse auf ein gefettetes Backblech streichen.

◆ Die Kirschen entsteinen und gleichmäßig darauf verteilen.

◆ Für die Streusel Mehl, Kristallzucker, Zimt und die in kleine Stücke geschnittene Butter mit den Händen zerbröseln. Die entstandenen Streusel über den Kirschen verteilen und den Kuchen auf der mittleren Schiene des heißen Backrohrs in 30 - 35 Minuten goldbraun und knusprig backen.

◆ Auf dem Blech abkühlen lassen, dann in Stücke schneiden und möglichst frisch verzehren.

Tips und Tricks:

Das Mehl rasch untermischen, auf keinen Fall zu lange rühren! Durch zu langes Rühren entwickelt sich der Kleberanteil im Mehl zu stark und macht den Teig klebrig.

Ananasschnitten

Für 1 Backblech
Zubereitungszeit: *20 Minuten*
Backzeit: *30 Minuten*

Für den Rührteig:
400 g Butter
400 g Staubzucker
8 Eier
4 cl Kokoslikör
4 EL Obers
300 g frische Kokosflocken
2 TL Backpulver
300 g Mehl
Für den Belag:
1 frische Ananas oder 1 große Dose Ananasstücke
Außerdem:
Fett für das Blech

◆ Das Backrohr auf 200° C vorheizen. Weiche Butter und Staubzucker mit den Schneebesen eines Handrührgerätes oder einer Küchenmaschine cremig rühren. Nach und nach die Eier, den Likör und das Obers dazugeben und zu einer dickschaumigen Masse aufschlagen. 200 g Kokosflocken und das mit Backpulver vermischte Mehl unterrühren und die Masse auf ein gefettetes Backblech streichen.

◆ Die Ananas dick schälen, halbieren und den mittleren harten Kern herauslösen. Das Fruchtfleisch in kleine Stücke schneiden und auf dem Teig gleichmäßig verteilen, dabei ein wenig in den Teig drücken. Dosenananas gut auf einem Sieb abtropfen lassen.

◆ Den Kuchen mit den restlichen Kokosflocken bestreuen und auf der mittleren Schiene des heißen Backrohrs ca. 30 Minuten backen.

◆ Auf dem Blech überkühlen lassen, dann in rechteckige Stücke schneiden.

Tips und Tricks:

Das Aroma einer frischen Ananas ist mit Konservenfrüchten nicht zu vergleichen. Daher, wenn irgendwie möglich, den Kuchen mit frischer Ananas zubereiten!

Innviertler Apfelkuchen

Für 12 Stücke
Zubereitungszeit: *35 Minuten*
Backzeit: *1 Stunde*

Für die Fülle:
500 g aromatische Äpfel
50 g Butter
50 g Kristallzucker
Saft und Schale von 1/2 unbehandelten Zitrone
80 g gehackte Mandeln
Für den Rührteig:
150 g Butter
150 g Kristallzucker
ausgekratztes Mark von 1 Vanilleschote
abgeriebene Schale von 1 unbehandelten Zitrone
3 Eier
125 g zarte Haferflocken
50 g Mehl
1 gehäufter TL Backpulver
Außerdem:
Fett und 1 Handvoll kernige Haferflocken

◆ Die Äpfel schälen, halbieren und entkernen. Die Hälften der Länge nach in Schnitze schneiden. Butter und Kristallzucker in einem Topf karamelisieren lassen, die Äpfel mit Zitronensaft und -schale hineingeben und bei schwacher Hitze weich dünsten. Nach dem Erkalten mit den Mandeln vermischen. Das Backrohr auf 190° C vorheizen.

◆ Weiche Butter, Kristallzucker, Vanillemark und Zitronenschale mit den Schneebesen eines Handrührgerätes oder einer Küchenmaschine cremig rühren. Nach und nach die Eier dazugeben und zu einer dickschaumigen Masse schlagen. Haferflocken, Mehl und Backpulver vermischen und unter die Schaummasse rühren.

◆ Zwei Drittel des Teiges in eine gefettete und mit Haferflocken ausgestreute Springform von 24 cm verteilen. Die Oberfläche glattstreichen und mit der Apfelmischung belegen. Den restlichen Teig mit einem Teelöffel in kleinen Häufchen darauf verteilen. Auf der unteren Schiene des heißen Backrohrs etwa 1 Stunde backen.

◆ In der Form ein wenig überkühlen lassen, dann herauslösen und auf einem Kuchengitter erkalten lassen.

Tips und Tricks:

Frisch gebacken,
am besten noch lauwarm,
mit calvadosparfümiertem Obers
schmeckt der saftige
Apfelkuchen am allerbesten!

Apfelkranz

Für 12 Stücke
Zubereitungszeit: *25 Minuten*
Backzeit: *50 Minuten*

Für den Rührteig:
500 g aromatische Äpfel
Saft von 1 Zitrone
200 g Butter
200 g Kristallzucker
5 Eidotter
1/2 Päckchen Backpulver
200 g Mehl
50 gehackte Haselnüsse
50 g geriebene Zartbitter-Schokolade
1 TL gemahlener Zimt
5 Eiklar
Außerdem:
Fett und Brösel für die Form
100 g Haselnußkuvertüre

◆ Die Äpfel schälen, halbieren und entkernen. Auf der groben Seite einer Rohkostreibe reiben und sofort mit Zitronensaft vermischen.

◆ Das Backrohr auf 190° C vorheizen. Weiche Butter und 180 g Kristallzucker mit den Schneebesen eines Handrührgerätes oder einer Küchenmaschine cremig rühren. Nach und nach die Eidotter dazugeben und zu einer dickschaumigen Masse schlagen. Das mit Backpulver vermischte Mehl, die gehackten Nüsse, die geriebene Schokolade, Zimt und die geriebenen Äpfel löffelweise unter die Schaummasse rühren.

◆ Eiklar steif schlagen, dabei den restlichen Zucker einlaufen lassen und so lange weiterschlagen, bis der Schnee schnittfest und glänzend ist, dann locker und gleichmäßig unter die Teigmasse heben.

◆ Eine Kranzform gut ausfetten und mit Bröseln ausstreuen. Den Teig einfüllen und auf der mittleren Schiene des heißen Backofens etwa 50 Minuten baccken. In der Form ein wenig überkühlen lassen, dann auf ein Kuchengitter stürzen und völlig erkalten lassen.

◆ Die Kuvertüre in kleine Stücke teilen und im Wasserbad schmelzen lassen. Gut durchrühren und den Kranz damit überziehen.

Feiner Kartoffelkuchen

Für 12 Stücke
Zubereitungszeit: *25 Minuten*
Backzeit: *1 Stunde*

Für den Rührteig:

- 250 g am Vortag gekochte Kartoffeln
- 50 g Rosinen
- 4 cl Rum
- 100 g Butter
- 160 g Kristallzucker
- 1 Prise Salz
- ausgekratztes Mark von 1 Vanilleschote
- abgeriebene Schale von 1/2 unbehandelten Zitrone
- 6 Eidotter
- 50 g fein geschnittenes Zitronat
- 100 g geschälte, geriebene Mandeln
- 6 Eiklar

Außerdem:

- Fett und Brösel für die Form
- Staubzucker zum Bestäuben

◆ Die Kartoffeln schälen und fein reiben. Die Rosinen mit Rum begießen und mindestens 10 Minuten einweichen.

◆ Das Backrohr auf 180° C vorheizen. Weiche Butter, 130 g Kristallzucker, Salz, Vanillemark und Zitronenschale mit den Schneebesen eines Handrührgerätes oder einer Küchenmaschine cremig rühren. Nach und nach die Eidotter dazugeben und dickschaumig schlagen. Zitronat, Mandeln, die geriebenen Kartoffeln und die Rosinen samt Einweichflüssigkeit unter die Schaummasse rühren. Eiklar steif schlagen, dabei den restlichen Kristallzucker einrieseln lassen und so lange weiterschlagen, bis der Schnee schnittfest und glänzend ist. Den Schnee locker und gleichmäßig unter den Teig ziehen.

◆ Die Masse in eine gefettete und mit Bröseln ausgestreute Springform von 24 cm Durchmesser füllen, die Oberfläche glattstreichen und im heißen Backrohr auf der mittleren Schiene 1 Stunde backen.

◆ Auf einem Kuchengitter erkalten lassen. Aus Papier eine Schablone schneiden, auf den Kuchen legen und mit Staubzucker bestäuben. Die Schablone vorsichtig wieder abnehmen.

Tips und Tricks:

Nehmen Sie für den Kuchen unbedingt eine mehligkochende Kartoffelsorte, bei festkochenden Kartoffeln wird der Kuchen leicht glitschig!

Bananengugelhupf

Für 12 Stücke
Zubereitungszeit: *25 Minuten*
Backzeit: *50 Minuten*

Für den Rührteig:

- 3 mittelgroße reife Bananen
- 5 - 6 EL Rahm
- 120 g brauner Zucker
- 1 Prise Salz
- abgeriebene Schale und Saft von 1 unbehandelten Zitrone
- 100 g Butter
- 120 g Staubzucker
- ausgekratztes Mark von 1 Vanilleschote
- 4 Eier
- 250 g Mehl
- 50 g Kokosflocken
- 2 TL Backpulver

Außerdem:

- Fett und Kokosflocken für die Form
- 150 g Staubzucker
- 2 - 3 EL Zitronensaft
- etwas Wasser
- 2 - 3 EL geröstete Mandelblättchen
- 50 g Kuvertüre

◆ Das Backrohr auf 170° C vorheizen. Die Bananen mit Rahm, braunem Zucker, Salz und Zitronensaft und -schale im Mixer kurz pürieren.

◆ Weiche Butter, Staubzucker und Vanillemark mit den Schneebesen eines Handrührgerätes oder einer Küchenmaschine cremig rühren. Nach und nach die Eier dazugeben und zu einer dickschaumigen Masse schlagen. Mehl, Kokosflocken und Backpulver vermischen und abwechselnd mit dem Bananenmus löffelweise unterrühren.

◆ Den Teig in eine gut gefettete und mit Kokosflocken ausgestreute Gugelhupfform füllen, die Oberfläche glattstreichen und im heißen Backrohr auf der unteren Schiene 45 - 50 Minuten backen.

◆ Den Gugelhupf auf ein Kuchengitter stürzen und überkühlen lassen. Staubzucker mit Zitronensaft und so viel Wasser verrühren, daß eine glatte Glasur entsteht. Den Kuchen damit überziehen und den unteren Rand mit Mandelblättchen bestreuen. Die Kuvertüre im Wasserbad schmelzen lassen und mit einem Löffel fadenartig den Gugelhupf begießen.

Tips und Tricks:

Ein Kuchen, den Kinder ganz besonders lieben!

Überziehen Sie den Kuchen zur Abwechslung mal dick mit Kuvertüre, und verzieren Sie ihn mit getrockneten Bananenscheiben.

Mandel-Kirsch-Kuchen

Für 12 Stücke
Zubereitungszeit: *30 Minuten*
Backzeit: *1 Stunde*

Für den Rührteig:
180 g Butter
180 g Kristallzucker
Saft und Schale von 1/2 unbehandelten Zitrone
3 Eidotter
3 Eiklar
60 g Stärkemehl
180 g Mehl
1 TL Backpulver
150 g geriebene Mandeln
Außerdem:
Fett und Brösel für die Form
750 g süße Kirschen
Staubzucker zum Bestäuben

◆ Das Backrohr auf 160° C vorheizen. Weiche Butter, 160 g Kristallzucker, Zitronensaft und -schale mit den Schneebesen eines Handrührgerätes oder einer Küchenmaschine cremig rühren. Nach und nach die Eidotter dazugeben und zu einer dickschaumigen Masse schlagen. Die Eiklar steif schlagen, dabei den restlichen Kristallzucker einrieseln lassen und so lange weiterschlagen, bis der Schnee schnittfest und glänzend ist. Ein Drittel davon mit dem Stärkemehl, Mehl, Backpulver und Mandeln unter die Schaummasse rühren, den restlichen Schnee locker und gleichmäßig unterheben.

◆ Den Teig in eine gefettete und mit Bröseln ausgestreute Springform von 26 cm Durchmesser füllen Die Kirschen entsteinen und gleichmäßig auf dem Teig verteilen. Auf der mittleren Schiene des heißen Backrohrs etwa 1 Stunde backen.

◆ Den Kuchen auf einem Kuchengitter überkühlen lassen und mit Staubzucker bestäuben.

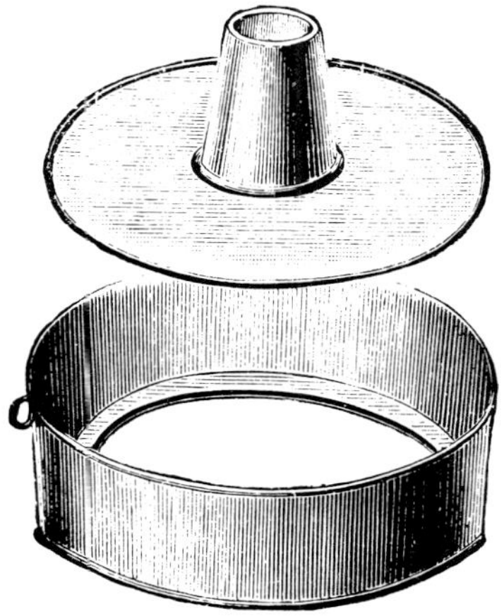

Tips und Tricks:

Fruchtige Rührteigkuchen gelingen am besten, wenn der Teig etwas stabiler ist, das heißt, etwas mehr Mehl oder Stärkemehl enthält, damit der natürliche Fruchtsaft den Kuchen nicht zu matschig macht.
Zur Unterstützung der Lockerheit ist die Zugabe von etwas Backpulver empfehlenswert.

Wachauer Marillenkuchen

Für 12 Stücke
Zubereitungszeit: *20 Minuten*
Backzeit: *50 Minuten*

Für den Rührteig:
250 g Butter
150 g Staubzucker
abgeriebene Schale von 1 unbehandelten Zitrone
ausgekratztes Mark von 1 Vanilleschote
5 Eidotter
5 Eiklar
100 g Kristallzucker
250 g Mehl
Außerdem:
Fett und Brösel für die Form
500 g Marillen
Staubzucker zum Bestäuben
1 EL Vanillezucker

◆ Das Backrohr auf 180° C vorheizen. Weiche Butter, Staubzucker, Zitronenschale und Vanillemark mit den Schneebesen eines Handrührgerätes cremig rühren. Nach und nach die Eidotter dazugeben und zu einer dickschaumigen Masse schlagen. Eiklar steif schlagen, dabei den Kristallzucker einrieseln lassen und so lange weiterschlagen, bis der Schnee schnittfest und glänzend ist. Ein Drittel davon mit dem Mehl unterrühren, den restlichen Schnee locker und gleichmäßig unterziehen.

◆ Den Teig in eine gefettete und mit Bröseln ausgestreute Springform von 26 cm Durchmesser füllen, die Oberfläche glattstreichen und die Marillenhälften mit der Schnittfläche nach unten in den Teig drücken.

◆ Auf der mittleren Schiene des heißen Backrohrs 45 - 50 Minuten backen. Auf einem Kuchengitter überkühlen lassen, dann dick mit Staubzucker bestäuben und möglichst frisch gebacken genießen.

Tips und Tricks:

Außerhalb der Marillenzeit belegt man den Kuchen mit Zwetschkenhälften, Apfelspalten oder Kirschen.

Wenn keine Kinder mitessen, beträufeln Sie den Kuchen nach dem Backen einmal mit etwas Marillenlikör !

Orangenkuchen

Für 12 Stücke
Zubereitungszeit: *30 Minuten*
Backzeit: *40 Minuten*

Für den Rührteig:
150 g Butter
150 g Kristallzucker
abgeriebene Schale von 1 unbehandelten Orange
2 cl Orangenlikör
4 Eidotter
180 g Mehl
1 TL Backpulver
100 g geriebene Pistazien
150 g Vollmilchjoghurt
4 Eiklar
Außerdem:
Fett und Brösel für die Form
3 Orangen
Staubzucker zum Bestäuben

◆ Das Backrohr auf 200° C vorheizen. Weiche Butter, 120 g Kristallzucker, Orangenschale und -likör mit den Schneebesen eines Handrührgerätes oder einer Küchenmaschine cremig rühren. Nach und nach die Eidotter dazugeben und zu einer dickschaumigen Masse aufschlagen. Mehl, Backpulver und 80 g Pistazien vermischen und abwechselnd mit dem Joghurt unterrühren.

◆ Eiklar steif schlagen, dabei den restlichen Kristallzucker einrieseln lassen und so lange weiterschlagen, bis der Schnee schnittfest und glänzend ist. Ein Drittel davon unterrühren, den restlichen Schnee locker und gleichmäßig unterziehen.

◆ Eine Springform von 26 cm Durchmesser ausfetten, mit Bröseln ausstreuen und den Teig einfüllen.

◆ Die Orangen so dick schälen, daß die weiße Haut völlig entfernt ist. Dann die Fruchtfilets entlang der Trennhäute mit einem scharfen Messer herauslösen. Die Fruchtfilets sternförmig auf der glattgestrichenen Teigoberfläche verteilen und mit den restlichen Pistazien bestreuen. Auf der mittleren Schiene des heißen Backrohrs ca. 40 Minuten backen.

◆ In der Form etwas überkühlen lassen, dann auf einem Kuchengitter erkalten lassen und mit Staubzucker bestäuben.

Tips und Tricks:

Köstlich schmeckt der Kuchen auch, wenn man die Orangenfilets vorher etwa 30 Minuten in Orangenlikör mariniert.

Zitronenkuchen

Für 12 Stücke
Zubereitungszeit: *15 Minuten*
Backzeit: *50 Minuten*

Für den Rührteig:
250 g Butter
200 g Staubzucker
abgeriebene Schale von 2 unbehandelten Zitronen
5 Eidotter
5 Eiklar
50 g Kristallzucker
200 g Mehl
1 TL Backpulver
50 g Stärkemehl
Außerdem:
Fett und etwas Kristallzucker für die Form
Saft von 2 - 3 Zitronen
200 g Staubzucker

◆ Das Backrohr auf 170° C vorheizen. Weiche Butter, Staubzucker und Zitronenschale mit den Schneebesen eines Handrührgerätes oder einer Küchenmaschine cremig rühren. Nach und nach die Eidotter dazugeben und zu einer dickschaumigen Masse aufschlagen. Eiklar steif schlagen, dabei den Kristallzucker einrieseln lassen und so lange weiterschlagen, bis der Schnee schnittfest und glänzend ist. Mehl, Backpulver und Stärkemehl mit einem Drittel des Schnees unter den Teig rühren, den restlichen Schnee locker und gleichmäßig unterheben.

◆ Eine Kastenform von 24 cm Länge ausfetten und mit Kristallzucker ausstreuen. Die Zitronenmasse einfüllen und im heißen Backrohr auf der unteren Schiene knapp 1 Stunde backen.

◆ Den Kuchen in der Form etwas überkühlen lassen. Zitronen auspressen und 2 Eßlöffel Saft davon abnehmen. Den restlichen Saft mit 50 g Staubzucker verrühren. Mit einem Schaschlikspieß in den warmen Kuchen einstechen und in diese Öffnungen die Zitronensaft-Zucker-Mischung hineinträufeln. So fortfahren, bis der Kuchen durch und durch gut getränkt ist.

◆ Den restlichen Staubzucker mit dem zurückgelassenen Zitronensaft und so viel Wasser verrühren, daß eine glatte, glänzende Glasur entsteht. Den Kuchen damit überziehen.

Tips und Tricks:

Der saftige Zitronenkuchen schmeckt einen Tag nach dem Backen, also gut durchgezogen, am feinsten.

Wenn der Kuchen nicht auf einmal aufgegessen wird, verpacken Sie ihn gut in Alufolie, damit er nichts an Saftigkeit verliert!

Schokoladen-biskuitroulade
mit Bananencreme und Himbeeren

Für 12 Stücke
Zubereitungszeit: *45 Minuten*
Kühlzeit: *2 Stunden*
Backzeit: *12 Minuten*

Für den Biskuitteig:
60 g Mehl
40 g Kakao
4 Eiklar
2 EL Wasser
120 g Akazienhonig
4 Eidotter
Für die Fülle:
5 Blatt weiße Gelatine
1/4 l Obers
200 g Doppelrahm-Frischkäse (ersatzweise Topfen)
2 EL Akazienhonig
ausgekratztes Mark von 1 Vanilleschote
2 mittelgroße Bananen
250 g Himbeeren
Außerdem:
Backpapier für das Blech
200 ml Obers
50 g Schokolade
1 Banane

◆ Das Backrohr auf 200° C vorheizen. Mehl und Kakao vermischen. Eiklar mit Wasser steif schlagen, dabei den Honig langsam einlaufen lassen und so lange weiterschlagen, bis der Schnee schnittfest und glänzend ist.

◆ Die Eidotter nacheinander unterrühren und zum Schluß die Mehlmischung locker unterheben. Die Schaummasse gleichmäßig auf ein mit Backpapier ausgelegtes Backblech streichen und im heißen Backrohr auf der mittleren Schiene backen.

◆ Die gebackene Biskuitplatte auf ein großes ausgebreitetes Küchentuch stürzen und mit diesem aufrollen. Etwas überkühlen lassen, dann wieder auseinanderrollen und das Backpapier abziehen.

◆ Inzwischen die Gelatine in kaltem Wasser einweichen. Das Obers steif schlagen. Den Frischkäse bzw. Topfen mit Honig und Vanillemark verrühren. Die geschälten Bananen im Mixer kurz pürieren und das Mus unter die Creme rühren. Das Obers steif schlagen. Die Gelatineblätter gut ausdrücken, warm auflösen und erst mit etwas Schlagobers vermischen, dann gleichmäßig unter die cremige Masse rühren. Das restliche Schlagobers und zwei Drittel der geputzten Himbeeren unterziehen und die Masse auf der abgekühlten Biskuitplatte verteilen. Aufrollen und die Rolle mit Alufolie umhüllt für 2 Stunden in den Kühlschrank legen.

◆ Vor dem Servieren mit steif geschlagenem Obers bestreichen, die Schokolade darüberraspeln und mit Oberstupfen, Bananenscheiben und den zurückgelassenen Himbeeren hübsch verzieren.

Bananenschnitten

Für 12 Stücke
Zubereitungszeit: *20 Minuten*
Backzeit: *12 Minuten*

Für den Biskuitteig:
4 Eidotter
80 g Kristallzucker
2 EL Wasser
4 Eiklar
100 g Mehl
25 g Stärkemehl
2 EL flüssige Butter
Für die Fülle:
1/2 l Obers
2 EL Vanillezucker
4 möglichst gerade Bananen
Staubzucker zum Bestäuben
Schokoladenblätter
Außerdem:
Backpapier für das Backblech

◆ Das Backrohr auf 200° C vorheizen. Eidotter, 60 g Kristallzucker und Wasser mit den Schneebesen eines Handrührgerätes oder einer Küchenmaschine dickschaumig schlagen. Die Eiklar steif schlagen, dabei den restlichen Kristallzucker einrieseln lassen. So lange weiterschlagen, bis der Schnee schnittfest und glänzend ist. Ein Drittel davon auf die Schaummasse häufen, Mehl und Stärkemehl darübersieben und mit der flüssigen Butter rasch unterrühren. Den restlichen Schnee gleichmäßig unter den Teig heben.

◆ Die Schaummasse gleichmäßig auf ein mit Backpapier ausgelegtes Backblech streichen und im heißen Backrohr auf der mittleren Schiene 10 - 12 Minuten backen.

◆ Sofort auf ein ausgebreitetes Küchentuch stürzen und von beiden Längsseiten her zur Mitte hin einrollen. Überkühlen lassen.

◆ Das Obers steif schlagen, dabei den Vanillezukker einrieseln lassen. Die Teigplatte wieder auseinanderrollen und das Backpapier abziehen. Die Teigplatte mit zwei Drittel des Schlagobers bestreichen. Die Bananen schälen, notfalls ein wenig geradebiegen und hintereinander an beiden Längsseiten anordnen. Mit Hilfe des Tuches von beiden Seiten zur Mitte hin einrollen. Die Rolle dick mit Staubzucker bestäuben.

◆ Das restliche Schlagobers in einen Spritzbeutel füllen, in die entstandene Mittelspalte große Oberstupfen setzen und diese mit Schokoladenblättchen verzieren.

Tips und Tricks:

Ein sicheres Erkennungszeichen, wann die Biskuitplatte durchgebacken ist, aber dennoch so viel Elastizität hat, daß, man sie gut rollen kann:
Mit den Fingerkuppen gegen den gebackenen Teig drücken – bilden sich die entstandenen Dellen rasch wieder zurück, ist das Biskuit genau richtig.

Biskuitomeletten
mit Himbeerfülle

Für 8 Stück
Zubereitungszeit: *25 Minuten*
Backzeit: *8 Minuten*

Für den Biskuitteig:
2 Eiklar
60 g Kristallzucker
abgeriebene Schale von 1/2 unbehandelten Zitrone
2 Eidotter
80 g Mehl
20 g Stärkemehl
1 Msp Backpulver
Für die Fülle:
500 g Himbeeren
2 EL Vanillezucker
2 EL Himbeerschnaps
1 Blatt weiße Gelatine
1 Blatt rote Gelatine
400 ml Obers
Außerdem:
Backpapier für das Blech
Staubzucker zum Bestäuben

◆ Das Backrohr auf 200° C vorheizen. Eiklar mit den Schneebesen eines Handrührgerätes steif schlagen, dabei den Kristallzucker einrieseln lassen und so lange weiterschlagen, bis die Masse schnittfest und glänzend ist. Die Eidotter unterrühren. Mehl, Stärkemehl und Backpulver vermischen, auf die Schaummasse sieben und locker und gleichmäßig unterheben.

◆ Das Backblech mit Backpapier auslegen. Mit einem Eßlöffel 4 Teighäufchen auf das Blech setzen und mit dem Löffelrücken zu runden Scheiben auseinanderstreichen. Dabei einen ausreichenden Abstand lassen, da der Teig beim Backen auseinanderläuft. Im heißen Backrohr auf der mittleren Schiene in 6 - 8 Minuten hellgelb backen. Sofort mit einer Palette vom Papier nehmen und zur Hälfte hin einklappen. Den restlichen Teig auf die gleiche Weise backen.

◆ Für die Fülle die Himbeeren verlesen, mit Vanillezucker bestreuen und mit Himbeerschnaps beträufeln. Etwa 15 Minuten marinieren.

◆ Die Gelatineblätter in kaltem Wasser einweichen. Die Hälfte der Früchte im Mixer pürieren, dann durch ein Sieb streichen. Die Gelatine gut ausdrücken, warm auflösen und vorsichtig mit dem Himbeermark vermischen. In den Kühlschrank stellen, bis die Mischung zu gelieren beginnt.

◆ Das Obers steif schlagen und löffelweise das Himbeergelee dazugeben. Das Himbeerobers in einen Spritzbeutel füllen und die untere Hälfte der aufgeklappten Omeletten damit bespritzen. Mit den zurückgelassenen Himbeeren belegen und erneut mit Himbeerobers bespritzen. Auf diese Weise alle Omeletten füllen. Mit Staubzucker bestäuben und möglichst bald servieren.

Tips und Tricks:

Mit Walderdbeeren gefüllt sind die Omeletten ebenfalls delikat!

Apfelbiskuitrolle

Für 12 Stücke
Zubereitungszeit: *25 Minuten*
Backzeit: *12 Minuten*

Für den Biskuitteig:
4 Eidotter
2 EL Wasser
100 g Kristallzucker
1 großer Apfel
abgeriebene Schale und Saft von 1/2 unbehandelten Zitrone
4 Eiklar
100 g Mehl
30 g Stärkemehl
1 Msp Backpulver

Für die Fülle:
250 g leicht säuerliche Äpfel
1 EL Zitronensaft
2 EL Kristallzucker
1/4 l Obers

Außerdem:
Backpapier fürs Blech
Staubzucker zum Bestäuben

◆ Das Backrohr auf 200° C vorheizen. Eidotter, Wasser und 80 g Kristallzucker mit den Schneebesen eines Handrührgerätes oder einer Küchenmaschine dickschaumig schlagen. Den Apfel schälen, halbieren und entkernen. Fein reiben und mit Zitronenschale und -saft vermischt unter die Schaummasse rühren. Eiklar steif schlagen, dabei den restlichen Zucker einrieseln lassen und so lange weiterschlagen, bis der Schnee schnittfest und glänzend ist. Ein Drittel davon auf die Schaummasse häufen, Mehl, Stärkemehl und Backpulver darübersieben und gleichmäßig unterrühren. Den restlichen Schnee locker unterheben.

◆ Das Backblech mit Backpapier auslegen und die Biskuitmasse gleichmäßig daraufstreichen. Im heißen Backofen auf der mittleren Schiene ca. 12 Minuten backen.

◆ Inzwischen die Äpfel schälen, fein reiben und mit Zitronensaft und Zucker vermischen. Obers steif schlagen und die Äpfel unterrühren.

◆ Die gebackene Biskuitplatte auf ein ausgebreitetes Küchentuch stürzen und mit dem Tuch aufrollen. Überkühlen lassen, dann wieder auseinanderrollen und das Backpapier abziehen. Mit der Apfel-Obers-Mischung bestreichen und mit Hilfe des Tuches aufrollen. Mit Staubzucker bestäubt, möglichst frisch gebacken, servieren.

Ingwerroulade
mit Birnenfülle

Für 12 Stücke
Zubereitungszeit: *30 Minuten*
Backzeit: *12 Minuten*

Für den Biskuitteig:
4 Eidotter
100 g Kristallzucker
2 EL Vanillezucker
1 EL frisch geriebene Ingwerwurzel
4 Eiklar
80 g Mehl
20 g Stärkemehl
30 g geriebene Mandeln
1 Msp Backpulver
Für die Fülle:
4 Kompottbirnen
2 cl Birnenschnaps
2 EL Kristallzucker
2 Blatt weiße Gelatine
1/2 l Obers
Außerdem:
50 g dunkle Kuvertüre

◆ Das Backrohr auf 200° C vorheizen. Eidotter, 80 g Kristallzucker, Vanillezucker und Ingwer mit den Schneebesen eines Handrührgerätes oder einer Küchenmaschine dickschaumig schlagen. Die Eiklar steif schlagen, dabei den restlichen Zucker einrieseln lassen und so lange weiterschlagen, bis der Schnee schnittfest und glänzend ist. Mehl, Stärkemehl, Mandeln und Backpulver vermischen und mit einem Drittel des Schnees unter die Schaummasse rühren. Den restlichen Schnee locker und gleichmäßig unterheben.

◆ Das Backblech mit Backpapier auslegen und die Biskuitmasse gleichmäßig darauf verteilen. Im heißen Backrohr auf der mittleren Schiene 10 - 12 Minuten backen.

◆ Für die Fülle 2 Birnenhälften mit Birnenschnaps und Kristallzucker im Mixer fein pürieren. Die Gelatine in kaltem Wasser einweichen, gut ausdrücken und warm auflösen. Vorsichtig mit dem Birnenmus vermischen. Kurz in den Kühlschrank stellen und gelieren lassen. Die restlichen Birnenhälften in kleine Würfel schneiden. Das Obers steif schlagen und ein Drittel davon abnehmen und für die Garnitur aufbewahren. Das leicht gelierende Birnenmus sowie die Fruchtstücke unter die restlichen zwei Drittel des Obers mischen.

◆ Die gebackene Biskuitplatte auf ein ausgebreitetes Küchentuch stürzen und mitsamt dem Tuch aufrollen. Kurz überkühlen lassen, auseinanderrollen und das Backpapier abziehen.

◆ Die abgekühlte Biskuitplatte mit dem Birnenobers bestreichen und mit Hilfe des Tuches aufrollen. Rundherum mit dem restlichen Obers bestreichen. Die Kuvertüre in Stücke schneiden, im Wasserbad auflösen und ein wenig überkühlen lassen. Mit einem Löffel dünne Fäden gitterförmig über die Roulade ziehen.

Tips und Tricks:

Man kann die Roulade auch mit Schlagobers bespritzen und mit kandierten Ingwerstückchen oder mit Schokoladenblättern garnieren.

Besoffener Kapuziner

Für 12 Stücke
Zubereitungszeit: *25 Minuten*
Backzeit: *35 Minuten*

Für den Biskuitteig:
4 Eier
150 g Kristallzucker
ausgekratztes Mark von 1 Vanilleschote
abgeriebene Schale von 1/2 unbehandelten Zitrone
100 g Mehl
30 g Stärkemehl
50 g geriebene Haselnüsse
3 EL flüssige Butter
Zum Tränken:
400 ml halbtrockener Weißwein
80 g Zucker
je 1 Stückchen unbehandelte Zitronen- und
Orangenschale
1/2 Zimtstange
6 cl Rum
Außerdem:
Backpapier für die Form
1/4 l Obers

◆ Das Backrohr auf 180° C vorheizen. Eier, Zukker, Vanillemark und Zitronenschale über einem Wasserbad mit den Schneebesen eines Handrührgerätes dickschaumig schlagen. Herausnehmen und so lange weiterschlagen, bis die Masse abgekühlt ist. Mehl, Stärkemehl und Nüsse vermischen und mit der flüssigen Butter unter die Schaummasse ziehen.

◆ Den Boden einer Springform von 26 cm Durchmesser mit Backpapier auslegen, den Teig einfüllen und die Oberfläche glattstreichen. Im heißen Backofen auf der mittleren Schiene etwa 30 Minuten backen.

◆ Wein, Kristallzucker, Zitronenschalen und die Zimtstange erhitzen und einige Minuten ziehen lassen. Dann durch ein Sieb gießen und den Rum untermischen.

◆ Den gebackenen Kuchen aus der Form lösen, auf ein Kuchengitter legen und das Backpapier abziehen. Mit dem Weißweinpunsch tränken und den Kuchen, am besten mit Alufolie umhüllt, einige Stunden, eventuell über Nacht, durchziehen lassen.

◆ Vor dem Servieren das Obers steif schlagen und die Oberfläche des Kuchens damit üppig bespritzen.

Tips und Tricks:

*Wenn Kinder mitessen,
kann man Kapuziner auch mit
heißem Fruchtsaft tränken.*

Bischofsbrot

Für 16 Stücke
Zubereitungszeit: *20 Minuten*
Backzeit: *45 Minuten*

Für den Biskuitteig:
6 Eidotter
60 g Staubzucker
ausgekratztes Mark von 1 Vanilleschote
abgeriebene Schale von 1/2 unbehandelten Zitrone
1 EL Rum
150 g kandierte Früchte
100 g Schokolade
50 g Rosinen
140 g Mehl
6 Eiklar
60 g Kristallzucker
80 g flüssige Butter
Außerdem:
Backpapier für die Form
1/2 Glas Marillenmarmelade
100 g Kuvertüre

◆ Das Backrohr auf 180° C vorheizen. Eidotter, Staubzucker, Vanillemark, Zitronenschale und Rum mit den Schneebesen eines Handrührgerätes oder einer Küchenmaschine dickschaumig schlagen.

◆ Kandierte Früchte und Schokolade in kleine Würfel schneiden und mit den Rosinen und dem Mehl vermischen. Eiklar steif schlagen und dabei den Kristallzucker einrieseln lassen. So lange weiterschlagen, bis der Schnee schnittfest und glänzend ist. Ein Drittel davon mit der Mehlmischung und der flüssigen Butter unter die Schaummasse rühren, den restlichen Schnee locker und gleichmäßig unterziehen.

◆ Eine Kastenform von 24 cm Länge mit Backpapier auskleiden und die Biskuitmasse einfüllen. Im heißen Backrohr auf der mittleren Schiene 40 - 45 Minuten backen.

◆ In der Form überkühlen lassen, dann auf ein Kuchengitter stürzen. Marillenmarmelade erhitzen und den Kuchen damit bestreichen. Die Kuvertüre in Stücke schneiden, im Wasserbad auflösen und das Bischofsbrot damit überziehen.

Hochzeits-Marmorkuchen

Für 12 Stücke
Zubereitungszeit: *25 Minuten*
Backzeit: *50 Minuten*

Für den Biskuitteig:
4 Eier
250 g Kristallzucker
1 Prise Salz
100 ml Wasser
100 ml Öl
ausgekratztes Mark von 1 Vanilleschote
250 g Mehl
1/2 Päckchen Backpulver
3 EL Kakao
Außerdem:
Fett und geriebene Haselnüsse für die Form
Staubzucker zum Bestäuben

◆ Das Backrohr auf 180° C vorheizen. Eier, Kristallzucker, Salz, Vanillemark und Wasser auf einem Wasserbad mit den Schneebesen eines Handrührgerätes dickschaumig schlagen. Herausnehmen und kalt schlagen.

◆ Das Öl mit dem mit Backpulver vermischten Mehl abwechselnd unterrühren. Ein Drittel des Teiges abnehmen und mit dem Kakao verrühren.

◆ Eine Gugelhupfform gut ausfetten und mit geriebenen Nüssen ausstreuen. Abwechselnd hellen und dunklen Teig einfüllen und mit einer Gabel spiralförmig durch beide Teige ziehen, bis ein marmorähnliches Muster entsteht.

◆ Im heißen Backrohr auf der mittleren Schiene etwa 50 Minuten backen.

◆ In der Form etwas überkühlen lassen, dann auf einem Kuchengitter völlig erkalten lassen. Mit Staubzucker bestäuben.

Tips und Tricks:

Der Hochzeitsgugelhupf geht sehr hoch auf und ist besonders locker.

Biskotten

Für 36 - 40 Stück
Zubereitungszeit: *15 Minuten*
Backzeit pro Blech: *10 Minuten*

Für den Biskuitteig:
6 Eidotter
40 g Staubzucker
4 Eiklar
100 g Kristallzucker
120 g Mehl
Außerdem:
Backpapier für das Blech
Vanillezucker und Staubzucker zum Bestäuben

◆ Das Backrohr auf 160° C vorheizen. Eidotter und Staubzucker mit den Schneebesen eines Handrührgerätes oder einer Küchenmaschine dickschaumig schlagen. Eiklar steif schlagen, dabei den Kristallzucker einrieseln lassen und so lange weiterschlagen, bis der Schnee schnittfest und glänzend ist. Den Schnee auf die Schaummasse häufen, das Mehl darübersieben und alles gleichmäßig und locker miteinander vermischen.

◆ Ein Backblech mit Backpapier auslegen. Die Biskuitmasse in einen Spritzbeutel mit einer glatten, großen Lochtülle füllen. Mit ausreichendem Abstand etwa 6 - 8 cm lange Streifen auf das Papier spritzen. Vanillezucker und Staubzucker in ein feines Sieb geben und die Biskotten vor dem Backen damit bestreuen. Im heißen Backrohr, bei leicht geöffneter Backofentür, auf der mittleren Schiene 8 - 10 Minuten backen. Sofort mit einer Palette vom Papier lösen und den restlichen Teig ebenso backen.

Tips und Tricks:

Man kann die Biskotten nur so zum Tee oder Kaffee reichen oder auch geschichtet, mit Obers oder Creme, als Grundlage für andere Kuchen oder Desserts verwenden.

Indianerkrapfen

Für 10 Stück
Zubereitungszeit: *45 Minuten*
Backzeit: *20 Minuten*

Für den Biskuitteig:
4 Eidotter
50 g Mehl
50 g Stärkemehl
ausgekratztes Mark von 1 Vanilleschote
5 Eiklar
70 g Kristallzucker
Außerdem:
Fett für die Formen oder Backpapier für das Blech
300 ml Obers
20 g Staubzucker
1/2 Glas Marillenmarmelade
200 g dunkle Kuvertüre

◆ Das Backrohr auf 170° C vorheizen. Eidotter mit zwei Dritteln der Mischung aus Mehl und Stärkemehl sowie dem Vanillemark glattrühren. Eiklar steif schlagen, dabei den Kristallzucker einrieseln lassen und so lange weiterschlagen, bis der Schnee schnittfest und glänzend ist. Den Schnee auf die Dottermasse häufen, die restliche Mehl-Stärke-Mischung darübersieben und alles locker und gleichmäßig vermischen.

◆ Die Masse in einen Spritbeutel mit glatter, großer Tülle füllen und Tupfen mit 4 cm Durchmesser auf das mit Backpapier ausgelegte Backblech spritzen. Wer über eine spezielle Mohrenkopfform verfügt, spritzt den Teig in diese Vertiefungen.

◆ Im heißen Backrohr auf der mittleren Schiene bei leicht geöffneter Backofentür etwa 20 Minuten backen. So fortfahren, bis der Teig verbraucht ist.

◆ Die Krapfen abkühlen lassen, dann mit einem kleinen Messer ein wenig aushöhlen. Mit der ausgehöhlten Seite nach unten auf ein Kuchengitter setzen und die gewölbte Oberseite mit erhitzter Marillenmarmelade bestreichen. Kuvertüre in Stücke schneiden, im Wasserbad schmelzen lassen und die Krapfen damit überziehen.

◆ Obers mit Staubzucker steif schlagen, in einen Spritzbeutel füllen. Sobald die Kuvertüre erstarrt ist, die Indianer mit Obers füllen und jeweils zwei zusammensetzen.

Pariser Kranz

Für 10 Stücke
Zubereitungszeit: *35 Minuten*
Backzeit: *30 Minuten*

Für den Brandteig:	
1/4 l Wasser	
1 Prise Salz	
100 g Butter	
180 g Mehl	
6 - 7 Eier	
50 g Mandelblättchen	
Für die Fülle:	
1/4 l Milch	
80 g Kristallzucker	
30 g Schokoladenpuddingpulver	
1 EL löslicher Kaffee	
2 Eidotter	
50 g Mokka-Schokolade	
1/4 l Obers	
Außerdem:	
Staubzucker zum Bestäuben	

◆ Das Backrohr auf 200° C vorheizen. Wasser, Salz und Butter zum Kochen bringen. Das Mehl auf einmal hineinschütten und so lange mit einem Holzlöffel rühren, bis sich der Teig vom Topfboden löst. Den Topf von der Kochstelle nehmen und sofort 1 Ei unterrühren. So lange rühren, bis wieder ein glatter Teig entsteht, dann das nächste Ei unterrühren. Fortfahren, bis der Teig glänzend ist und in langen Spitzen vom Löffel reißt. Den Brandteig in einen Spritzbeutel mit großer Tülle füllen.

◆ Ein Backblech gut fetten und einen Kranz mit einem inneren Durchmesser von etwa 20 cm auf das Blech spritzen. 10 große Tupfen auf den Teigkranz spritzen und mit Mandelblättchen bestreuen. Im heißen Backrohr auf der mittleren Schiene 25 - 30 Minuten backen.

◆ In der Zwischenzeit 4 Eßlöffel von der Milch abnehmen und mit Kristallzucker, Puddingpulver, löslichem Kaffee und Eidotter verrühren. Die restliche Milch mit der in kleine Stücke zerbrochenen Schokolade erhitzen und gut durchrühren, bis sich die Schokolade völlig aufgelöst hat. Dann das angerührte Puddingpulver einlaufen und einige Male aufwallen lassen. Von der Kochstelle nehmen und, mit etwas Kristallzucker bestreut, kalt stellen.

◆ Das Obers steif schlagen und mit dem abgekühlten Schokoladenpudding vermischen.

◆ Den gebackenen Brandteigkranz abkühlen lassen, einmal quer durchschneiden und mit der Schokoladen-Mokka-Creme füllen. Mit Staubzucker bestäuben.

Tips und Tricks:

*Gut schmeckt der Kranz auch,
wenn man ihn pikant
mit einer Käsecreme
oder gewürztem Topfen füllt!*

Flockenschnitten

Für 10 Stücke
Zubereitungszeit: *45 Minuten*
Backzeit: *20 Minuten*

Für den Brandteig:
1/4 l Wasser
1 Prise Salz
80 g Butter
160 g Mehl
5 - 6 Eier
Für die Fülle:
1 Glas Preiselbeermarmelade
1/2 l Obers
2 EL Vanillezucker
Außerdem:
Staubzucker zum Bestäuben
3 - 4 EL geröstete Mandelblättchen

◆ Das Backrohr auf 200° C vorheizen. Wasser, Salz und Butter zum Kochen bringen. Das Mehl auf einmal hineinschütten und so lange mit einem Holzlöffel rühren, bis sich der Teig vom Topfboden löst. Den Topf von der Kochstelle nehmen und sofort 1 Ei unterrühren. So lange rühren, bis wieder ein glatter Teig entsteht, dann das nächste Ei dazugeben. Fortfahren, bis der Teig glänzend ist und in langen Spitzen vom Löffel reißt. Den Teig so gleichmäßig wie möglich auf ein gefettetes Backblech streichen. Im heißen Backrohr auf der mittleren Schiene etwa 20 Minuten backen.

◆ Die Brandteigplatte überkühlen lassen, dann in drei gleich breite Streifen schneiden. Einen Streifen auf eine Königskuchenplatte legen und mit der Hälfte der Preiselbeermarmelade bestreichen. Das Obers steif schlagen, dabei den Vanillezucker hinzufügen. Ein Drittel des Obers auf die Marmelade streichen, mit einem zweiten Brandteigstreifen bedecken und darauf erneut erst Preiselbeeren, dann Obers verteilen. Mit dem dritten Kuchenstreifen bedecken und den Rand rundherum dick mit Obers bestreichen und mit gerösteten Mandelblättchen bestreuen.

◆ Die Kuchenoberfläche dick mit Staubzucker bestäuben.

Tips und Tricks:

*Für alle Brandteiggebäcke gilt:
Immer erst kurz vor dem Verzehr
füllen, da der Teig
schnell durchweicht und dann
matschig und labbrig wird.*

Brandteig-Creme-Krapferl

Für 8 Stück
Zubereitungszeit: *40 Minuten*
Backzeit: *20 Minuten*

Für den Brandteig:	
1/8 l Wasser	
1 Prise Salz	
120 g Butter	
120 g Mehl	
4 Eier	
Für die Fülle:	
1/8 l Milch	
1 Eidotter	
30 g Kristallzucker	
ausgekratztes Mark von 1/2 Vanilleschote	
15 g Vanillepuddingpulver	
1/4 l Obers	
Außerdem:	
Staubzucker zum Bestäuben	

◆ Das Backrohr auf 220° C vorheizen. Wasser, Salz und Butter zum Kochen bringen. Das Mehl auf einmal hineinschütten und so lange mit einem Holzlöffel rühren, bis sich der Teig vom Topfboden löst. Den Topf von der Kochstelle nehmen und sofort 1 Ei unterrühren. So lange rühren, bis wieder ein glatter Teig entsteht, dann das nächste Ei dazugeben. Fortfahren, bis der Teig glänzend ist und in langen Spitzen vom Löffel reißt. Den Teig in einen Spritzbeutel mit großer Lochtülle füllen und Tupfen im Durchmesser von etwa 4 cm auf ein gefettetes Backblech spritzen. Im heißen Backrohr auf der mittleren Schiene erst 10 Minuten bei 220° C backen, dann die Hitze auf 180° C zurückschalten, in weiteren 10 Minuten gar backen. Die Gebäckstücke müssen durchgebacken und dürfen innen nicht glitschig sein.

◆ Währenddessen für die Vanillecreme 3 Eßlöffel der Milch abnehmen und mit Eidotter, Kristallzukker, Vanillemark und Puddingpulver verrühren. Die restliche Milch zum Kochen bringen und das angerührte Puddingpulver einlaufen lassen. Einige Male aufwallen, dann mit Kristallzucker bestreut überkühlen lassen. Das Obers steif schlagen und unter die abgekühlte Creme rühren.

◆ Die Krapferl quer durchschneiden und mit der Creme füllen. Mit Staubzucker bestäuben.

Tips und Tricks:

Die Krapferl schmecken ebenso gut auch mit Mokkacreme, Schokoladen- oder Nußcreme oder nur mit Schlagobers gefüllt.

Je nach Jahreszeit kann man die Krapferl mit Früchten der Saison anreichern, z. B. mit Erdbeeren, Himbeeren oder Kirschen usw.

Schokoladen-profiterolen

Für 6 Portionen
Zubereitungszeit: *30 Minuten*
Backzeit pro Blech: *15 Minuten*

Für den Brandteig:
1/8 l Wasser
1 Prise Salz
50 g Butter
80 g Mehl
2 - 3 Eier
Für die Fülle:
1/2 l Obers
ausgekratztes Mark von 1 Vanilleschote
20 g Kristallzucker
Außerdem:
200 g dunkle Kuvertüre

◆ Das Backrohr auf 200° C vorheizen. Wasser, Salz und Butter zum Kochen bringen. Das Mehl auf einmal hineinschütten und so lange mit einem Holzlöffel rühren, bis sich der Teig vom Topfboden löst. Den Topf von der Kochstelle nehmen und sofort 1 Ei unterrühren. So lange rühren, bis wieder ein glatter Teig entsteht, dann das nächste Ei dazugeben. Fortfahren, bis der Teig glänzend ist und in langen Spitzen vom Löffel reißt. Den Brandteig in einen Spritzbeutel mit großer Tülle füllen und walnußgroße Rosetten auf das gefettete Backblech spritzen.

◆ Jedes Blech im heißen Backrohr auf der mittleren Schiene 12 - 15 Minuten backen.

◆ Das Obers steif schlagen, dabei Vanillemark und Kristallzucker hinzufügen. Das Obers in einen Spritzbeutel mit spitzer Tülle füllen und die abgekühlten Brandteigkrapferl damit füllen. Dabei mit der Spritztülle ein Loch in den Boden der Bällchen drücken und mit Obers füllen. Die Bällchen in eine Bombenform oder eine hochwandige Schüssel legen, dabei immer ein wenig Obers dazwischenspritzen, damit die Profiterolen beim Stürzen in Form bleiben. Die gefüllte Form auf einen Teller stürzen.

◆ Die Kuvertüre in kleine Stücke schneiden und im Wasserbad schmelzen lassen. Die aufgetürmten Minikrapferl mit der etwas überkühlten Kuvertüre begießen. Den Rand mit Schlagobers bespritzen und baldmöglichst servieren.

Creme- und Oberstorten

Bei Torte denkt jeder sofort an reichverzierte, luftige und kalorienträchtige Gebilde! Diese Vorstellung aus der Barockzeit hat sich bis heute bewahrt. Dabei veränderte sich die Torte im Laufe der Jahrhunderte, vor allem auch in geschmacklicher Hinsicht, gewaltig.

Der Begriff „Torte" tauchte erstmals 1418 auf. Vermutlich leitet er sich aus dem italienischen „torta" ab, was soviel wie Feingebäck bedeutet, und aus dem spätlateinischen „torta", was übersetzt rundes Brot hieß. In den mittelalterlichen Küchen und in der Renaissance wurde Teig mit Fleisch und – während der Fastenzeit – mit Fisch gefüllt. Alte Kochbücher sind voll mit derartigen pastetenähnlichen „Torten", bei denen die Fülle, mit Teig umhüllt, gebacken wurde. Anfang des 18. Jahrhunderts fand man in der einschlägigen Kochliteratur erstmals auch Rezepte für süße Torten, meist mit kunstvoll aufgebauten Dekorationen. Für ihre Herstellung verwendete man einfache Tortenreife aus Blech, die sich beliebig verstellen ließen. Ein Küchenutensil, dessen Anschaffung sich auch heute noch lohnt, wenn man öfter Torten bäckt.

Im 19. Jahrhundert entwickelte sich eine schier endlose Tortenvielfalt. Da gab es neben den traditionellen Torten, die nach der dominierenden Zutat oder der Herstellungsart benannt wurden, plötzlich Torten, die den Namen ihres „Erfinders" trugen, wie etwa Dobos-, Sacher- oder Pischinger-

Torte. Manche dieser edlen Köstlichkeiten wurden auch nach ihrem Ursprungsland oder -ort benannt, wie etwa Linzer, Holländer, Mailänder Torte usw., und machmal waren auch Persönlichkeiten des öffentlichen Lebens die Namensgeber, wie Esterhazy, Malakoff oder Stefanie für die entsprechende Torte.

Zwei der bekanntesten österreichischen Torten, die Sacher- und die Linzer Torte, passen nicht in das Klischee, das man von Torten hat, dennoch sind gerade diese beiden unter der Bezeichnung „Torte" berühmt geworden. Das Rezept für den Linzer Teig fand man bereits im Jahre 1719 im „Saltzburgischen Kochbuch", für die weltweite Verbreitung der Linzer Torte sorgte allerdings erst 1822 der Zuckerbäcker Johann Konrad Vogel, der von Bayern nach Linz kam und bald darauf begann, dieses Backwerk gewerbemäßig über die Grenzen Österreichs hinaus zu vertreiben. Wie die Sachertorte zu ihrer weltweiten Berühmtheit kam, können Sie auf Seite 12 nachlesen.

Der Phantasie bei der Herstellung von Torten sind nach wie vor keinerlei Grenzen gesetzt. Sicherlich unterscheiden sich moderne Tortenkreationen kalorienmäßig von den alten Klassikern, wobei in den folgenden Rezepten versucht wurde, auch diese ein wenig unserem Figurbewußtsein anzupassen. Echte Buttercremes, nur aus Butter und Eidottern gerührt, sind heute kalorien- und cholesterinmäßig für die meisten Schleckermäuler tabu – man streckt sie nun häufig mit einer Vanillecreme. Und siehe da, es schmeckt auch und ist leichter bekömmlich. Torten sind der Mode unterworfen! Waren in den 60er Jahren mit Buttercreme gefüllte Torten der Schlager, so bevorzugt man heute mehr und mehr Schlagobers als Füllung und immer häufiger auch leichte Cremes aus Topfen oder Joghurt.

Meist ist die Grundlage eine schaumige Biskuitmasse, mal pur, mal mit Nüssen oder Schokolade zubereitet. Nicht zu schwere Sandmassen und vor allem auch knusprige Baiserböden lohnen sich aber ebenfalls zum Belegen. Welchen Teig und welche Füllung Sie wählen, ist reine Geschmackssache – erst eine attraktive Dekoration macht die Torte zu einem Meisterwerk. Bespritzen Sie deshalb das Backwerk kunstvoll mit Creme oder Obers, garnieren Sie es mit selbstgemachten oder gekauften Schokoladenspänen oder -blättern, mit frischen Beeren oder mit Marzipanobst, mit kandierten Früchten, Nüssen, Krokant oder Mokkabohnen. Diese Liste könnte man endlos weiterführen. Wichtig ist nur eins: Garnieren und verzieren Sie nach Lust und Laune – dann wird es bestimmt ein kulinarisches Kunstwerk!

Sachertorte

Für 16 Stücke
Zubereitungszeit: *50 Minuten*
Backzeit: *1 Stunde*

Für den Rührteig:
130 g Butter
110 g Staubzucker
ausgekratztes Mark von 1/2 Vanilleschote
6 Eidotter
130 g Kochschokolade
6 Eiklar
110 g Kristallzucker
130 g Mehl
Für die Fülle:
1 Glas Marillenmarmelade
Für die Glasur:
200 g Kristallzucker
1/8 l Wasser
150 g Schokolade
Außerdem:
Backpapier für die Form

◆ Das Backrohr auf 170° C vorheizen. Weiche Butter, Staubzucker und Vanillemark mit den Schneebesen eines Handrührgerätes oder einer Küchenmaschine cremig rühren. Nach und nach die Eidotter hinzufügen und zu einer dickschaumigen Masse schlagen. Die Schokolade in Stücke brechen, im Wasserbad schmelzen lassen und unterrühren.

◆ Die Eiklar steif schlagen, dabei den Kristallzukker einrieseln lassen und so lange weiterschlagen, bis der Schnee schnittfest und glänzend ist. Den Schnee auf die Schaummasse häufen, das Mehl darübersieben und alles vorsichtig mit einem Kochlöffel miteinander vermischen.

◆ Den Boden einer Springform von 22 oder 24 cm Durchmesser mit Backpapier auslegen und die Masse einfüllen. Die Oberfläche glattstreichen und im heißen Backrohr auf der mittleren Schiene knapp 1 Stunde backen. Die ersten 12 - 15 Minuten die Backrohrtür einen fingerbreiten Spalt offen lassen. Der Kuchen ist richtig durchgebacken, wenn ein leichter Fingerdruck leise erwidert wird.

◆ Die Torte mitsamt der Form auf ein Gitter stürzen und etwa 20 Minuten überkühlen lassen. Dann wieder umdrehen und völlig erkalten lassen. Erst danach aus der Form lösen, und mit einem scharfen Messer waagrecht halbieren.

◆ Die Tortenböden mit geschmeidig verrührter, leicht erwärmter Marillenmarmelade bestreichen und wieder zusammensetzen. Rundherum ebenfalls mit Marmelade bestreichen und übertrocknen lassen.

◆ Für die Glasur Zucker und Wasser 5 - 6 Minuten sprudelnd kochen, dann leicht überkühlen lassen. Die Schokolade im Wasserbad erwärmen und nach und nach mit der Zuckerlösung vermischen. Es muß eine dickflüssige, glatte Glasur entstehen. Läßt man die fertige Glasurmasse über den Kochlöffel laufen, soll eine etwa 4 mm dicke Schicht daran hängenbleiben. Sollte die Glasur zu dick bleiben, schwemmt man den Topf, in dem die Zuckerlösung gekocht wurde, mit Wasser aus und rührt davon einige Tropfen unter die Glasur. Die Glasur sollte träge-flüssig bleiben und lippenwarm sein.

◆ Die fertige Glasur in einem einzigen Guß über die Torte gießen und mit 2 - 3 Strichen die Oberseite mit der Palette glatt verstreichen. Auf einen Tortenteller legen und in einigen Stunden erstarren lassen. Der Guß muß glatt und glänzend sein.

◆ Die Torte bleibt unverziert – lediglich das Haus Sacher belegt die Torte mit einem Schokoladenmedaillon.

◆ In 16 Stücke teilen und mit Schlagobers reichen.

Ungebackene Mascarponetorte

Buchweizen-Mohn-Torte

Linzer Torte

Zubereitungszeit: *45 Minuten*
Backzeit: *50 Minuten*

Für den Mürbteig:

300 g Mehl
300 g geriebene Haselnüsse
220 g Kristallzucker
1/2 TL Nelkenpulver
1 TL gemahlener Zimt
Saft und Schale von 1/2 unbehandelten Zitrone
2 EL Vanillezucker
1 Ei
1 Eidotter
300 g Butter

Für den Belag:

1 große weiße Tortenoblate oder 1 Päckchen kleine Oblaten
1 Glas Ribiselmarmelade
1 Eidotter
2 - 3 EL Obers
40 g gestiftelte Mandeln
Staubzucker zum Bestäuben

◆ Mehl, Nüsse und Kristallzucker mit den Gewürzen vermischt auf ein Backbrett häufen, in die Mitte ein Mulde drücken und das Ei und den Eidotter hineingeben. Die kalte Butter in kleinen Flocken auf dem Mehlrand verteilen und alles mit einem breiten Messer zerhacken, dann mit möglichst kalten Händen zu einem glatten Teig verkneten. Mit Folie umhüllt im Kühlschrank 30 Minuten rasten lassen.

◆ Das Backrohr auf 170° C vorheizen. Zwei Drittel des Teiges auf die Größe einer Springform von 26 cm ausrollen und damit auslegen. Die Oblate so auf den Teig legen, daß ein fingerbreiter Außenrand bleibt. Die Oblate dick mit Ribiselmarmelade bestreichen. Aus dem restlichen Teig bleistiftdicke Rollen formen und gitterförmig auf der Marmelade anordnen. Eine etwas dickere Teigrolle rund um den Rand legen und gut festdrücken.

◆ Eidotter und Obers verquirlen und das Teiggitter damit bestreichen. Die Zwischenräume mit den Mandelstiften bestreuen. Den Kuchen auf der mittleren Schiene etwa 50 Minuten backen. Nach dem Überkühlen mit Staubzucker bestäuben.

Tips und Tricks:

Die Linzer Torte zählt neben der Sachertorte zu den berühmtesten Mehlspeisen der österreichischen Küche.
Viele Abwandlungen gibt es von dieser Torte, original wird sie jedoch aus Mürbteig zubereitet.

Die Torte ist lange haltbar und wird sogar von Tag zu Tag besser.

Linzer Torte aus gerührtem Teig finden Sie auf Seite 211.

Dobostorte

Für 16 Stücke
Zubereitungszeit: *2 Stunden*
Backzeit pro Blech: *5 - 8 Minuten*

Für den Biskuitteig:
5 Eier
130 g Kristallzucker
ausgekratztes Mark von 1 Vanilleschote
130 g Mehl
60 g flüssige Butter
Für die Fülle:
1/4 l Milch
150 g Kristallzucker
30 g Schokoladenpuddingpulver
2 Eidotter
100 g Zartbitter-Schokolade
50 g Kokosfett
250 g Butter
Für die Glasur:
200 g Staubzucker
30 g Butter
Außerdem:
Fett und Mehl für das Blech
Schokoladenreis zum Bestreuen

◆ Das Backrohr auf 200° C vorheizen. Eier, Kristallzucker und Vanille über einem Wasserbad dickschaumig schlagen. Herausnehmen und kalt schlagen, dann abwechselnd Mehl und die flüssige Butter einrühren.

◆ Ein Backblech ausfetten und mit Mehl bestäuben. Mit einem Tortenreif Konturen von etwa 22 cm eindrücken. Den Teig mit einer Palette etwa 5 mm dick auf die gekennzeichnete Kreisfläche streichen und im heißen Backofen schön goldbraun backen Es müssen insgesamt 8 dünne Tortenblätter entstehen.

◆ Für die Buttercreme zwei Drittel der Milch erhitzen. Die restliche Milch mit Kristallzucker, Puddingpulver und Eidotter verrühren und in die kochende Milch einlaufen lassen. Einige Male aufwallen lassen, dann mit Kristallzucker bestreut kalt stellen.

◆ Die Schokolade in Stücke brechen und im Wasserbad erwärmen. Das Kokosfett zerlaufen lassen.

◆ Die Butter mit den Schneebesen eines Handrührgerätes cremig rühren und erst das flüssige Kokosfett dazugeben, dann löffelweise abwechselnd den Schokoladenpudding und die lippenwarme Schokolade unterrühren.

◆ 7 der abgekühlten Tortenböden mit der Creme bestreichen und zusammensetzen. Den 8. Boden auf eine geölte Marmorplatte oder eine glatte Kunststoffplatte legen.

◆ Für die Glasur den Staubzucker bei schwacher Hitze goldbraun karamelisieren lassen, dann die Butter unterrühren und die Masse auf einmal auf das vorbereitete Tortenblatt gießen. Mit einer geölten Palette in wenigen Strichen verteilen. Die Glasur soll nicht über den Rand laufen. Mit einem geölten Messer in 16 Stücke schneiden und erkalten lassen. Die Tortenstücke exakt auf der letzten Buttercremeschicht anordnen, den Rand mit Schokoladenreis bestreuen.

Tips und Tricks:

Die Dobostorte wurde von dem ungarischen Zuckerbäcker Lajos Dobos erfunden.

Malakofftorte

Für 16 Stücke
Zubereitungszeit: *1 Stunde, 20 Minuten*
Backzeit pro Blech: *10 Minuten*

Für die Biskotten:
5 Eidotter
50 g Staubzucker
ausgekratztes Mark von 1 Vanilleschote
5 Eiklar
50 g Kristallzucker
100 g Mehl
Für die Malakoff-Creme:
1/4 l Milch
2 Eidotter
40 g Kristallzucker
ausgekratztes Mark von 1 Vanilleschote
3 Blatt Gelatine
1/4 l Obers
1 EL Rum
Außerdem:
60 g Kristallzucker
8 EL Wasser
4 cl Rum
1/4 l Obers
1 EL Vanillezucker
16 Belegkirschen
3 - 4 EL Mandelblättchen

◆ Für die Biskotten Eidotter, Staubzucker und Vanillemark mit den Schneebesen eines Handrührgerätes oder einer Küchenmaschine dickschaumig schlagen. Eiklar steif schlagen, dabei den Kristallzucker einrieseln lassen und so lange weiterschlagen, bis der Schnee schnittfest und glänzend ist. Den Schnee auf die Schaummasse häufen, das Mehl darübersieben und alles locker und gleichmäßig miteinander verrühren.

◆ Die Masse in einen Spritzbeutel mit glatter, großer Tülle füllen und etwa 5 cm lange Stäbchen auf ein gefettetes Backblech spritzen. Im heißen Backrohr, bei leicht geöffneter Backofentür, in wenigen Minuten goldbraun backen.

◆ Für die Malakoff-Creme Milch, Eidotter, Zucker und Vanille im Wasserbad zu einer dickschaumigen Creme aufschlagen. Die Creme darf aber auf keinen Fall kochen. Die Gelatine in kaltem Wasser einweichen und gut ausgedrückt unter die heiße Creme mischen. Kalt rühren, und sobald die Masse zu stokken beginnt, das steif geschlagene Obers und den Rum unterziehen.

◆ Kristallzucker und Wasser dickflüssig einkochen und den Rum untermischen.

◆ Einen Tortenreif oder eine Springform mit Pergamentpapier auskleiden. Den Boden der Form dicht mit den in Rumlösung getauchten Biskotten belegen und mit der Creme bestreichen. Diesen Vorgang wiederholen, dabei aber die nächsten 3 Lagen nicht so dicht mit Biskotten auslegen. Dazwischen immer wieder Creme auftragen. Den Abschluß bildet eine Cremeschicht.

◆ Die Torte einige Stunden kalt stellen. Dann den Tortenreif und das Papier entfernen und die Torte rundherum mit dem steifgeschlagenen, mit Vanillezucker abgeschmeckten Obers bestreichen. In 16 Stücke teilen, jeweils einen Oberstupfen daraufspritzen und diesen mit einer Belegkirsche verzieren. Den Rand mit leicht gerösteten Mandelblättchen bestreuen.

Kiwitorte

Für 12 Stücke
Zubereitungszeit: *1 Stunde, 15 Minuten*
Backzeit: *25 Minuten*

Für den Biskuitteig:
3 Eidotter
2 EL heißes Wasser
1 Prise Salz
60 g Staubzucker
3 Eiklar
20 g Kristallzucker
50 g Mehl
50 g Stärkemehl
1 Msp Backpulver
Für die Fülle:
4 cl Kirschwasser
4 - 5 EL Marillenmarmelade
6 - 8 Kiwis
1 Päckchen Tortengelee
Für den Belag:
4 Eidotter
50 g Kristallzucker
500 g Mascarpone (Frischkäse)
6 Blatt weiße Gelatine
2 EL Kirschwasser
4 Eiklar
Außerdem:
Backpapier für die Form
2 EL Kakao

◆ Das Backrohr auf 180° C vorheizen. Eidotter, Salz, Wasser und Staubzucker mit den Schneebesen eines Handrührgerätes oder einer Küchenmaschine schaumig schlagen. Die Eiklar steif schlagen, dabei den Kristallzucker einrieseln lassen und so lange weiterschlagen, bis der Schnee schnittfest und glänzend ist. Den Schnee auf die Schaummasse häufen und Mehl, Stärkemehl und Backpulver darübersieben. Locker und gleichmäßig vermischen und in eine mit Backpapier ausgelegte Springform von 26 cm Durchmesser füllen. Die Oberfläche glattstreichen und im heißen Backrohr auf der mittleren Schiene etwa 20 Minuten backen.

◆ Den abgekühlten Kuchenboden mit Kirschwasser tränken und mit Marillenmarmelade bestreichen. Kiwis schälen, in Scheiben schneiden und den Kuchen damit belegen. Tortengelee nach Anweisung zubereiten und auf den Früchten verteilen. Kalt stellen.

◆ Für den Belag Eidotter mit Kristallzucker schaumig schlagen. Mascarpone hinzufügen und zu einer glatten Creme verrühren. Gelatineblätter in kaltem Wasser einweichen, gut ausdrücken und im erhitzten Kirschwasser auflösen. Vorsichtig mit der Creme vermischen. Eiklar steif schlagen und zum Schluß unterheben.

◆ Die Masse auf den Kiwis verteilen und die Oberfläche glattstreichen. Erstarren lassen, dann den Kuchen rundherum mit Kakao bestäuben und die Oberfläche mit Kiwischeiben garnieren.

Makronen-Himbeer-Torte

Für 12 Stücke
Zubereitungszeit: *1 Stunde*
Backzeit: *45 Minuten*

Für die Baisermasse:
4 Eiklar
70 g Kristallzucker
70 g Staubzucker
100 g gemahlene Haselnüsse
Für die Fülle:
1/2 l Obers
2 EL Vanillezucker
2 EL Kristallzucker
2 Päckchen Sahnesteif
100 g gehobelte Haselnüsse
25 g gehackte Pistazien
300 g frische oder aufgetaute tiefgekühlte
Himbeeren

◆ Das Backrohr auf 150° C vorheizen. Eiklar steif schlagen, dabei nach und nach abwechselnd Kristall- und Staubzucker einrieseln lassen und so lange weiterschlagen, bis der Schnee schnittfest und glänzend ist. Zum Schluß die Haselnüsse unterziehen.

◆ Ein Backblech mit Backpapier auslegen. Die Makronenmasse in einen Spritzbeutel füllen und, spiralförmig von innen beginnend, 2 Tortenböden im Durchmesser von jeweils 22 cm auf das Blech spritzen. Im heißen Backrohr auf der unteren Schiene etwa 45 Minuten backen. Der Boden darf auf keinen Fall bräunen – notfalls mit Alufolie abdecken. Die Böden abkühlen lassen.

◆ Das Obers steif schlagen, dabei Vanillezucker, Kristallzucker und Sahnesteif dazugeben. Ein Drittel des Obers abnehmen, unter den Rest die Haselnüsse und die Hälfte der Pistazien mischen.

◆ Die Hälfte des Nußobers auf einen Boden streichen und mit den Beeren belegen, dabei 12 Stück zurückbehalten. Das restliche Nußobers auf den Beeren verteilen und mit dem zweiten Boden bedecken. Leicht andrücken, dann die Torte rundherum mit dem übriggebliebenen Obers bestreichen. Obers in einen Spritzbeutel füllen und 12 große Tupfen auf die Torte spritzen. Jeweils eine Himbeere hineindrücken und mit den restlichen Pistazien bestreuen. Vor dem Anschneiden einige Stunden im Kühlschrank durchziehen lassen.

Tips und Tricks:

Die Torte muß einige Stunden durchziehen, da sie sich sonst nicht schneiden läßt.

Grillage-Torte

Für 16 Stücke
Zubereitungszeit: *1 Stunde*
Backzeit: *1 Stunde*

Für den Rührteig:
100 g Butter
120 g Staubzucker
60 g Zartbitter-Schokolade
5 Eidotter
5 Eiklar
30 g Kristallzucker
100 g geschälte, geriebene Mandeln
30 g Mehl
Für die Fülle:
120 g Staubzucker
120 g Haselnüsse
10 g Butter
3/8 l Obers
Außerdem:
Fett für die Form

◆ Das Backrohr auf 170° C vorheizen. Butter und Staubzucker mit den Schneebesen eines Handrührgerätes oder einer Küchenmaschine cremig rühren. Die Schokolade in kleine Stücke brechen und im Wasserbad schmelzen lassen. Abwechselnd mit den Eidottern unter die Buttercreme rühren. Eiklar steif schlagen, dabei den Kristallzucker einrieseln lassen und so lange weiterschlagen, bis der Schnee schnittfest und glänzend ist. Ein Drittel des Schnees auf die Schaummasse häufen, Mandeln und Mehl darüberstreuen und unterrühren, den restlichen Schnee lokker und gleichmäßig unterziehen.

◆ Die Masse in eine gefettete Springform von 24 cm Durchmesser füllen und im heißen Backrohr etwa 1 Stunde backen, dabei die ersten 15 Minuten die Backrohrtür einen fingerbreiten Spalt offen lassen. Den Kuchen auf ein Kuchengitter stürzen und auskühlen lassen.

◆ Für die Fülle den Staubzucker in einer Pfanne bei schwacher Hitze schmelzen lassen, dann die ganzen Haselnüsse dazugeben und kurz durchrösten. Die Butter dazugeben, gründlich verrühren und auf ein Backblech schütten. Erstarren lassen, dann reiben. Anschließend die geriebenen Nüsse durch ein Sieb geben. Eine Hälfte soll fein gesiebt sein, die zweite Hälfte gröber im Sieb verbleiben.

◆ 1/4 l Obers steif schlagen und die feine Grillage untermischen. Die Torte zweimal durchschneiden, mit Grillage-Obers füllen und rundherum damit bestreichen.

◆ Die Oberfläche mit der groben Grillage bestreuen. Das restliche 1/8 l Obers ebenfalls steif schlagen und die Torte damit garnieren.

Venezianische Weihnachtstorte

Für 20 Stücke
Zubereitungszeit: *1 Stunde, 15 Minuten*
Backzeit: *50 Minuten*

Für den Biskuitteig:
4 Eiklar
4 EL Wasser
200 g Kristallzucker
abgeriebene Schale von 1 unbehandelten Orange
1 TL gemahlener Ingwer
1/2 TL gemahlener Zimt
4 Eidotter
100 g Mehl
100 g Stärkemehl
1 1/2 TL Backpulver

Zum Beträufeln:
125 g flüssige Butter

Für die Fülle:
100 g Marillenmarmelade
200 g entkernte Datteln
200 g getrocknete Marillen
65 g getrocknete Feigen
4 cl Rum
75 g Butter
100 g Nußnougat

Für die Glasur:
250 g Staubzucker
1 Ei
2 EL Rum

Zum Bestreuen:
1/2 Beutel gemischte kandierte Früchtewürfel

Außerdem:
Backpapier für die Form

◆ Das Backrohr auf 200° C vorheizen. Eiklar und Wasser steif schlagen, dabei den Kristallzucker einrieseln lassen und so lange weiterschlagen, bis der Schnee schnittfest und glänzend ist. Gewürze und Eidotter unterziehen und zum Schluß das Gemisch aus Mehl, Stärkemehl und Backpulver einarbeiten.
◆ Den Boden einer Springform von 26 cm Durchmesser mit Backpapier auslegen und den Teig einfüllen. Die Oberfläche glattstreichen und den Kuchen im heißen Backrohr auf der mittleren Schiene etwa 50 Minuten backen. Den Tortenboden auf einem Kuchengitter überkühlen lassen, dann zweimal waagrecht durchschneiden.
◆ Die einzelnen Böden mit der flüssigen Butter beträufeln und mit der leicht erwärmten Marillenmarmelade bestreichen.
◆ 100 g Datteln, Marillen, und Feigen in feine Streifen schneiden und mit Rum vermischen. Butter cremig rühren und nach und nach die weiche Nougatmasse dazugeben.
◆ Eine Kuchenplatte mit den marinierten Früchtestreifen belegen, mit der zweiten Platte bedecken und diese mit der Nougatmasse bestreichen. Mit der dritten Platte bedecken und gut festdrücken.
◆ Für die Glasur Staubzucker, Ei und Rum so lange verrühren, bis ein glatter, glänzender Guß entsteht. Die Torte damit überziehen und die Oberfläche mit Früchtewürfel-Mix bestreuen. Den Rand mit Dattelhälften verzieren.

Trüffeltorte

Für 16 Stücke
Zubereitungszeit: *1 Stunde*
Backzeit: *50 Minuten*
Kühlzeit der Fülle: *einige Stunden*

Für den Biskuitteig:
5 Eidotter
50 g Staubzucker
80 g Zartbitter-Schokolade
abgeriebene Schale von 1/2 unbehandelten Orange
5 Eiklar
80 g Kristallzucker
125 g gemahlene Mandeln
40 g Mehl
Für die Fülle:
1/4 l Obers
100 g Zartbitter- Schokolade
150 g Vollmilch-Schokolade
Zum Tränken:
50 g Zucker
4 EL Wasser
6 cl Kirschschnaps
Zum Bestreuen:
50 g Schokoladenspäne
Außerdem:
Backpapier für die Springform

◆ Das Backrohr auf 180° C vorheizen. Eidotter und Staubzucker mit den Schneebesen eines Handrührgerätes oder einer Küchenmaschine dickschaumig schlagen. Die Schokolade in Stücke brechen, im Wasserbad auflösen und mit der Orangenschale unter die Schaummasse rühren.

◆ Eiklar steif schlagen, dabei den Kristallzucker einrieseln lassen und so lange weiterschlagen, bis der Schnee schnittfest und glänzend ist. Ein Drittel davon mit Mehl und Mandeln unter die Schaummasse rühren, den restlichen Schnee locker und gleichmäßig unterheben.

◆ Den Boden einer Springform von 24 cm Durchmesser mit Backpapier auslegen. Die Masse einfüllen, die Oberfläche glattstreichen und im heißen Backrohr auf der unteren Schiene ca. 50 Minuten backen. Auf einem Kuchengitter abkühlen lassen, dann zweimal waagrecht durchschneiden.

◆ Für die Fülle das Obers mit der in kleine Stücke gebrochenen Schokolade erhitzen, jedoch nicht kochen lassen. Gut durchrühren, bis sich die Schokolade völlig aufgelöst hat. Die Mischung einige Stunden in den Kühlschrank stellen.

◆ Zucker und Wasser sirupartig einkochen lassen, dann den Kirschschnaps untermischen. Die Tortenböden damit tränken.

◆ Kurz vor dem Füllen das Schokoladenobers mit den Schneebesen eines Handrührgerätes auf mittlerer Stufe schaumig aufschlagen. Die Kuchenböden mit der Creme bestreichen und exakt zusammensetzen. Die Torte mit der restlichen Creme rundherum bestreichen und dick mit Schokoladenspänen bestreuen.

Ribiseltorte

Für 16 Stücke
Zubereitungszeit: *1 Stunde*
Backzeit: *45 Minuten*

Für den Biskuitteig:
10 Eier
350 g Kristallzucker
270 g Mehl
100 Stärkemehl
1/2 TL Backpulver
30 g Kakao
100 g flüssiges Butterschmalz
Für die Ribiselcreme:
250 g schwarze Ribisel
200 ml Wasser
120 g Kristallzucker
50 g Vanillepuddingpulver
300 g Butterschmalz
2 EL Zitronensaft
Außerdem:
Backpapier für die Form

◆ Das Backrohr auf 180° C vorheizen. Eier und Zucker im Wasserbad mit den Schneebesen eines Handrührgerätes dickschaumig aufschlagen. Herausnehmen und kalt schlagen. Mehl, Stärkemehl, Backpulver und Kakao gut vermischen und auf die Schaummasse sieben. Das Butterschmalz dazugießen und alles locker und gleichmäßig vermischen.

◆ Den Boden einer Springform von 26 cm Durchmesser mit Backpapier auslegen und die Schokoladenmasse einfüllen. Die Oberfläche glattstreichen und im heißen Backrohr auf der unteren Schiene 40 bis 45 Minuten backen. Den Kuchen auf einem Kuchengitter abkühlen lassen, dann waagrecht durchschneiden.

◆ Für die Fruchtcreme die Ribisel waschen und entstielen. Wasser, Zucker und Beeren zum Kochen bringen, aufkochen lassen und im Mixer fein pürieren. Durch ein Sieb streichen und erneut zum Kochen bringen. Puddingpulver mit etwas kaltem Wasser verrühren und unter das Fruchtmus rühren. Einmal aufkochen lassen, dann von der Kochplatte nehmen und kalt stellen.

◆ Butterschmalz cremig rühren und löffelweise die kalte Ribiselcreme dazugeben. Mit Zitronensaft abschmecken und so lange weiterschlagen, bis die Creme luftig ist.

◆ Die Torte damit füllen und mit der restlichen Creme die Torte rundherum dick bestreichen. Ein Träubchen schwarze Ribisel in die Mitte der Torte legen.

Zebratorte

Für 12 Stücke
Zubereitungszeit: *45 Minuten*
Backzeit: *12 Minuten*

Für den Biskuitteig:
4 Eidotter
120 g Kristallzucker
1 Prise Salz
100 g Zartbitter-Schokolade
4 Eiklar
60 g Mehl
60 g Stärkemehl
1 Msp Backpulver
Für die Fülle:
1/4 l Milch
150 g Kristallzucker
ausgekratztes Mark von 1 Vanilleschote
30 g Vanillepuddingpulver
2 Eidotter
250 g Butter
1 EL Marillenschnaps
1 Glas Marillenmarmelade
Außerdem:
Backpapier für das Blech
2 EL gehackte Pistazien zum Bestreuen

◆ Das Backrohr auf 200° C vorheizen. Eidotter, 100 g Kristallzucker und Salz mit den Schneebesen eines Handrührgerätes oder einer Küchenmaschine dickschaumig schlagen. Die Schokolade in kleine Stücke brechen, im Wasserbad auflösen und unter die Schaummasse rühren. Eiklar steif schlagen, dabei den restlichen Kristallzucker einrieseln lassen und so lange weiterschlagen, bis der Schnee schnittfest und glänzend ist. Ein Drittel davon auf die Schaummasse häufen und Mehl, Stärkemehl und Backpulver darübersieben. Mit der Schaummasse verrühren und den restlichen Schnee locker und gleichmäßig unterziehen.

◆ Ein Backblech mit Backpapier auskleiden und die Biskuitmasse gleichmäßig daraufstreichen. Im heißen Backrohr auf der mittleren Schiene etwa 10 Minuten backen. Dann auf ein ausgebreitetes Küchentuch stürzen, das Papier abziehen und abkühlen lassen.

◆ Für die Buttercreme zwei Drittel der Milch erhitzen. Die restliche Milch mit Kristallzucker, Vanillemark, Puddingpulver und Eidotter verrühren und in die kochende Milch einlaufen lassen. Einige Male aufwallen lassen, dann mit Kristallzucker bestreut kalt stellen.

◆ Die Butter mit den Schneebesen eines Handrührgerätes cremig rühren und löffelweise die kalte Vanillecreme dazugeben. Mit Marillenschnaps abschmecken und so lange rühren, bis eine glatte Creme entsteht.

◆ Die Biskuitplatte mit der erwärmten Marillenmarmelade bestreichen und etwas antrocknen lassen. Dann mit zwei Drittel der Buttercreme bestreichen. Die Platte der Länge nach in etwa 4 cm breite Streifen schneiden. Einen Streifen einrollen, in die Mitte eines Kuchentellers stellen und senkrecht um diese Rolle einen Streifen nach dem anderen rollen. Die Torte ein wenig zurechtdrücken und kalt stellen.

◆ Mit der restlichen Buttercreme die Torte bestreichen und mit einem Zackenschaber rundherum durch Drehen der Torte einen gerillten Rand ziehen. Die Oberfläche mit gehackten Pistazien bestreuen.

Erdbeer-Wickeltorte

Für 16 Stücke
Zubereitungszeit: *1 Stunde, 15 Minuten*
Backzeit: *20 Minuten bzw. 12 Minuten*

Für den Mürbteig:
150 g Mehl
50 g Kristallzucker
2 EL Vanillezucker
1 Prise Salz
1 Eidotter
100 g Butter

Für den Biskuitteig:
5 Eidotter
2 EL Wasser
80 g Staubzucker
5 Eiklar
30 g Kristallzucker
125 g Mehl
3 EL flüssige Butter

Für die Fülle:
250 g Erdbeeren
80 g Staubzucker
2 Blatt weiße Gelatine
1/2 l Obers
1 Glas Erdbeermarmelade

Außerdem:
2 EL Schokoladenblättchen
Backpapier für die Form

◆ Mehl, Kristall- und Vanillezucker und Salz auf ein Backbrett häufen, in die Mitte eine Mulde drükken und den Eidotter hineingeben. Die Butter in Flocken auf den Rand setzen und rasch zu einem glatten Teig verkneten. Mit Folie umhüllt 30 Minuten im Kühlschrank rasten lassen. Das Backrohr auf 200° C vorheizen.

◆ Eidotter, Wasser und Staubzucker schaumig schlagen. Die Eiklar steif schlagen, dabei den Kristallzucker einrieseln lassen und so lange weiterschlagen, bis der Schnee schnittfest und glänzend ist. Ein Drittel davon mit dem gesiebten Mehl und der flüssigen Butter unterrühren, den restlichen Schnee locker und gleichmäßig unterheben.

◆ Die Masse gleichmäßig auf ein mit Backpapier ausgelegtes Backblech streichen und im heißen Backrohr auf der mittleren Schiene 10 - 12 Minuten backen. Die Platte auf ein ausgebreitetes Küchentuch stürzen.

◆ Den Mürbteig zu einer runden Platte von 26 cm Durchmesser ausrollen, in eine passende Springform legen, mit einer Gabel mehrmals einstechen. Im vorgeheizten Backrohr auf der mittleren Schiene ca. 20 Minuten backen.

◆ Die Erdbeeren waschen, entstielen und einige Früchte für die Garnitur beiseite legen. Den Rest mit Staubzucker fein pürieren und durch ein Sieb streichen. Die Gelatine kalt einweichen, warm auflösen und mit dem Erdbeermark vermischen. Kalt stellen, bis die Mischung zu gelieren beginnt. Das Obers steif schlagen und etwa ein Drittel davon abnehmen. Unter das restliche Obers löffelweise das Erdbeergelee unterrühren.

◆ Den Mürbteigboden auf eine flache Kuchenplatte legen und wie die Biskuitplatte mit Erdbeermarmelade bestreichen. Das Erdbeerobers auf die Biskuitplatte streichen und diese der Länge nach in 4 cm breite Streifen schneiden. Einen Streifen aufrollen, in die Mitte des Mürbteigbodens stellen und senkrecht um diesen herum die restlichen Streifen wicckeln. Den Kuchen ein wenig in Form drücken und kalt stellen.

◆ Rundherum mit dem restlichen weißen Obers dick bestreichen. Die Tortenoberfläche spiralförmig mit dem Rest des Erdbeerobers bespritzen. Mit den übriggelassenen Erdbeeren und Schokoladenblättchen beliebig verzieren.

Ungebackene Mascarponetorte
mit Erdbeeren

Für 12 Stücke
Zubereitungszeit: *45 Minuten*
Kühlzeit: *1 Stunde*

Für den Boden:
150 g Zwieback
80 g flüssige Butter
1 kleines Eiklar
50 g Kristallzucker
Für den Belag:
60 g Butter
100 g Kristallzucker
2 Eidotter
150 ml Obers
500 g Mascarpone
2 - 3 EL Zitronensaft
1 Beutel Citro-back (Zitronensäure)
6 Blatt weiße Gelatine
Für die Garnitur:
50 g gehackte Pistazien
200 g Erdbeeren
etwas Staubzucker
Außerdem:
Pergamentpapier für die Form

◆ Für den Boden den Zwieback fein zermahlen. Zucker, flüssige Butter und das Eiklar dazugeben und zu einem krümeligen Teig verkneten. Boden und Rand einer Springform leicht ausfetten und mit Pergamentpapier auskleiden. Den Zwiebackteig auf den Boden geben und gleichmäßig festdrücken. Kalt stellen.

◆ Für den Belag Butter und Kristallzucker cremig rühren. Eidotter, Obers und Mascarpone unterrühren und mit Zitronensaft und -säure abschmecken. Die Gelatine kalt einweichen, warm auflösen und zuerst etwas von der Mascarponecreme unter die warme Gelatine rühren, dann alles sorgfältig miteinander vermischen. Die Creme auf den Kuchenboden füllen, die Oberfläche glattstreichen und in etwa 1 Stunde in einem Gefriergerät erstarren lassen.

◆ Den Kuchen aus der Form lösen, das Papier abziehen und den Rand der Oberfläche dick mit Pistazien bestreuen. Die Erdbeeren waschen, entstielen und halbieren und in der Mitte der Torte hübsch anordnen. Mit Staubzucker bestäuben.

Tips und Tricks:

Mascarpone ist ein fetthaltiger italienischer Frischkäse, bekannt geworden durch das beliebte Dessert Tiramisu!

Topfen-Obers-Torte

mit Sauerkirschen

Für 12 Stücke
Zubereitungszeit: *1 Stunde*
Backzeit pro Boden: *20 Minuten*

Für den Mürbteig:
300 g Mehl
1 Prise Salz
1 TL Backpulver
120 g Kristallzucker
1 Ei
150 g Butter
Für die Fülle:
1 Glas Sauerkirschen (ca. 450 ml)
30 g Stärkemehl
2 EL Kirschschnaps
6 Blatt weiße Gelatine
500 g Topfen mit 40 % F. i. Tr.
100 g Kristallzucker
ausgekratztes Mark von 1 Vanilleschote
1/4 l Obers
Außerdem:
Fett für die Form
Staubzucker zum Bestäuben
1/8 l Obers
12 Minzeblätter

◆ Mehl, Salz, Backpulver und Kristallzucker auf ein Backbrett häufen, in die Mitte eine Mulde drücken und das Ei hineingeben. Die Butter in Flocken auf den Rand setzen und alles erst mit einem breiten Messer zerhacken, dann rasch mit möglichst kalten Händen zu einem glatten Mürbteig verkneten. Mit Folie umhüllt 30 Minuten im Kühlschrank rasten lassen.

◆ Die Kirschen auf einem Sieb abtropfen lassen und den Kirschsaft auffangen. 1/4 Liter davon abmessen und zum Kochen bringen. Das Stärkemehl mit Kirschschnaps anrühren und unter Rühren in den kochenden Kirschsaft einlaufen lassen. Einige Male aufwallen lassen, dann von der Kochplatte nehmen und zwei Drittel der Kirschen untermischen. Kalt stellen. Das Backrohr auf 200° C vorheizen.

◆ Den Mürbteig auf einem bemehlten Backbrett ausrollen und zwei Böden im Durchmesser von 24 cm, einen etwas dünner, ausschneiden. In eine Springform legen und den Teig mit einer Gabel mehrmals einstechen. Entweder nacheinander oder in einem Heißluftofen miteinander in etwa 20 Minuten goldbraun und knusprig backen.

◆ Die Gelatine in kaltem Wasser einweichen. Den Topfen mit Kristallzucker und Vanillemark verrühren. Die Gelatine bei schwacher Hitze auflösen und erst mit etwas Topfen vermischen, dann alles miteinander verrühren. Das Obers steif schlagen und locker und gleichmäßig unterziehen.

◆ Den dünneren Tortenboden sofort nach dem Backen mit einem Sägemesser in 12 gleich große Tortenstücke schneiden und mit Staubzucker bestäuben. Den zweiten Boden nach dem Abkühlen zurück in die Springform legen. Mit den angedickten Kirschen bestreichen und die Topfenmasse darübergeben. Die Oberfläche glattstreichen und den Kuchen einige Stunden im Kühlschrank fest werden lassen.

◆ Zum Schluß die Tortenoberfläche mit den zurechtgeschnittenen Tortenstücken belegen. Jedes Stück mit einem Tupfen steif geschlagenem Obers bespritzen und mit einer Kirsche und einem Minzeblatt belegen.

Schwarzwälder Kirschtorte

Für 16 Stücke
Zubereitungszeit: *2 Stunden*
Backzeit: *20 Minuten bzw. 30 Minuten*

Für den Mürbteig:
- 150 g Mehl
- 50 g Kristallzucker
- 2 EL Vanillezucker, 1 Prise Salz
- 1 Eidotter
- 100 g Butter

Für den Biskuitteig:
- 5 Eidotter
- 80 g Staubzucker
- 5 Eiklar
- 30 g Kristallzucker
- 120 g Mehl
- 40 g Kakao
- 1/2 TL Backpulver
- 3 EL flüssige Butter

Für die Fülle:
- 1 Glas Sauerkirschen (ca. 450 ml)
- 3 Blatt weiße und 1 Blatt rote Gelatine
- 6 cl Kirschschnaps
- 1/2 l Obers, 2 EL Vanillezucker
- 1 Päckchen Sahnesteif
- 2 EL Kirschmarmelade

Außerdem:
- 1/8 l Schlagobers
- 4 EL Schokoladenblättchen
- Fett und Backpapier für die Form

◆ Aus den angegebenen Zutaten einen Mürbteig herstellen. Mit Folie umhüllt 30 Minuten im Kühlschrank rasten lassen. Das Backrohr auf 200° C vorheizen.

◆ Eidotter, Wasser und Staubzucker schaumig schlagen. Die Eiklar steif schlagen, dabei den Kristallzucker einrieseln lassen und so lange weiterschlagen, bis der Schnee schnittfest und glänzend ist. Ein Drittel davon mit dem gesiebten Mehl, Kakao, Backpulver und der flüssigen Butter unterrühren, den restlichen Schnee locker und gleichmäßig unterheben. In eine mit Backpapier ausgelegte Springform von 26 cm Durchmesser füllen und im Backrohr auf mittlerer Schiene ca. 30 Minuten backen. Überkühlen lassen.

◆ Den Mürbteig zu einer Platte von 26 cm ausrollen, in eine gefettete Springform legen und auf der mittleren Schiene 20 Minuten backen.

◆ Die Sauerkirschen auf einem Sieb abtropfen lassen und den Fruchtsaft auffangen. Die Gelatine in kaltem Wasser einweichen. 1/4 Liter des abgetropften Fruchtsafts abmessen, erwärmen und die Gelatine darin auflösen. Kirschen und 2 cl Kirschschnaps dazugeben und im Kühlschrank fest werden lassen.

◆ Das Obers steif schlagen, dabei den Vanillezucker und Sahnesteif einrieseln lassen. Den Biskuitboden waagrecht zweimal durchschneiden und die Böden mit dem restlichen Kirschschnaps beträufeln.

◆ Boden und Rand einer Springform von 26 cm mit Pergamentpapier auskleiden. Den Mürbteig hineinlegen und mit den Kirschen bedecken. Etwas Obers darüberstreichen und mit einer Biskuitplatte belegen, darauf erneut eine Schicht Obers geben und mit einer Biskuitplatte bedecken. Diese erst mit Kirschmarmelade, dann mit Obers bestreichen und mit dem letzen Biskuitboden bedecken.

◆ Im Kühlschrank erstarren lassen, aus der Form lösen, Papier entfernen und mit steifgeschlagenem Obers rundherum dick bestreichen. Mit Schokoladenblättchen bestreuen.

Zuger Kirschtorte

Für 16 Stücke
Zubereitungszeit: *2 Stunden*
Backzeit für den Biskuitboden: *40 Minuten*
Backzeit der Baiserböden: *1 Stunde*

Für die Baiserböden:
4 Eiklar
150 g Kristallzucker
2 EL Vanillezucker
120 g geröstete, geriebene Haselnüsse
Für den Biskuitteig:
4 Eier
100 g Kristallzucker
80 g Mehl
20 g Stärkemehl
50 g flüssige Butter
Für die Buttercreme:
1/4 l Milch
80 g Kristallzucker
2 Eidotter
1/2 Päckchen Puddingpulver mit
Himbeergeschmack
2 EL Kirschwasser
150 g Butter
Zum Tränken:
6 EL Wasser
60 g Kristallzucker
100 ml Kirschschnaps
Außerdem:
Backpapier für die Form
3 - 4 EL geröstete Mandelblättchen
Staubzucker zum Bestäuben

◆ Das Backrohr auf 150° C schalten. Eiklar steif schlagen, dabei Kristall- und Vanillezucker einrieseln lassen und so lange weiterschlagen, bis der Schnee schnittfest und glänzend ist. Die Nüsse unterrühren. Ein Backblech mit Backpapier auslegen und zwei Kreise von 26 cm Durchmesser darauf markieren. Die Baisermasse gleichmäßig darauf streichen und im heißen Backrohr auf der unteren Schiene etwa 1 Stunde trocknen lassen.

◆ Eier mit Kristallzucker auf dem Wasserbad dickschaumig schlagen. Herausnehmen und kalt schlagen. Dann Mehl, Stärkemehl und die flüssige Butter unterheben. Die Masse in eine mit Backpapier ausgelegte Springform füllen. Nachdem die Baiserböden gebacken sind, die Temperatur auf 200° C schalten und den Biskuitboden auf der mittleren Schiene etwa 30 Minuten backen.

◆ 4 Eßlöffel der Milch abnehmen und mit Eidotter, Puddingpulver und Kristallzucker verquirlen. Die restliche Milch zum Kochen bringen und das angerührte Puddingpulver einlaufen lassen. Aufkochen lassen, dann mit Kristallzucker bestreut kalt stellen.

◆ Die Butter cremig rühren und löffelweise den abgekühlten Pudding dazugeben. Zum Schluß mit Kirschschnaps abschmecken.

◆ Wasser und Zucker aufkochen, den Kirschschnaps unterrühren und den abgekühlten Biskuitboden mit der Mischung tränken.

◆ Einen Baiserboden auf eine Kuchenplatte legen, mit Buttercreme bestreichen und den Biskuitboden daraufsetzen. Mit Creme bestreichen und mit dem zweiten Baiserboden bedecken. Die Torte rundherum mit der Buttercreme bestreichen und den Rand mit den gerösteten Mandelblättchen bestreuen. Die Oberfläche dick mit Staubzucker bestäuben und mit einem Messerrücken ein rautenförmiges Muster eindrücken.

Buchweizen-Mohn-Torte
mit Preiselbeeren

Für 16 Stücke
Zubereitungszeit: *35 Minuten*
Backzeit: *40 Minuten*

Für den Biskuitteig:
- 5 Eidotter
- 5 EL Wasser
- 160 g Kristallzucker
- 1 Prise Salz
- 180 g fein gemahlenes Buchweizenmehl
- 1 EL Stärkemehl
- 4 TL Backpulver
- 1 EL Kakao
- 1 Packung Mohn-back
- oder 150 g fein gemahlener Mohn
- 5 Eiklar

Für die Fülle:
- 3/4 l Obers
- 2 Päckchen Sahnesteif
- 2 EL Vanillezucker
- 1 Glas Preiselbeeren

Außerdem:
- Backpapier für die Form
- 25 g gehackte Pistazien

◆ Das Backrohr auf 180° C vorheizen. Eidotter, Wasser, 140 g Kristallzucker und Salz mit den Schneebesen eines Handrührgerätes schaumig schlagen. Eiklar steif schlagen, dabei den restlichen Zucker einrieseln lassen und so lange weiter schlagen, bis der Schnee schnittfest und glänzend ist.

◆ Ein Drittel davon mit dem Buchweizenmehl, Stärkemehl, Backpulver, Kakao und Mohn-back unter die Schaummasse rühren. Den restlichen Schnee locker und gleichmäßig unterheben.

◆ Den Boden einer Springform mit Backpapier auslegen und die Masse hineinfüllen. Die Oberfläche glattstreichen und im heißen Backrohr auf der unteren Schiene etwa 40 Minuten backen.

◆ Den Kuchen auf ein Kuchengitter stürzen, das Papier abziehen und völlig auskühlen lassen. Dann zweimal waagrecht durchschneiden.

◆ Obers mit Sahnesteif und Vanillezucker steif schlagen und zwei Drittel davon mit den Preiselbeeren verrühren. 2 Eßlöffel Preiselbeeren für die Garnitur aufbewahren.

◆ Eine Biskuitplatte auf einen Kuchenteller legen, mit dem Preiselbeerobers dick bestreichen, die zweite Platte daraufgeben, ebenfalls bestreichen und mit dem dritten Boden bedecken. Die Torte rundherum mit dem übriggebliebenen weißen Obers bestreichen und die Oberfläche üppig damit bespritzen. Mit Pistazien und den restlichen Preiselbeeren garnieren.

Tips und Tricks:

Fertige Mohnmischungen sind schon ein wenig abgeschmeckt! Wer also frisch gemahlenen Mohn verwendet, sollte etwas Vanillemark, Zitronenschale und ein wenig Zucker dazugeben.

Gefüllte Schokoladencremetorte

Dünner Hans und dicke Gretl

Gebackene Tischkarten

Mürbteigkekse · Mandelspritzgebäck · Vanillekipferl · Marzipanröllchen · Marillenstangerl

Mohntorte
mit Powidl

Für 16 Stücke
Zubereitungszeit: *40 Minuten*
Backzeit: *1 Stunde*

Für den Rührteig:
150 g Butter
70 g Staubzucker
ausgekratztes Mark von 1 Vanilleschote
2 cl Rum
abgeriebene Schale von 1/2 unbehandelten Zitrone
1 Prise Salz
4 Eidotter
170 g frisch gemahlener Mohn
4 Eiklar
80 g Kristallzucker
50 g Mehl
50 g Stärkemehl
5 - 6 EL Milch
Für die Fülle:
1/2 l Obers
2 EL Vanillezucker
6 EL Powidl
4 EL Rum
Außerdem:
Fett und gemahlene Haselnüsse für die Form
3 - 4 EL gehobelte Haselnüsse

◆ Das Backrohr auf 170° C vorheizen. Weiche Butter, Staubzucker, Vanillemark, Rum, geriebene Zitronenschale und Salz mit den Schneebesen eines Handrührgerätes oder einer Küchenmaschine cremig rühren. Nach und nach die Eidotter und den Mohn dazugeben und zu einer dickschaumigen Masse schlagen. Eiklar steif schlagen, dabei den Kristallzucker einrieseln lassen und so lange weiterschlagen, bis der Schnee schnittfest und glänzend ist. Mehl und Stärkemehl mit der Milch verrühren und mit einem Drittel des Schnees unter die Schaummasse rühren. Den restlichen Schnee locker und gleichmäßig unterrühren.

◆ Den Teig in eine gefettete Springform von 26 cm füllen und im heißen Backrohr auf der unteren Schiene knapp 1 Stunde backen.

◆ Den Kuchen auf einem Kuchengitter erkalten lassen, dann zweimal waagrecht durchschneiden. Das Obers mit Vanillezucker steif schlagen, den Powidl mit Rum verrühren. Eine Kuchenplatte auf einen Kuchenteller legen und mit der Hälfte der Powidlmischung, dann mit Obers bestreichen, mit der zweiten Platte bedecken und diese ebenfalls erst mit Powidl, dann mit Obers bestreichen. Mit dem dritten Boden bedecken, und die Torte rundherum mit dem restlichen Obers bestreichen. Die Torte mit den gehobelten Haselnüssen bestreuen und gut durchziehen lassen.

Mokka-Obers-Torte

Für 16 Stücke
Zubereitungszeit: *45 Minuten*
Kühlzeit: *einige Stunden*
Backzeit: *40 Minuten*

Für den Biskuitteig:
6 Eidotter
120 g Kristallzucker
100 g geriebene Zartbitter-Schokolade
50 g Mehl
30 g Stärkemehl
100 g geröstete, geriebene Haselnüsse
1 EL lösliches Kaffeepulver
6 Eiklar
Für die Fülle:
1/2 l Obers
250 g Mokkaschokolade
1 EL lösliches Kaffeepulver
Zum Tränken:
6 EL starker Mokka
3 EL Cognac
Außerdem:
Backpapier für die Form
Mokka-Schokoladenbohnen zum Verzieren

◆ Das Backrohr auf 180° C schalten. Eidotter und 100 g Kristallzucker mit den Schneebesen eines Handrührgerätes oder einer Küchenmaschine dickschaumig schlagen. Die Eiklar steif schlagen, dabei den restlichen Kristallzucker einrieseln lassen und so lange weiterschlagen, bis der Schnee schnittfest und glänzend ist. Ein Drittel davon mit der geriebenen Schokolade, Mehl, Stärkemehl, Nüssen und löslichem Kaffee unter die Schaummasse rühren, den restlichen Schnee locker und gleichmäßig unterziehen. Die Masse in eine mit Backpapier ausgelegte Springform von 26 cm Durchmesser füllen. Die Oberfläche glattstreichen und im heißen Backrohr auf der unteren Schiene etwa 40 Minuten backen.

◆ Für die Fülle das Obers mit der in Stücke zerbrochenen Schokolade und dem Kaffeepulver bei schwacher Hitze erwärmen. Gut durchrühren, bis sich die Schokolade völlig aufgelöst hat. Einige Stunden, am besten über Nacht, in den Kühlschrank stellen.

◆ Den abgekühlten Biskuitboden einmal waagrecht durchschneiden und beide Hälften mit der Mischung aus Mokka und Cognac tränken.

◆ Das Mokka-Schokoladen-Obers langsam mit den Schneebesen eines Handrührgerätes bei mittlerer Stufe schaumig schlagen. Die getränkten Kuchenplatten damit füllen und die Torte rundherum dick mit dem Mokka-Obers bestreichen. Den Rest in einen Spritzbeutel füllen und die Oberfläche damit bespritzen. Mit Mokka-Schokoladenbohnen verzieren.

Kaffeewindtorte

Für 12 Stücke
Zubereitungszeit: *30 Minuten*
Backzeit: *1 Stunde, 20 Minuten*

Für die Windmasse:
4 Eiklar
120 g Feinkristallzucker
140 g Staubzucker
Für die Fülle:
400 ml Obers
20 g Feinkristallzucker
2 - 3 EL löslicher Kaffee
1 - 2 EL Rum
Außerdem:
Backpapier für das Blech

◆ Das Backrohr auf 120° C vorheizen. Eiklar steif schlagen, dabei den Feinkristallzucker einrieseln lassen und so lange weiterschlagen, bis der Schnee schnittfest und glänzend ist. Zum Schluß mit einem Kochlöffel den Staubzucker einarbeiten. Die Masse in einen Spritzbeutel mit glatter Tülle mit 8 mm Öffnung füllen.

◆ Ein Backblech mit Backpapier auslegen und, spiralförmig von innen beginnend, drei Tortenblätter im Durchmesser von 20 cm aufspritzen. Im heißen Backrohr auf der unteren Schiene 10 Minuten anbacken, dann die Hitze auf 90° C reduzieren und die Böden gut 1 Stunde trocknen lassen. Die Böden dürfen auf keinen Fall Farbe nehmen. Anschließend sofort vom Papier lösen und auskühlen lassen.

◆ Kurz vor dem Servieren das Obers steif schlagen, den Feinkristallzucker dazugeben und ein Drittel davon abnehmen.

◆ 1 Eßlöffel Kaffeepulver in Rum auflösen und unter die restlichen zwei Drittel Obers mischen. Die Tortenblätter mit dem Kaffeeobers füllen und die Seiten ebenfalls mit Kaffeeobers glattstreichen. Die Oberfläche mit dem weißen Obers kuppelförmig bestreichen und mit dem restlichen Kaffeepulver bestreuen. Sofort servieren.

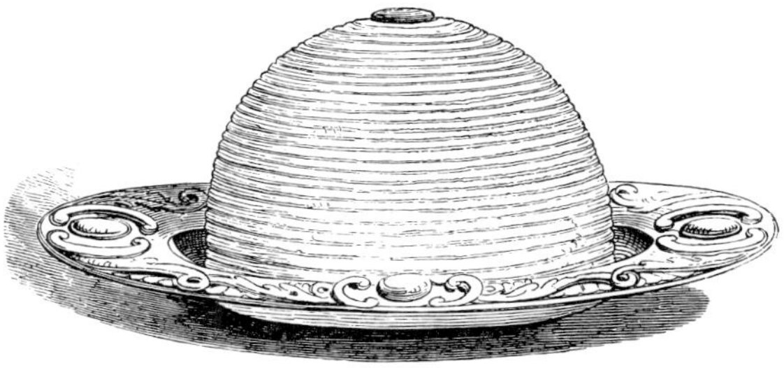

Tips und Tricks:

Zur Abwechslung kann man das Obers auch mit frisch püriertem Fruchtmark oder mit Krokant verfeinern.

Datteltorte

Für 16 Stücke
Zubereitungszeit: *1 Stunde, 30 Minuten*
Backzeit: *1 Stunde bzw. 20 Minuten*

Für die Baiserböden:
5 Eiklar
150 g Staubzucker
abgeriebene Schale und Saft von 1/2 unbehandelten
Zitrone
150 g geriebene Haselnüsse
150 g gehackte getrocknete Datteln
Für den Biskuitteig:
2 Eidotter
50 g Kristallzucker
2 Eiklar
30 g Mehl
30 g Stärkemehl
2 EL flüssige Butter
Für die Buttercreme:
5 Eidotter
100 g Staubzucker
2 - 3 EL starker Kaffee
ausgekratztes Mark von 1 Vanilleschote
150 g Butter
Außerdem:
Backpapier für das Blech
2 - 3 EL gehobelte Haselnüsse
einige Datteln für die Garnitur

◆ Das Backrohr auf 120° C vorheizen. Eiklar steif schlagen, dabei den Staubzucker dazugeben und so lange weiterschlagen, bis der Schnee schnittfest ist. Zitronensaft, -schale, geriebene Nüsse und die gehackten Datteln unterrühren.

◆ Ein Backblech mit Backpapier auslegen und zwei Kreise im Durchmesser von 24 cm darauf kennzeichnen. Die Dattelmasse daraufstreichen und im heißen Backrohr auf der mittleren Schiene etwa 1 Stunde backen.

◆ Eidotter und 30 g Kristallzucker mit den Schneebesen eines Handrührgerätes schaumig rühren. Die Eiklar steif schlagen, dabei den restlichen Zucker einrieseln lassen und so lange weiterschlagen, bis der Schnee schnittfest und glänzend ist. Ein Drittel davon mit Mehl, Stärkemehl und flüssiger Butter unter die Schaummasse rühren. Den restlichen Schnee locker und gleichmäßig unterziehen. Die Masse in eine mit Backpapier ausgelegte Springform von 24 cm Durchmesser füllen. Nachdem die Dattelböden gebacken sind, das Backrohr auf 200° C schalten und den Biskuitboden auf der mittleren Schiene 20 Minuten backen.

◆ Für die Buttercreme Eidotter mit Staubzucker, Kaffee und Vanillemark im Wasserbad dickschaumig aufschlagen. Herausnehmen und kalt schlagen. Die Butter cremig rühren und löffelweise die aufgeschlagene Creme hinzufügen. So lange rühren, bis eine glatte, geschmeidige Buttercreme entstanden ist.

◆ Die drei Kuchenböden mit der Buttercreme so zusammensetzen, daß der Biskuitboden in der Mitte ist. Die Torte rundherum dick mit Creme bestreichen. Den Rand mit gehackten Haselnüssen bestreuen und die Oberfläche mit einigen in Spalten geschnittenen Datteln und etwas Creme verzieren.

Tips und Tricks:

Dieses ungarische Familienrezept wird im Original in einer rechteckigen Kuchenform gebacken.

Ungarische Schokoladen-Nuß-Torte

Für 16 Stücke
Zubereitungszeit: *50 Minuten*
Backzeit: *40 Minuten*

Für den Biskuitteig:
6 Eidotter
120 g Kristallzucker
200 g Vollmilch-Schokolade
80 g Mehl
6 Eiklar
Für die Buttercreme:
5 - 6 EL Milch
2 cl Rum
30 g Kristallzucker
2 EL Vanillezucker
120 g geriebene Haselnüsse
250 g Butter
Außerdem:
Backpapier für das Blech
100 g Schokoladenblättchen

◆ Das Backrohr auf 180° C vorheizen. Eidotter und 100 g Kristallzucker mit den Schneebesen eines Handrührgerätes oder einer Küchenmaschine dickschaumig schlagen Die Schokolade im Wasserbad schmelzen und mit dem Mehl unterrühren. Die Eiklar steif schlagen, dabei den restlichen Zucker einrieseln lassen und so lange weiterschlagen, bis der Schnee schnittfest und glänzend ist. Den Schnee locker und gleichmäßig unter die Schaummasse ziehen.

◆ Den Teig in eine Springform von 26 cm Durchmesser füllen und im heißen Backrohr auf der unteren Schiene 35 - 40 Minuten backen. Auf ein Kuchengitter stürzen, das Papier abziehen, auskühlen lassen, dann zweimal waagrecht durchschneiden.

◆ Für die Creme die Milch, Rum, Kristall- und Vanillezucker erhitzen, die Nüsse hineingeben und gründlich verrühren. Es muß eine geschmeidige Paste entstehen – gegebenenfalls noch etwas Milch oder Nüsse dazugeben.

◆ Die weiche Butter cremig rühren und löffelweise die Nußmasse unterrühren. Die Torte mit der Nußcreme füllen und rundherum damit bestreichen. Rand und Oberfläche dick mit Schokoladenblättchen bestreuen

Nougattorte

Für 16 Stücke
Zubereitungszeit: *1 Stunde*
Backzeit pro Boden: *12 Minuten*

Für den Rührteig:
200 g Butter
abgeriebene Schale von 1/2 unbehandelten Zitrone
200 g Kristallzucker
4 Eier
1 Eiklar
2 TL Backpulver
200 g Mehl
Für die Creme:
50 g Stärkemehl
1 Eidotter
50 g Kristallzucker
1/2 l Milch
125 g Butter
2 Packungen Nußnougat
Außerdem:
Fett für die Form
Schokoladenblätter

◆ Das Backrohr auf 200° C vorheizen. Weiche Butter, Zitronenschale und Kristallzucker mit den Schneebesen eines Handrührgerätes oder einer Küchenmaschine cremig rühren. Nach und nach die Eier und das Eiklar und zum Schluß das mit Backpulver vermischte Mehl unterrühren.

◆ Einen Springformboden von 26 cm Durchmesser einfetten und eine dünne Teigschicht daraufstreichen. In 10 - 12 Minuten auf der oberen Schiene goldgelb backen. Auf diese Weise nacheinander noch 4 dünne Teigplatten backen.

◆ Die Tortenplatten auf einem Kuchenrost auskühlen lassen.

◆ Für die Füllung Stärkemehl, Kristallzucker, Eidotter und 3 - 4 EL Milch verrühren. Die restliche Milch zum Kochen bringen und das angerührte Stärkemehl einlaufen lassen. Einige Male aufkochen lassen, von der Kochplatte nehmen und 1 1/2 Packungen der Nußnougatmasse in kleinen Stücken unterrühren. Die Masse abkühlen lassen.

◆ Das restliche Nougat etwas erwärmen, eine Tortenplatte damit bestreichen und kalt stellen.

◆ Die Butter cremig rühren und die Nougatmasse löffelweise unterrühren. So lange rühren, bis eine schaumige Creme entsteht. Die Tortenplatten mit der Creme zusammensetzen und mit der nougatbestrichenen Platte bedecken. Die restliche Creme in einen Spritzbeutel füllen und Tupfen auf die Oberfläche spritzen. Mit Schokoladenblättern garnieren und vor dem Anschneiden einige Stunden im Kühlschrank durchziehen lassen.

Tips und Tricks:

Wenn es schwierig ist, unbehandelte Zitronen zu bekommen, greifen Sie auf Citro-back zurück!

Kaffeetorte
mit Topfenfülle

Für 16 Stücke
Zubereitungszeit: *50 Minuten*
Backzeit:. *35 Minuten*
Kühlzeit: *2 - 3 Stunden*

Für den Biskuitteig:
2 EL löslicher Kaffee
2 EL heißes Wasser
6 Eidotter
140 g Kristallzucker
6 Eiklar
2 EL Vanillezucker
80 g Stärkemehl
120 g Mehl

Zum Tränken:
75 ml heißes Wasser
1 EL löslicher Kaffee
3 EL Staubzucker
4 EL Weinbrand

Für die Fülle:
10 Blatt weiße Gelatine
500 g Mascarpone
500 g Topfen mit 40% F. i. Tr.
abgeriebene Schale von 1 unbehandelten Orange
1/8 l frisch gepreßter Orangensaft
3 - 4 EL Zitronensaft
40 g Staubzucker
50 g Schokoladenblättchen
1 Handvoll Erdbeeren
1 unbehandelte Orange

Außerdem:
Backpapier für die Form

◆ Das Backrohr auf 180° C vorheizen. Löslichen Kaffee in heißem Wasser auflösen und mit den Eidottern und Kristallzucker mit den Schneebesen eines Handrührgerätes oder einer Küchenmaschine dickschaumig aufschlagen. Die Eiklar steif schlagen, dabei den Vanillezucker einrieseln lassen und so lange weiterschlagen, bis der Schnee schnittfest und glänzend ist. Ein Drittel davon mit Mehl und Stärkemehl unter die Schaummasse rühren, den restlichen Schnee locker und gleichmäßig unterheben. Die Masse in eine mit Backpapier ausgelegte Springform von 24 cm Durchmesser füllen und im heißen Backrohr auf der mittleren Schiene 35 Minuten backen.

◆ Den Kuchen auf einem Kuchengitter auskühlen lassen, dann zweimal waagrecht durchschneiden.

◆ Heißes Wasser mit löslichem Kaffee, Staubzukker und Weinbrand verrühren. Die Tortenböden damit tränken.

◆ Die Gelatineblätter einweichen, gut ausdrükken und warm auflösen. Mascarpone mit Topfen, Orangenschale, Orangen- und Zitronensaft sowie Staubzucker cremig verrühren und die aufgelöste Gelatine vorsichtig untermischen.

◆ Kurz bevor die Creme beginnt, fest zu werden, 4 Eßlöffel davon abnehmen und in einen Spritzbeutel mit gezackter Tülle füllen. Mit der restlichen Creme die Torte füllen und rundherum bestreichen.

◆ Auf die Oberfläche mit dem Spritzbeutel Tupfen spritzen und mit Orangensegmenten, Erdbeeren und Schokoladenraspeln beliebig verzieren.

Esterházytorte

Für 16 Stücke
Zubereitungszeit: *1 Stunde*
Backzeit pro Blech: *8 - 12 Minuten*

Für die Baisermasse:
8 Eiklar
200 g Staubzucker
abgeriebene Schale von 1 unbehandelten Zitrone
1 Msp gemahlener Zimt
150 g ungeschälte geriebene Mandeln
40 g Mehl
Für die Buttercreme:
1/4 l Milch
150 g Kristallzucker
30 g Vanillepuddingpulver
2 Eidotter
2 EL Kirschschnaps
250 g Butter
3 - 4 EL Marillenmarmelade
Außerdem:
Backpapier für das Blech
1 Packung Fondant
etwas Kakao
2 - 3 EL gehobelte Mandeln

◆ Das Backrohr auf 180° C vorheizen. Eiklar steif schlagen, dabei den Staubzucker, Zitronenschale und Zimt dazugeben und so lange weiterschlagen, bis der Schnee schnittfest und glänzend ist. Die geriebenen Mandeln und das Mehl sorgfältig unterrühren.

◆ Ein Backblech mit Backpapier auslegen, zwei Kreise im Durchmesser von 24 cm darauf kennzeichnen und einen Teil der Schaummasse gleichmäßig daraufstreichen. Im heißen Backrohr bei leicht geöffneter Backrohrtür hellbraun backen. Sofort mit einer Palette vom Papier lösen und noch weitere 4 Böden auf diese Weise backen. Die Böden auskühlen lassen.

◆ 4 Eßlöffel der Milch abnehmen und mit Eidottern, Puddingpulver und Kristallzucker verquirlen. Die restliche Milch zum Kochen bringen und das angerührte Puddingpulver einlaufen lassen. Einige Male aufwallen lassen, dann den Kirschschnaps unterrühren und mit Kristallzucker bestreut kalt stellen.

◆ Die Butter cremig rühren und löffelweise den Pudding dazugeben. Rühren, bis eine glatte Buttercreme entsteht.

◆ 5 Böden mit der Creme füllen, ein wenig davon für den Rand aufbewahren. Den 6. Tortenboden mit der Unterseite nach oben auflegen und mit erwärmter Marillenmarmelade bestreichen.

◆ Das Fondant erwärmen und lippenwarm über den glasierten Boden gießen. Mit wenigen Strichen mit einer Palette glattstreichen. Den Rand mit zurückgelassener Kirsch-Butter-Creme bestreichen und mit Mandelblättchen bestreuen.

◆ Die Oberfläche mit dem typischen Esterházymuster versehen: Dazu 2 Eßlöffel Fondant mit etwas Kakao verrühren und in ein Papierstanitzel füllen. Damit Längsstreifen im Abstand von 2 cm über die Oberfläche ziehen. Mit einem Messerrükken sofort im gleichen Abstand wechselseitig zueinander Querstreifen ziehen. Vor dem Anschneiden gut durchziehen lassen.

Hunyaditorte

Für 16 Stücke
Zubereitungszeit: *45 Minuten*
Backzeit pro Boden: *20 Minuten*

Für den Biskuitteig:
1 Ei
7 Eidotter
80 g Staubzucker
6 Eiklar
60 g Kristallzucker
140 g geriebene Mandeln
30 g Zartbitter-Schokolade
40 g Biskuit- oder Semmelbrösel
Für die Fülle:
1/2 Glas Marillenmarmelade
3/8 l Obers
2 EL Vanillezucker
Außerdem:
Backpapier für die Form
150 g Kuvertüre

◆ Das Backrohr auf 180° C vorheizen. Ei, Eidotter und Staubzucker mit den Schneebesen eines Handrührgerätes oder einer Küchenmaschine dickschaumig schlagen. Die Eiklar steif schlagen, dabei den Kristallzucker einrieseln lassen und so lange weiterschlagen, bis der Schnee schnittfest und glänzend ist. Ein Drittel davon mit den Mandeln und der geschmolzenen Schokolade sowie den Bröseln unter die Schaummasse rühren. Den restlichen Schnee locker und gleichmäßig unterheben. Die Hälfte der Masse in eine mit Backpapier ausgelegte Springform von 26 cm Durchmesser füllen und im heißen Backrohr auf der mittleren Schiene ca. 20 Minuten backen. Anschließend den zweiten Boden genauso lange backen. Beide Böden auf Kuchengittern auskühlen lassen.

◆ Obers mit Vanillezucker steif schlagen. Einen Boden mit 3 Eßlöffeln Marillenmarmelade bestreichen, darauf zwei Drittel des Vanilleobers verteilen und mit dem zweiten Tortenboden bedecken. Den Kuchen rundherum mit der restlichen erwärmten Marmelade bestreichen und etwas antrocknen lassen.

◆ Die Kuvertüre in kleine Stücke brechen und im Wasserbad schmelzen lassen. Die lippenwarme Glasur auf einmal auf die Kuchenoberfläche gießen und mit wenigen Strichen mit einer Palette gleichmäßig verteilen. Den Rand bestreichen und trocknen lassen.

◆ Das restliche Obers in einen Spritzbeutel füllen und die erstarrte Glasur kurz vor dem Auftragen damit bespritzen.

Schokoladen-schaumtorte

Für 16 Stücke
Zubereitungszeit: *1 Stunde, 15 Minuten*
Backzeit: *40 bzw. 15 Minuten*

Für den dunklen Biskuitteig:
4 Eiklar
4 El Wasser
180 g Kristallzucker
4 Eidotter
100 g dunkle Kuvertüre
100 g geriebene Haselnüsse
75 g Stärkemehl
2 TL Kakao
1 TL Backpulver
Für den hellen Biskuitteig:
2 Eier
2 EL Wasser
75 g Kristallzucker
50 g Mehl
50 g Stärkemehl
1 TL Backpulver
Für die Fülle:
1 Glas Marillenmarmelade
400 ml Obers
2 Päckchen Sahnesteif
4 cl Rum
etwas Staubzucker
Außerdem:
Backpapier für die Form
50 g Schokoladenblättchen
Zartbitter-Dekorblätter

◆ Das Backrohr auf 180° C vorheizen. Für den dunklen Biskuitboden Eiklar und Wasser steif schlagen, dabei den Kristallzucker einrieseln lassen und so lange weiterschlagen bis der Schnee schnittfest und glänzend ist. Die Eidotter unterziehen. Die Kuvertüre im Wasserbad schmelzen lassen und mit den Nüssen, Stärkemehl, Kakao und Backpulver unter den Schnee rühren. In eine mit Backpapier ausgelegte Springform von 26 cm Durchmesser füllen und im heißen Backrohr auf der mittleren Schiene 40 Minuten backen. Auskühlen lassen.

◆ Für den hellen Biskuitboden die Eier mit Wasser und Kristallzucker dickschaumig schlagen. Mehl, Stärkemehl und Backpulver vermischen, auf die Schaummasse sieben und locker und gleichmäßig vermischen. Die Masse in eine mit Backpapier ausgelegte Springform von 26 cm Durchmesser füllen und im heißen Backrohr auf der mittleren Schiene ca. 15 Minuten backen. Auskühlen lassen.

◆ Mit einem scharfen Messer kreisförmig einen etwa 2 cm breiten Rand des dunklen Tortenbodens senkrecht bis zur Hälfte des Bodens einschneiden. Mit einem Löffel vorsichtig das Innere des Tortenbodens herauslösen. Es muß rundherum ein schmaler Tortenrand stehenbleiben.

◆ Den hellen Tortenboden mit der erwärmten Marillenmarmelade bestreichen und mit dem dunklen Boden belegen. Obers mit Sahnesteif steif schlagen. Die herausgelösten Kuchenteile zerbröseln, in Rum einweichen und das Obers unterziehen. Eventuell mit Staubzucker süßen.

◆ Die Obersmischung in die ausgehöhlte Torte füllen und zu einer Halbkugel formen. Den Tortenrand mit erwärmter Marillenmarmelade bestreichen und mit Schokoladenblättchen bestreuen. Die Oberskuppel mit Schoko-Dekorblättern verzieren.

Rouladen-Kuppeltorte

mit Himbeerfülle

Für 12 Stücke
Zubereitungszeit: *40 Minuten*
Backzeit: *12 Minuten*
Kühlzeit: *2 Stunden*

Für den Biskuitteig:
4 Eidotter
120 g Kristallzucker
4 Eiklar
abgeriebene Schale von 1 unbehandelten Zitrone
100 g Mehl
30 g Stärkemehl
Für die Fülle:
600 g Himbeeren
150 g Staubzucker
4 Blatt weiße Gelatine
1 Blatt rote Gelatine
Saft von 1/2 Zitrone
1/4 l Obers
Außerdem:
Backpapier für das Blech
1/2 Glas Himbeermarmelade
1 Päckchen Tortengelee
1/8 l Obers

◆ Das Backrohr auf 200° C vorheizen. Eidotter und 100 g Kristallzucker mit den Schneebesen eines Handrührgerätes oder einer Küchenmaschine schaumig schlagen. Eiklar steif schlagen, dabei den restlichen Zucker einrieseln lassen und so lange weiterschlagen, bis der Schnee schnittfest und glänzend ist. Ein Drittel davon mit dem Mehl und Stärkemehl unter die Schaummasse rühren, den restlichen Schnee locker und gleichmäßig unterziehen. Die Masse auf ein mit Backpapier ausgelegtes Backblech streichen und im heißen Backrohr auf der mittleren Schiene 10 - 12 Minuten backen.

◆ Die Biskuitplatte auf ein ausgebreitetes Tuch stürzen und von der Längsseite her aufrollen. Überkühlen lassen, dann wieder auseinanderrollen, das Papier abziehen. Die Innenseite gleichmäßig mit Himbeermarmelade bestreichen, erneut aufrollen und völlig erkalten lassen.

◆ Für die Creme die Himbeeren putzen, kurz waschen und 500 g davon gut abgetropft mit dem Staubzucker im Mixer fein pürieren. Durch ein Sieb streichen und mit Zitronensaft abschmecken. Die kalt eingeweichte und warm aufgelöste Gelatine mit dem Himbeermark vermischen und so lange kalt stellen, bis die Masse zu gelieren beginnt. Dann das steifgeschlagene Obers untermischen.

◆ Die Biskuitroulade in etwa 1 cm dicke Scheiben schneiden und eine mit Klarsichtfolie ausgelegte Kuppelform oder Schüssel mit rundem Boden damit auslegen. Dabei darauf achten, daß wenig Zwischenräume entstehen. Himbeercreme hineinfüllen und mit den restlichen Biskuitscheiben abdecken. Die Torte einige Stunden kalt stellen, dann auf einen Kuchenteller stürzen.

◆ Tortengelee nach Anleitung auf der Packung zubereiten und, kurz bevor das Gelee zu gelieren beginnt, die Kuppel damit überziehen. Das Obers steif schlagen, in einen Spritzbeutel füllen und den Tortenrand damit bespritzen. Mit den Himbeeren verzieren.

Herrentorte

Für 12 Stücke
Zubereitungszeit: *40 Minuten*
Backzeit: *50 Minuten*

Für den Biskuitteig:
200 g Zartbitter-Schokolade
5 Eidotter
150 g Staubzucker
5 Eiklar
50 g Kristallzucker
150 g geriebene, geröstete Haselnüsse
80 g Mehl
20 g Stärkemehl
4 EL flüssige Butter
Für die Fülle:
1/4 l Obers
2 EL Kakao
1 EL löslicher Kaffee
4 cl Whisky
Außerdem:
3 - 4 EL Orangenmarmelade
150 g dunkle Kuvertüre

◆ Das Backrohr auf 170° C vorheizen. Die Schokolade in kleine Stücke brechen und im Wasserbad schmelzen lassen. Eidotter und Staubzucker mit den Schneebesen eines Handrührgerätes oder einer Küchenmaschine dickschaumig schlagen. Eiklar steif schlagen, dabei den Kristallzucker einrieseln lassen und so lange weiterschlagen, bis der Schnee schnittfest und glänzend ist. Ein Drittel davon mit der flüssigen, lippenwarmen Schokolade, den Nüssen, Mehl und Stärkemehl und der flüssigen Butter unter die Schaummasse rühren. Restlichen Schnee locker und gleichmäßig unterheben.

◆ Die Masse in eine mit Backpapier ausgelegte Springform von 24 cm Durchmesser füllen und im heißen Backrohr auf der unteren Schiene ca. 50 Minuten backen. In der Form überkühlen lassen, dann auf ein Kuchengitter stürzen.

◆ Den erkalteten Kuchenboden zweimal waagrecht durchschneiden. Die mittlere Scheibe soll dünner sein. Den mittleren dünnen Kuchenboden zerbröseln und mit Whisky, Kakao und Kaffee vermischen. Das Obers steif schlagen und mit den angefeuchteten Bröseln verrühren. Mit dieser Mischung die Torte füllen und rundherum mit fein pürierter erwärmter Orangenmarmelade bestreichen. Die Kuvertüre in Stücke schneiden und im Wasserbad schmelzen lassen. Die Torte damit gleichmäßig überziehen und gut durchziehen lassen.

Gefüllte Schokoladen-cremetorte

Für 16 Stücke
Zubereitungszeit: *1 Stunde, 15 Minuten*
Backzeit: *50 Minuten*

Für den Biskuitteig:
4 Eiklar
4 EL Wasser
180 g Kristallzucker
abgeriebene Schale von 1 unbehandelten Orange
4 Eidotter
80 g Mehl
80 g Stärkemehl
1 1/2 TL Backpulver
Zum Auslegen der Form:
200 g Marzipan-Rohmasse
150 g Staubzucker
2 cl Rum
200 g Marillenmarmelade
Für die Creme:
100 g Butter
100 g Staubzucker
1 Packung helle Kuvertüre
2 cl Rum
75 g Schokoladenblättchen
Außerdem:
Backpapier für die Form
100 g dunkle Kuvertüre
Gebäckschmuck nach Wahl

◆ Das Backrohr auf 180° C vorheizen. Eiklar und kaltes Wasser steif schlagen, dabei nach und nach den Zucker und die Orangenschale einrieseln lassen. Die Eidotter unterziehen und zum Schluß die Mischung aus Mehl, Stärkemehl und Backpulver unterheben. Die Masse in eine mit Backpapier ausgelegte Springform von 26 cm Durchmesser füllen und im heißen Backrohr auf der mittleren Schiene ca. 50 Minuten backen.

◆ Marzipan-Rohmasse mit Staubzucker und Rum verkneten und zwischen Klarsichtfolie etwas größer, als der Springformboden ist, ausrollen. Eine tiefe Schüssel damit auskleiden und mit erwärmter Marillenmarmelade bestreichen.

◆ Den gebackenen Biskuitboden auf einem Kuchengitter überkühlen lassen, dann einmal waagrecht durchschneiden. Einen Tortenboden auf die bestrichene Marzipanschicht legen und leicht andrücken.

◆ Für die Creme die weiche Butter mit Staubzukker und erwärmter heller Kuvertüre unterrühren. Den Tortenboden damit bestreichen und mit der zweiten Biskuitplatte bedecken. Gut in die Schüssel drücken und mehrere Stunden kalt stellen.

◆ Vor dem Anrichten die Torte auf einen Kuchenteller stürzen. Die dunkle Kuvertüre in Stücke schneiden und im Wasserbad schmelzen lassen. Den Kuchen damit überziehen und mit Marzipanherzen und -sternen sowie Gebäckschmuck beliebig verzieren.

Punschtorte

Für 16 Stücke
Zubereitungszeit: *1 Stunde*
Backzeit: *45 Minuten*

Für den Biskuitteig:
6 Eidotter
40 g Staubzucker
abgeriebene Schale von 1 unbehandelten Zitrone
6 Eiklar
80 g Kristallzucker
150 g Mehl
4 EL flüssige Butter
Für die Fülle:
100 g Biskuitreste
1/8 l Wasser
100 g Kristallzucker
40 g Vollmilch-Schokolade
Saft und Schale von 1/2 unbehandelten Zitrone
6 cl Rum
1 EL feingehackte Arancini
1 Glas Marillenmarmelade
Für die Glasur:
100 g fertig gekauftes Fondant
einige Tropfen konzentrierter Himbeersirup
Außerdem:
Backpapier für die Form
8 kandierte Kirschen

◆ Das Backrohr auf 180° C vorheizen. Eidotter, Staubzucker und Zitronenschale mit den Schneebesen eines Handrührgerätes oder einer Küchenmaschine dickschaumig schlagen. Eiklar steif schlagen, dabei den Kristallzucker einrieseln lassen und so lange weiterschlagen, bis der Schnee schnittfest und glänzend ist. Ein Drittel davon mit Mehl und flüssiger Butter unter die Schaummasse rühren, den restlichen Schnee locker und gleichmäßig unterziehen.

◆ Die Masse in eine mit Backpapier ausgelegte Springform von 26 cm Durchmesser füllen und im heißen Backrohr auf der mittleren Schiene 45 - 50 Minuten backen. Aus der Form lösen und auf einem Küchengitter auskühlen lassen.

◆ Den Biskuitboden zweimal waagrecht durchschneiden und den mittleren – dickeren – Teil für die Fülle beiseite legen. Einen Boden mit der schöneren Seite nach unten zurück in die Springform legen und mit Marmelade bestreichen, den zweiten Boden ebenfalls bestreichen.

◆ Für die Fülle den Biskuitboden sowie Biskuitreste in kleine Würfel schneiden. Wasser, Kristallzucker, Schokoladenstückchen, Zitronensaft und -schale aufkochen, den Rum unterrühren und die mit Arancini vermischten Biskuitwürfel damit befeuchten. Diese Masse auf den bestrichenen Tortenboden füllen und mit dem zweiten Boden bedecken. Die Oberfläche mit einem Brett belegen und mit einer Konservendose oder einem anderen Gewicht beschweren. Einige Stunden durchziehen lassen.

◆ Den Kuchen mit aufgelöstem Fondant, eventuell mit etwas Himbeeersirup rot gefärbt, überziehen und mit halbierten kandierten Kirschen belegen.

Mailänder Torte

Für 16 Stücke
Zubereitungszeit: *1 Stunde, 10 Minuten*
Backzeit pro Boden: *6 - 8 Minuten*

Für den Rührteig:
250 g Butter
200 g Kristallzucker
abgeriebene Schale von 1 unbehandelten Orange
2 cl Orangenlikör
5 Eier
100 g geschälte, gehackte Mandeln
150 g Mehl
100 g Stärkemehl
2 gestr. TL Backpulver

Für die Fülle:
1 Glas Himbeermarmelade
2 - 3 EL Himbeerschnaps
200 g Butter
1 Packung fertige Zitronenglasur
150 g Staubzucker

Außerdem:
Fett für die Form
75 g gemischte gewürfelte kandierte Früchte
Schokoladen-Dekorblätter

◆ Das Backrohr auf 200° C vorheizen. Weiche Butter mit Kristallzucker, Orangenschale und -likör mit den Schneebesen eines Handrührgerätes oder einer Küchenmaschine cremig rühren. Nach und nach die Eier dazugeben und zu einer dickschaumigen Masse schlagen. Löffelweise die Mischung aus Mandeln, Mehl, Stärkemehl und Backpulver unterrühren.

◆ Einen Springformboden von 26 cm Durchmesser einfetten. Etwas Teig gleichmäßig daraufstreichen und im heißen Backrohr auf der mittleren Schiene ca. 8 Minuten backen. Auf diese Weise noch 5 weitere Böden backen und anschließend auf einem Kuchenrost auskühlen lassen.

◆ Für die erste Füllung die Himbeermarmelade mit dem Schnaps verrühren. Für die Zitronencreme die weiche Butter verrühren und nach und nach die erwärmte flüssige Kuchenglasur und den Staubzucker dazugeben. Alles schaumig aufschlagen.

◆ Den ersten Boden mit Zitronencreme bestreichen, den zweiten auf der Unterseite mit Himbeermarmelade bestreichen und darauflegen. So fortfahren, bis alle Kuchenblätter bestrichen sind.

◆ Die Tortenoberfläche mit Zitronencreme bestreichen und mit Schokoblättern und kandierten Früchtewürfeln verzieren.

Walnußtorte
mit Schoko-Nuß-Obers

Für 16 Stücke
Zubereitungszeit: *45 Minuten*
Backzeit: *45 Minuten*

Für den Nußbiskuitteig:
6 Eidotter
1 ganzes Ei
150 g Staubzucker
abgeriebene Schale und Saft von 1/2 unbehandelten
Zitrone
6 Eiklar
170 g Kristallzucker
300 g geriebene Walnüsse
50 g Semmelbrösel
4 cl Rum
Für die Fülle:
1/4 l Obers
2 EL Kakao
1 EL Vanillezucker
50 geriebene Walnüsse
Außerdem:
Backpapier für die Form
1/2 Glas Ribiselmarmelade
200 g Kuvertüre

◆ Das Backrohr auf 160° C vorheizen. Eidotter, ganzes Ei und Staubzucker mit den Schneebesen eines Handrührgerätes oder einer Küchenmaschine schaumig schlagen. Eiklar steif schlagen, dabei den Kristallzucker einrieseln lassen und so lange weiterschlagen, bis der Schnee schnittfest und glänzend ist. Den Schnee auf die Schaummasse häufen und die Zitronenschale, -saft sowie die geriebenen Nüsse und die mit Rum beträufelten Brösel darübergeben und alles locker und gleichmäßig miteinander vermischen.

◆ Den Boden einer Springform von 24 cm Durchmesser mit Backpapier auskleiden und die Biskuitmasse einfüllen. Die Oberfläche glattstreichen und im heißen Backrohr auf der mittleren Schiene etwa 45 Minuten backen.

◆ Den Tortenboden auf einem Kuchengitter erkalten lassen, dann zweimal waagrecht durchschneiden.

◆ Das Obers steif schlagen und dabei Kakao, Vanillezucker und die Nüsse untermischen. Zwei Böden mit dem Schoko-Nuß-Obers bestreichen und zusammensetzen. Den Kuchen mit der etwas erwärmten Ribiselmarmelade bestreichen und etwas übertrocknen lassen.

◆ Die Kuvertüre in Stücke schneiden und im Wasserbad auflösen. Lippenwarm auf einmal über den Kuchen gießen und diesen mit einer Palette in wenigen Strichen völlig damit überziehen.

Florentiner · Knuspertaler · Eidottermakronen · Elisenlebkuchen

Feigentaler · Nougatzungen · Schokospritzgebäck · Nußkugeln

Haselnuß-Oberstorte

Für 12 Stücke
Zubereitungszeit: *35 Minuten*
Backzeit: *1 Stunde*

Für den Biskuitteig:
350 g Haselnüsse
6 Eier
150 g Kristallzucker
ausgekratztes Mark von 1 Vanilleschote
1 TL gemahlener Zimt
30 g Biskuitbrösel
Für die Fülle:
1/2 l Obers
2 EL Vanillezucker
Außerdem:
Backpapier für die Form

◆ Das Backrohr auf 220° C vorheizen. Die Haselnüsse auf ein Backblech geben und so lange im heißen Backrohr rösten, bis sich das braune Häutchen abrubbeln läßt. 250 g der abgeriebenen Nüsse fein reiben, 50 g grob hacken und 50 g ganz lassen.

◆ Eier, Kristallzucker, Vanillemark und Zimt über einem Wasserbad mit den Schneebesen eines Handrührgerätes dickschaumig aufschlagen. Herausnehmen und kalt schlagen.

◆ 200 g geriebene und 50 g gehackte Haselnüsse mit den Bröseln vermischen und löffelweise unter die Schaummasse mischen.

◆ Den Boden einer Springform von 24 cm Durchmesser mit Backpapier auskleiden und die Nußmasse einfüllen. Die Oberfläche glattstreichen und im heißen Backrohr auf der mittleren Schiene knapp 1 Stunde backen. Auf einem Kuchengitter erkalten lassen.

◆ Obers steif schlagen, dabei den Vanillezucker hinzufügen. Unter die Hälfte des Obers die restlichen geriebenen Nüsse mischen.

◆ Den Kuchen einmal waagrecht durchschneiden und den unteren Boden mit dem Nußobers dick bestreichen. Mit dem zweiten Tortenboden bedecken und den Kuchen rundherum dick mit dem restlichen Obers bestreichen. Ein wenig Obers in einen Spritzbeutel mit glatter Tülle füllen und 12 dicke Tupfen auf die Oberfläche spritzen. Jeweils mit einer ganzen Haselnuß verzieren.

Tee- und Weihnachtsgebäck

Teegebäck, darunter versteht man knuspriges oder mürbes Kleingebäck, das man zu Tee, aber natürlich genauso zu Kaffee reicht. Die süße Knabberei kann aus Mürbteig, gerührten Teigen oder auch aus Makronenmasse zubereitet werden.

Seit Jahrhunderten beliebt ist Makronengebäck, in der Wiener Küche auch als Mandelbusserl bekannt. Diese Vorliebe stammt wahrscheinlich aus der Zeit, da Eier und Milchprodukte in der Fastenzeit zu den verbotenen Speisen gehörten und man als Ersatz Mandeln und die daraus hergestellte Mandelmilch schätzte. Neben Marzipan, das bekanntlich aus fein geriebenen Mandeln hergestellt wird, erfand man auch Makronen – eine aus Zucker und überaus fein geriebenen Mandeln, Kokos- oder Walnüssen sowie Eiklar hergestellte Masse. Ob als Mürbteigmakronen oder als gefüllte Makronen: Dieses Gebäck schmeckt zu Tee, Kaffee, aber auch zu kaltem Eis oder heißem Punsch.

Ganz besonders zart und fein schmeckt Hippengebäck, das neben Tee ebenfalls vorzüglich zu Eis paßt. Daneben fallen auch Petits fours, süße Schnittchen oder Nußbeugel unter die Rubrik Teegebäck. Eine kluge Hausfrau hat immer ein bißchen Gebäckvorrat in einer Blechdose, für alle Fälle.

Eine andere Möglichkeit für feines Teegebäck ist: einen Mürbteig zubereiten, dünn ausrollen und nach Herzenslust ausstechen: für die Kinderparty lustige Männchen oder kleine Fische, für den Tee zu zweit Herzen, glasiert mit rosa Zuckerglasur, zu Ostern werden Häschen ausgeschnitten und zu Weihnachten Nikoläuse oder Weihnachtsstiefel. Teegebäck hat somit immer Saison! Der Unterschied zum typischen Weihnachtsgebäck besteht lediglich darin, daß die Teige für die Weihnachtsbäckerei meist ein wenig üppiger sind und mehr gewürzt werden, zum Beispiel mit Vanille, Zimt, Muskat, Kardamom und Nelken. Paradebeispiel dafür sind die Lebkuchen, ein klassisches Weihnachtsgebäck, das wirklich nur zu dieser Zeit schmeckt.

Dennoch hat die Weihnachtsbäckerei einen ganz besonderen Stellenwert. In keiner anderen Zeit des Jahres duftet es aus so vielen Küchen nach süßem Naschwerk. Kaum eine Hausfrau kann sich diesem Zauber entziehen, auch wenn man das ganze Jahr über immer wieder beteuerte, daß diesmal keine Weihnachtskekse gebacken werden. Sobald der erste Advent kommt und man überall mit vorweihnachtlicher Stimmung konfrontiert wird, stellt sich das Backfieber ein. Man beginnt Rezepte zu studieren, auszuwählen – und das Endergebnis: wieder ein paar Sorten mehr als im vergangenen Jahr!

Viele Rezepte der Weihnachtsbäckerei werden von Generation zu Generation überliefert, und jede Familie hat meist einen wahren Schatz uralter Rezepte. Wohlvertraut und anheimelnd klingen die Namen der klassischen Weihnachtskekse: Denken Sie nur an Husarenkrapferl, Schokoladenbusserl, Bärenpratzerl, Vanillekipferl oder Spitzbuben. Natürlich finden Sie auf den folgenden Seiten all diese Klassiker, daneben auch einige neue Kreationen zur Erweiterung Ihres Repertoires. Denken Sie daran – das nächste Weihnachtsfest kommt garantiert! Und Sie dürfen sicher sein, auch dieses Mal werden Sie schwach und backen und backen und backen ...

Husarenkrapferl

Zubereitungszeit: *30 Minuten*
Ruhezeit: *30 Minuten*
Backzeit pro Blech: *15 Minuten*

Für den Mürbteig:
100 g Haselnüsse
300 g Mehl
1 Prise Salz
100 g Staubzucker
abgeriebene Schale von 1/2 unbehandelten Zitrone
ausgekratztes Mark von 1 Vanilleschote
2 Eidotter
200 g kalte Butter
Außerdem:
Backpapier für das Blech
250 g Marmelade zum Füllen
Staubzucker und etwas Vanillemark
zum Bestäuben

◆ Das Backrohr auf 220° C vorheizen. Die Haselnüsse auf das Backblech geben und im heißen Rohr so lange rösten, bis sich das braune Häutchen abrubbeln läßt. Das Backrohr auf 170° C zurückschalten.

◆ Die abgekühlten, geschälten Nüsse fein reiben und mit Mehl, Salz, Staubzucker, Zitronenschale und Vanillemark auf ein Backbrett häufen. In die Mitte eine Mulde drücken und die Eidotter hineingeben. Die Butter in kleinen Stücken auf dem Mehlrand verteilen und alles rasch erst mit einem großen Messer zerhacken, dann mit möglichst kalten Händen verkneten. Schneller und einfacher geht die Zubereitung mit den Knethaken eines Handrührgerätes oder einer Küchenmaschine. Den Teig zu einer Kugel formen und mit Folie umhüllt im Kühlschrank 30 Minuten rasten lassen.

◆ Aus dem Mürbteig gleichmäßig haselnußgroße Stücke abstechen und zu kleinen Kugeln formen. Mit der Fingerkuppe in die Mitte eine Mulde drükken und die Unterseite etwas flachdrücken. Nebeneinander auf ein mit Backpapier ausgelegtes Backblech setzen und im heißen Backrohr auf der mittleren Schiene etwa 12 - 15 Minuten backen. Den restlichen Teig auf die gleiche Weise verarbeiten.

◆ Nach dem Erkalten etwas erwärmte, möglichst feste Marmelade in den Hohlraum füllen. Staubzucker mit Vanillemark vermischen und die Kekse damit bestäuben.

Tips und Tricks:

Welche Marmelade Sie in die entstandene Mulde füllen, ist reine Geschmackssache, sie muß aber unbedingt ziemlich fest sein, da sie sonst leicht ausläuft!

Füllt man flüssige Kuvertüre in die Öffnung, muß man sie gut erstarren lassen, bevor man die Krapferl auf einem Teller anrichtet oder in einer Dose aufbewahrt.

Eine andere Möglichkeit ist, vor dem Backen ein Stückchen Marzipan in den Hohlraum zu drücken.

Wiener Krapferl

Zubereitungszeit: *40 Minuten*
Ruhezeit: *30 Minuten*
Backzeit pro Blech: *12 Minuten*

Für den Mürbteig:
300 g Mehl
100 g Staubzucker
1 Prise Salz
1 Ei
abgeriebene Schale von 1 unbehandelten Zitrone
ausgekratztes Mark von 1/2 Vanilleschote
200 g kalte Butter
Außerdem:
Backpapier für das Blech
1 Glas Marmelade nach Wahl
Staubzucker zum Bestäuben

◆ Mehl, Salz, Staubzucker, Zitronenschale und Vanillemark auf ein Backbrett häufen. In die Mitte eine Mulde drücken und das Ei hineingeben. Die Butter in kleinen Stücken auf dem Mehlrand verteilen und alles rasch erst mit einem großen Messer zerhacken, dann mit möglichst kalten Händen verkneten. Schneller und einfacher geht die Zubereitung mit den Knethaken eines Handrührgerätes oder einer Küchenmaschine. Den Teig zu einer Kugel formen und mit Folie umhüllt im Kühlschrank 30 Minuten rasten lassen.

◆ Das Backrohr auf 180° C vorheizen. Den Mürbteig etwa 2 mm dick ausrollen und mit Ausstecherformen Scheiben in 5 aufeinanderfolgenden Größen ausstechen. Jeweils die 5 verschiedenen Größen nebeneinander auf ein mit Backpapier ausgelegtes Backblech legen und im heißen Backrohr auf der mittleren Schiene etwa 12 Minuten hellgelb backen. Den restlichen Teig auf die gleiche Weise verarbeiten.

◆ Die abgekühlten Kekse – mit Marmelade bestrichen – pyramidenartig zusammensetzen. Mit Staubzucker bestäuben.

Tips und Tricks:

Aus dem gleichen Teig kann man auch Marillenringe zubereiten:

Dazu den Teig ebenfalls dünn ausrollen und Scheiben von 6 cm Durchmesser ausstechen. In die Hälfte der Scheiben in der Mitte mit einem Ausstecher von 4 cm Durchmesser eine Öffnung ausstechen. Hellgelb backen und nach dem Abkühlen die ganzen Scheiben mit Marillenmarmelade bestreichen. Die Ringe dick mit Staubzucker bestäuben und auf die bestrichenen Kekse setzen.

Florentiner

Zubereitungszeit: *45 Minuten*
Ruhezeit: *30 Minuten*
Backzeit: *7 Minuten bzw. 10 Minuten*

Für den Mürbteig:
200 g Mehl
50 g Kristallzucker
1 Prise Salz
abgeriebene Schale von 1/2 unbehandelten Zitrone
1 kleines Ei
75 g Butter
Für den Belag:
2 EL Arancini
2 EL Zitronat
75 g Butter
75 g Zucker
1 EL Tannenhonig
3 EL Obers
1 Prise Salz
abgeriebene Schale von 1 unbehandelten Zitrone
100 g Mandelblättchen
Außerdem:
Backpapier für das Blech
150 g wahlweise Halbbitter-, Vollmilch-
oder weiße Kuvertüre

◆ Mehl, Salz, Kristallzucker und Zitronenschale auf ein Backbrett häufen. In die Mitte eine Mulde drücken und das Ei hineingeben. Die Butter in kleinen Stücken auf dem Mehlrand verteilen und alles rasch erst mit einem großen Messer zerhacken, dann mit möglichst kalten Händen verkneten. Schneller und einfacher geht die Zubereitung mit den Knethaken eines Handrührgerätes oder einer Küchenmaschine. Den Teig zu einer Kugel formen und mit Folie umhüllt im Kühlschrank 30 Minuten rasten lassen.

◆ Das Backrohr auf 180° C vorheizen. Den Mürbteig etwa 2 mm dick ausrollen und auf ein mit Backpapier ausgelegtes Backblech legen. 5 - 7 Minuten backen, anschließend auf dem Blech etwa 10 Minuten überkühlen lassen.

◆ Arancini und Zitronat in sehr kleine Würfel schneiden.

◆ Butter, Zucker, Honig, Obers, Salz und Zitronenschale in einem kleinenTopf bei starker Hitze zum Kochen bringen. Unter Umrühren kochen lassen, bis die Masse goldgelb und klebrig ist. Von der Kochplatte nehmen und rasch die kleingeschnittenen Arancini, Zitronat und Mandeln unterrühren. Ein breites Messer mit Öl bepinseln und damit die Masse möglichst gleichmäßig auf die Mürbteigplatte streichen. Im heißen Backrohr weitere 8 - 10 Minuten backen.

◆ Die Teigplatte 3 - 4 Minuten überkühlen lassen, dann mit einem glatten, scharfen Messer in gleich große Quadrate schneiden. Völlig auskühlen lassen.

◆ Die Kuvertüre in Stücke schneiden, im Wasserbad schmelzen lassen und die Florentiner zur Hälfte eintauchen.

Tips und Tricks:

Diese Art der Zubereitung ist wesentlich einfacher und unkomplizierter als die übliche Methode, bei der die Masse einzeln auf vorgebackene, rund ausgestochene Kekse gestrichen wird.

Feigentaler

Zubereitungszeit: *30 Minuten*
Ruhezeit: *30 Minuten*
Backzeit pro Blech: *12 Minuten*

Für den Mürbteig:
125 g feines Mehl (Type 550)
125 g grobes Mehl (Type 1050)
1 Prise Salz
abgeriebene Schale von 1 unbehandelten Zitrone
120 g Blütenhonig
100 g kalte Butter
Für die Fülle:
50 g getrocknete Feigen
200 g gemahlene Haselnüsse
50 g Rum-Rosinen
50 g Arancini
50 g Zitronat
40 g Orangenblütenhonig
1 TL gemahlener Zimt
1 EL Vanillezucker
1 Prise Lebkuchengewürz
evtl. 1 - 2 EL Mehl
Außerdem:
2 - 3 EL Milch
Backpapier für das Blech
4 EL Blütenhonig zum Bestreichen

◆ Die beiden Mehlsorten mit Salz und der Zitronenschale vermischt auf ein Backbrett häufen. In die Mitte ein Mulde drücken und den Honig hineingießen. Die Butter in kleinen Stücken auf den Teigrand setzen und alles erst mit einem großen Messer zerhacken, dann mit den Händen zu einem glatten Teig verkneten. Schneller und einfacher geht es mit den Knethaken eines Handrührgerätes oder einer Küchenmaschine. Den Teig mit Folie umhüllt 30 Minuten im Kühlschrank rasten lassen.

◆ Inzwischen für die Fülle die Feigen klein schneiden und mit allen übrigen Zutaten für die Fülle vermischen. So lange verkneten, bis eine formbare Masse entsteht. Falls nötig, etwas Mehl dazugeben und zu einer Rolle formen.

◆ Den Mürbteig 4 mm dick ausrollen und die Platte mit etwas Milch bestreichen. Die Früchterolle darauflegen und mit Teig umhüllen. Fest aufrollen und 30 Minuten in das Gefriergerät legen.

◆ Das Backrohr auf 180° C vorheizen. Die angefrorene Rolle in 3 mm dicke Scheiben schneiden und nebeneinander auf ein mit Backpapier belegtes Backblech legen. Mit Honig bestreichen und im heißen Backrohr auf der mittleren Schiene etwa 12 Minuten backen.

Tips und Tricks:

Kekse, die nicht nur zur Weihnachtszeit schmecken und vor allem Vollwertfreunde begeistern werden!

Mürbteigkekse

Zubereitungszeit: *25 Minuten*
Ruhezeit: *30 Minuten*
Backzeit pro Blech: *15 Minuten*

Für den Mürbteig:
250 g kalte Butter
125 g Staubzucker
2 EL Vanillezucker
1 Prise Salz
2 kleine Eier
380 g Mehl
Außerdem:
Backpapier für das Blech
1 Eidotter
2 EL Obers
Geschälte, gehackte Mandeln
Vollmilch-Kuvertüre

◆ Butter mit Staub-, Vanillezucker und Salz mit den Schneebesen eines Handrührgerätes cremig rühren. Nach und nach die Eier dazugeben und schaumig rühren. Dann das Mehl löffelweise unterrühren und zuletzt unterkneten. Den Teig auf einem Backbrett kurz durchkneten und mit Folie umhüllt 30 Minuten im Kühlschrank rasten lassen.
◆ Das Backrohr auf 180° C vorheizen. Den Mürbteig 2 - 3 mm dick ausrollen und beliebige Formen ausstechen. Nebeneinander auf ein mit Backpapier belegtes Backblech legen. Eidotter mit Obers verquirlen, das Gebäck damit bestreichen und mit den Mandeln bestreuen. Im heißen Backrohr auf der mittleren Schiene 12 - 15 Minuten backen.
◆ Die Kuvertüre in kleine Stücke schneiden, im Wasserbad schmelzen lassen und die Kekse damit fadenartig begießen.

Nougatzungen

Zubereitungszeit: *30 Minuten*
Backzeit pro Blech: *12 Minuten*

Für den Rührteig:
100 g Butter
50 g Staubzucker
abgeriebene Schale von 1/2 unbehandelten Zitrone
1 Ei
100 g Mehl
50 g Stärkemehl
Für die Fülle:
1/2 Packung Nußnougat
1 - 2 EL Rum
1/2 Packung helle Schokoladenkuvertüre
Außerdem:
Backpapier für das Blech

◆ Das Backrohr auf 190° C vorheizen. Weiche Butter, Staubzucker und Zitronenschale mit den Schneebesen eines Handrührgerätes cremig rühren. Das Ei dazugeben und zu einer schaumigen Masse schlagen. Dann das Mehl und das Stärkemehl unterrühren. Die Masse in einen Spritzbeutel mit glatter Tülle füllen und kleine Zungen auf ein mit Backpapier ausgelegtes Backblech spritzen.
◆ Im heißen Backrohr auf der mittleren Schiene 10 bis 12 Minuten backen, anschließend auskühlen lassen.
◆ Nußnougat im Wasserbad erwärmen, Rum unterrühren und die Hälfte der Kekse damit bestreichen. Restliche Zungen daraufsetzen und mit jedem Ende kurz in die flüssige Kuvertüre tauchen.

Mokkakipferl

Zubereitungszeit: *1 Stunde*
Backzeit pro Blech: *15 Minuten*

Für den Rührteig:
60 g Haselnüsse
200 g Butter
100 g Staubzucker
abgeriebene Schale von 1/2 unbehandelten Orange
2 Eidotter
2 EL löslicher Kaffee
3 EL Weinbrand
1 EL Kakao
200 g Mehl
Außerdem:
Backpapier für das Blech
1/2 Packung Nougatmasse
100 g dunkle Kuvertüre

◆ Das Backrohr auf 220° C vorheizen. Die Nüsse auf das Backblech legen und so lange rösten lassen, bis sich das braune Häutchen abrubbeln läßt. Die geschälten Nüsse fein reiben. Das Backrohr auf 180° C zurückschalten.

◆ Weiche Butter, Staubzucker und Orangenschale mit den Schneebesen eines Handrührgerätes oder einer Küchenmaschine cremig rühren. Die Eidotter dazugeben und zu einer dickschaumigen Masse schlagen. Löslichen Kaffee, Weinbrand, Kakao, Mehl und die Nüsse unterrühren. Den Teig in einen Spritzbeutel mit glatter Tülle füllen und kleine Kipferl auf das mit Backpapier ausgelegte Backblech spritzen. Im heißen Backrohr auf der mittleren Schiene 12 - 15 Minuten backen. Den übrigen Teig auf die gleiche Weise backen.

◆ Die Kipferl auskühlen lassen. Die Nougatmasse im Wasserbad erwärmen. Die Hälfte der Kipferl an der Unterseite mit Nougat bestreichen und mit den restlichen Hälften zusammensetzen.

◆ Die in Stücke geschnittene Kuvertüre ebenfalls im Wasserbad schmelzen lassen und die Enden der Kipferl in die flüssige Schokolade tauchen. Auf ein geöltes Stück Alufolie oder auf ein Gitter legen und erstarren lassen.

Tips und Tricks:

Die Mokkakipferl schmecken auch, wenn man sie mit pikanter, fester Ribiselmarmelade zusammensetzt!

Schaumringe

Zubereitungszeit: *1 Stunde*
Ruhezeit: *30 Minuten*
Backzeit: *12 Minuten bzw. 10 Minuten*

Für den Mürbteig:
300 g Mehl
1 TL Backpulver
1 Prise Salz
2 EL Vanillezucker
75 g Kristallzucker
abgeriebene Schale von 1/2 unbehandelten Zitrone
2 Eidotter
150 g kalte Butter
Für den Belag:
1/2 Glas feste Ribiselmarmelade
2 Eiklar
100 g Staubzucker
2 - 3 EL bunte Zuckerstreusel
Außerdem:
Backpapier für das Blech

◆ Mehl, Backpulver, Salz, Vanille-, Kristallzucker und Zitronenschale vermischen und auf ein Backbrett häufen. In die Mitte eine Mulde drücken und die Eidotter hineingeben. Auf dem Mehlrand die Butter in kleinen Stücken verteilen. Zuerst mit einem großen Messer zerhacken, dann mit möglichst kalten Händen zu einem glatten Teig verkneten. Schneller und einfacher geht es mit den Knethaken eines Handrührgerätes oder einer Küchenmaschine. Den Teig mit Folie umhüllt 30 Minuten im Kühlschrank rasten lassen.

◆ Das Backrohr auf 170° C vorheizen. Den Mürbteig 3 mm dick ausrollen und runde Scheiben im Durchmesser von 8 cm ausstechen. Jeweils in die Mitte mit einem Ausstecher von 4 cm Durchmesser ein Loch stechen. Die Ringe nebeneinander auf ein mit Backpapier ausgelegtes Backblech legen und im heißen Backrohr auf der mittleren Schiene ca. 12 Minuten backen. Den restlichen Teig auf die gleiche Weise zubereiten und die gebackenen Ringe überkühlen lassen. Das Backrohr auf 150° C zurückschalten.

◆ Eiklar steif schlagen, dabei den Staubzucker hinzufügen und so lange weiterschlagen, bis der Schnee schnittfest und glänzend ist. Die Ribiselmarmelade gut verrühren, die Ringe damit bestreichen und erneut auf das Backblech legen. Den Schnee in einen Spritzbeutel mit gezackter Tülle füllen und die Ringe entweder sternförmig oder mit kleinen Tupfen verzieren. Mit Zuckerstreuseln bestreuen und im nicht mehr so heißen Backrohr etwa 10 Minuten trocknen lassen.

Tips und Tricks:

Ich erinnere mich, daß diese hübschen Ringe in meiner Kindheit den Christbaum schmückten.

Feines Germ-Teegebäck

Zubereitungszeit: *40 Minuten*
Ruhezeit: *3 Stunden*
Backzeit pro Blech: *15 Minuten*

Für den kalten Germteig:
300 g Mehl
1 Prise Salz
50 g Kristallzucker
1 El Vanillezucker
20 g Germ
200 g kalte Butter
Außerdem:
Fett für das Blech
50 g Kristallzucker
ausgekratztes Mark von 1 Vanilleschote

◆ Mehl mit Salz, Kristall- und Vanillezucker vermischt auf ein Backbrett häufen. Die zerbröselte Germ darüberstreuen und die Butter in kleinen Stücken darüber verteilen. Alle Zutaten zwischen den Fingern zerbröseln, dann mit den Handballen zu einem glatten Germmürbteig verkneten.

◆ Den Teig zu einer Kugel formen und für 3 Stunden in eine Schüssel mit kaltem Wasser legen.

◆ Das Backrohr auf 200° C vorheizen. Den Teig aus dem Wasser nehmen, mit einem Tuch abtrocknen und auf einem bemehlten Backbrett etwa 3 - 4 mm dick ausrollen. Rauten, Quadrate, Rechtecke, Herzen oder Sterne von maximal 4 cm Durchmesser ausschneiden und nebeneinander auf ein gefettetes Backblech legen Im heißen Backrohr auf der mittleren Schiene in 12 - 15 Minuten hellgelb backen.

◆ Kristallzucker und Vanillemark auf einem Teller vermischen. Die gebackenen Kekse vorsichtig mit einer Palette vom Backblech nehmen und in Vanillezucker wälzen. So fortfahren, bis der Teig verbraucht ist.

Tips und Tricks:

Das Gebäck ist ausgesprochen mürbe und bricht daher leicht. Deshalb nur kleine Formen ausstechen!

Das Teegebäck schmeckt auch zu einem Gläschen Wein.

Germgebäck bleibt, in einer Blechdose aufbewahrt, mindestens eine Woche frisch.

Zu Abwechslung kann man das Gebäck auch in Zimtzucker wälzen.

Knuspriges Spritzgebäck

Zubereitungszeit: *30 Minuten*
Ruhezeit: *6 Stunden*
Backzeit pro Blech: *18 Minuten*

Für den Rührteig:
125 g Butter
125 g Kristallzucker
1 Prise Salz
1 EL Rum
ausgekratztes Mark von 1 Vanilleschote
abgeriebene Schale von 1/2 unbehandelten Zitrone
1 Ei
200 g Mehl
80 g gemahlene Mandeln
Außerdem:
Backpapier für das Blech
200 g dunkle Kuvertüre

◆ Weiche Butter, Kristallzucker, Salz, Rum, Vanillemark und Zitronenschale mit den Schneebesen eines Handrührgerätes cremig rühren. Das Ei dazugeben und schaumig schlagen. Abwechselnd Mehl und Mandeln unter Rühren hinzufügen. Den Teig zugedeckt mindestens 6 Stunden, besser über Nacht, kalt stellen.

◆ Kurz vor der Zubereitung das Backrohr auf 200° C vorheizen. Den Teig in einen Spritzbeutel mit gezackter Tülle füllen und Ringe oder S-Formen auf ein mit Backpapier ausgelegtes Backblech spritzen. Im heißen Backrohr auf der mittleren Schiene 15 - 18 Minuten backen. Den restlichen Teig auf die gleiche Weise backen und auskühlen lassen.

◆ Die Kuvertüre in Stücke schneiden und im Wasserbad schmelzen lassen. Das Spritzgebäck jeweils zur Hälfte in die flüssige Kuvertüre tauchen und auf einem Kuchengitter oder geölter Alufolie erstarren lassen.

Tips und Tricks:

Durch das Kaltstellen wird dieses Spritzgebäck unwahrscheinlich knusprig. Bewahrt man die Kekse in einer Blechdose auf, behalten sie ihre Knusprigkeit – allerdings nicht zusammen mit anderen Keksen.

Nur mit Staubzucker bestäubt, ist das Spritzgebäck ein phantastisches Teegebäck, daß das ganze Jahr hindurch schmeckt.

Mandelspritzgebäck

Zubereitungszeit: *20 Minuten*
Backzeit pro Blech: *10 Minuten*

Für den Rührteig:
100 g Butter
40 g Staubzucker
1 Prise Salz
1 EL Vanillezucker
1 Eidotter
1 EL Obers
120 g Mehl
Außerdem:
Backpapier für das Blech
40 g Mandelblättchen
50 g Vollmilch-Kuvertüre

◆ Das Backrohr auf 190° C vorheizen. Weiche Butter, Staubzucker, Salz und Vanillezucker mit den Schneebesen eines Handrührgerätes cremig rühren. Eidotter und Obers dazugeben und schaumig schlagen, dann das Mehl unterrühren.

◆ Den Teig in einen Spritzbeutel füllen und auf ein mit Backpapier ausgelegtes Backblech runde Kekse spritzen. Gehobelte Mandeln daraufsetzen. Im heißen Backrohr auf der mittleren Schiene 8 -10 Minuten backen. Den restlichen Teig auf die gleiche Weise backen.

◆ Die Kuvertüre im Wasserbad schmelzen lassen und dünne Streifen auf die abgekühlten Kekse spritzen.

Schokospritzgebäck

Zubereitungszeit: *30 Minuten*
Backzeit pro Blech: *15 Minuten*

Für den Rührteig:
250 g Butter
250 g Kristallzucker
1 EL Vanillezucker
2 Eier
200 g gemahlene Mandeln
300 g Mehl, 20 g Kakao
2 EL Rum
Außerdem:
Backpapier für das Blech
40 g Mandelstifte
150 g weiße Kuvertüre

◆ Das Backrohr auf 190° C vorheizen. Aus den genannten Zutaten einen Rührteig herstellen, wie im nebenstehenden Rezept beschrieben.

◆ Die Masse in einen Spritzbeutel mit gezackter Tülle füllen und etwa 5 cm lange Streifen auf ein mit Backpapier ausgelegtes Backblech spritzen. Mit Mandelstiften belegen und im heißen Backrohr auf der mittleren Schiene 12 - 15 Minuten backen. Den restlichen Teig auf die gleiche Weise backen und auskühlen lassen.

◆ Die Kuvertüre im Wasserbad schmelzen und die beiden Enden der Stangerl damit überziehen. Auf einem Kuchengitter oder geölter Alufolie erstarren lassen.

Linzer Augen

(aus weißem Linzer Teig)

Zubereitungszeit: *45 Minuten*
Ruhezeit: *6 Stunden*
Backzeit pro Blech: *12 Minuten*

Für den Mürbteig:
150 g Mehl
80 g Staubzucker
1 Prise Salz
ausgekratztes Mark von 1/2 Vanilleschote
1 Prise gemahlener Zimt
1 Prise gemahlene Gewürznelken
1 Prise Kardamom
100 g geschälte, geriebene Mandeln
1 Ei
1 EL Kirschwasser
120 g kalte Butter
Außerdem:
Backpapier für das Blech
1 Eidotter
2 EL Obers
50 g Mandelstifte
4 - 5 El feste Ribiselmarmelade
Staubzucker zum Bestäuben.

◆ Mehl, Staubzucker, Salz, die Gewürze und die Mandeln auf ein Backbrett häufen und in die Mitte eine Mulde drücken. Ei und Kirschwasser hineingeben und den Mehlrand mit der kalten Butter in kleinen Stücken belegen. Erst mit einem großen Messer alles zerhacken, dann mit möglichst kalten Händen zu einem glatten Teig verkneten. Schneller und einfacher geht es mit den Knethaken eines Handrührgerätes oder einer Küchenmaschine. Den Teig zu einer Kugel formen und mit Folie umhüllt einige Stunden, am besten über Nacht, im Kühlschrank rasten lassen.

◆ Kurz vor der Zubereitung das Backrohr auf 160° C vorheizen. Den Mürbteig auf einem bemehlten Backbrett 3 mm dick ausrollen und mit einem gezackten Ausstecher Scheiben von etwa 6 cm Durchmesser ausstechen. In die Hälfte der Teigscheiben noch einmal mit einem kleineren Ausstecher Öffnungen ausstechen, so daß Ringe entstehen. Scheiben und Ringe getrennt auf ein mit Backpapier ausgelegtes Backblech legen. Eidotter und Obers verquirlen und die Ringe damit bestreichen, mit den Mandelstiften bestreuen. Im heißen Backrohr 16 - 18 Minuten backen. So fortfahren, bis der Teig verbraucht ist. Die Kekse auskühlen lassen.

◆ Die Scheiben mit verrührter, erwärmter Ribiselmarmelade bestreichen. Die Ringe mit Staubzucker bestäuben und auf die bestrichenen Scheiben setzen. In die Öffnung eventuell noch ein wenig Ribiselmarmelade geben.

Tips und Tricks:

Durch die lange Ruhezeit des Teiges können sich die Aromastoffe besonders gut entfalten, und das Gebäck wird dadurch sehr knusprig.

Ribiselmarmelade durch Himbeermarmelade ersetzen!

Bärenpratzerl

Zubereitungzeit: *40 Minuten*
Ruhezeit: *30 Minuten*
Backzeit pro Blech: *20 Minuten*

Für den Mürbteig:
125 g Haselnüsse
200 g Mehl
100 g Kristallzucker
1 Prise Salz
1/2 TL gemahlener Zimt
1 Prise gemahlene Gewürznelken
ausgekratztes Mark von 1/2 Vanilleschote
250 g kalte Butter
Außerdem:
Fett für die Förmchen
Staubzucker oder 150 g dunkle Kuvertüre

◆ Das Backrohr auf 220° C vorheizen. Die Haselnüsse auf ein Backblech legen und im heißen Backrohr so lange rösten, bis sich die braunen Häutchen abrubbeln lassen. Die geschälten, abgekühlten Nüsse fein reiben. Das Backrohr auf 180° C zurückschalten.

◆ Mehl, Kristallzucker, Salz, Nüsse und die Gewürze auf ein Backbrett häufen und die in kleine Stücke geschnittene Butter darauf verteilen. Erst mit einem großen Messer zerhacken, dann mit möglichst kalten Händen rasch zu einem glatten Teig verkneten. Schneller und einfacher geht es mit den Knethaken eines Handrührgerätes oder einer Küchenmaschine. Den Teig zu einer Kugel formen und mit Folie umhüllt 30 Minuten im Kühlschrank rasten lassen.

◆ Spezielle Bärenpratzerlformen mit flüssiger Butter ausstreichen. Mit einem Eßlöffel etwas vom Teig abstechen und in das Förmchen drücken; die Formen dabei nicht zu voll füllen. Auf diese Weise alle vorhandenen Förmchen füllen, auf ein Backblech legen und im heißen Backrohr auf der mittleren Schiene 18 - 20 Minuten backen.

◆ Das Gebäck in den Förmchen einige Minuten überkühlen lassen, dann auf die Arbeitsfläche stürzen und völlig auskühlen lassen.

◆ Die Bärenpratzerl entweder mit Staubzucker bestäuben oder die Kuvertüre schmelzen lassen und die Pratzerl schräg zur Hälfte hineintauchen.

Tips und Tricks:

Das mürbe Gebäck vorsichtig behandeln, da es leicht zerbricht!

Am besten halten sich die Kekse in einer Blechdose aufbewahrt.

Der Teig für die Bärenpratzerl ist ziemlich üppig – aber das Ergebnis ist absolut eine „Kaloriensünde“ wert!

Kokosgebäck

Zubereitungszeit: *30 Minuten*
Ruhezeit: *30 Minuten*
Backzeit pro Blech: *15 Minuten*

Für den Rührteig:
80 g Butter
80 g Staubzucker
1 Prise Salz
abgeriebene Schale von 1 unbehandelten Zitrone
2 Eidotter
1 EL weißer Rum
125 g Mehl
125 g Kokosflocken
1/2 Päckchen Backpulver
Außerdem:
Backpapier für das Blech
1/8 l Milch

◆ Weiche Butter, Staubzucker, Salz und Zitronenschale mit den Schneebesen eines Handrührgerätes cremig rühren. Eidotter und Rum dazugeben und schaumig schlagen. Mehl, Kokosflocken und Backpulver vermischen und zuerst unterrühren, den Rest unterkneten. Den Teig auf einem bemehlten Backbrett kurz durchkneten und mit Folie umhüllt 30 Minuten im Kühlschrank rasten lassen.

◆ Das Backrohr auf 180° C vorheizen. Den Teig auf einem bemehlten Backbrett 4 mm dick ausrollen und Herzen, Sterne oder andere beliebige Formen ausstechen, oder die Teigplatte mit einem Teigrädchen schräg in Streifen von 2 cm Breite und 5 cm Länge ausradeln. Das Gebäck nebeneinander auf ein mit Backpapier ausgelegtes Backblech legen und mit Milch bestreichen. Im heißen Backrohr auf der mittleren Schiene 12 - 15 Minuten backen. Die Kekse dürfen auf keinen Fall zu braun werden, da sie sonst bitter schmecken. Den restlichen Teig auf die gleiche Weise backen.

Tips und Tricks:

Das mürb-knusprige Gebäck kann das ganze Jahr hindurch zu Tee oder Kaffee gereicht werden.

Achten Sie unbedingt darauf, daß die Kokosflocken nicht schon zu alt sind – sie haben dann einen leicht seifigen Geschmack, und es wäre schade um die Mühe. Außerdem sind alt gewordene Kokosflocken ausgetrocknet und machen den Teig brüchig!

Schwarzweiß-gebäck

Zubereitungszeit: *45 Minuten*
Ruhezeit: *1 Stunde, 30 Minuten*
Backzeit pro Blech: *15 Minuten*

Für den Mürbteig:
250 g Mehl
100 g Staubzucker
1 Prise Salz
ausgekratztes Mark von 1 Vanilleschote
3 Eidotter
150 g kalte Butter
2 EL Kakao
Außerdem:
Backpapier für das Blech
1 Eiklar

◆ Mehl, Staubzucker, Salz und das Mark der Vanilleschote vermischen und auf ein Backbrett häufen. In die Mitte eine Mulde drücken und die Eidotter hineingeben. Die Butter in kleinen Stücken auf den Mehlrand legen und alles mit einem großen Messer zerhacken. Dann mit möglichst kalten Händen rasch zu einem glatten Teig verkneten. Schneller und einfacher geht es mit den Knethaken eines Handrührgerätes oder einer Küchenmaschine. Den Teig halbieren und eine Hälfte sorgfältig mit Kakao verkneten. Die beiden Teige mit Folie umhüllt 1 Stunde im Kühlschrank rasten lassen.

◆ Zuerst den weißen Teig auf einem bemehlten Backbrett 3 mm dick zu einem Rechteck ausrollen, dann den schwarzen. Die helle Teigplatte mit Eiklar bestreichen, mit der dunklen Platte belegen und beides von der Längsseite her eng aufrollen. Die Rolle mit Folie umhüllen und erneut 30 Minuten in den Kühlschrank legen.

◆ Das Backrohr auf 170° C vorheizen. Die Rolle in 1/2 cm dicke Scheiben schneiden und nebeneinander auf ein mit Backpapier ausgelegtes Backblech legen. Im heißen Backrohr auf der mittleren Schiene 12 - 15 Minuten backen.

Tips und Tricks:

*Einige Ideen,
wie das Schwarzweißgebäck
immer wieder völlig anders
aussieht:*

*Rollen Sie die übereinandergelegten
Teigplatten von beiden Seiten
zur Mitte hin auf, und zwar von der
schmäleren Seite her.
Die Rolle ebenfalls nach dem Kühlen
in Scheiben schneiden.*

*Ein Drittel des hellen Teiges 2 mm
dick zu einem Rechteck ausrollen.
Den restlichen weißen und den
dunklen Teig 1 cm dick ausrollen und
in 1 cm breite Streifen, so lange wie
die helle Teigplatte, schneiden.
Die Teigplatte mit Eiklar bestreichen
und die Teigstreifen schachbrettartig
darauf anordnen. Mit der hellen
Teigplatte umhüllen, eine viereckige
Stange formen, mit Folie umhüllen
und kalt stellen. Vor dem Backen
in Scheiben schneiden.*

Orangenhäufchen

Zubereitungszeit: *20 Minuten*
Backzeit pro Blech: *12 Minuten*

Für den Rührteig:
200 g Butter
125 g Kristallzucker
2 EL Vanillezucker
1 Prise Salz
abgeriebene Schale von 1 unbehandelten Orange
2 cl Orangenlikör
2 Eidotter
100 g Rosinen
100 g Mandelsplitter
150 g Arancini
250 g Mehl
Außerdem:
Backpapier für das Blech

◆ Das Backrohr auf 200° C vorheizen. Weiche Butter mit Kristall- und Vanillezucker, Salz, Orangenschale und -likör cremig rühren. Die Eidotter dazugeben und schaumig schlagen. Nach und nach Rosinen, Mandelsplitter, kleingehackte Arancini und das Mehl mit einem Kochlöffel unterrühren.

◆ Mit einem Kaffeelöffel kleine Häufchen abstechen und nebeneinander mit ausreichendem Abstand auf ein mit Backpapier ausgelegtes Backblech setzen. Im heißen Backrohr auf der mittleren Schiene 10 - 12 Minuten backen.

Zitronenhäufchen

Zubereitungszeit: *20 Minuten*
Backzeit pro Blech: *15 Minuten*

Für den Rührteig:
150 g Butter
250 g Kristallzucker
1 Prise Salz
Saft und Schale von 1 unbehandelten Zitrone
3 Eier
100 g gehacktes Zitronat
400 g Mehl
100 g Stärkemehl
Außerdem:
Backpapier für das Blech
100 g Staubzucker
1 - 2 EL Zitronensaft

◆ Das Backrohr auf 180° C vorheizen. Aus den angegebenen Zutaten, wie im nebenstehenden Rezept, einen Rührteig zubereiten.

◆ Mit einem Kaffeelöffel kleine Häufchen mit ausreichendem Abstand auf das mit Backpapier ausgelegte Backblech setzen. Im heißen Backrohr auf der mittleren Schiene 12 - 15 Minuten backen.

◆ Staubzucker mit so viel Zitronensaft verrühren, daß ein glatter Zuckerguß entsteht. In ein Papierstanitzel füllen und die Kekse damit streifenförmig bespritzen.

Sandscheiben

Zubereitungszeit: *30 Minuten*
Ruhezeit: *30 Minuten*
Backzeit pro Blech: *10 Minuten*

Für den Mürbteig:
250 g Mehl
120 g Staubzucker
1 Prise Salz
abgeriebene Schale von 1/2 unbehandelten Zitrone
ausgekratztes Mark von 1/2 Vanilleschote
160 g kalte Butter
Außerdem:
1 Eidotter
2 EL Obers
50 g Hagelzucker
Backpapier für das Blech
100 g feste Marillenmarmelade

◆ Mehl, Staubzucker, Salz, Zitronenschale und Vanillemark vermischen und auf ein Backbrett häufen. Die kalte Butter in kleinen Stücken darauf verteilen und erst mit einem großen Messer zerhacken, dann rasch mit möglichst kalten Händen zu einem glatten Teig verkneten. Schneller und einfacher geht es mit den Knethaken eines Handrührgerätes oder einer Küchenmaschine. Den Teig zu einer Rolle von etwa 2,5 cm Durchmesser formen und mit Folie umhüllt 30 Minuten im Kühlschrank rasten lassen.

◆ Das Backrohr auf 200° C vorheizen. Eidotter und Obers verquirlen und die Rolle rundherum damit einstreichen. In Hagelzucker wälzen und diesen leicht festdrücken. Die Rolle in 1/2 cm dicke Scheiben schneiden und mit ausreichendem Abstand auf ein mit Backpapier ausgelegtes Backblech legen. In die Mitte jeder Scheibe mit einem Kochlöffelstiel eine kleine Vertiefung drücken. Die Marillenmarmelade gut verrühren, in einen Spritzbeutel füllen und etwas davon in die Mulde spritzen. Im heißen Backrohr auf der mittleren Schiene 8 - 10 Minuten backen.

◆ Sofort vom Blech lösen und auf einem Kuchengitter abkühlen lassen.

Tips und Tricks:

Man kann die Rolle auch in gehackten Mandeln, Nüssen oder Pistazien wälzen, bevor man sie in Scheiben schneidet.

Vanillekipferl

Zubereitungszeit: *40 Minuten*
Ruhezeit: *30 Minuten*
Backzeit pro Blech: *12 Minuten*

Für den Mürbteig:
300 g Mehl
80 g Kristallzucker
1 Prise Salz
100 g geschälte, geriebene Mandeln
1/2 TL gemahlener Zimt
2 Eidotter
200 g kalte Butter
Außerdem:
Backpapier für das Blech
100 g Staubzucker
ausgekratztes Mark von 1 Vanilleschote

◆ Mehl, Kristallzucker, Salz, geriebene Mandeln und Zimt vermischen und auf ein Backbrett häufen. In die Mitte eine Mulde drücken und die Eidotter hineingeben. Die kalte Butter in kleinen Stückchen auf dem Mehlrand verteilen und erst mit einem großen Messer zerhacken, dann mit möglichst kalten Händen rasch zu einem glatten Teig verkneten. Schneller und einfacher geht es mit den Knethaken eines Handrührgerätes oder einer Küchenmaschine. Den Teig zu einer Kugel formen und mit Folie umhüllt 30 Minuten im Kühlschrank rasten lassen.

◆ Das Backrohr auf 170° C vorheizen. Aus dem Teig auf einem bemehlten Backbrett kleinfingerdicke Röllchen von etwa 6 cm Länge formen, die an den Enden spitz zulaufen. Diese zu Kipferln formen und nebeneinander auf ein mit Backpapier ausgelegtes Backblech legen. Im heißen Backrohr 12 - 15 Minuten backen. Die Kekse müssen sehr hell bleiben. Den übrigen Teig auf die gleiche Weise verarbeiten.

◆ Die gebackenen Kipferl sofort mit einer Palette vom Papier lösen, ein wenig überkühlen lassen und dann in der Mischung aus Staubzucker und Vanillemark wälzen. Auf einem Kuchengitter völlig erkalten lassen, dann vorsichtig in eine Blechdose schichten.

Variation:

Von dem klassischen Weihnachtsgebäck gibt es viele Rezeptvarianten, deshalb hier noch ein weiterer Vorschlag für den Teig der Vanillekipferl. Die Zubereitung und das Wenden der Kipferl in der Staubzucker-Vanille-Mischung bleibt gleich!

Zutaten für die Variante:
300 g Mehl
100 g Staubzucker
ausgekratztes Mark von 1 Vanilleschote
100 g geschälte, geriebene Mandeln
250 g Butter

Innviertler Spitzbuben

Zubereitungszeit: *50 Minuten*
Ruhezeit: *1 Stunde*
Backzeit pro Blech: *12 Minuten*

Für den Mürbteig:
360 g Mehl
180 g Kristallzucker
2 EL Vanillezucker
1 Prise Salz
125 g gemahlene Haselnüsse
250 g kalte Butter
Außerdem:
Backpapier für das Blech
1 Glas Ribiselmarmelade
Staubzucker zum Bestäuben

◆ Mehl, Kristall-, Vanillezucker, Salz und Haselnüsse vermischen und auf ein Backbrett häufen. Die kalte Butter in kleinen Stücken darauf verteilen und alles erst mit einem großen Messer zerhacken, dann mit möglichst kalten Händen zu einem glatten Teig verkneten. Schneller und einfacher geht es mit den Knethaken eines Handrührgerätes oder einer Küchenmaschine. Den Teig zu einer Kugel formen und mit Folie umhüllt 1 Stunde im Kühlschrank rasten lassen.

◆ Das Backrohr auf 180° C vorheizen. Die Hälfte des Teiges auf einem bemehlten Backbrett 3 mm dick ausrollen und mit einem Ausstecher Scheiben im Durchmesser von 3 cm ausstechen. Nebeneinander auf ein mit Backpapier ausgelegtes Backblech legen und im heißen Backrohr auf der mittleren Schiene 10 - 12 Minuten backen. Vom Blech nehmen und abkühlen lassen. Die zweite Teighälfte auf die gleiche Weise zubereiten.

◆ Die Hälfte der abgekühlten Kekse mit verrührter Ribiselmarmelade bestreichen und mit den restlichen Keksen zusammensetzen. Die Spitzbuben dicht nebeneinanderlegen und mit Staubzucker bestäuben.

Tips und Tricks:

Probieren Sie die zart-knusprigen Spitzbuben mit Nougat zusammengesetzt und zur Hälfte in flüssige Zarbitter- oder auch Haselnuß-Kuvertüre getaucht.

Spitzbuben kann man gut längere Zeit in Blechdosen aufbewahren – aber unbedingt kühl stellen!

Schokoladenkrapferl

Zubereitungszeit: *30 Minuten*
Backzeit pro Blech: *15 Minuten*

Für den Rührteig:
250 g Butter
140 g Staubzucker
1 Prise Salz
ausgekratztes Mark von 1/2 Vanilleschote
1 Eidotter
180 g Mehl
50 g Kakao
Außerdem:
Backpapier für das Blech
1/2 Glas Erdbeermarmelade
150 g Zartbitter-Kuvertüre

◆ Das Backrohr auf 170° C vorheizen. Weiche Butter, Staubzucker, Salz und Vanillemark mit den Schneebesen eines Handrührgerätes cremig rühren. Eidotter dazugeben und schaumig schlagen. Abwechselnd löffelweise Mehl und Kakao unterrühren. Die Masse in einen Spritzbeutel mit glatter Tülle füllen und kleine runde Kekse im Durchmesser von 2,5 cm auf das mit Backpapier ausgelegte Backblech spritzen. Im heißen Backrohr, bei leicht geöffneter Backrohrtür, 12 - 15 Minuten backen. Den übrigen Teig auf die gleiche Weise verarbeiten.

◆ Die gebackenen, abgekühlten Kekse auf der Unterseite mit Erdbeermarmelade bestreichen und jeweils zwei zusammensetzen.

◆ Die Kuvertüre in Stücke schneiden, im Wasserbad schmelzen lassen und die Kekse schräg zur Hälfte eintauchen. Auf einem Kuchengitter oder auf geölter Alufolie erstarren lassen.

Nußringe

Zubereitungszeit: *30 Minuten*
Backzeit pro Blech: *12 Minuten*

Für den Rührteig:
250 g Butter
140 g Staubzucker
1 Prise Salz
ausgekratztes Mark von 1 Vanilleschote
abgeriebene Schale von 1/2 unbehandelten Zitrone
1 Ei
160 g Mehl
120 g geriebene Haselnüsse
Außerdem:
Backpapier für das Blech
1/2 Glas Erdbeermarmelade
Staubzucker zum Bestäuben

◆ Das Backrohr auf 180° C vorheizen. Aus den angegebenen Zutaten einen Rührteig zubereiten, wie im nebenstehenden Rezept beschrieben. Die Masse in einen Spritzbeutel mit gezackter Tülle füllen und Ringe im Durchmesser von 3 cm auf das mit Backpapier ausgelegte Backblech spritzen. Im heißen Backrohr auf der mittleren Schiene, bei leicht geöffneter Backrohrtür, 10 - 12 Minuten backen.

◆ Abgekühlt jeweils zwei Ringe – mit etwas Erdbeermarmelade bestrichen – zusammensetzen und die Kekse mit Staubzucker bestäuben.

Spekulatius

Zubereitungszeit: *40 Minuten*
Ruhezeit: *1 Stunde*
Backzeit pro Blech: *12 Minuten*

Für den Mürbteig:
500 g Mehl
250 g Rohzucker
1/2 TL Hirschhornsalz
1 Prise Salz
1 TL gemahlener Zimt
1 Msp gemahlene Gewürznelken
100 g geriebene Mandeln
2 kleine Eier
2 EL Rum
250 g kalte Butter
Außerdem:
Backpapier für das Blech
6 EL Milch
2 - 3 EL Mandelblättchen

◆ Mehl, Rohzucker, Hirschhornsalz, Salz, Gewürze und Mandeln vermischen und auf ein Backbrett häufen. In die Mitte eine Mulde drücken und die Eier und den Rum hineingeben. Die kalte Butter in kleinen Stücken auf den Rand setzen. Erst alles mit einem großen Messer zerhacken, dann mit möglichst kalten Händen zu einem glatten Teig verkneten. Schneller und einfacher geht es mit den Knethaken eines Handrührgerätes oder einer Küchenmaschine. Den Teig zu einer Kugel formen und mit Folie umhüllt eine Stunde im Kühlschrank rasten lassen.

◆ Das Backrohr auf 170° C vorheizen. Die Hälfte des Teiges aus dem Kühlschrank nehmen. Mit einem Kaffeelöffel etwas vom Teig abstechen und in die bemehlten hölzernen Spekulatiusmodeln drükken. Mit einem Nudelwalker darüberrollen und die überstehenden Teigränder mit einem Messer abschneiden. Die Teigfiguren durch leichtes Klopfen auf die Rückseite der Modeln auf das mit Backpapier ausgelegte Backblech stürzen. Die Figuren mit Milch bestreichen und mit einigen Mandelblättchen belegen. Im heißen Backrohr auf mittlerer Schiene 10 - 12 Minuten backen. Den restlichen Teig auf die gleiche Weise verarbeiten.

Tips und Tricks:

Wenn Sie keine Spekulatiusformen besitzen, rollen Sie den Teig dünn aus und stechen beliebige Formen aus. Ebenfalls mit Milch bestreichen und mit Mandelblättchen bestreuen. So zubereitet, sehen die Spekulatius zwar nicht so dekorativ aus, schmecken aber genauso gut!

Mürbteigmakronen

Zubereitungszeit: *1 Stunde*
Ruhezeit: *30 Minuten*
Backzeit pro Blech: *25 Minuten*

Für den Mürbteig:
300 g Mehl
100 g Staubzucker
1 Prise Salz
ausgekratztes Mark von 1 Vanilleschote
2 Eidotter
200 g kalte Butter
Für die Makronenmasse:
150 g geriebene Mandeln
300 g Staubzucker
Eiklar nach Bedarf
abgeriebene Schale von 1/2 unbehandelten Zitrone
Außerdem:
Backpapier für das Blech
ca. 60 g Belegkirschen

◆ Mehl, Staubzucker, Salz und Vanillemark vermischen und auf ein Brett häufen. In die Mitte eine Mulde drücken und die Eidotter hineingeben. Die kalte Butter in kleinen Stücken auf den Mehlrand setzen und alles erst mit einem großen Messer zerhacken, dann mit möglichst kalten Händen zu einem glatten Teig verkneten. Schneller und einfacher geht es mit den Knethaken eines Handrührgerätes oder einer Küchenmaschine. Den Teig zu einer Kugel formen und mit Folie umhüllt 30 Minuten im Kühlschrank rasten lassen.

◆ Für die Makronenmasse die fein geriebenen Mandeln mit dem Staubzucker in einer Schlagschüssel aus Metall verrühren und so viel Eiklar dazugeben, bis eine dickliche Masse entsteht. Unter ständigem Rühren auf einem Wasserbad zum Kochen bringen. Herausnehmen und im kalten Wasserbad kalt rühren. Die Masse soll eine weiche, leicht dressierfähige Konsistenz aufweisen.

◆ Das Backrohr auf 160° C vorheizen. Den Mürbteig etwa 3 mm dick ausrollen, ovale oder runde Scheiben ausschneiden und auf ein mit Backpapier ausgelegtes Backblech legen. Die Makronenmasse in einen Spritzbeutel mit glatter Tülle füllen und die Masse auf den Scheiben entlang des Randes aufspritzen. Die Kirschen halbieren und in die Mitte setzen.

◆ Im heißen Backrohr auf der mittleren Schiene ca. 20 - 25 Minuten backen.

Tips und Tricks:

Die richtige Konsistenz der Makronenmasse ist entscheidend für ein optimales Backergebnis. Daher ist es ratsam, eine Backprobe zu machen, nachdem die Makronenmasse wieder abgekühlt ist.

Läuft die Masse auseinander, müssen noch Mandeln und Staubzucker im Verhältnis 1: 2 beigegeben werden. Wirkt die Probe stumpf und nicht schön aufgerissen, muß noch etwas Eiklar zugefügt werden.

Statt mit Mandeln kann man die Makronenmasse auch mit geriebenen Haselnüssen oder Walnüssen oder auch Kokosflocken zubereiten.

Knuspertaler

Zubereitungszeit: *35 Minuten*
Ruhezeit: *2 Stunden*
Backzeit pro Blech: *15 Minuten*

Für die Baisermasse:
2 Eiklar
200 g Kristallzucker
2 EL Vanillezucker
100 g Schokoladenblättchen
1 TL gemahlener Zimt
200 g gemahlene Haselnüsse
Außerdem:
50 g Kristallzucker
Backpapier für das Blech
150 g Zartbitter-Kuvertüre

◆ Eiklar mit den Schneebesen eines Handrührgerätes steif schlagen, dabei den Kristallzucker einrieseln lassen und so lange weiterschlagen, bis der Schnee schnittfest und glänzend ist. Die übrigen Zutaten unterrühren und zu einem glatten Teig verkneten.

◆ Ein Backbrett dick mit Kristallzucker bestreuen, die Masse darauf zu einer Rolle formen und 2 Stunden in den Kühlschrank legen.

◆ Das Backrohr auf 200° C vorheizen. Die Teigrolle in etwa 1/2 cm dicke Scheiben schneiden und nebeneinander auf ein mit Backpapier ausgelegtes Backblech legen. Im heißen Backrohr auf der mittleren Schiene 12 - 15 Minuten backen. Sofort vom Blech nehmen und auskühlen lassen.

◆ Kuvertüre im Wasserbad schmelzen lassen, die Kekse zur Hälfte darin eintauchen. Auf einem Kuchengitter oder geölter Alufolie erstarren lassen.

Nußkugeln

Zubereitungszeit: *30 Minuten*
Backzeit pro Blech: *14 Minuten*

Für die Baisermasse:
5 Eiklar
150 g Kristallzucker
40 g Mehl
100 g geriebene Haselnüsse
1 TL gemahlener Zimt
30 g flüssige Butter
Außerdem:
Backpapier für das Backblech
100 g gehobelte Haselnüsse
3 - 4 EL Himbeermarmelade
2 - 3 El Honig

◆ Das Backrohr auf 225° C vorheizen. Eiklar mit den Schneebesen eines Handrührgerätes steif schlagen, dabei nach und nach den Kristallzucker einrieseln lassen und so lange weiterschlagen, bis der Schnee schnittfest und glänzend ist. Mehl, Nüsse und Zimt vermischen und mit der flüssigen Butter locker unterheben. Die Masse in einen Spritzbeutel mit glatter Tülle füllen und kleine Rosetten auf das mit Backpapier ausgelegte Backblech spritzen. Die Hälfte davon mit den Haselnußblättchen belegen und im heißen Backrohr auf der oberen Schiene 12 - 14 Minuten backen. Die restliche Masse auf die gleiche Weise backen.

◆ Die ausgekühlten Kekse mit Marmelade bestreichen und immer zwei zusammensetzen. Den Honig erwärmen und die nussige Oberfläche der Kekse damit bestreichen.

Marzipanröllchen

Zubereitungszeit: *40 Minuten*
Ruhezeit: *30 Minuten*
Backzeit pro Blech: *12 Minuten*

Für den Mürbteig:
200 g Mehl
50 g Staubzucker
1 Prise Salz
abgeriebene Schale von 1 unbehandelten Orange
1 kleines Ei
75 g kalte Butter
Außerdem:
200 g Marzipan-Rohmasse
75 g Butter
75 g Staubzucker
2 Eidotter
75 g Stärkemehl
3 EL Rum-Rosinen
40 g Mandelblättchen
4 EL Honig, evtl. Orangenblüten-Honig
Außerdem:
Backpapier für das Blech

◆ Mehl, Staubzucker, Salz und Orangenschale vermischen und auf ein Backbrett häufen. In die Mitte eine Mulde drücken und das Ei hineingeben. Die kalte Butter in kleinen Stücken auf den Mehlrand setzen und zuerst alles mit einem großen Messer zerhacken. Dann mit möglichst kalten Händen rasch zu einem glatten Teig verkneten. Schneller und einfacher geht es mit den Knethaken eines Handrührgerätes oder einer Küchenmaschine. Den Teig zu einer Kugel formen, mit Folie umhüllen und 30 Minuten im Kühlschrank rasten lassen.

◆ Marzipan in kleine Stücke brechen und mit der Butter und dem Staubzucker in eine Schüssel geben. Mit den Schneebesen eines Handrührgerätes glattrühren. Eidotter und Stärkemehl nach und nach dazugeben und zu einer streichfähigen Paste verrühren.

◆ Den Mürbteig etwa 2 mm dick zu zwei 12 cm breiten Streifen ausrollen. Diese mit der Marzipanmasse bestreichen und mit Rum-Rosinen und Mandelblättern bestreuen. Von der Längsseite her aufrollen. Die Rolle mit Folie umhüllen und für etwa eine Stunde in das Gefriergerät legen.

◆ Das Backrohr auf 180° C vorheizen. Die Rolle in etwa 2 cm breite Stücke schneiden und nicht zu eng nebeneinander auf ein mit Backpapier belegtes Backblech legen. Den Honig leicht erwärmen und die Kekse damit bestreichen. Im heißen Backrohr auf der mittleren Schiene ca. 12 Minuten backen. Die zweite Rolle auf die gleiche Weise backen.

◆ Gut auskühlen lassen, dann in Blechdosen aufbewahren.

Tips und Tricks:

Wer keine unbehandelten Orangen bekommt, greift am besten auf küchenfertige Orangenschale (Orange-back) zurück, die es speziell fürs Backen in der Backmittelabteilung der Supermärkte gibt.

Marillenstangerl

Zubereitungszeit: *40 Minuten*
Backzeit: *15 Minuten*

Für die Makronenmasse:
200 g Marzipan-Rohmasse
125 g Marillenmarmelade
2 EL Marillenschnaps
75 g fein gehackte Arancini
Außerdem:
Backpapier für das Blech
150 g geschälte, gehackte Mandeln
1 Packung dunkle Kuvertüre
1 Packung helle Kuvertüre

◆ Das Backrohr auf 200° C vorheizen. Marzipan in Stücke schneiden und mit Marmelade und Marillenschnaps mit den Schneebesen eines Handrührgerätes zu einer glatten Creme verrühren. Die Arancini-würfel unterrühren und die Masse in einen Spritzbeutel mit gezackter Tülle füllen.

◆ Die gehackten Mandeln auf einen flachen Teller streuen und vorsichtig 3 cm lange Marzipan-Streifen daraufspritzen. Die Stäbchen jeweils sofort in den Mandeln wälzen und nebeneinander auf ein mit Backpapier ausgelegtes Backblech legen. Im heißen Backrohr auf der mittleren Schiene 12 - 15 Minuten backen.

◆ Die Kuvertüre getrennt schmelzen lassen und die abgekühlten Marillenstangerl je zur Hälfte in die helle und dunkle Kuvertüre tauchen.

Eidottermakronen

Zubereitungszeit: *30 Minuten*
Backzeit: *7 Minuten*

Für die Makronenmasse:
200 g Marzipan-Rohmasse
30 g Staubzucker
1 Prise Salz
2 Eidotter
abgeriebene Schale von 1/2 unbehandelten Zitrone
Außerdem:
Backpapier für das Blech
1 - 2 EL gestiftelte Mandeln
1 - 2 EL gehackte Pistazien
einige halbierte Haselnüsse
3 EL Honig, ev. Kastanienhonig

◆ Das Backrohr auf 220° C vorheizen. Marzipan in Stücke schneiden und mit dem Staubzucker, Salz, Eidotter und Zitronenschale mit den Schneebesen eines Handrührgerätes zu einer glatten Creme verrühren. Die Masse in einen Spritzbeutel mit gezackter Tülle füllen und kleine Rosetten auf das mit Backpapier belegte Backblech spritzen.

◆ Abwechselnd mit Mandeln, Pistazien und halbierten Nüssen verzieren. Im heißen Backrohr auf der mittleren Schiene 5 - 7 Minuten backen. Noch heiß mit Honig bestreichen und auskühlen lassen.

Hippengebäck

Zubereitungszeit: *15 Minuten*
Ruhezeit: *1 Stunde*
Backzeit pro Blech: *5 - 8 Minuten*

200 g Marzipan-Rohmasse
120 g Staubzucker
ausgekratztes Mark von 1/2 Vanilleschote
abgeriebene Schale von 1/2 unbehandelten Zitrone
1 Ei
100 ml Milch
80 g Mehl
Fett und Mehl für das Blech

◆ Das Backblech in das Gefriergerät legen. Marzipan in kleine Stücke schneiden und mit Staubzukker, Vanillemark, Zitronenschale, Ei und Milch mit einem Schneebesen eines Handrührgerätes zu einer glatten Creme verrühren. Nach und nach das Mehl unterrühren, dann den Teig durch ein feines Sieb streichen und 1 Stunde ruhen lassen.

◆ Das gekühlte Backblech einfetten und mit Mehl bestäuben. Das Backrohr auf 190° C vorheizen.

◆ Mit einer Schablone aus Pappe oder einem Glas Kreise auf der bemehlten Fläche markieren. Die Teigmasse gleichmäßig und sehr dünn, am besten mit einer Palette, daraufstreichen.

◆ Im heißen Backrohr 5 - 8 Minuten backen. Die Ränder sollten goldbraun, das Innere noch hell sein.

◆ Das Backblech zur Hälfte herausziehen, die vorderen gebackenen Teigscheiben mit einer Palette lösen und sofort über einen dicken Kochlöffelstiel rollen. Sehr rasch arbeiten, sonst lassen sich die Hippen nicht mehr aufrollen.

Dattel-Walnuß-Busserl

Zubereitungszeit: *40 Minuten*
Backzeit pro Blech: *40 Minuten*

Für die Baisermasse:
4 Eiklar
1 EL Zitronensaft
1 Prise Salz
280 g Kristallzucker
200 g getrocknete Datteln
200 g Walnußkerne
50 g Arancini
abgeriebene Schale von 1/2 unbehandelten Orange
1 EL Orangenlikör

◆ Eiklar, Zitronensaft und Salz über einem Wasserbad mit den Schneebesen eines Handrührgerätes steif schlagen. Nach und nach den Zucker einrieseln lassen und so lange weiterschlagen, bis sich der Zukker völlig aufgelöst hat und der Schnee schnittfest und glänzend ist. Aus dem Wasserbad nehmen und über einem kalten Wasserbad kalt schlagen.

◆ Das Backrohr auf 150° C vorheizen. Die Datteln entkernen und mit den Walnüssen und den Arancini fein hacken. Mit der Orangenschale und dem -likör unter den Schnee rühren.

◆ Mit einem Kaffeelöffel kleine Häufchen von der Schneemasse abstechen und auf ein mit Backpapier ausgelegtes Backblech setzen. Im heißen Backrohr auf der unteren Schiene in etwa 40 Minuten mehr trocknen als backen. Die restliche Masse bis zum Backen kalt stellen, dann auf die gleiche Weise backen.

Ungebackene ungarische Waffelrauten

Zubereitungszeit: *1 Stunde*
Ruhezeit: *4 Stunden*

Für die Fülle:
4 Eidotter
280 g Kristallzucker
140 g Butter
140 g geröstete, gemahlene Haselnüsse
Außerdem:
dünne Waffelplatten oder Karlsbader Oblaten

◆ Eidotter und die Hälfte des Zuckers in einer Schlagschüssel aus Metall über einem Wasserbad mit den Schneebesen eines Handrührgerätes dickschaumig schlagen. Nach und nach die Butter in kleinen Stücken dazugeben und weiterschlagen, bis die Masse dicklich wird. Dann die Nüsse untermischen und die Schüssel aus dem Wasserbad nehmen und kalt rühren.

◆ Den restlichen Kristallzucker in einer Pfanne unter Rühren goldbraun karamelisieren lassen. Sofort unter die Nußmasse mischen und gründlich verrühren.

◆ Eine Waffelplatte oder eine gespaltene Oblate mit etwas Nußcreme bestreichen und mit einer zweiten Platte bedecken. So lange fortfahren, bis die Nußmasse aufgebraucht ist. Schnell arbeiten, da die Nußcreme rasch hart wird. Es sollten mindestens 3 Schichten übereinander sein.

◆ Die Waffeln mit einem Brett mit daraufgestellter Konservendose oder einem anderen Gewicht beschweren und mindestens 3 - 4 Stunden kalt stellen.

◆ Anschließend die Waffeln mit einem scharfen Messer erst schräg in 2,5 cm breite Streifen, dann in ebenso breite Rauten schneiden.

Tips und Tricks:

Man kann die Waffeln auch mit folgender Mischung füllen: 200 g Zucker karamelisieren lassen, dann 400 g gehackte Mandeln dazugeben, gründlich verrühren und auf eine geölte Marmorplatte streichen. Nach dem Abkühlen mit einem Nudelwalker zerbröseln und mit 200 g geschmolzener Zartbitter-Kuvertüre verrühren. Zum Schluß noch 40 g flüssiges Kokosfett unterrühren und mit dieser Masse die Waffelblätter füllen. Nach dem Abkühlen ebenfalls in Rauten oder Würfel schneiden.

Gewürzschnitten

Zubereitungszeit: *40 Minuten*
Backzeit: *30 Minuten*

Für den Rührteig:
125 g Butter
125 g Kristallzucker
1 Prise Salz
1 Prise frisch geriebene Muskatnuß
1 Prise gemahlene Gewürznelken
1 TL gemahlener Zimt
abgeriebene Schale und Saft von 1 unbehandelten Zitrone
2 Eier
125 g Mehl
125 g geschälte, geriebene Mandeln
75 g gehacktes Zitronat
Außerdem:
Fett für das Blech
100 g Staubzucker
etwas Kakao

◆ Das Backrohr auf 180° C vorheizen. Weiche Butter, Kristallzucker, Salz und die Gewürze mit den Schneebesen eines Handrührgerätes cremig rühren. Die Eier dazugeben und dickschaumig schlagen. Mehl und Mandeln vermischen und löffelweise unter die Schaummasse rühren. Zum Schluß das Zitronat untermischen und die Masse etwa 1 cm dick auf ein gefettetes Backblech streichen.

◆ Im heißen Backrohr auf der mittleren Schiene 25 - 30 Minuten backen. Anschließend auf dem Blech ein wenig überkühlen lassen. Mit Staubzucker bestäuben und die Platte in 2 cm breite und 5 cm lange Streifen schneiden. Mit einer Palette vom Blech heben. Kakao in ein kleines Sieb geben und jeweils die Ecken der Schnitten damit besieben.

Tips und Tricks:

Diese Schnittchen sind rasch zubereitet, wenn mal überraschend Besuch kommt. Man kann die Kuchenplatte aber auch in große Stücke schneiden und frisch gebacken mit Schlagobers servieren.

Will man das Gebäck länger aufbewahren, überzieht man die Teigplatte besser mit einem Zuckerguß, dann in Stücke geschnitten in eine Blechdose schichten und ein Stückchen Zitronenschale dazugeben. So bleibt das Gebäck lange saftig.

Pariser Schnittchen

Zubereitungszeit: *45 Minuten*
Backzeit: *25 Minuten*

Für den Rührteig:
100 g Butter
140 g Kristallzucker
1 Prise Salz
abgeriebene Schale und Saft von 1/2 unbehandelten
Orange
4 Eidotter
4 cl Orangenlikör
4 Eiklar
75 g geriebene Zartbitter-Schokolade
100 g Mehl
1/2 TL Backpulver
Außerdem:
Fett für das Backblech
1/2 Glas Orangenmarmelade
2 cl Orangenlikör
200 g Staubzucker
Saft von 1/2 Orange
1 Eiklar
3 kandierte Orangenscheiben
25 g Pistazienkerne

◆ Das Backrohr auf 180° C vorheizen. Weiche Butter, 100 g Kristallzucker, Salz, Orangenschale und -saft mit den Schneebesen eines Handrührgerätes cremig rühren. Die Eidotter und den Likör hinzufügen und dickschaumig schlagen. Eiklar steif schlagen, dabei den restlichen Zucker einrieseln lassen und so lange weiterschlagen, bis der Schnee schnittfest und glänzend ist. Schokolade, Mehl und Backpulver vermischen. Ein Drittel des Schnees mit der Mehlmischung unter die Schaummasse rühren, den Rest locker und gleichmäßig unterheben.

◆ Die Masse gleichmäßig dick auf ein gefettetes Backblech streichen und im heißen Backrohr auf der mittleren Schiene 20 - 25 Minuten backen.

◆ Die Orangenmarmelade mit dem Likör im Mixer pürieren, erhitzen und die noch heiße Kuchenplatte sofort damit bestreichen.

◆ Staubzucker mit Eiklar und so viel Orangensaft verrühren, daß ein glatter und glänzender Zuckerguß entsteht. Die glasierte Teigplatte damit bestreichen und den Kuchen schräg in Rauten von 3 cm Kantenlänge schneiden.

◆ Die kandierten Orangenscheiben in kleine Dreiecke schneiden und jeweils ein Stückchen in den noch feuchten Guß drücken. Mit je einer halbierten Pistazie verzieren. Die Schnitten mit einer Palette vom Blech lösen und auf einem Kuchengitter auskühlen lassen.

Tips und Tricks:

Wenn Sie keine kandierten Orangenscheiben bekommen, verzieren Sie die Schnitten mit Arancinistreifen.

Spitzkuchen

Zubereitungszeit: *1 Stunde*
Backzeit: *20 Minuten*

Für den Honigteig:
175 g Waldhonig
50 g Kristallzucker
1 Prise Salz
50 g Butter
50 g geriebene Zartbitter-Schokolade
1 Ei
1/2 Tl gemahlener Ingwer
1/2 TL gemahlene Gewürznelken
1 Msp gemahlener Piment
1 Msp gemahlener Kardamom
1 TL gemahlener Zimt
abgeriebene Schale von 1/2 unbehandelten Orange
3 TL Backpulver
250 g Mehl
Außerdem:
Backpapier für das Backblech
100 g Ribiselmarmelade
200 g dunkle Kuvertüre

◆ Honig, Zucker, Salz und Butter in einem Topf bei mittlerer Hitze erwärmen. Die geriebene Schokolade dazugeben und darin schmelzen lassen. Den Topf von der Kochplatte nehmen und die Masse abkühlen lassen.

◆ Das Backrohr auf 170° C vorheizen. Das Ei mit den Gewürzen und mit dem mit Backpulver vermischten Mehl unterrühren. Den Teig auf einem bemehlten Backbrett kräftig durchkneten und zu Rollen von 3 cm Durchmesser formen. Die Rollen nebeneinander mit ausreichendem Abstand auf ein mit Backpapier ausgelegtes Backblech legen und im heißen Backrohr auf der mittleren Schiene 16 - 20 Minuten backen.

◆ Die Rollen sofort auf dem Blech in Dreiecke mit einer Breitseite von 3 cm schneiden.

◆ Die Ribiselmarmelade, falls nötig, fein pürieren, erhitzen und die noch heißen Dreiecke damit überziehen.

◆ Die Kuvertüre in Stücke schneiden und im Wasserbad schmelzen lassen. Die Spitzkuchen auf eine Gabel spießen und in die Kuvertüre tauchen, gut abtropfen lassen und auf Kuchengitter oder auf geölter Alufolie erstarren lassen.

Tips und Tricks:

Die Spitzkuchen werden,
in einer Blechdose aufbewahrt,
von Tag zu Tag besser!

Weiße Mousse au chocolat

Grießschnee

Elisenlebkuchen

Zubereitungszeit: *1 Stunde*
Backzeit pro Blech: *10 Minuten*

Für die Makronenmasse:
200 g Marzipan-Rohmasse
250 g Kristallzucker
5 Eiklar
50 g Arancini
50 g Zitronat
50 g geriebene Haselnüsse
100 g geschälte, geriebene Mandeln
100 g Mehl
1 Msp gemahlener Kardamom
1 Msp gemahlener Anis
1 Msp gemahlene Gewürznelken
abgeriebene Schale von 1/2 unbehandelten Orange
abgeriebene Schale von 1/2 unbehandelten Zitrone
Außerdem:
50 kleine Oblaten
4 - 5 EL Honig, evtl. Akazienhonig
2 - 3 EL gestiftelte Mandeln
Staubzucker zum Bestäuben

◆ Marzipan in kleine Stücke schneiden und mit Kristallzucker und Eiklar in einem Topf unter Rühren erwärmen. So lange rühren, bis eine gleichmäßig vermengte Masse entstanden ist. Von der Kochstelle nehmen.

◆ Arancini und Zitronat fein hacken und zusammen mit Nüssen, Mandeln, Mehl und Gewürzen unter die Marzipanmasse rühren.

◆ Das Backrohr auf 180° C vorheizen. Die Masse in einen Spritzbeutel mit glatter Tülle füllen und so auf die Oblaten spritzen, daß rundherum ein 1/2 cm breiter Rand bleibt. Die Lebkuchen nebeneinander auf ein Backblech setzen und 15 Minuten übertrocknen lassen. Dann im heißen Backrohr auf der mittleren Schiene ca. 10 Minuten backen. Die restliche Masse auf die gleiche Weise zubereiten.

◆ Die abgekühlten Lebkuchen mit erwärmtem Honig bestreichen und mit Pistazien und Mandelstiften belegen. Mit Staubzucker bestäuben.

Tips und Tricks:

Diese Variante der Elisenlebkuchen ist für all jene, die saftige Lebkuchen bevorzugen.

Einfache Lebkuchen

Zubereitungszeit: *40 Minuten*
Ruhezeit: *1 - 2 Stunden*
Backzeit pro Blech: *12 Minuten*

Für den Lebkuchenteig:
600 g Mehl
250 g Rohzucker
1 Päckchen Lebkuchengewürz
abgeriebene Schale von 1/2 unbehandelten Zitrone
1 TL gemahlener Zimt
1 EL Kakao
1/2 TL Natron
1 Ei
2 Eidotter
2 EL Waldhonig
250 g kalte Butter
Außerdem:
Backpapier für das Blech
200 g Staubzucker
Saft von 1/2 Zitrone
50 geschälte, halbierte Mandeln

◆ Mehl, Rohzucker, Lebkuchengewürz, Zitronenschale, Zimt, Kakao und Natron vermischen und auf ein Backbrett häufen. In die Mitte eine Mulde drücken und das Ei, Eidotter und den Honig hineingeben. Die kalte Butter in kleinen Stücken auf den Mehlrand setzen und alles erst mit einem großen Messer zerhacken, dann mit möglichst kalten Händen zu einem glatten Teig verkneten. Schneller und einfacher geht es mit den Knethaken einer Küchenmaschine. Den Teig etwa 1 - 2 Stunden im Kühlschrank rasten lassen.

◆ Das Backrohr auf 180° C vorheizen. Die Hälfte des Teiges etwa 1/2 cm dick ausrollen und entweder runde Scheiben im Durchmesser von 6 cm oder andere beliebige Formen ausstechen. Mit ausreichendem Abstand auf ein mit Backpapier ausgelegtes Backblech legen und im heißen Backrohr 10 - 12 Minuten backen. Den restlichen Teig auf die gleiche Weise backen.

◆ Staubzucker mit Zitronensaft und, falls nötig, etwas Wasser zu einer glatten, glänzenden Glasur verrühren. Die abgekühlten Lebkuchen damit bestreichen und mit den halbierten Mandeln verzieren.

Tips und Tricks:

Diese Lebkuchen werden sehr weich, können also sofort verzehrt werden.

Nürnberger Lebkuchen

Zubereitungszeit: *1 Stunde*
Ruhezeit: *1 Stunde*
Backzeit pro Blech: *20 Minuten*

Für den Lebkuchenteig:

500 g Honig
200 g Kristallzucker
125 g geriebene Mandeln
ausgekratztes Mark von 1 Vanilleschote
1 TL gemahlener Zimt
1/2 TL gemahlene Gewürznelken
1 Msp gemahlener Kardamom
50 g gehackte Arancini
2 TL Backpulver
400 g Mehl

Außerdem:

100 g Vollmilch-Kuvertüre
100 g Zartbitter-Kuvertüre
einige geschälte, halbierte Mandeln

◆ Honig und Kristallzucker in einem Topf unter Rühren zum Kochen bringen und einige Minuten kochen lassen. Von der Kochplatte nehmen und abkühlen lasen.

◆ Mandeln, Gewürze, Arancini und das mit Backpulver vermischte Mehl löffelweise mit einem Kochlöffel unterrühren und anschließend auf einem bemehlten Backbrett gut durchkneten.

◆ Den Teig zu einem länglichen Laib formen und mit Folie umhüllt im Kühlschrank 1 Stunde rasten lassen.

◆ Das Backrohr auf 170° C vorheizen. Die Hälfte des Teiges etwa 1/2 cm dick ausrollen und Scheiben im Durchmesser von 6 cm ausstechen. Auf passende Oblaten setzen und auf ein Backblech legen. Im heißen Backrohr auf der mittleren Schiene ca. 20 Minuten backen. Die zweite Teighälfte auf die gleiche Weise verarbeiten.

◆ Die beiden Kuvertüren im Wasserbad schmelzen lassen und die Hälfte der abgekühlten Lebkuchen mit dunkler, die andere Hälfte mit heller Kuvertüre überziehen. Jeweils in der Mitte sternfömig die Mandelhälften anordnen.

Tips und Tricks:

Lebkuchen können auch rechteckig ausgeschnitten werden. An jedes Eck kommt dann eine Mandelhälfte!

Dünner Hans und dicke Gretl

Zubereitungszeit: *1 Stunde*
Backzeit: *20 Minuten*

Für den Lebkuchenteig:
250 g Honig
100 g Kristallzucker
500 g Mehl
1 Päckchen Backpulver
1 Prise Salz
1 TL Kakao
1 Eidotter
2 - 3 EL Wasser
2 EL Kirschschnaps
Außerdem:
Pappkarton
Fett für das Backblech
2 EL Milch zum Bestreichen
200 g Staubzucker
1 Eiklar
1 - 2 EL Zitronensaft
diverser Gebäckschmuck,
z. B.: Silberperlen, Dekor-Herzen, bunte Smarties

◆ Zuerst aus der Pappe ein Schnittmuster schneiden: für den Hans 34 cm lang und 10 cm breit und für die Gretel 16 cm hoch und 14 cm breit. Das Backrohr auf 220° C vorheizen.

◆ Für den Lebkuchenteig Honig und Kristallzukker in einem Topf unter Rühren erwärmen, anschließend abkühlen lassen.

◆ Mehl, Backpulver, Salz und Kakao in einer Rührschüssel vermischen. Die Honigmasse, Eidotter, Wasser und Kirschschnaps dazugeben und mit den Knethaken einer Küchenmaschine durchkneten. Den Teig auf einem bemehlten Backbrett noch einmal kräftig durchkneten und auf die Größe eines Backbleches ausrollen.

◆ Das Backblech fetten und die Teigplatte darauflegen. Das Schnittmuster auf den Teig legen und mit einem scharfen Messer entlang der Kanten ausschneiden. Die übrigen Teigreste abnehmen und anschließend kleine Kekse daraus backen. Die Figuren mit Milch bestreichen und im heißen Backrohr auf der mittleren Schiene 16 - 20 Minuten backen.

◆ Die gebackenen Figuren auskühlen lassen. Staubzucker mit Eiklar und etwas Zitronensaft so lange schlagen, bis am Schneebesen kleine Spitzen hängenbleiben. Den Zuckerguß in ein Stanitzel aus Pergamentpapier füllen, die Spitze abschneiden und Haare und Gesichter auf die Figuren spritzen. Nach eigenem Geschmack die vorhandenen Dekorationsmittel mit Zuckerguß daraufkleben.

Gebackene Tischkarten

für Kindergeburtstage oder für Ostern

Zubereitungszeit: *1 Stunde*
Ruhezeit: *30 Minuten*
Backzeit pro Blech: *10 Minuten*

Für den Mürbteig:
400 g Mehl
100 g Staubzucker
1 Prise Salz
2 TL Backpulver
abgeriebene Schale von 1/2 unbehandelten Zitrone
2 Eier
150 g kalte Butter
Außerdem:
Backpapier für das Backblech
200 g Staubzucker
1 Eiklar
Speisefarben und bunte Dekorationsmittel

◆ Mehl, Staubzucker, Salz, Backpulver und Zitronenschale vermischen und auf ein Backbrett häufen. In die Mitte eine Mulde drücken und die Eier hineingeben. Die kalte Butter in kleinen Stücken auf den Mehlrand setzen und erst mit einem großen Messer zerhacken, dann mit möglichst kalten Händen rasch zu einem glatten Teig verkneten. Schneller und einfacher geht es mit den Knethaken eines Handrührgerätes oder einer Küchenmaschine. Den Teig mit Folie umhüllt 30 Minuten im Kühlschrank rasten lassen.

◆ Das Backrohr auf 180° C vorheizen. Den Mürbteig etwa 4 mm dick ausrollen und entweder Rechtecke in der Größe eines Briefkuverts ausschneiden oder für Ostern Gockel, Hasen oder Körbe. Dafür ist es sinnvoll, sich vorher eine Papierschablone anzufertigen, diese auf den Teig zu legen und dann auszuschneiden. Die Figuren auf ein mit Backpapier ausgelegtes Backblech legen und im heißen Backrohr 8 - 10 Minuten backen. Den restlichen Teig ebenfalls beliebig formen und backen.

◆ Die gebackenen Figuren ganz auskühlen lassen. Staubzucker mit Eiklar so lange schlagen, bis am Schneebesen kleine Spitzen hängenbleiben. Den Zuckerguß in mehrere Portionen teilen und jede anders färben. Jeden Zuckerguß in ein kleines Stanitzel aus Pergamentpapier füllen, die Spitze abschneiden und die Figuren mit den gewünschten Namen beschriften und hübsch verzieren.

◆ Will man man Briefkuverttischkarten machen, überzieht man am besten die ganze Karte mit einem beliebig gefärbten Zuckerguß und läßt diesen antrocknen. Dann wie einen Brief beschriften, eventuell schräg „Eilpost" oder „streng vertraulich" oder ähnliches mit andersfarbigem Zuckerguß daraufschreiben.

Dessertcremes, Eis und Fruchtsülzen

Bei Nachspeisen heißt es nicht umsonst: „der krönende Abschluß"! Ein Menü ohne die schaumigen Gebilde aus Eiern, Früchten und Gewürzen ist für den wahren Gourmet wie ein Tag ohne Sonne. Selbst wenn der Magen schon „genug" signalisiert, eine leichte Creme oder ein zartschmelzendes Eis hat immer noch Platz, und kaum einer kann da widerstehen.

„Süß" war immer schon der Inbegriff höchster Wonne. Die erste Süßigkeit war vermutlich Honig, der in der Antike als die liebliche, lebensverlängernde Speise der Götter galt. Bis zur Entdeckung des Zuckerrohrs wurde ausschließlich mit Honig gesüßt. Als 1493 Christoph Kolumbus Zuckerrohrsetzlinge aus der Neuen Welt mitbrachte, bekamen die Bienen Konkurrenz. Durch die Kreuzzüge wurde das neue Mittel zum Süßen rasch in ganz Europa verbreitet. Zuerst verkaufte man den kostbaren Zucker nur in Apotheken, und für die meisten war er unerschwinglich. 1775 gelang es dem Chemiker Sigismund Marggraf, aus Zuckerrübensaft Zucker herzustellen. Diese Entdeckung vermarktete dann Franz Carl Achard, ein Schüler Marggrafs und befand: „zum Wohle der Mitbürger und zur Ehre der Heimat". Nunmehr waren alle Möglichkeiten gegeben, um süße Leckereien in Hülle und Fülle zu kreieren.

Ende des vergangenen Jahrhunderts waren Desserts die Höhepunkte jedes feinen Mahles in Königs- und Fürstenhäusern, und die üppigen Zaubereien aus Zucker und Eiern wurden mit viel Pomp – häufig wie Denkmäler auf Säulen – feierlich aufgetragen.

Heute liebt man den süßen Menüausklang schlichter, kalorienbewußter und vor allem nicht so arbeitsintensiv. Luftige Cremes, Halbgefrorenes oder fruchtige Geleespeisen, das sind zur Zeit die verführerischen Verlockungen der Schleckermäuler.

Allein das Wort „Creme" zergeht auf der Zunge! Der Begriff stammt von dem französischen „crème", was soviel wie Rahm bzw. Obers bedeutet. Das erste Mal tauchte diese Bezeichnung 1898 im Brockhaus auf und von da an auch auf den Menükarten der noblen Gesellschaft. Damals wie heute sind die Grundzutaten Eier, Zucker, Milch und Obers sowie allerlei Gewürze und Aromen, und nicht zu vergessen Luft, die man mit viel Geduld und einem guten Schneebesen unterschlägt. Es liegt wohl in der Natur der Zutaten, daß so viele der alten Rezepte bis heute in keiner Weise altmodisch geworden sind. Denken Sie an den Klassiker „Bayerische Creme" – was soll da verbessert werden! Sie hat, wie auch die meisten anderen Cremes, den Vorteil, daß man sie gut vorbereiten kann. Am Tag des Festessens muß dann das Dessert nur noch hübsch garniert und gut gekühlt serviert werden. Das gilt übrigens auch für Halbgefrorenes – eine Nachspeise, die in letzter Zeit immer mehr Beliebtheit erlangt. Wichtig ist allerdings, daß Parfaits immer rechtzeitig aus dem Gefriergerät geholt werden, damit sie nicht steinhart sind. Nur angetaut kommt das feine Aroma voll zur Geltung. Figurfreundlich wie keine andere Süßigkeit sind die glasklaren Sülzen aus Früchten, Wein oder Champagner. Aber nicht nur wegen ihrer Kalorienarmut werden Geleespeisen so gerne gegessen – an heißen Sommertagen erfrischen gerade sie auf angenehmste Weise.

Die nachfolgenden cremigen, kühlen und gelierenden Nachspeisen sind moderner Ernährungsweise angepaßt, ohne deshalb minder gut zu schmecken. Außerdem sind fast alle einfach und ohne allzu große Mühe, auch für Kochanfänger, nachvollziehbar!

Die Nachspeise ist für viele der Höhepunkt und sollte daher entsprechend optisch herausgeputzt sein. Verwenden Sie frische Minzeblätter, Beeren, Schokoladenblätter, Krokant und vieles mehr. Richten Sie Ihre Desserts nicht in zu kleinen Tellern oder Schalen an – auf großen Platten wirkt alles viel raffinierter! Ein Hauch Staubzucker oder Kakao vollbringt oft wahre Wunder – und das „Ahhhhh" beim Auftragen ist Ihnen gewiß!

Schmankerlcreme

Für 4 Personen
Zubereitungszeit: *30 Minuten*
Kühlzeit: *3 Stunden*

Für die Creme:
1 Ei
30 g Kristallzucker
2 Blatt weiße Gelatine
2 EL Orangenlikör
1/4 l Obers
40 g geschälte, fein geriebene Mandeln
4 Hohlhippen
Außerdem:
pro Portion 1 EL Fruchtsauce siehe Seite 355
1/8 l Obers

◆ Ei und Kristallzucker in eine Schlagschüssel aus Metall geben und auf dem Wasserbad mit einem Schneebesen schaumig aufschlagen. Herausnehmen und auf einem kalten Wasserbad kalt schlagen.

◆ Die Gelatine in kaltem Wasser einweichen, gut ausdrücken und im erhitzten Orangenlikör auflösen. Vorsichtig mit der Eimasse vermischen und unter gelegentlichem Umrühren so lange kalt stellen, bis die Creme leicht zu gelieren beginnt.

◆ Das Obers steif schlagen und mit den Mandeln und den in kleine Stücke zerbrochenen Hohlhippen unter die Creme mischen.

◆ Auf 4 hübsche Gläser verteilen und im Kühlschrank erstarren lassen.

◆ Das Obers steif schlagen und in einen Spritzbeutel füllen. Auf jede Portion Schlagobers spritzen und mit einem Eßlöffel Fruchtsauce begießen.

Tips und Tricks:

Hohlhippen gibt es fertig zu kaufen. Aber wenn's besonders köstlich sein soll, backen Sie Hohlhippen nach dem Rezept auf Seite 300 selber!

Man kann auch in Orangenlikör marinierte Arancini unter die Creme ziehen und anstelle der Fruchtsauce mit Krokant bestreuen.

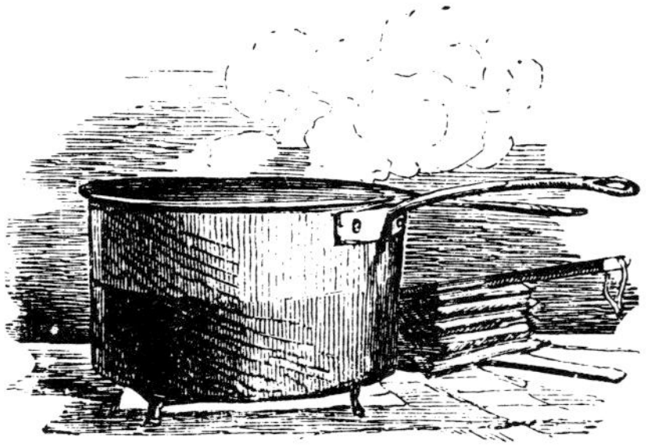

Bayerische Creme

Für 4 Personen
Zubereitungszeit: *40 Minuten*
Kühlzeit: *4 Stunden*

1/4 l Milch
2 Vanilleschoten
3 Eidotter
60 g Kristallzucker
3 Blatt weiße Gelatine
1/4 l Obers

◆ Die Milch in einem Kochtopf mit den aufgeschlitzten Vanilleschoten erhitzen.

◆ Die Gelatineblätter in reichlich kaltem Wasser einweichen.

◆ Eidotter und Kristallzucker in einer runden Schlagschüssel aus Metall mit einem Schneebesen so lange schlagen, bis die Masse weiß und cremig ist und sich der Zucker völlig aufgelöst hat.

◆ Die Vanilleschoten aus der heißen Milch fischen und das Mark mit einem spitzen Messer in die Milch schaben. Die Vanillemilch unter Rühren in die Dottermasse gießen. Entweder über einem Wasserbad oder in einem Topf bei schwacher Hitze so lange aufschlagen, bis die Mischung dickschaumig wird. Auf keinen Fall kochen lassen, da sie sonst gerinnt. Ausgedrückte Gelatineblätter nacheinander in die heiße Creme geben und unter Rühren auflösen.

◆ Die Schüssel in ein kaltes Wasserbad stellen und die Creme kalt rühren. Kurz bevor die Creme zu gelieren beginnt, das steifgeschlagene Obers locker und gleichmäßig unterziehen.

◆ Die Creme in eine kalt ausgespülte hübsche Form füllen. Mit Folie bedecken und im Kühlschrank mehrere Stunden erstarren lassen.

◆ Kurz vor dem Servieren den Rand mit den Fingerkuppen lösen, die Form in heißes Wasser tauchen und auf einen Teller stürzen.

◆ Die Creme kann mit einem zur Jahreszeit passenden Kompott oder mit einer Karamel- oder Schokoladensauce oder mit frischem Beerenmark gereicht werden.

Tips und Tricks:

Wer die Creme etwas weicher bevorzugt, reduziert die Gelatinemenge auf 4 Blatt, füllt die Masse dann in kleine Portionsschalen oder in eine größere, weite Schüssel und sticht, nachdem sie fest ist, mit einem Eßlöffel Nockerl ab.

Ob mit Fruchtmark, Kaffee, Zimt oder anderen Gewürzen verfeinert, die Möglichkeiten, dieses Grundrezept abzuändern, sind schier grenzenlos.
Einige Ideen dazu auf der nächsten Seite.

Orangencreme

Für 4 Personen
Zubereitungszeit: *30 Minuten*
Kühlzeit: *2 - 3 Stunden*

Für die Creme:

5 Blatt weiße Gelatine
30 g Arancini
2 cl Orangenlikör
4 Eidotter
80 g Staubzucker
1/4 l frisch gepreßter Orangensaft
abgeriebene Schale von 1 unbehandelten Orange
2 Eiklar
20 g Vanillezucker
200 ml Obers

Außerdem:

1 unbehandelte Orange
1/8 l Obers
einige frische Minzeblätter

◆ Die Gelatine in kaltem Wasser einweichen. Die Arancini in kleine Würfel schneiden, mit Orangenlikör begießen und darin mindestens 15 Minuten marinieren.

◆ Eidotter und Staubzucker mit den Schneebesen eines Handrührgerätes dickschaumig schlagen, den Orangensaft langsam dazugießen und die Orangenschale untermischen.

◆ Die Gelatine gut ausdrücken und bei schwacher Hitze in 1 Eßlöffel Wasser auflösen. Etwas von der Creme mit der flüssigen Gelatine verrühren, dann alles sorgfältig vermischen und so lange kalt stellen, bis die Mischung leicht zu gelieren beginnt.

◆ Eiklar steif schlagen, dabei den Vanillezucker einrieseln lassen und so lange weiterschlagen, bis der Schnee schnittfest und glänzend ist. Das Obers in einer zweiten Schüssel ebenfalls steif schlagen. Beides mit den marinierten Arancini samt Einweichflüssigkeit locker und gleichmäßig mit einem Schneebesen unter die Creme ziehen. Entweder in Portionsschalen oder -gläser verteilen oder in eine hübsche Form füllen. Kalt stellen.

◆ Obers steif schlagen und in einen Spritzbeutel füllen. Die Creme damit bespritzen und mit Orangenspalten und Minzeblättern garnieren.

Tips und Tricks:

Diese Creme schmeckt besonders fruchtig, weil das Aroma des frisch gepreßten Orangensaftes weder durch die Beigabe von Milch noch durch Erhitzen gemindert wird. Ein ideales Dessert für heiße Sommertage!

Zitronencreme

Für 4 - 6 Personen
Zubereitungszeit: *30 Minuten*
Kühlzeit: *3 - 4 Stunden*

Für die Creme:
5 Blatt weiße Gelatine
2 Eier
2 EL Wasser
80 g Kristallzucker
Saft von 2 Zitronen
abgeriebene Schale von 1 unbehandelten Zitrone
ausgekratztes Mark von 1/2 Vanilleschote
1/4 l Obers
Außerdem:
250 g Himbeeren
2 EL Staubzucker
1 - 2 EL Zitronensaft
1/8 l Obers

◆ Die Gelatine in kaltem Wasser einweichen. Eier, Kristallzucker und Wasser über einem leicht siedenden Wasserbad mit den Schneebesen eines Handrührgerätes dickschaumig aufschlagen. Das Wasser darf dabei auf keinen Fall kochen, da sonst die Eier gerinnen. Die Schüssel herausnehmen und über einem kalten Wasserbad kalt schlagen.

◆ Sobald die Masse abgekühlt ist, den frisch gepreßten Zitronensaft sowie die -schale und das Vanillemark unterrühren.

◆ Die Gelatine gut ausdrücken und bei schwacher Hitze in 1 Eßlöffel heißem Wasser auflösen. Erst etwas von der Zitronenmischung unter die Gelatine rühren, dann alles sorgfältig miteinander vermischen und so lange kalt stellen, bis die Masse zu gelieren beginnt.

◆ Das Obers steif schlagen und locker und gleichmäßig unterziehen. Die Creme in eine mit kaltem Wasser ausgespülte Pudding- oder Wandelform gießen und im Kühlschrank mindestens 2 - 3 Stunden erstarren lassen.

◆ Die Himbeeren putzen, mit Staubzucker bestäuben und mit Zitronensaft beträufeln. Das Obers steif schlagen.

◆ Kurz vor dem Servieren die Form in kochendheißes Wasser tauchen, den Rand mit einem Messer lösen, damit Luft hineinkommt, und die Creme auf eine Platte stürzen. Mit den marinierten Himbeeren umkränzen und mit Schlagobers bespritzen.

Tips und Tricks:

Wird die Creme in eine Wandelform gefüllt, sieht es sehr reizvoll aus, wenn man sie gestürzt in Scheiben schneidet und auf einem großen Teller mit Früchten und Obers anrichtet.

Waldbeerencreme

Für 4 Personen
Zubereitungszeit: *45 Minuten*
Kühlzeit: *2 - 3 Stunden*

500 g gemischte Waldbeeren, z. B. Himbeeren,
Brombeeren, Heidelbeeren, Erdbeeren
2 cl Himbeerschnaps
1 EL Staubzucker
4 Blatt weiße Gelatine
1 Blatt rote Gelatine
3 Eidotter
80 g Kristallzucker
1/4 l Obers
Außerdem:
200 g frische gemischte Beerenfrüchte
einige Zitronenmelisseblätter

◆ Die Früchte entstielen und in eine Schüssel geben. Mit Himbeerschnaps begießen und mit Staubzucker bestreuen. 15 Minuten marinieren, dann im Mixer pürieren und durch ein feines Sieb streichen.
◆ Gelatine in kaltem Wasser einweichen.
◆ Eidotter und Kristallzucker über einem leicht siedenden Wasserbad mit den Schneebesen eines Handrührgerätes dickschaumig aufschlagen. Die Schüssel herausnehmen und über einem kalten Wasserbad kalt rühren.
◆ Das Fruchtpüree untermischen. Die Gelatineblätter gut ausdrücken und in 1 Eßlöffel Wasser bei schwacher Hitze auflösen. Erst etwas von der Creme mit der Gelatine verrühren, dann alles sorgfältig vermischen. In den Kühlschrank stellen, bis die Creme zu gelieren beginnt.
◆ Das Obers steif schlagen und locker und gleichmäßig unterziehen. Die Creme in eine möglichst flache Schüssel füllen und erstarren lassen.
◆ Kurz vor dem Servieren mit einem nassen Eßlöffel Nockerl aus der Masse formen und auf leicht mit Staubzucker bestäubten großen Tellern anrichten. Mit frischen Waldfrüchten und Zitronenmelisseblättern verzieren.

Tips und Tricks:

Natürlich schmeckt die Creme am intensivsten, wenn sie aus frisch gepflückten Waldbeeren zubereitet wird. Außerhalb der Waldbeerensaison kann man die Creme jedoch auch aus tiefgekühlten Früchten zubereiten oder auch nur aus einer Sorte, zum Beispiel Himbeeren oder Erdbeeren. Ganz besonders fein schmeckt Heidelbeercreme!

Feine Vanillecreme

Für 4 Personen
Zubereitungszeit: *25 Minuten*
Kühlzeit: *1 Stunde*

Für die Creme:
30 g Stärkemehl
2 Eidotter
60 g Kristallzucker
1/4 l Milch
2 EL Orangenlikör
2 Vanilleschoten
1/4 l Obers

◆ Stärkemehl, Eidotter, Kristallzucker und Likör in einer Schüssel vermischen und mit 3 - 4 EL kalter Milch gründlich verrühren.
◆ Die restliche Milch mit den aufgeschlitzten Vanilleschoten zum Kochen bringen. Von der Kochstelle nehmen und das Mark der Vanilleschoten mit einem spitzen Messer sorgfältig herauskratzen.
◆ Erneut auf die Kochplatte stellen und das angerührte Stärkemehl unter Rühren mit einem Schneebesen in die kochende Milch gießen. Einige Male unter kräftigem Rühren aufwallen lassen. Es muß eine glatte Masse entstehen. Den Kochtopf vom Herd nehmen und unter gelegentlichem Durchrühren auskühlen lassen.
◆ Das Obers steif schlagen und, sobald die Creme erkaltet ist, locker und gleichmäßig unterziehen.

Tips und Tricks:

Diese Vanillecreme kann man nun beliebig anrichten:

Auf vier Puddingförmchen verteilen, die Oberfläche mit Staubzucker bestäuben, um die Bildung einer unangenehmen dicken Haut zu verhindern. Kalt stellen und nach etwa 1 Stunde gestürzt mit einer Fruchtsauce von Seite 355 servieren.

Wer die Creme schlanker möchte, mischt anstelle des Obers zwei mit 50 g Zucker steifgeschlagene Eiklar unter den heißen Brei und läßt die Mischung kurz aufkochen. Bald verzehren, denn nach 4 - 5 Stunden verliert die Creme ihre Luftigkeit.

Mousse au chocolat

Zubereitungszeit: *30 Minuten*
Kühlzeit: *2 - 3 Stunden*

Für die Creme:
100 g sehr gute Zartbitter-Schokolade
3 Eidotter
20 g Vanillezucker
2 cl Grand Marnier (Orangenlikör)
abgeriebene Schale von 1/2 unbehandelten Orange
3 Eiklar
20 g Kristallzucker
1/8 l Obers
Außerdem:
1/8 l Obers
Dekor-Schokoladenblätter oder -Ornamente

◆ Die Schokolade in kleine Stücke brechen und im Wasserbad schmelzen lassen.

◆ Eidotter, Vanillezucker, Orangenlikör und Orangenschale mit den Schneebesen eines Handrührgerätes schaumig schlagen. Die flüssige Schokolade unterrühren.

◆ Eiklar steif schlagen, dabei den Kristallzucker einrieseln lassen und so lange weiterschlagen, bis der Schnee schnittfest und glänzend ist. Das Obers ebenfalls steif schlagen und beides locker und gleichmäßig mit dem Schneebesen unter die Schokoladenmischung ziehen. Die Masse in eine große Schüssel oder auf 4 Gläser verteilen und zugedeckt im Kühlschrank etwa 1 - 2 Stunden erstarren lassen.

◆ Mit steifgeschlagenem Obers und Dekor-Schokolade garniert servieren.

Variation:

Es gibt unzählige Rezeptvarianten der Mousse au chocolat. Diese ist besonders locker und leicht bekömmlich. Eine der einfachsten Zubereitungsmöglichkeiten ist folgende:

150 g gute Schokolade nach Wahl in 1/4 l Obers erwärmen und darin auflösen. Gründlich verrühren und die Mischung über Nacht zugedeckt in den Kühlschrank stellen. Kurz vor dem Servieren mit den Schneebesen eines Handrührgerätes bei mittlerer Geschwindigkeit cremig aufschlagen. 1 Eiklar mit 20 g Vanillezucker steif schlagen und locker unterziehen.
Eventuell mit löslichem Kaffee, Cognac oder einem passenden Likör verfeinern.

Weiße Mousse au chocolat

Für 6 Personen
Zubereitungszeit: *40 Minuten*
Kühlzeit: *2 - 3 Stunden.*

Für die Creme:
150 g weiße Kuvertüre
1 1/2 Blatt weiße Gelatine
4 Eiklar
1 TL Kristallzucker
100 ml Obers
1/2 Päckchen Sahnesteif
6 Eidotter
1 TL Honig, evtl. Akazienhonig
ausgekratztes Mark von 1/2 Vanilleschote
Saft von 1/2 Zitrone
Saft von 1/2 Orange
1 TL abgeriebene unbehandelte Orangenschale
oder Orange-back
1 Spritzer Bittermandelöl
4 cl Amaretto
2 cl trockener Marsala

◆ Die weiße Kuvertüre entweder im Wasserbad oder im Backofen bei 70° C schmelzen lassen. Gelatine in kaltem Wasser einweichen.

◆ Eiklar steif schlagen, dabei den Kristallzucker einrieseln lassen und so lange weiterschlagen, bis der Schnee schnittfest und glänzend ist. Kühl stellen! Das Obers mit dem Sahnesteif steif schlagen und ebenfalls kalt stellen.

◆ Eidotter mit Honig und den übrigen Zutaten in eine Schlagschüssel aus Metall geben und über einem leicht siedenden Wasserbad cremig aufschlagen. Die gut ausgedrückte Gelatine unter die heiße Masse rühren und darin auflösen. Nun die geschmolzene Kuvertüre mit einem Schneebesen unterrühren. Die Schüssel aus dem Wasserbad nehmen und die Creme in einem kalten Wasserbad kalt rühren.

◆ Den steifgeschlagenen Schnee – ohne die eventuell abgesetzte Flüssigkeit! – sowie das Obers locker und gleichmäßig unter die Schokoladenmasse ziehen.
In eine große, möglichst flache Schale füllen und zugedeckt im Kühlschrank in 2 - 3 Stunden erstarren lassen.

◆ Mit zwei nassen Eßlöffeln Nockerl abstechen und auf großen, mit Staubzucker bestäubten Tellern anrichten. Mit Minzeblättern, exotischen Früchten oder mit dunklen Schokoladenblättchen nach Geschmack verzieren.

Schneenockerl
auf zweierlei Saucen

Für 6 Personen
Zubereitungszeit: *40 Minuten*
Kühlzeit: *1 - 2 Stunden*

Für die Nockerl:
1 l Milch
2 Vanilleschoten
6 Eiklar
210 g Staubzucker
abgeriebene Schale von 1/2 unbehandelten Zitrone
Für die Sauce:
1/2 l Milch (von den Nockerln)
120 g Kristallzucker
20 g Vanillepuddingpulver
3 Eidotter
100 ml Obers
60 g Zartbitter-Schokolade

◆ Milch und die aufgeschlitzten Vanilleschoten in einem großen, flachen Topf erhitzen, aber nicht kochen lassen.

◆ Die Eiklar steif schlagen, dabei den Staubzucker und die Zitronenschale nach und nach dazugeben und so lange schlagen, bis der Schnee schnittfest und glänzend ist. Mit zwei nassen Eßlöffeln Nokkerl abstechen und auf die heiße, leicht siedende Milch setzen. Die Milch darf nicht kochen. Die Nockerl nach 2 Minuten mit Hilfe von zwei Löffeln wenden und auch die zweite Seite 2 Minuten garen. Die Nockerl mit einem Schaumlöffel vorsichtig herausheben und auf einem sauberen Küchentuch abtropfen lassen.

◆ Mit einem spitzen Messer das Mark aus den Vanilleschoten in die heiße Milch schaben und die Milch noch ein wenig einkochen lassen. Dann durch ein Sieb gießen, 1/2 Liter abmessen und erneut zum Kochen bringen.

◆ Kristallzucker, Vanillepuddingpulver, Eidotter und Obers zu einer glatten Mischung verrühren und in die kochende Milch einlaufen lassen. Einige Male aufwallen lassen, dann in zwei Hälften teilen. In einer Hälfte die geriebene Schokolade auflösen und beide Saucen unter gelegentlichem Rühren in einem kalten Wasserbad auskühlen lassen.

◆ Jeweils zwei Nockerl auf einem großen Teller anrichten und mit der Vanille- und Schokoladensauce begießen.

Tips und Tricks:

Köstlich schmeckt das Dessert auch, wenn man Vanillesauce in einen tiefen Teller gießt, die Nockerl daraufsetzt und mit flüssigen Karamelfäden überzieht!

Joghurt-Zitronen-Creme in der Mandeltulpe

Kaffeeparfait mit frischen Feigen

Omelette surprise

Erdbeergelee-Kuppel

Karamelcreme

Für 6 Personen
Zubereitungszeit: *30 Minuten*
Garzeit: *45 Minuten*
Kühlzeit: *6 Stunden*

120 g Kristallzucker
6 EL Wasser
2 EL Weinbrand
1/2 l Milch
1 Vanilleschote
4 Eier
100 g Zucker
Außerdem:
1/8 l Obers
Hippengebäck

◆ Sechs feuerfeste Souffléförmchen in eine Schüssel mit heißem Wasser legen. Das Backrohr auf 160° C vorheizen und einen flachen Topf, zwei Fingerbreit mit Wasser gefüllt, hineinstellen.

◆ Für den Karamelspiegel den Zucker in einer Kasserolle unter Rühren mit einem Kochlöffel schmelzen und goldbraun karamelisieren lassen. Mit 4 EL Wasser ablöschen und kurz durchkochen lassen.

◆ Die Förmchen aus dem Wasser nehmen, gut abtropfen lassen und die Hälfte des Karamels als dünne Schicht auf den Böden verteilen.

◆ Den zurückgelassenen Karamel mit Weinbrand und restlichem Wasser verdünnen, kurz durchkochen lassen und beiseite stellen.

◆ Die Milch mit der aufgeschlitzten Vanilleschote erhitzen!

◆ Eier und Zucker mit einem Handrührgerät auf mittlerer Stufe cremig, jedoch nicht schaumig rühren, bis sich der Zucker aufgelöst hat. Das Mark der Vanilleschote mit einem spitzen Messer in die Milch kratzen und diese dann unter die Eiercreme rühren.

◆ Die Eiermilch mit einem Schöpflöffel durch ein feines Sieb vorsichtig auf den Karamelspiegeln verteilen. Nur etwa zu Dreiviertel füllen, da die Creme aufgeht!

◆ Die Förmchen in das vorbereitete Wasserbad stellen und zugedeckt in etwa 40 - 45 Minuten stokken lassen.

◆ Herausnehmen, mit Folie bedecken, im Kühlschrank mehrere Stunden, am besten über Nacht, erkalten lassen.

◆ Kurz vor dem Servieren den Rand mit einem spitzen Messer lösen, die gestockte Creme auf Teller stürzen und mit der restlichen Karamelsauce umgießen! Mit Schlagobers und zartem Hippengebäck servieren.

Tips und Tricks:

Sobald die Oberfläche der Creme auf leichten Druck mit den Fingerkuppen nachgibt, ist sie gar!

Will man die Creme nicht stürzen, nimmt man anstelle von 4 ganzen Eiern 3 Eidotter und lediglich 2 Eiklar!

Weincreme
mit Früchten

Für 4 Personen
Zubereitungszeit: *25 Minuten*
Kühlzeit: *2 - 3 Stunden*

Für die Creme:
2 Eidotter
30 g Kristallzucker
1/8 l halbtrockener Weißwein
2 Blatt weiße Gelatine
1/8 l Obers
Außerdem:
120 g Kompottfrüchte

◆ Eidotter, Zucker und Weißwein in einer Schlagschüssel aus Metall vermischen und mit den Schneebesen eines Handrührgerätes über einem leicht siedenden Wasserbad schaumig aufschlagen.
◆ Die Gelatine in kaltem Wasser einweichen, gut ausdrücken und in der heißen Weincreme auflösen. Die Schüssel aus dem Wasserbad nehmen und über einem kalten Wasserbad kalt rühren.
◆ In den Kühlschrank stellen, bis die Masse zu gelieren beginnt.
◆ Das Obers steif schlagen und die Kompottfrüchte in kleine Würfel schneiden. Zwei Drittel des Obers und der Früchte unter die leicht gelierende Masse heben. In Portionsschalen verteilen und im Kühlschrank erstarren lassen.
◆ Vor dem Servieren mit dem restlichen Obers und einigen Früchten garnieren.

Tips und Tricks:

Die Weincreme schmeckt auch frisch aufgeschlagen, noch warm! Dann jedoch benötigt man kein Obers. Man schlägt pro Person 1 Eidotter mit 1 Eßlöffel Kristallzucker und 1 Eßlöffel edelsüßem Wein oder Marsala auf dem Wasserbad zu einer schaumigen Creme. Sofort mit knusprigen Keksen in Gläser füllen und servieren!

Wer sehr geschickt im Kochen ist, schlägt die Creme in einem Topf, direkt auf der Kochplatte, bei sehr schwacher Hitze auf! Die Creme darf dabei auf keinen Fall zum Kochen kommen.

Maronicreme

Für 4 Personen
Zubereitungszeit: *1 Stunde, 15 Minuten*

Für die Creme:

400 g Maroni
100 ml Milch
ausgekratztes Mark von 1 Vanilleschote
40 g Staubzucker
1/4 l Obers
1 EL Rum
1 Eiklar
20 g Kristallzucker

◆ Die Maroni an der Oberseite einritzen und mit Wasser bedeckt weich kochen. Schälen und entweder durch die feine Scheibe des Fleischwolfs drehen oder im Mixer fein pürieren.

◆ Milch und das Vanillemark zum Kochen bringen, das Maronimus dazugeben und unter Rühren so lange kochen lassen, bis ein dickes Mus entstanden ist. Staubzucker und 1/8 l Obers unterrühren und erneut einkochen lassen. Mit Rum abschmekken und erkalten lassen.

◆ Eiklar steif schlagen, dabei den Kristallzucker einrieseln lassen und so lange weiterschlagen, bis ein steifer Schnee entstanden ist. Das restliche Obers steif schlagen und beide unter das erkaltete Maronimus heben. Die Masse in einen Spritzbeutel mit großer, gezackter Tülle füllen, in Gläser spritzen.

Maronimus
mit Schlagobers

Für 4 Personen
Zubereitungszeit: *1 Stunde, 15 Minuten*

Für das Mus:

250 g Maroni
ausgekratztes Mark von 1 Vanilleschote
50 g Staubzucker
1 EL Rum

Außerdem:

1/4 l Obers
2 EL Vanillezucker
einige Dekorkirschen

◆ Die Maroni an der Oberfläche kreuzweise einritzen und mit Wasser bedeckt in einem Topf weich kochen. Herausnehmen und mit einem spitzen Messer die Schale abziehen. Das Fruchtfleisch durch eine Flotte Lotte passieren oder im Mixer fein pürieren. Mit Vanillemark, Staubzucker und Rum verrühren und abkühlen lassen.

◆ Das Obers steif schlagen und mit Vanillezucker süßen. Auf eine Platte oder vier Teller häufen und das Maronimus durch ein großlöcheriges Sieb darüberpassieren.

◆ Gut gekühlt mit Dekorkirschen belegen.

Gestürzter Grießflammeri
mit Orangen

Für 4 Personen
Zubereitungszeit: *35 Minuten*
Kühlzeit: *3 - 4 Stunden*

Für den Flammeri:
1/2 l Milch
1 Prise Salz
abgeriebene Schale von 1 unbehandelten Orange
100 g Grieß
2 Eidotter
100 g Staubzucker
2 EL Orangenlikör
2 Eiklar
20 g Kristallzucker
50 g geschälte, geriebene Mandeln
Außerdem:
2 Orangen
20 g Staubzucker
2 EL Orangenlikör
einige Minzeblätter

◆ Milch mit Salz und Orangenschale zum Kochen bringen. Unter Rühren mit einem Kochlöffel den Grieß einlaufen lassen und unter Rühren bei schwacher Hitze in einigen Minuten ausquellen lassen. Den Topf von der Kochplatte nehmen und kurz überkühlen lassen.

◆ Eidotter, Staubzucker und Orangenlikör mit den Schneebesen eines Handrührgerätes schaumig schlagen. Löffelweise den etwas abgekühlten Grieß unterrühren. Eiklar steif schlagen, dabei den Kristallzucker einrieseln lassen und so lange weiterschlagen, bis der Schnee schnittfest und glänzend ist. Gleichmäßig mit den Mandeln unter die Grießmasse ziehen und auf vier mit kaltem Wasser ausgespülte Förmchen verteilen. Zugedeckt im Kühlschrank in einigen Stunden fest werden lassen.

◆ Die Orangen so dick schälen, daß die weiße Haut völlig entfernt ist. Die Fruchtsegmente mit einem scharfen Messer aus den Zwischenhäuten lösen. Die Orangenfilets mit Staubzucker bestäuben und mit Likör beträufeln.

◆ Die Puddingförmchen kurz in heißes Wasser tauchen, den Rand mit einem Messer lösen und auf Teller stürzen. Mit den marinierten Orangenfilets umkränzen.

Tips und Tricks:

Nur mit einem kleberreichen Hartweizengrieß gelingen die Puddinge optimal!

Grießschnee

Für 4 Personen
Zubereitungszeit: *40 Minuten*

Für den Grießbrei:
1/4 l Magermilch
ausgekratztes Mark von 1 Vanilleschote
40 g Kristallzucker
abgeriebene Schale von 1 unbehandelten Zitrone
2 EL Grieß
1 Eiklar
Außerdem:
4 EL Schokoladensauce, siehe Rezept Seite 338
oder ein Fertigprodukt
Schokoladenblättchen

◆ Milch, Vanillemark, 20 g Kristallzucker und die Zitronenschale zum Kochen bringen. Den Grieß unter Rühren einlaufen lassen, einmal aufkochen und bei schwacher Hitze in wenigen Minuten ausquellen lassen. Von der Kochplatte nehmen und auskühlen lassen.

◆ Sobald der dünnflüssige Grießbrei kalt ist, mit den Schneebesen eines Handrührgerätes auf höchster Stufe so lange schlagen, bis der Grießbrei cremig wird.

◆ Eiklar steif schlagen, dabei den restlichen Kristallzucker einrieseln lassen und so lange weiterschlagen, bis der Schnee schnittfest und glänzend ist. Den Schnee locker und gleichmäßig unter die Grießcreme ziehen und auf vier Gläser oder Dessertschalen verteilen. Mit einem Löffel Schokoladensauce übergießen und mit Schokoladenblättchen verzieren.

Tips und Tricks:

Sofort servieren, da der lockere Grießschnee rasch wieder zusammenfällt!

Unbedingt fettarme Milch verwenden, damit der Grießschnee richtig luftig wird!

Man kann den Grießschnee auch mit Zitronen- oder Orangenschale verfeinern oder mit Mandelmilch zubereiten.

Reis Trautmannsdorf

Für 4 - 6 Personen
Zubereitungszeit: *45 Minuten*
Kühlzeit: *4 - 5 Stunden*

Für den Reisbrei:
60 g Rundkornreis
1/4 l Milch
40 g Kristallzucker
1 Prise Salz
ausgekratztes Mark von 1 Vanilleschote
4 Blatt weiße Gelatine
1/4 l Obers
100 g Kompottfrüchte
50 g gemischte kandierte Früchte
2 EL Maraschino
Außerdem:
1/8 l Obers
Erdbeer- oder Himbeersauce von Seite 355

◆ Den Reis in etwa 1 l Wasser etwa 6 Minuten kochen lassen. Auf ein Sieb schütten und gut abgetropft in die kalte Milch geben. Kristallzucker, Salz und Vanillemark dazugeben und zum Kochen bringen. Bei schwacher Hitze aufquellen lassen, dabei zwischendurch umrühren.

◆ Gelatineblätter in kaltem Wasser einweichen und gut ausgedrückt unter den weichgedünsteten, heißen Reis mischen. Den Reis so lange in den Kühlschrank stellen, bis die Mischung leicht zu gelieren beginnt. Das Obers steif schlagen. Kompott- und kandierte Früchte in kleine Würfel schneiden und mit Maraschino marinieren.

◆ Alles vorsichtig unter den Reisbrei ziehen und diesen entweder in eine große, kalt ausgespülte Puddingform oder in kleine Förmchen verteilen. Zugedeckt im Kühlschrank einige Stunden erstarren lassen.

◆ Kurz vor dem Servieren die Form oder Förmchen in heißes Wasser tauchen und auf Teller stürzen. Obers steif schlagen und den Reis damit bespritzen und mit Fruchtsauce umgießen.

Tips und Tricks:

Verwenden Sie für diese klassische Nachspeise unbedingt den stärkereichen Rundkornreis, damit die einzelnen Reiskörner aneinanderkleben und sich der Reisbrei stürzen läßt.

2 Eßlöffel Mandelstifte unter den Brei gemischt, ist zwar nicht ganz original, schmeckt aber dennoch köstlich!

Reiscreme
mit Karamel

Für 4 Personen
Zubereitungszeit: *40 Minuten*
Kühlzeit: *1 - 2 Stunden*

Für die Reiscreme:

100 g Rundkornreis
1/2 l Milch
50 g Kristallzucker
1 Prise Salz
1 Stückchen unbehandelte Orangenschale
2 Blatt weiße Gelatine
40 g geschälte, geriebene Mandeln
80 g Kristallzucker
2 EL Wasser
1/4 l Obers

◆ Den Reis in 1 Liter Wasser etwa 6 Minuten kochen lassen. Auf ein Sieb schütten und gut abgetropft in die kalte Milch geben. Kristallzucker, Salz und Orangenschale dazugeben und zum Kochen bringen. Bei schwacher Hitze aufquellen lassen, dabei zwischendurch umrühren. Die Gelatine in kaltem Wasser einweichen.

◆ Den Reisbrei von der Kochplatte nehmen und die gut ausgedrückte Gelatine sowie die Mandeln unter den heißen Brei rühren. So lange in den Kühlschrank stellen, bis die Masse zu gelieren beginnt.

◆ Inzwischen den Kristallzucker in einer Pfanne unter Rühren mit einem Kochlöffel goldbraun karamelisieren lassen. Mit Wasser ablöschen, von der Kochplatte nehmen und abkühlen lassen.

◆ Das Obers steif schlagen und die Hälfte davon mit der Hälfte des Karamels unter den Reis ziehen. Die Masse in Dessertschalen verteilen und kalt stellen.

◆ Vor dem Servieren jeweils einen Löffel Obers in die Mitte geben und darüber etwas Karamel gießen.

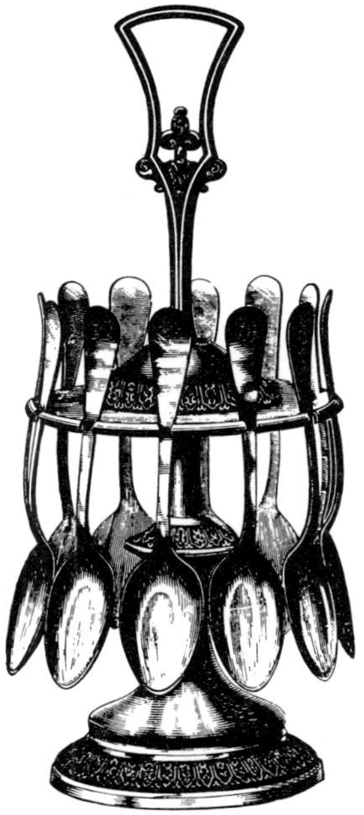

Tiramisu

Für 4 Personen
Zubereitungszeit: *30 Minuten*
Kühlzeit: *3 - 4 Stunden*

Für die Creme:
1/8 l starker Espresso
2 cl Grappa
3 Eidotter
60 g Kristallzucker
ausgekratztes Mark von 1/2 Vanilleschote
4 cl Marsala
300 g Mascarpone
Außerdem:
16 Biskotten
Kakaopulver

◆ Frisch zubereiteten Espresso und Grappa vermischen.

◆ Eidotter, Kristallzucker, Vanillemark und Marsala in einer Schlagschüssel aus Metall über dem Wasserbad schaumig rühren. Nachdem sich der Kristallzucker vollständig aufgelöst hat, die Schüssel herausnehmen und im kalten Wasserbad kalt rühren. Zum Schluß löffelweise den Mascarpone unterrühren.

◆ Vier kleine Auflauf- oder Souffléförmchen mit jeweils 2 Biskotten belegen und mit der Hälfte der Espressomischung tränken. Die Hälfte der Mascarponecreme darüber verteilen, glattstreichen und mit den übrigen Biskotten belegen. Ebenfalls tränken und mit der Creme bedecken. Die Oberfläche glattstreichen und einige Stunden kalt stellen.

◆ Vor dem Servieren die Oberfläche dick mit Kakao bestäuben.

Tips und Tricks:

Richtig durchgezogen, am besten über Nacht, schmeckt diese saftige Nachspeise am besten!

Für Kinder kann man auf ähnliche Weise, jedoch ohne Koffein und Alkohol, ein herrliches Tiramisu herstellen:
Eidotter, Kristallzucker und Vanillemark warm schaumig schlagen und abgekühlt den Mascarpone unterrühren.
Die Biskotten mit frisch püriertem Himbeer- oder Erdbeermark tränken und ebenso in Schälchen füllen.
Gut durchziehen lassen.
Die Oberfläche mit Kakao bestreuen und mit Oberstupfen und frischen Himbeeren oder Erdbeeren garnieren.

Diplomatencreme

Für 4 Personen
Zubereitungszeit: *45 Minuten*
Kühlzeit: *2 - 3 Stunden*

Für die Creme:
3 Blatt weiße Gelatine
3 Eidotter
80 g Kristallzucker
abgeriebene Schale von 1/2 unbehandelten Orange
2 cl Orangenlikör
2 Eiklar
1/8 l Obers
Für die Fruchtfülle:
100 g Erdbeeren
200 g Himbeeren
Saft von 1/2 Orange
2 EL Staubzucker
Außerdem:
8 Biskotten
4 cl Orangenlikör
2 EL Schlagobers

◆ Die Gelatine in kaltem Wasser einweichen. Eidotter, 60 g Kristallzucker und Orangenschale mit den Schneebesen eines Handrührgerätes schaumig schlagen. Die gut ausgedrückten Gelatineblätter in dem erwärmten Orangenlikör auflösen. Erst etwas von der Eimasse mit der Gelatine verrühren, dann alles vermischen und so lange in den Kühlschrank stellen, bis die Creme zu gelieren beginnt.

◆ Die Erdbeeren putzen, 4 Früchte mit der Blattkrone beiseite legen. Die übrigen Früchte halbieren und mit der Hälfte der Himbeeren vermischen. Die restlichen Himbeeren mit Orangensaft und Staubzucker im Mixer pürieren, durch ein Sieb streichen und das Püree mit den Beeren vermischen.

◆ Eiklar steif schlagen und dabei den restlichen Kristallzucker einrieseln lassen. So lange weiterschlagen, bis der Schnee schnittfest und glänzend ist. Das Obers ebenfalls steif schlagen und beides unter die zu gelieren beginnende Creme mischen.

◆ Vier Dessertschalen mit jeweils zwei Biskotten belegen, mit Orangenlikör beträufeln und mit den Früchten belegen. Mit der Creme bedecken und im Kühlschrank einige Stunden durchziehen lassen.

◆ Mit jeweils einem Oberstupfen und einer Erdbeere verzieren.

Tips und Tricks:

Die frischen Früchte kann man außerhalb der Saison durch Kompottfrüchte ersetzen.

Topfencreme
mit Mandeln

Für 4 - 6 Personen
Zubereitungszeit: *30 Minuten*
Kühlzeit: *1 Stunde*

Für die Topfencreme:
150 g geschälte Mandeln
100 g Kristallzucker
2 EL Wasser
500 g Topfen mit 40 % F. i. Tr.
ausgekratztes Mark von 1 Vanilleschote
2 EL Mandellikör
evtl. etwas Milch
1 Eiklar
200 ml Obers

◆ Die Mandeln in einer Pfanne ohne Fettzugabe goldbraun rösten. Abkühlen lassen und einige für die Garnitur aufbewahren, den Rest grob hacken.
◆ 80 g Kristallzucker in einer Pfanne unter Rühren goldbraun karamelisieren lassen. Mit Wasser ablöschen und kurz durchkochen lassen.
◆ Den Topfen mit Vanillemark verrühren und den flüssigen Karamel untermischen. Mandellikör und so viel Milch dazugeben, daß eine geschmeidige Creme entsteht. Das Eiklar steif schlagen, dabei den restlichen Kristallzucker einrieseln lassen und so lange weiterschlagen, bis ein steifer Schnee entsteht. Das Obers ebenfalls steif schlagen.
◆ Die gehackten Mandeln, den Schnee und die Hälfte des Schlagobers unter die Topfencreme ziehen. In Gläser verteilen und mit dem restlichen Obers und den ganzen Mandeln verzieren. Gut gekühlt servieren.

Tips und Tricks:

*Köstlich schmeckt die Creme auch, wenn man erst den Zucker karamelisiert und dann die Mandeln darin anröstet.
Die Masse auf eine Marmorplatte streichen und abkühlen lassen.
Anschließend mit einem Nudelwalker grob zerbröseln.
Den Krokant erst kurz vor dem Servieren unter die Topfencreme mischen, damit nichts von der Knusprigkeit verlorengeht.*

Rhabarber-Topfen-Creme

Für 6 Personen
Zubereitungszeit: *45 Minuten*
Kühlzeit: *1 Stunde*

Für den Belag:
500 g Rhabarber
200 g Erdbeeren
80 g Kristallzucker
Saft von 1 Blutorange
einige Blätter Zitronenmelisse
Für die Topfencreme:
500 g Topfen mit 40 % F. i. Tr.
5 - 6 EL Milch
ausgekratztes Mark von 1/2 Vanilleschote
40 g Staubzucker
1 - 2 EL Zitronensaft
1/8 l Obers

◆ Rhabarber waschen, falls nötig schälen, und in 3 cm lange Stücke schneiden. Vier schöne Erdbeeren beiseite legen, den Rest putzen und je nach Größe halbieren oder vierteln.

◆ Kristallzucker und Orangensaft in einem Topf erhitzen und die Rhabarberstücke darin unter vorsichtigem Umrühren etwa 4 - 5 Minuten gar dünsten. Erdbeeren sowie einige in Streifen geschnittene Melisseblätter untermischen und kalt stellen.

◆ Den Topfen mit Milch, Vanillemark, Staubzukker und Zitronensaft glattrühren. Das Obers steif schlagen und zwei Drittel davon unter die Topfencreme ziehen.

◆ Abwechselnd Rhabarber-Erdbeer-Kompott und Topfencreme in Gläser füllen und mit dem zurückgelassenen Obers, je einer Erdbeere und Zitronenmelisseblättern garnieren.

Tips und Tricks:

Ein typisches Frühlingsdessert, das am besten aussieht, wenn es aus rosaroten Rhabarberstangen zubereitet wird! Der Rhabarber darf auf keinen Fall zerkochen und matschig werden!

Topfenspeise
mit Brombeeren

Für 4 Personen
Zubereitungszeit: *30 Minuten*
Kühlzeit: *1 Stunde*

Für die Fülle:
250 g Brombeeren
2 EL Staubzucker
4 EL Brombeerlikör
50 g altbackene Lebkuchen
1/2 TL gemahlener Zimt
1 EL Kakao
2 EL Vanillezucker
4 EL Rum
Für die Creme:
400 g Topfen
2 - 3 EL Kristallzucker
ausgekratztes Mark von 1 Vanilleschote
abgeriebene Schale von 1/2 unbehandelten Zitrone
4 - 5 EL Milch
1/4 l Obers

◆ 4 schöne Brombeeren beiseite legen, den Rest mit Staubzucker bestäuben, mit Likör begießen und etwa 15 Minuten marinieren.

◆ Die Lebkuchen auf einem Reibeisen fein reiben oder im Mixer zerkleinern und mit Zimt, Kakao und Vanille vermischen. Mit Rum beträufeln und kurz durchziehen lassen.

◆ Topfen mit Kristallzucker, Vanillemark und Zitronenschale glattrühren. So viel Milch dazugießen, daß eine glatte, geschmeidige Creme entsteht. Das Obers steif schlagen und locker und gleichmäßig unter den Topfen mischen.

◆ Die Topfencreme in einen Spritzbeutel mit großer Tülle füllen.

◆ Die Hälfte der Lebkuchenmischung auf vier Gläser verteilen. Mit der Hälfte der Brombeeren bedecken und etwas Topfencreme darüberspritzen, darauf die restlichen Brösel und Beeren geben und mit der übrigen Creme dekorativ bespritzen. Mit den zurückgelassenen Brombeeren belegen und im Kühlschrank gut durchkühlen lassen.

Tips und Tricks:

Falls Sie selbstgeerntete Brombeeren aus dem eigenen Garten verwenden, garnieren Sie die Speise mit frischen Brombeerblättern!

Rahmschnitten
auf Marillenpüree

Für 6 - 8 Personen
Zubereitungszeit: *35 Minuten*
Kühlzeit: *3 - 4 Stunden*

Für die Rahmschnitten:
1/4 l Obers
2 Eiklar
100 g Kristallzucker
10 Blatt weiße Gelatine
1/2 l Sauerrahm
Saft und Schale von 1/2 unbehandelten Zitrone
ausgekratztes Mark von 1 Vanilleschote
etwas frisch geriebene Ingwerwurzel
2 EL Marillenschnaps
Für das Marillenpüree:
500 g vollreife Marillen
1/8 l halbtrockener Weißwein
30 - 40 g Kristallzucker
2 cl Marillenlikör
Außerdem:
25 g gehackte Pistazien

◆ Das Obers steif schlagen. Eiklar in einer zweiten Schüssel steif schlagen, dabei 50 g Kristallzucker einrieseln lassen und so lange weiterschlagen, bis der Schnee schnittfest und glänzend ist.

◆ Die Gelatine in kaltem Wasser einweichen.

◆ Sauerrahm mit Zitronensaft und -schale, Vanillemark und Ingwer mit einem Schneebesen gründlich verquirlen.

◆ Den Marillenschnaps erhitzen und die gut ausgedrückte Gelatine darin auflösen. Erst etwas von dem Obers unter die Gelatine, dann unter die Sauerrahmmischung rühren. Das restliche Obers und den Schnee unter die Rahmmischung ziehen und in eine kalt ausgespülte Kastenform von 1 Liter Inhalt füllen. Zugedeckt einige Stunden im Kühlschrank erstarren lassen.

◆ Für das Marillenpüree die Früchte waschen, halbieren und entsteinen. Mit Wein und Kristallzucker in einen Topf geben und zum Kochen bringen. Bei schwacher Hitze so lange köcheln lassen, bis die Früchte weich sind. Dann im Mixer pürieren und durch ein Sieb streichen. Mit Marillenlikör abschmecken und erkalten lassen.

◆ Die Kastenform mit dem Rahmgelee kurz in heißes Wasser tauchen und den Rand mit einem spitzen Messer lösen. Auf eine Platte stürzen und das Gelee in 1 cm breite Scheiben schneiden.

◆ Jeweils 2 Scheiben auf einen großen Teller legen, mit etwas Marillenpüree begießen und mit gehackten Pistazien bestreuen.

Tips und Tricks:

Ein herrliches Dessert, wenn man Gäste hat, da es sehr fein schmeckt und sich gut vorbereiten läßt!

Wer möchte, begießt die Rahmschnitten mit einer anderen Fruchtsauce von Seite 355 oder mit etwas flüssigem Karamel!

Rosarotes Buttermilchgelee

Für 4 - 6 Personen
Zubereitungszeit: *30 Minuten*
Kühlzeit: *3 - 4 Stunden*

Für das Gelee:
8 Blatt weiße Gelatine
2 Blatt rote Gelatine
150 g rote Ribisel
100 g schwarze Ribisel
4 cl Crème de Cassis (Ribisellikör)
80 g Staubzucker
1/2 l Buttermilch
Saft und Schale von 1/2 unbehandelten Zitrone
1/4 l Obers
Außerdem:
einige Ribiselträubchen
einige Minzeblätter

◆ Die Gelatine in kaltem Wasser einweichen.
◆ Rote und schwarze Ribisel mit einer Gabel von den Stielen streifen und mit 2 cl Likör und Staubzucker im Mixer fein pürieren. Das Fruchtmus durch ein feines Sieb passieren.
◆ Die Gelatine gut ausdrücken. Den restlichen Likör erwärmen und die Gelatine darin auflösen. Einige Löffel Buttermilch unterrühren, dann die Gelatine mit der ganzen Buttermilch verquirlen. Zitronensaft und -schale sowie das Ribiselmark daruntermischen und gründlich verquirlen.
◆ Das Obers steif schlagen und die Hälfte davon unter die Buttermilchspeise rühren. Falls nötig, noch mit etwas Staubzucker nachsüßen und die Mischung in Gläser verteilen.
◆ Zugedeckt im Kühlschrank erstarren lassen.
◆ Das Gelee mit dem restlichen Obers, den Ribiselträubchen und den Minzeblättern servieren.

Tips und Tricks:

Eiskalt serviert, gibt es kaum eine erfrischendere Nachspeise an heißen Sommertagen.

Es sieht auch sehr attraktiv aus, wenn man die Buttermilchmischung in kalt ausgespülten Tassen oder Förmchen erstarren läßt und kurz vor dem Servieren auf einen roten Fruchtmarkspiegel aus Erdbeeren, Himbeeren oder Ribiseln stürzt.

Joghurt-Zitronen-Creme
in der Mandeltulpe

Für 6 Personen
Zubereitungszeit: *1 Stunde*
Backzeit pro Blech: *8 - 10 Minuten*
Kühlzeit: *2 Stunden*

Für die Mandeltulpen:
- 150 g Kristallzucker
- 75 g Mehl
- 75 g Butterschmalz
- 3 Eiklar
- 60 g Mandelblättchen

Für die Creme:
- 3 Blatt weiße Gelatine
- 300 g Joghurt
- Saft von 1 Zitrone
- 60 g Staubzucker
- 2 EL Himbeerschnaps
- 200 ml Obers

Außerdem:
- Backpapier für das Blech
- 500 g Himbeeren
- 50 g Staubzucker
- 1 EL Himbeerschnaps
- einige Zitronenmelisseblätter

◆ Für die Mandeltulpen den Kristallzucker, das Mehl und die Eiklar glattrühren. Die Mandelblättchen und das leicht erwärmte Butterschmalz unterrühren. Den Teig zugedeckt im Kühlschrank 1 Stunde durchkühlen lassen.

◆ Inzwischen für die Creme die Gelatine in kaltem Wasser einweichen. Joghurt mit Zitronensaft und Staubzucker glattrühren. Die ausgedrückte Gelatine im erhitzten Himbeerschnaps auflösen und erst etwas von der Joghurtmischung mit der Gelatine verrühren, dann alles miteinander vermischen.

◆ Das Obers steif schlagen und unter die Creme ziehen, dann die Masse in 6 kleine Förmchen oder kalt ausgespülte Tassen füllen und im Kühlschrank 2 Stunden erstarren lassen.

◆ Das Backrohr auf 180° C vorheizen. Aus dem Hippenteig für die Mandeltulpen mit einem Löffel auf ein mit Backpapier ausgelegtes Backblech dünne Scheiben im Durchmesser von 15 cm streichen. Etwa 8 - 10 Minuten backen, dann sofort mit einer Palette ablösen und sofort über Tassen stülpen und darauf erkalten lassen. Dann abnehmen!

◆ Die Himbeeren putzen, einige beiseite legen und den Rest mit dem Staubzucker pürieren. Durch ein Sieb streichen und mit Himbeerschnaps abschmecken.

◆ Das Himbeermark als „Spiegel“ auf die Teller gießen und die Mandeltulpen daraufstellen. Die Tassen mit der erstarrten Joghurtcreme kurz in heißes Wasser tauchen, den Rand mit einem spitzen Messer lösen und die Creme in die Tulpen stürzen.

◆ Mit den zurückgelassenen Himbeeren und Zitronenmelisseblättern verzieren.

Gefrorener Ananas-Kokos-Gugelhupf

Für 4 - 6 Personen
Zubereitungszeit: *35 Minuten*
Gefrierzeit: *3 - 4 Stunden*

1 große, reife Ananas, ca. 500 g Fruchtfleisch
2 cl Kokoslikör
4 Eidotter
120 g Kristallzucker
200 ml Ananassaft aus der Flasche
Saft von 1 Zitrone
1/4 l Obers
2 - 3 Kokosmakronen, je nach Größe
2 EL Kokosflocken
Außerdem:
1/8 l Obers
einige Cocktailkirschen

◆ Von der Ananas die grüne Blattkrone entfernen und die Frucht großzügig schälen. Halbieren und den harten Kern herausschneiden. Das Fruchtfleisch in Stücke schneiden und im Mixer fein pürieren. Mit Kokoslikör verrühren.

◆ Eidotter und Kristallzucker in einer runden Schlagschüssel aus Metall über einem Wasserbad aufschlagen. Die Masse soll cremig, aber nicht schaumig sein. Aus dem Wasserbad nehmen und über einem kalten Wasserbad kalt rühren, dabei nach und nach den Ananassaft, den Zitronensaft und das marinierte Fruchtmark unterrühren.

◆ Obers steif schlagen und unter die Ananasmasse ziehen. Die Kokosmakronen in kleine Stücke hakken und mit den Kokosflocken untermischen.

◆ Die Creme in eine Gugelhupfform von 1,5 l füllen und mit Sichtfolie bedeckt einige Stunden im Tiefkühlgerät gefrieren lassen.

◆ Die Form kurz in heißes Wasser tauchen. Eine Platte auf die Oberseite legen und die Form rasch wenden. Gegebenenfalls etwas rütteln, bis sich das Eis löst. Mit Schlagobers bespritzen und mit Cocktailkirschen garnieren.

Tips und Tricks:

Das Ananasfruchtfleisch kann man auch durch frisch püriertes Mangofruchtfleisch ersetzen und anstelle der Kokosmakronen und -flocken Baiserschalen und Mandeln untermischen.

Alle selbst zubereiteten cremigen Eissorten mindestens 15 Minuten vor dem Servieren aus dem Tiefkühlgerät nehmen!

Eissoufflés

mit kandierten Früchten und Orangenfilets

Für 4 - 6 Personen
Zubereitungszeit: *25 Minuten*
Gefrierzeit: *3 - 4 Stunden*

Für das Parfait:
60 g gemischte kandierte Früchte
abgeriebene Schale von 1/2 unbehandelten Orange
2 cl Orangenlikör
50 g Mandelstifte
1/4 l Obers
2 Eiklar
50 g Staubzucker
Außerdem:
Pergamentpapier
Kakao zum Bestäuben

◆ Die kandierten Früchte in sehr kleine Würfel schneiden, mit der Orangenschale vermischen und mit Likör begießen. Zugedeckt mindestens 15 Minuten marinieren.
◆ Die Mandeln in einer Pfanne ohne Fettzugabe goldbraun rösten.
◆ Das Obers steif schlagen. In einer zweiten Schüssel die Eiklar steif schlagen, dabei den Staubzucker einrieseln lassen und so lange weiterschlagen, bis der Schnee schnittfest und glänzend ist.
◆ Schlagobers und Schnee locker vermischen. Die marinierten Früchte samt Einweichflüssigkeit und die Mandelstifte unterheben.
◆ 4 Souffléförmchen mit einem doppelt zusammengefalteten Streifen Pergamentpapier 3 - 4 cm höher als die Förmchen umwickeln und mit einem Klebestreifen befestigen.
◆ Die Schaummasse 2 cm über den Rand der Förmchen einfüllen und im Gefriergerät in einigen Stunden erstarren lassen.
◆ Die Förmchen etwa 15 Minuten vor dem Servieren aus dem Gefriergerät holen. Die Papiermanschette abnehmen und die Oberfläche mit Kakao bestäuben.

Tips und Tricks:

Köstlich dazu sind mit Orangenlikör marinierte Orangenfilets.

Das Eissoufflé niemals direkt aus dem Gefriergerät auftragen, erst wenn das Eis beginnt, cremig zu werden, entwickelt sich das feine Aroma.

Kaffeeparfait
mit frischen Feigen

Für 4 - 6 Personen
Zubereitungszeit: *30 Minuten*
Gefrierzeit: *3 - 4 Stunden*

Für das Parfait:
3 Eidotter
50 g Staubzucker
3 EL löslicher Kaffee
2 cl Whisky
ausgekratztes Mark von 1 Vanilleschote
3 Eiklar
30 g Kristallzucker
1/8 l Obers
Für die Schokoladensauce:
100 g Zartbitter-Schokolade
2 - 3 EL Obers
1 - 2 EL Whisky
Außerdem:
einige frische Feigen

◆ Eidotter mit Staubzucker über einem leicht siedenden Wasserbad mit einem Schneebesen cremig schlagen. Kaffeepulver, Whisky und Vanillemark dazugeben und so lange schlagen, bis sich der Kaffee aufgelöst hat. Herausnehmen und über einem kalten Wasserbad kalt rühren.

◆ Eiklar steif schlagen, dabei den Kristallzucker dazugeben und so lange weiterschlagen, bis der Schnee schnittfest und glänzend ist. Das Obers in einer zweiten Schüssel steif schlagen. Beides locker und gleichmäßig unter die Eimasse ziehen.

◆ Die Creme entweder in 4 runde Förmchen oder in eine Rehrückenform füllen und einige Stunden gefrieren lassen.

◆ Für die Schokoladensauce die Schokolade in kleine Stücke brechen und im Wasserbad schmelzen lassen. Das Obers und den Whisky dazugeben und glattrühren.

◆ Die Feigen vorsichtig schälen und in Viertel schneiden.

◆ Das Parfait 15 Minuten vor dem Servieren aus dem Gefriergerät holen. Die Förmchen oder die Form kurz in heißes Wasser tauchen und stürzen. Die Portionskugeln oder den in dicke Scheiben geschnittenen Eislaib auf Teller verteilen. Mit Schokoladensauce und frischen Feigenvierteln garnieren.

Tips und Tricks:

Wer Koffein nicht gut verträgt, sollte entkoffeinierten löslichen Kaffee verwenden. Geschmacklich macht das keinen Unterschied!

Honigparfait
mit Zimtschaum

Für 4 Personen
Zubereitungszeit: *45 Minuten*
Gefrierzeit: *3 - 4 Stunden*

Für das Parfait:
80 g Honig
1 Msp gemahlener Zimt
3 Eidotter
50 g grob gehackte Walnüsse
1 Eiklar
1 EL Vanillezucker
200 ml Obers
Für den Zimtschaum:
1 Ei
4 EL Marsala
1 TL gemahlener Zimt
1 Msp gemahlene Gewürznelke
Außerdem:
einige Walnußhälften

◆ Honig, Zimt und Eidotter in einer Schlagschüssel aus Metall über einem leicht siedenden Wasserbad cremig schlagen. Herausnehmen und über einem kalten Wasserbad kaltrühren. Die Walnüsse unterrühren.

◆ Eiklar steif schlagen, dabei den Vanillezucker einrieseln lassen und so lange weiterschlagen, bis der Schnee schnittfest und glänzend ist. In einer zweiten Schüssel das Obers steif schlagen und beides locker und gleichmäßig unter die Honigmasse ziehen.

◆ In eine Kastenform füllen und einige Stunden in das Gefriergerät stellen.

◆ 15 Minuten vor dem Servieren das Parfait herausholen und bei Zimmertemperatur ein wenig antauen lassen.

◆ Währenddessen für den Zimtschaum Ei, Marsala, Zimt und ein wenig Gewürznelkenpulver in einer Schlagschüssel aus Metall über einem leicht siedenden Wasserbad so lange mit dem Schneebesen aufschlagen, bis die Mischung schaumig ist.

◆ Das Honigparfait in Scheiben schneiden und mit dem warmen Zimtschaum begießen. Mit Walnußhälften garnieren.

Tips und Tricks:

Rösten Sie die Walnüsse vor dem Hacken mit 50 g Kristallzucker goldbraun.
Abkühlen lassen und einige der glasierten Nüsse für die Garnitur aufheben, den Rest grob hacken!

Selbstgemachtes Fürst-Pückler-Eis

Für 6 - 8 Personen
Zubereitungszeit: *45 Minuten*
Gefrierzeit: *4 - 5 Stunden*

Für das Eis:
3/4 l Obers
120 g Staubzucker
ausgekratztes Mark von 1 Vanilleschote
30 g Baiserschalen
200 g frische Erdbeeren
1 EL Vanillezucker
1 EL Maraschino
100 g Zartbitter-Kuvertüre
Außerdem:
1/8 l Schlagobers

◆ Das Obers steif schlagen, dabei den Staubzucker hinzufügen. Das Schlagobers auf drei Schüsseln verteilen.

◆ Das Vanillemark und die grob zerbröselten Baiserschalen in eine mit Sahne gefüllte Schüssel geben. Miteinander verrühren und die Mischung in eine Kastenform von etwa 1,2 Liter Inhalt füllen. Die Oberfläche glattstreichen und etwa 20 Minuten in das Gefriergerät stellen.

◆ Einige schöne Erdbeeren für die Garnitur beiseite legen, den Rest putzen und mit Vanillezucker und Maraschino im Mixer pürieren.

◆ Durch ein feines Sieb streichen und unter die zweite Obersportion mischen. Auf die leicht gefrorene Vanilleschicht streichen und ebenfalls 20 Minuten überfrieren lassen.

◆ Die Kuvertüre im Wasserbad schmelzen und unter Rühren wieder abkühlen lassen. Die flüssige, lippenwarme Kuvertüre unter das restliche Obers rühren und auf der Erdbeerschicht verteilen. Das Eis in 3 - 4 Stunden durchgefrieren lassen.

◆ 15 Minuten vor dem Servieren aus dem Tiefkühlgerät holen. Die Form in heißes Wasser tauchen, stürzen und das Eis in Scheiben schneiden. Mit Schlagobers und Erdbeeren garnieren.

Tips und Tricks:

Auch wenn es Fürst-Pückler-Eis fix und fertig in jeder Tiefkühltruhe der Supermärkte gibt – selbstgemacht schmeckt es einfach besser!

Für besondere Anlässe füllen Sie die Eisschichten in eine Eisbomben- oder Kuppelform.

Omelette surprise

Für 4 Personen
Zubereitungszeit: *30 Min.*
Backzeit: *12 Minuten*

Für den Biskuitteig:
2 Eidotter
2 EL Wasser
80 g Zucker
2 Eiklar
40 g Stärkemehl
40 g Mehl
Für die Soufflémasse:
4 Eiklar
2 EL Kristallzucker
4 Eidotter
2 EL Kirschschnaps
Außerdem:
Backpapier für das Backblech
1 Haushaltspackung Fürst-Pückler-Eis
25 g gehackte Pistazien
frische gemischte Beerenfrüchte

◆ Das Backrohr auf 200° C vorheizen. Aus den angegebenen Zutaten einen Biskuitteig zubereiten und dünn auf ein mit Backpapier ausgelegtes Backblech streichen. Die Teigfläche muß so groß sein, daß der Eisblock damit umhüllt werden kann. In 10 - 12 Minuten goldgelb backen. Herausnehmen und abkühlen lassen. Das Backrohr auf 250° C und Oberhitze stellen – oder den Grill einschalten.

◆ Eiklar steif schlagen, dabei nach und nach den Kristallzucker einrieseln lassen. So lange schlagen, bis der Schnee schnittfest und glänzend ist Die Eidotter und den Kirschschnaps unterziehen.

◆ Die gebackene Biskuitplatte auf ein Küchentuch stürzen. Den Eisblock in die Mitte legen und mit dem abgekühlten Biskuit umhüllen. Die Enden zusammendrücken und mit den Schnittflächen nach unten auf eine feuerfeste Platte legen.

◆ Rundherum dick mit der Soufflémasse bestreichen und mit einer Palette Dellen eindrücken.

◆ Die Omelette auf der mittleren Schiene des heißen Backrohrs in 2 - 4 Minuten goldgelb überbacken.

◆ Sofort in Scheiben schneiden, auf Tellern anrichten und mit Pistazien bestreuen. Mit Beerenfrüchten garnieren.

Tips und Tricks:

Besonders schön sieht das Dessert aus, wenn man die Omelette nach dem Überbacken sofort mit heißem Kirsch- oder Himbeerschnaps begießt, anzündet und brennend serviert.

Edelsüßes Weingelee

mit Früchten

Für 4 Personen
Zubereitungszeit: *20 Minuten*
Kühlzeit: *2 Stunden*

Für das Gelee:
9 Blatt weiße Gelatine
1 Orange
1 Banane
2 Kiwis
100 g Himbeeren
100 g Erdbeeren
40 g Kristallzucker
3/4 l edelsüßer Wein, z. B. eine Auslese oder ein
Ausbruch vom Neusiedler See
4 - 6 Zitronenmelisseblätter
Außerdem:
Obers oder Vanilleeis
4 Zitronenmelissezweige

◆ Die Gelatine in kaltem Wasser einweichen.
◆ Die Orange so dick schälen, daß die weiße Haut völlig entfernt ist, und das Fruchtfleisch mit einem scharfen Messer herausfiletieren. Die Banane und die Kiwis schälen und in Scheiben schneiden. Erdbeeren und Himbeeren putzen – und nur falls nötig, kurz waschen.
◆ Die Früchte in Sektschalen oder in einer großen Glasschale anordnen und mit streifig geschnittenen Zitronenmelisseblättern bestreuen.
◆ Kristallzucker und 1 EL vom Wein erhitzen und sirupartig einkochen. 1 Glas Wein dazugießen, von der Kochplatte nehmen und die gut ausgedrückten Gelatineblätter darin auflösen. Dann den restlichen Wein dazugießen und über einer mit Eiswürfel gefüllten Schüssel unter Rühren erkalten lassen.
◆ Sobald die Flüssigkeit zu gelieren beginnt, diese langsam mit einem Schöpflöffel über den Früchten verteilen. Sie müssen völlig mit Gelee bedeckt sein. Im Kühlschrank in etwa 2 Stunden fest werden lassen.
◆ Je einen Melissezweig in das Gelee stecken und eventuell halbfest geschlagenes Obers oder eine Kugel Vanilleeis dazu reichen.

Tips und Tricks:

Gute Beerenauslesen sind zwar ziemlich teuer, dafür ist dieses Gelee aber auch ein wirklich krönender Abschluß eines Festessens.

Wenn es nicht ganz so festlich und teuer sein soll, greifen Sie zu einer halbtrockenen Spätlese!

Auf die gleiche Weise kann man auch Rotweingelee mit Kirschen oder Sektgelee mit Weintrauben zubereiten.

Erdbeergelee-Kuppel

Für 8 - 10 Personen
Zubereitungszeit: *1 Stunde, 20 Minuten*
Backzeit: *20 Minuten*
Kühlzeit: *5 - 6 Stunden*

Für den Mürbteig:
100 g Mehl
40 g Kristallzucker
1 Eidotter
1 EL Rum
75 g kalte Butter

Für die Fülle:
500 g Erdbeeren

Für das Gelee:
6 Blatt weiße Gelatine
3 Blatt rote Gelatine
1/4 l roter Fruchtsaft (Himbeer- oder Traubensaft)
1/4 l Wasser
50 g Kristallzucker

Für die Creme:
10 Blatt weiße Gelatine
800 g Joghurt
250 g Topfen mit 40 % F. i. Tr.
100 g Staubzucker
80 g Rum-Rosinen
400 ml Obers

Außerdem:
Backpapier für das Blech
2 EL Erdbeermarmelade
2 EL gehackte Pistazien
2 ineinander passende Schüsseln mit gewölbtem Boden von 24 und 22 cm Durchmesser

◆ Aus den angegebenen Zutaten einen Mürbteig zubereiten. 30 Minuten kühl stellen. Ausrollen, eine runde Platte von 24 cm Durchmesser ausschneiden und im 200° C heißen Backrohr 15 - 20 Minuten backen.

◆ Erdbeeren waschen, entstielen und gut abtropfen lassen. Gelatine in kaltem Wasser einweichen, ausdrücken und in etwas erwärmtem Wasser auflösen. Mit dem Fruchtsaft und dem übrigen Wasser vermischen und mit Kristallzucker süßen. So lange rühren, bis sich der Zucker aufgelöst hat. Die Flüssigkeit in die große Schüssel gießen. Die kleinere hineinstellen und mit Wasser so füllen, daß sie nicht die Ränder berührt. Die rote Flüssigkeit wird dadurch an den Schüsselrand gedrückt und muß nun im Kühlschrank erstarren.

◆ Zum Herauslösen der kleineren Schüssel das Wasser abgießen und ganz kurz heißes Wasser hineingießen. Nun die Schüssel langsam herausnehmen. Die Erdbeeren auf dem Gelee verteilen und kühl stellen. Einige schöne Erdbeeren für die Garnitur beiseite legen.

◆ Gelatine in kaltem Wasser einweichen. Joghurt, Topfen und Zucker glattrühren. Ausgedrückte Gelatine in wenig heißem Wasser auflösen und erst die Joghurtmischung mit der Gelatine verrühren, dann alles vermischen und die Rum-Rosinen dazugeben. Kalt stellen! Das Obers steif schlagen und, sobald die Creme zu gelieren beginnt, zwei Drittel davon locker unterziehen. Die Creme auf den Erdbeeren verteilen und die Oberfläche glattstreichen.

◆ Den Mürbteigboden auf einer Seite mit Erdbeermarmelade bestreichen und mit dieser auf die Topfenmasse legen. Gut andrücken und einige Stunden im Kühlschrank erstarren lassen.

◆ Vor dem Anrichten die Schüssel kurz in heißes Wasser tauchen und auf eine große Platte stürzen. Mit Obers, einigen Erdbeeren und Pistazien garnieren.

Quitten-Birnen-Schaum

Für 4 Personen
Zubereitungszeit: *45 Minuten*
Kühlzeit: *2 Stunden*

Für die Schaumspeise:

- 300 g Quitten
- 200 g aromatische Birnen
- 120 g Kristallzucker
- 1/4 l halbtrockener Weißwein
- 1/8 l Wasser
- abgeriebene Schale und Saft von 1 unbehandelten Zitrone
- ausgekratztes Mark von 1/2 Vanilleschote
- 1 Eiklar
- 1/8 l Obers

Außerdem:

- Dekor-Schokoladenblätter oder -Ornamente

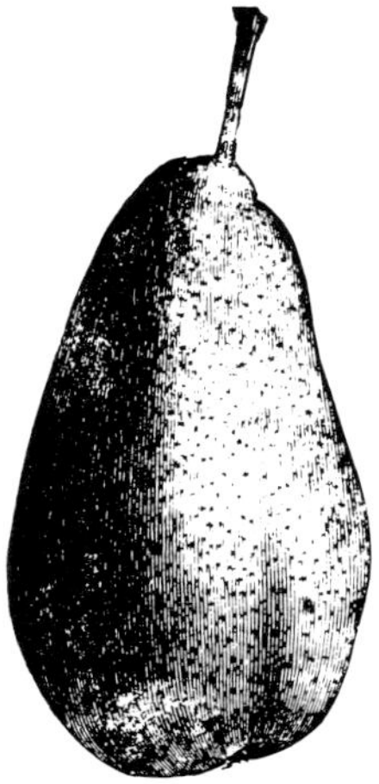

◆ Quitten und Birnen waschen und in Stücke schneiden. In einen Topf geben, mit 100 g Kristallzucker bestreuen und mit Weißwein begießen. Zum Kochen bringen und zugedeckt bei schwacher Hitze etwa 20 - 30 Minuten köcheln lassen. Falls nötig, noch etwas Wasser zugießen.
◆ Die Früchte durch eine Flotte Lotte oder ein Sieb passieren und mit Zitronenschale, -saft und Vanillemark verrühren. Im Kühlschrank erkalten lassen.
◆ Eiklar steif schlagen, dabei den restlichen Zucker einrieseln lassen und so lange weiterschlagen, bis der Schnee schnittfest und glänzend ist. Das Obers ebenfalls steif schlagen und beides locker und gleichmäßig unter das kalte Fruchtpüree ziehen.
◆ Den Schaum auf vier hübsche Gläser verteilen und mit Dekorschokolade verzieren.

Tips und Tricks:

*Quittenzeit ist von Ende September bis Ende November.
Die Früchte enthalten neben vielen Mineralstoffen und Vitamin C reichlich Wein- und Apfelsäure und vor allem viel Pektin.
Daher geliert diese Speise ohne Beigabe von Gelatine.*

Die beigefügten Birnen können jederzeit durch Äpfel ersetzt werden.

Wer intensiven Quittengeschmack liebt, bereitet den Schaum nur mit Quitten zu!

Roter Ribiselschnee

Für 4 Personen
Zubereitungszeit: *30 Minuten*
Kühlzeit: *1 Stunde*

Für die Schaumspeise:
1 kg frische rote Ribisel
150 g Kristallzucker
200 ml Apfelsaft
60 g Stärkemehl
4 EL Risbisellikör
4 Eiklar

◆ Die Ribiseln waschen und gut abtropfen lassen. Vier schöne Träubchen beiseite legen, die übrigen Beeren verlesen und mit einer Gabel von den Stielen streifen. Die Beeren halbieren und eine Hälfte kurz im Mixer pürieren und dann durch ein feines Sieb streichen.

◆ Das Fruchtmus mit 120 g Zucker und Saft in einen Topf geben und einmal aufkochen lassen. Das Stärkemehl mit Likör verquirlen und unter Rühren mit einem Kochlöffel in die kochende Flüssigkeit einlaufen lassen. Einmal aufwallen lassen, dann von der Kochstelle nehmen.

◆ Eiklar steif schlagen, dabei den restlichen Kristallzucker einrieseln lassen und so lange weiterschlagen, bis der Schnee schnittfest und glänzend ist. Sofort mit den restlichen Beeren unter die noch heiße Ribiselmasse ziehen und auf Gläser oder Dessertschalen verteilen.

◆ Im Kühlschrank gut durchkühlen lassen und mit je einem Ribiselträubchen verzieren.

Tips und Tricks:

Auf die gleiche Weise kann man Schaumspeisen aus den unterschiedlichsten Früchten zubereiten. Wichtig ist nur, daß das Fruchtmus auf keinen Fall zu lange kocht, da sonst das frische Aroma verlorengeht. Probieren Sie doch mal!

Die Hälfte der roten Ribiseln durch schwarze ersetzen.

600 g grüne Stachelbeeren pürieren, mit Stärkemehl binden und 2 - 3 geschälte in Stücke geschnittene Kiwis untermischen.

Köstlich schmecken auch Himbeeren so zubereitet.

Obstsalat, Röster und Kompott

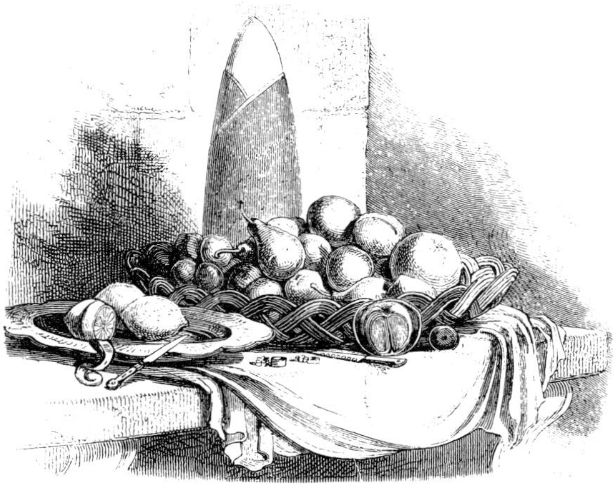

In einer medizinischen Abhandlung des Mittelalters steht: „Um den Appetit anzuregen, darf man mit Mäßigung vor den Mahlzeiten Feigen, Birnen, Äpfel, Mispeln, geschälte Pflaumen, Granatäpfel und Pfirsiche essen, die nach dem Pflücken einige Zeit in der Sonne gelegen haben." Nach der Mahlzeit wird empfohlen, Trockenfrüchte oder gekochtes Obst zu essen. Die Sitte, frische Feigen oder Melonen als Vorspeise zu essen, hat sich in Italien bis heute bewahrt, und wie man weiß, schätzen alle südlichen Nachbarn frische Früchte auch als Dessert. Das Obst wird dort, gut gekühlt, auf einer großen Schale serviert und dann vom Gast selbst genußvoll tranchiert und verzehrt. Es gibt auch kaum etwas Besseres, das bei großer Hitze so wohltuend erfrischt und zugleich leicht bekömmlich ist.

In unseren Breiten bevorzugt man eher Früchte, die in irgendeiner Form zubereitet sind – sei es als Salat, als Kompott, Röster oder als Sauce! Das mag auch am Mangel an sonnenverwöhntem Obst liegen.

Gekochtes bzw. eingemachtes Obst ist eine relativ neue Kochkreation. Es wurde das erste Mal im 19. Jahrhundert im Brockhaus erwähnt und zwar als „Zukost zu Braten und Mehlspeisen". Damals gab es noch keine feste Bezeichnung dafür. Das Wort „Kompott" entwickelte sich erst später und damit dann auch die genaue Anleitung über den Umgang mit den verschiedenen Früchten. „Nur wohlgeartete Früchte, kein zu starkes Feuer, keine zu lange Garzeit“ – alle diese Empfehlungen kann man in Kochbüchern dieser Epoche nachlesen.

Was man heute leider oft als Kompott vorgesetzt bekommt, ist meistens ein Überbleibsel der Nachkriegszeit, in der es an Zucker und auch an Gewürzen mangelte. Matschige, weichgekochte Birnen in einem glasklaren, nach nichts schmeckenden Saft – das erweckt beileibe keine kulinarischen Gelüste! Kocht man jedoch vorher einen dickflüssigen Sirup, gewürzt mit Ingwer und Nelken, und pochiert anschließend die Früchte darin kurz, schmeckt das so köstlich, daß es schon alleine, als eigenständiges Dessert, Vergnügen bereitet.

Ähnlich ist es mit Fruchtsalaten! Richtig zusammengestellt aus reifen, aber keinesfalls überreifen Obstsorten, und mit einer fruchtigen Marinade vermischt sowie gut gekühlt, sind sie ein wahrhaft sommerliches Vergnügen. Niemals zu lange stehenlassen, denn aus dem appetitlichen Salat kann ganz schnell ein unansehnlicher glitschig-brauner Matsch werden ...

Das Tüpfelchen auf dem „i“ fast jeder warmen Mehlspeise, Creme oder eines Eisdesserts sind fruchtige Saucen. Eine geschickte Möglichkeit, auch Kindern Früchte schmackhaft zu machen.

Damit aber all diese Köstlichkeiten auch wirklich gut schmecken, müssen die Früchte vollreif sein! Richten Sie sich deshalb nicht ausschließlich nach den in den nachfolgenden Rezepten angegebenen Obstsorten, sondern entscheiden Sie sich nach dem jeweiligen Angebot Ihres Gartens oder Ihres Obsthändlers. Je frischer die Früchte, um so besser Salat, Kompott oder Sauce!

Beerensalat

Für 4 Personen
Zubereitungszeit: *15 Minuten*
Kühlzeit: *30 Minuten*

200 g rote Ribisel
50 g schwarze Ribisel
125 g Brombeeren
250 g Erdbeeren
250 g Himbeeren
1 - 2 EL Staubzucker
2 EL Gelee von schwarzen Ribiseln
1 EL Crème de Cassis oder Ribiselsaft
Saft von 1/2 Zitrone

◆ Alle Früchte kurz waschen. Die Ribiseln mit einer Gabel von den Stielen streifen. Erdbeeren, Himbeeren und Brombeeren entstielen.

◆ Die Hälfte der Himbeeren mit den schwarzen Ribiseln und mit dem Staubzucker im Mixer fein pürieren. Das Ribiselgelee, den Likör oder Saft dazugeben und die Mischung durch ein Sieb streichen. Mit Zitronensaft und, falls nötig, noch mit etwas Staubzucker abschmecken.

◆ Die Marinade über den Beeren verteilen, locker vermischen und etwa 30 Minuten durchziehen lassen.

Orangensalat
mit Erdbeeren und Minze

Für 4 Personen
Zubereitungszeit: *35 Minuten*

Für den Salat:
3 Navel-Orangen
250 g möglichst große Erdbeeren
3 EL Ahornsirup
Saft von 1/2 Orange
Saft von 1/2 Zitrone
2 EL Orangenlikör
4 - 6 frische Minzeblätter
Außerdem:
1/4 l Obers
2 EL Vanillezucker
1 EL Orangenlikör

◆ Die Orangen so dick schälen, daß die weiße Haut völlig entfernt ist. Die Früchte mit einem scharfen Messer quer in dünne Scheiben schneiden.

◆ Die Erdbeeren waschen, entstielen und der Länge nach in dünne Scheiben schneiden.

◆ Eine große Platte kreisförmig und leicht überlappend mit Orangen-, dann mit Erdbeerscheiben belegen.

◆ Ahornsirup mit den Zitrussäften und den sehr fein gehackten Minzeblättern verrühren und die angerichteten Früchte damit beträufeln. 15 Minuten im Kühlschrank durchziehen lassen.

◆ Das Obers mit Vanillezucker steif schlagen und mit Likör parfümieren, zum Fruchtsalat reichen.

Fruchtsalat

(aus Herbstfrüchten)

Für 4 Personen
Zubereitungszeit: *40 Minuten*

- 100 g weiße Trauben
- 100 g blaue Trauben
- 200 g Zwetschken
- 2 kleine aromatische Äpfel
- 2 kleine aromatische Birnen
- 2 EL Powidl
- 100 ml roter Portwein
- 2 EL Kristallzucker
- 50 g gehackte Walnüsse

◆ Die Früchte waschen. Die Trauben halbieren und, falls nötig, die kleinen Kerne herauslösen. Die Zwetschken halbieren, die Kerne entfernen und längs in schmale Spalten schneiden. Äpfel und Birnen schälen, halbieren, die Kerngehäuse entfernen und die Hälften in längliche Spalten schneiden. Alle Früchte in einer großen Schüssel vermischen

◆ Powidl durch ein Sieb streichen und mit Portwein verrühren. Über die Früchte gießen und vorsichtig vermischen. Im Kühlschrank etwa 15 Minuten durchziehen lassen.

◆ Den Kristallzucker in einer Pfanne goldgelb karamelisieren lassen, dann die Walnüsse dazugeben und mit anrösten. Auf eine Marmorplatte oder auf Alufolie stürzen und abkühlen lassen. Dann zerbröseln und über den Salat streuen.

Birnenkompott

Für 4 - 6 Personen
Zubereitungszeit: *40 Minuten*
Kühlzeit: *2 - 3 Stunden*

Für das Kompott:

- 1 kg aromatische, nicht zu weiche Birnen
- Saft von 1 Zitrone
- 1/4 l halbtrockener Weißwein
- 1/8 l Wasser
- 1 Stückchen unbehandelte Zitronenschale
- 1 Stückchen Ingwerwurzel
- 1 Gewürznelke
- 1/2 Vanilleschote
- 200 g Kristallzucker

◆ Die Birnen schälen, vierteln und entkernen. Mit Zitronensaft beträufeln.

◆ Wein, Wasser, Zitronenschale, Gewürze und Kristallzucker in einem Topf vermischen und etwa 5 Minuten kochen lassen. Die Birnen hineingeben und je nach Reife 5 - 8 Minuten darin weich kochen.

◆ Die Früchte mit einem Schaumlöffel herausheben und in eine Schüssel geben. Die Flüssigkeit bei starker Hitze sirupartig einkochen lassen.

◆ Die Gewürze aus dem Sud fischen und die Birnenviertel hineingeben, einmal aufkochen lassen und von der Kochplatte nehmen. Die Früchte mitsamt der Flüssigkeit in eine Schüssel gießen und kalt stellen.

Marillenröster

Für 4 - 6 Personen
Zubereitungszeit: *30 Minuten*
Kühlzeit: *2 - 3 Stunden*

Für den Röster:
1 kg vollreife Marillen
1/8 l Wasser
200 g Zucker, je nach Süße der Marillen
1 Bittermandel
1 Stückchen unbehandelte Zitronenschale
Saft von 1/2 Zitrone
evtl. 1 EL Marillenlikör

◆ Die Marillen kurz in kochendes Wasser tauchen und die Haut abziehen. Die Früchte halbieren und entsteinen.

◆ 1/8 l Wasser mit Zucker, Bittermandel und Zitronenschale aufkochen lassen und die Marillenhälften hineingeben. So lange bei schwacher Hitze köcheln lassen, bis die Früchte zerfallen.

◆ Von der Kochstelle nehmen und mit Zitronensaft und evtl. Marillenlikör abschmecken. Einige Stunden abkühlen lassen.

Zwetschkenröster

Für 4 - 6 Personen
Zubereitungszeit: *1 Stunde, 30 Minuten*

Für den Röster:
1 kg Spätzwetschken
1/8 l Wasser
200 g Zucker
2 Gewürznelken
1 Stückchen Zimtstange
Saft und Schale von 1 unbehandelten Zitrone

◆ Die Zwetschken waschen, halbieren und entsteinen.

◆ Wasser mit Zucker und Gewürzen zum Kochen bringen und die Früchte hineingeben. Bei schwacher Hitze entweder auf der Kochplatte oder im 150° C heißen Backrohr unter gelegentlichem Umrühren weich kochen, bis die Früchte zerfallen und sich die Schalen einzurollen beginnen.

◆ Gut abgekühlt als Beilage zu Mehlspeisen oder einfach nur so mit Vanilleeis als eigenständiges Dessert reichen.

Tips und Tricks:

Zwetschkenröster kann man auch auf Vorrat herstellen und in verschlossenen Gläsern, kühl gestellt, aufbewahren.

Aromatischer Salat
(aus Trockenfrüchten)

Für 4 Personen
Zubereitungszeit: *20 Minuten*
Marinierzeit: *12 Stunden*

Für den Salat:
4 getrocknete Feigen
8 getrocknete Marillen
6 getrocknete Datteln
2 EL getrocknete Bananenscheiben
2 EL Rosinen
Für die Marinade:
2 EL dünnflüssiger Blütenhonig
1/2 TL Currypulver
ausgekratztes Mark von 1 Vanilleschote
Saft und Schale von 1 unbehandelten Orange
Saft von 1/2 Zitrone
4 cl Rum
Außerdem:
50 g Mandelstifte
200 ml Obers
1 EL Vanillezucker

◆ Die Feigen und die Marillen in kleine Würfel schneiden. Die Datteln halbieren, falls nötig entsteinen und längs in schmale Streifen schneiden. Mit den Bananenscheiben und Rosinen in einer Schüssel vermischen.

◆ Honig, Curry und Vanillemark verrühren und die Zitrussäfte sowie den Rum dazugießen.

◆ Die Marinade über die vorbereiteten Früchte gießen, gründlich vermischen und zugedeckt mindestens 10 Stunden durchziehen lassen. Dabei die Früchte gelegentlich durchmischen.

◆ Die Mandelstifte in einer Pfanne ohne Fettzugabe goldbraun rösten und über den Salat streuen. Das Obers mit Vanillezucker halbsteif schlagen und zum Fruchtsalat reichen.

Tips und Tricks:

Erschrecken Sie nicht über den Curry – gerade diese Würze verleiht dem Salat den richtigen Pfiff.

Auch ein Hauch von Cayennepfeffer bekommt dem Trockenfrüchtesalat sehr gut!

Hollerröster
mit Vanilleeis

Für 4 - 6 Personen
Zubereitungszeit: *30 Minuten*
Kühlzeit: *2 Stunden*

Für den Röster:
1 kg frische Hollerdolden
200 g Zucker
1/8 l Wasser
1 Stückchen Zimtstange
2 Gewürznelken
1 Stückchen unbehandelte Zitronenschale
200 g Zwetschken
etwa 1 EL Stärkemehl
1 EL Zwetschkenschnaps

◆ Die Hollerbeeren von den Dolden zupfen, waschen und auf einem Sieb gut abtropfen lassen.
◆ Zucker, Wasser, Zimt, Gewürznelken und Zitronenschale zum Kochen bringen und einige Minuten köcheln lassen.
◆ Die Zwetschken waschen, halbieren, entsteinen und mit den Hollerbeeren in die kochende Flüssigkeit geben. Bei schwacher Hitze darin weich werden lassen.
◆ Das Stärkemehl mit etwas kaltem Wasser verquirlen und unter vorsichtigem Umrühren unter die Früchte mischen. Einmal aufwallen lassen, von der Kochplatte nehmen und kalt stellen.
◆ Vor dem Servieren mit Zwetschkenschnaps leicht parfümieren. Dann den Röster auf tiefe Teller verteilen und in die Mitte jeweils 2 Kugeln Vanilleeis setzen.

Tips und Tricks:

Die mitgekochten Zwetschken können auch durch Äpfel ersetzt werden.

Bratäpfel
mit Kiwisauce

Für 4 Personen
Zubereitungszeit: *40 Minuten*

Für die Bratäpfel:
1/4 l frisch gepreßter Orangensaft
40 g Kristallzucker
ausgekratztes Mark von 1/2 Vanilleschote
4 aromatische Äpfel, z. B. Boskop
40 g Butter
Für die Sauce:
3 große Kiwis von je 100 g
3 EL trockener Weißwein
1 Msp gemahlener Zimt
25 g Mandelstifte
Außerdem:
1/8 l Obers

◆ Das Backrohr auf 200° C vorheizen. In einem kleinen Topf Orangensaft, Kristallzucker und Vanillemark bei starker Hitze unter gelegentlichem Rühren sirupartig einkochen lassen.

◆ Inzwischen die Äpfel schälen und mit einem Apfelausstecher das Kernhaus entfernen. Eine feuerfeste Form mit der Hälfte der Butter ausstreichen, die Äpfel nebeneinander hineinstellen. Mit Orangensirup begießen und die restliche Butter in Flöckchen darauf verteilen.

◆ Im heißen Backrohr auf der oberen Schiene in etwa 15 Minuten weich garen.

◆ In der Zwischenzeit die Kiwis schälen, das Fruchtfleisch in Stücke schneiden und mit Wein und Zimt im Mixer kurz pürieren.

◆ Die Mandelstifte in einer Pfanne ohne Fettzugabe goldbraun rösten.

◆ Die weichen Äpfel mit der Kiwisauce begießen, mit den Mandelstiften bestreuen und mit halbsteif geschlagenem Obers servieren.

Brennende Äpfel

Für 4 Personen
Zubereitungszeit: *15 Minuten*

2 große Äpfel
30 g Butter
2 - 3 EL Hagelzucker
4 cl Cognac
1/8 l Obers

◆ Die Äpfel schälen, die Kerngehäuse mit einem Apfelausstecher entfernen und die Früchte in 1 cm dicke Scheiben schneiden.
◆ Die Butter in einer großen Pfanne erhitzen und die Apfelscheiben darin goldgelb und weich braten.
◆ Mit Hagelzucker bestreuen und mit Cognac begießen. Anzünden und sofort mit eiskaltem Schlagobers servieren.

Grazer Äpfel

Für 4 Personen
Zubereitungszeit: *45 Minuten*

1 dünner, fertig gebackener Biskuitboden
2 EL Ribiselmarmelade
Für die Kompottäpfel:
4 weichgekochte, entkernte mittelgroße Äpfel
25 g Mandelstifte
Für den Weinschaum:
3 Eidotter
1 ganzes Ei
100 g Staubzucker
1/4 l kräftiger Weißwein

◆ Aus der Biskuitplatte so große Scheiben ausstechen, daß ein Apfel darauf Platz hat. Die Scheiben mit Ribiselmarmelade bestreichen, die gekochten Kompottäpfel daraufsetzen und diese mit Mandelstiften spicken.
◆ Eidotter, Ei, Staubzucker und Wein über einem Wasserbad schaumig schlagen, herausnehmen und über einem kalten Wasserbad kalt rühren.
◆ Die angerichteten Äpfel mit dem Weinschaum begießen und sofort servieren.

Fruchtsaucen

Für 4 Personen
Zubereitungszeit: *10 Minuten*

250 g vollreife Erdbeeren
60 - 80 g Staubzucker
1 - 2 EL Orangensaft

◆ Die Erdbeeren waschen, abtropfen lassen und entstielen. Mit Staubzucker und Orangensaft im Mixer fein pürieren. Dann durch ein Sieb streichen und gut gekühlt als Beigabe zu Cremes, Eis oder warmen Mehlspeisen reichen.

Genauso bereitet man Saucen aus Heidelbeeren, Himbeeren, Ribiseln oder Brombeeren zu.

Variationen:

Orangensauce

Fein säuerlich und eine ideale Ergänzung zu Palatschinken, Topfen- oder Eisspeisen ist eine Orangensauce: 1/4 l Orangensaft mit den fein geschnittenen Schalen von einer unbehandelten Orange und 80 g Kristallzucker in einer Sauteuse zum Kochen bringen und sirupartig einkochen lassen. Mit 2 EL Orangenlikör abschmecken und gut gekühlt servieren.

Mango-Pfirsich-Sauce

Sehr raffiniert schmeckt eine Mango-Pfirsich-Sauce. Dazu schält man eine mittelgroße Mango und löst das Fruchtfleisch in Spalten vom Kern. Einen vollreifen Pfirsch kurz blanchieren, häuten, halbieren und entkernen. Das Fruchtfleisch beider Früchte mit 2 oder 3 EL Staubzucker (je nach Süße der Früchte) mit dem Saft von einer Zitrone und einer halben Orange im Mixer sehr fein pürieren. Mit 2 EL Orangenlikör abschmecken und 1 EL geriebene Pinienkerne unterrühren.

Das richtige Getränk

zu warmen und kalten Mehlspeisen

Es ist unter leidenschaftlichen Feinschmeckern unumstritten: Erst mit einem passenden edlen Getränk wird die „Mehlspeis" zu einem unvergeßlichen Geschmackserlebnis.

Genießer schwören natürlich auf edelsüße Weine, aber auch halbtrockene Sherrys, fruchtig-süße Sekte, Spumante oder Cavas – und nicht zuletzt ein kleiner Schwarzer oder eine Melange sind eine ideale Ergänzung zu Süßem!

Richtlinien zu geben fällt schwer, da allein schon beim Wein, von Jahrgang zu Jahrgang und von Winzer zu Winzer, selbst bei der gleichen Rebsorte, große Unterschiede auftreten. Andererseits hat jeder ein anderes Verständnis von Süße und Würze.

Nehmen Sie deshalb folgende Empfehlungen nur als Anregung, nicht als starre Regel. Es gilt nur ein Motto – erlaubt ist, was schmeckt!

Besonders harmonische Kombinationen:

Zu warmen Mehlspeisen – wie etwa Soufflé, Buchtel, Strudel oder Knödel – passen meist körperreiche, edelsüße Weine mit einem guten Säurepotential. Probieren Sie einmal:

- einen edelsüßen Muskat-Ottonel vom Neusiedler See
- einen edelsüßen Ruster Ruländer Ausbruch
- eine Riesling-Beerenauslese von der Mosel, vom Rhein oder Main.
- einen Cream Sherry
- ein passendes Obstschnäpschen
- oder auch einen Braunen, Einspänner, Mokka oder eine Melange

Fruchtsalate oder fruchtige Desserts werden durch ebensolche Weine optimal ergänzt!

Grundsätzlich gilt: keine zu trockenen Weine, da diese leicht von der Fruchtsäure überdeckt werden.

Gut geeignet sind zum Beispiel:

- Riesling Smaragd aus der Wachau
- Gewürztraminer-Spätlese aus Südtirol oder dem Elsaß
- fruchtbetonte Sekte, Spumante oder auch Champagner dry

Für feine Cremespeisen sind folgende Getränke eine ideale Ergänzung:

- edelsüße Beerenauslesen vom Neusiedler See
- Tokajer Aszú
- Moscato d'Asti aus Piemont
- halbtrockener Cremant aus Burgund
- ein halbtrockener Oloroso-Sherry

Nach der einhelligen Übereinstimmung vieler Feinschmecker sollte man aber folgendes beachten:

- Zu Schokoladen- und Mokkacremes besser keinen Wein reichen.
- Wein zu Fruchteis, vor allem zu Sorbets, paßt selten!
- Fruchtige Speisen und Kaffee sind keine gelungene Lösung.
- Rotweine, vor allem junge, passen ganz selten zu Desserts.
- Weinschaum schmeckt ohne begleitendes Getränk am besten!

Österreichische Dessertweine

Beeren- und Trockenbeerenauslese

Darunter versteht man besonders hochwertige Weine, die erst nach der üblichen Weinernte gelesen werden! Die überreifen Trauben sind im Idealfall von einer Edelfäule, der sogenannten Botrytis, befallen. In der Region um den Neusiedler See ermöglicht die Harmonie zwischen Sonne, Regen und der typischen vom See aufsteigenden Nebel die Bildung dieser gewünschten Edelfäule, die es den Winzern ermöglicht, großartige Beerenauslesen zu erzeugen. Die bevorzugten Rebsorten für Beeren- und Trokkenbeerenauslesen sind vor allem Welschriesling, Muskat Ottonel, Ruländer, Weißburgunder und nicht zuletzt die fast in Vergessenheit geratene Sorte Furmint, die Traditionsrebsorte der Stadt Rust; in Deutschland bevorzugt man Riesling-Trauben. Auf welche Rebsorten der Winzer auch schwört, wichtig ist ein gutes Säurepotential, damit ausgewogene, körperreiche Weine reifen können. Der Mindest-Öchslegehalt muß bei Beerenauslesen bei 127°, bei Trockenbeerenauslesen bei 168° liegen, und der natürliche Zuckergehalt schwankt zwischen 60 und 250 g je Liter. Beeren- und Trockenbeerenauslesen großer Jahrgänge sind sehr langlebig und haben einen stolzen Preis! Sie sind jedoch fast immer ein unvergeßlicher Genuß!

Ausbruch

Berühmt für hervorragende Ausbruch-Weine ist das Weinbaugebiet rund um den Neusiedlersee. Auch diese wuchtigen Weine werden aus edelfaulen Trauben (Botrytis) hergestellt. Es darf jedoch zu besseren Ausnützung des natürlichen Zuckergehaltes frisch gekelterter Most oder eine fertige Spätlese zugefügt werden. Diese Weine müssen mindestens 138° Öchsle aufweisen.

Eiswein

Diese Spezialität, die ursprünglich aus Deutschland stammt, wird seit einiger Zeit auch in Österreich erfolgreich produziert. Eiswein wird aus Trauben gewonnen, die bei der Kelterung gefroren waren. Mindestens 7° C minus bei der Ernte und ein Mindestmostgewicht wie bei Beerenauslesen sind die notwendige Voraussetzung! Selbst vorgenommene Tiefkühlung der Trauben ist gesetzlich untersagt! Die hochkonzentrierten, goldgelben Weine schmecken ähnlich wie Trockenbeerenauslesen, jedoch noch ausdrucksstärker und mit einer pikanten Säure.

Fachausdrücke

Hier finden Sie die deutsche Übersetzung typisch österreichischer Bezeichnungen sowie die Erklärung von Fachausdrücken aus dem Konditorhandwerk.

Abbröseln Butter und Mehl zwischen den Fingern verreiben, bis sich Brösel bilden
Abflämmen Baisermasse bei starker Hitze im heißen Backofen Farbe annehmen lassen
Abglänzen Gebäckteile dünn mit Gelee oder Konfitüre bestreichen
Abnetzen Anfeuchten des Papiers zum leichteren Ablösen von Kuchen oder Biskuitteigplatten
Abrebeln Abstreifen von Beerenfrüchten vom Stiel
Abschäumen Abheben von aufsteigendem Schaum mit einem Seihlöffel, z. B. bei Fruchtgelees oder beim Erwärmen von Butter
Abschlagen Bearbeiten eines Germteiges (Hefeteig)
Abziehen Eiermischung so lange rühren, bis die Masse eine dicklich-cremige Konsistenz hat, oder eine Creme mit Stärke binden.
Agar Agar Ein rein pflanzliches Geliermittel, aus Algen gewonnen. Löst sich nur in kochender Flüssigkeit auf! 1 TL Agar Agar entspricht der Gelierkraft von 1 TL Gelierpulver.
Agras(el) Stachelbeere
Ananas Südfrucht – und die alte österreichische Bezeichnung für Erdbeere
Aprikotieren Gebäckteile mit heißer Marillenmarmelade (Aprikose) bestreichen.
Arancini In Zucker konservierte Streifen von Orangenschalen
Aschanti(nuß) Erdnuß
Aspik Gelee, Sülze
Aufdressieren Schaummassen mit einem Spritzbeutel oder einer Palette aufspritzen oder -schichten
Auflauf Teigmasse, die – meist im Wasserbad – im Backofen gebacken wird! Hat meist eine etwas festere Konsistenz als Soufflé
Aufschlagen Eiermasse schaumig rühren oder schlagen
Aufs Eis stellen Österreichischer Ausdruck für kalt stellen
Ausbacken Teigstücke im heißen Fett garen
Ausdünsten Gebäckstücke vor dem Glasieren abkühlen lassen
Ausfehen Alte Bezeichnung für: eine Form mit Mehl bestäuben
Auswalken Teig mit einem Nudelwalker (Nudelholz) ausrollen
Auszugmehl Alte Bezeichnung für feinstes, bestes Mehl zum Backen

Backpapier Beschichtetes Papier, verhindert das Klebenbleiben des Backgutes an Formen oder Backblech
Backteig Teig, der zum Ausbacken im heißen Fett geeignet ist
Baiser Schaumgebäck aus Eiklar und Zucker, auch „Spanischer Wind" und „Meringue" genannt
Baunzerl Milchbrötchen, in der Mitte geteilt
Beugel Hörnchen
Biskotte Löffelbiskuit
Biskuitbrösel getrocknete zerbröselte Biskuitreste, süße Brösel
Blancmanger Gesulzte Mandelmilch
Blindbacken Wird vorwiegend bei Mürbteigböden angewandt. Der Teig wird mit Hülsenfrüchten beschwert, damit er nicht aufgeht
Brandschmalz Ausbackfett, in dem schon einmal etwas gebacken wurde
Brandig werden Bezeichnung für einen Teig, bei dem sich das Fett absetzt. Entsteht häufig bei zu langem Bearbeiten des Teiges mit zu weichem Fett

Brioche Gebäckstück aus fettreichem Germteig
Brösel Geriebenes getrocknetes Weißbrot; Paniermehl; Semmelbrösel
Buchtel Hefegebäck. Rohrnudel
Busserl Kleine runde Plätzchen
Butterteig Blätterteig

Chaudeau Weinschaum
Chemisieren Eine Form gleichmäßig mit einem Überzug auskleiden, z. B. aus Gelee oder Eis
Crêpes Feine, hauchdünn gebackene Palatschinken (Pfannkuchen)

Dampfl Hefeansatz (Gärprobe). Germ, mit lauwarmer Milch, Zucker und Mehl vermischt, aufgehen lassen
Deka Österreichische Maßeinheit. Abkürzung für Dekagramm. 1 dkg = 10 g
Derndl, Dirndl Cornelkirsche
Dörrzwetschke getrocknete Pflaume
Dotter Eigelb
Doublieren Gebäckstücke zusammensetzen
Dressieren Garnieren mit einer cremigen Masse mit Hilfe eines Spritzbeutels (Dressiersack)
Dunstobst Kompottfrüchte
Dunsten Im Wasserbad garen (z. B. Koch)
Durchschlag Bezeichnung für ein Nudelsieb

Eiklar Eiweiß
Einkochen Eine Flüssigkeit so lange kochen lassen, bis sie dicklich wird (reduzieren)
Einsieden Einkochen von Obst (Einwecken)
Entremet Am Ende einer Mahlzeit servierte Süßspeise
Erdäpfel Kartoffeln
Essenz Konzentrierte Flüssigkeit
Extrakt Aromaauszug aus Früchten, Blüten oder Pflanzen

Fettbad Reichlich Fett, damit das Gargut darin schwimmen kann
Flambieren Speisen mit hochprozentigem Alkohol übergießen und anzünden
Flämmen Kurzes Überbacken im sehr heißen Backofen
Fleckerl Kleine Teilstücke aus Nudelteig
Fondant Zuckermasse
Frappieren Rasch mit Hilfe von Eis abkühlen
Fruchtmark Fein passierte Früchte
Fruchtsalat Obstsalat
Fruchtsirup Mit Zucker eingekochter Fruchtsaft

Garnierkamm Teigschaber mit geriffeltem Rand zum Verzieren von Cremes oder Cremetorten
Gelatine Geschmacksneutrales Bindemittel, aus Knochen hergestellt
Gelieren Eindicken von Flüssigkeiten mit einem Geliermittel
Germ(teig) Hefe(teig)
Gesponnener Zucker Zuckersirup
Glasur Überzug aus Schokolade oder Zuckerguß
Golatsche (Kolatsche) Germmehlspeise, mit Topfen oder Powidl gefüllt
Grammeln Ausgebratene Speckstücke oder die knusprigen Reste beim Auslassen von Schmalz
Grenadine Granatapfelsirup
Grillage Krokant. Eine Mischung aus geschmolzenem Zucker und Nüssen im Verhältnis 1:1
Gugelhupf Napfkuchen

Hagelzucker Grober weißer Zucker zum Bestreuen von Gebäckteilen
Haluschka Böhmische Mehlspeise. Teigflecken, in Schmalz gebacken, mit Topfen, Rahm und Grammeln bestreut
Heidenmehl Buchweizenmehl
Hetschepetsche Hagebutte

Hippen Knusprig zartes Gebäck, das über ein Rundholz aufgerollt wird
Hirschhornsalz Treibmittel für Lebkuchen (Ammoniumkarbonat)
Holler Holunder

Indianerkrapfen Mohrenkopf

Kaffeeobers Dünnere Sahne/Kondensmilch
Kaffeeschale Kaffeetasse
Kaisersemmel Weißgebäck, das an der Oberfläche fünfmal bogenförmig eingeschnitten wird
Kandieren Überzuckern
Kaneel Feiner Zimt
Karamel Gebräunter Zucker
Kardamom Indisches Gewürz, vorwiegend für Lebkuchen
Kastenform Rechteckige Kuchenform (Wandelform)
Kernfett Rindertalg
Kipfel, Kipferl Hörnchen
Kitte Quitte
Kittenkäse Quittensaft, mit Zucker sulzartig eingekocht
Kletze Gedörrte Birne
Kletzenbrot Brotteig mit reichlich fein geschnittenen getrockneten Früchten, vor allem Kletzen
Knödel Klöße. Kugelig geformter Germ-, Erdäpfel- oder Topfenteig mit und ohne Füllung
Koch Österreichische Bezeichnung für Auflauf oder Kochpudding
Korinthen Kleine aromatische Rosinen
Krapfen Im heißen Fett ausgebackenes Hefegebäck
Krapferl Kleine im heißen Fett ausgebackene Plätzchen
Kuvertüre Tunkmasse auf Kakaobasis

Läuterzucker In Wasser klargekochter Zucker
Lebzelten Österreichische Bezeichnung für Lebkuchen
Liwanzen Gebäck aus lockerem Hefeteig, das häufig in einer speziellen Pfanne ausgebacken und mit Powidl gefüllt wird
Liwanzenpfanne Pfanne mit runden Vertiefungen (Spiegeleierpfanne)

Makronen Kleingebäck aus Nüssen, Eiweiß und Zucker
Marille Aprikose
Maroni Speisekastanien
Marzipan Masse aus geriebenen Mandeln und Zucker
Maschansker Apfelsorte
Maskieren Mehlspeisen mit dicken Saucen bedecken
Meringuemasse Eischneemasse mit viel Zucker
Mollig Sämig, samtig (Sauce)
Morelle Schwarze aromatische Kirsche

Nockerl Länglich geformte Klößchen, mit dem Löffel abgestochen und im siedenden Wasser gegart
Nonpareille Kleine bunte Zuckerstreusel
Nudelwalker Rollholz, Teigrolle, Nudelholz

Obers Süße Sahne. Schlagobers ist zum Schlagen geeignet; Kaffee- oder Teeobers ist die dünnere, fettärmere Qualiät
Oblaten Dünne Blätter aus Weizenmehl und Wasser

Palatschinken Österreichische Bezeichnung für dünne Pfannkuchen
Palette Streichmesser

Parfait Ein aus Eiern, Zucker und Schlagobers bestehendes Eis, das in einer Form und nicht in der Eismaschine gefroren wird!
Patzerlgugelhupf Napfkuchen mit Nuß, Mohn und Topfen
Pfiff Alt-Wiener Achtelmaß einer Flüssigkeit
Pieform Flache Form mit gewelltem Rand
Pignoli Pinienkerne
Pinza Ostergebäck aus Ungarn
Pochieren In Flüssigkeit unter dem Siedepunkt gar ziehen lassen
Pofese (Bavese) Zwei Weißbrotscheiben, gefüllt und in heißem Fett ausgebacken
Pomeranze Bittere Apfelsinenart
Potitze Germteigstrudel, mit Mohn oder Nuß gefüllt und von zwei Seiten her aufgerollt
Powidl Pflaumenmus
Preßburger Teig Fettreicher Germteig
Prügelkrapfen Altwiener Mehlspeise, die über einer prügelförmigen Walze geformt und über offenem Feuer gebacken wurde
Puddingform Metallform mit gut verschließbarem Deckel
Puderzucker Feinster Staubzucker
Püree Mus aus Früchten oder Gemüse

Quirl Küchengerät zum intensiven Vermischen von nicht zu festen Massen

Rahm Österreichische Bezeichnung für saure Sahne mit niedrigem Fettgehalt
Rammerl Saftige Kruste, die durch Backen im heißen Rohr in Verbindung von Milch und Fett entsteht. Bekannt bei Rohrnudeln, Dampfnudeln.
Reduzieren Eine Flüssigkeit so lange kochen lassen, bis ein großer Teil verdampft ist.
Rehrücken(form) Schokoladenkuchenmasse in einer länglichen Form gebacken und mit Mandelstiften gespickt
Rein (Reindl) Flache Kasserolle
Resch Knusprig
Ribisel Johannisbeere
Ringlotten Reineclauden, Mirabellen
Rollgerste Perlgraupen
Röster Gedünstetes Obst (Kompott)
Roulade Aufgerollte Biskuitplatte
Ruseln lassen Ruhen und Aufgehen des Germteiges

Sago In Österreich „der" Sago, gekörntes Stärkemehl aus stärkereichem Pflanzenmark
Salse Alte Bezeichnung für sirupartig eingekochten Fruchtsaft
Schaumbrot Mus
Schaumrolle Schillerlocke. Aufgerolltes Gebäck aus Butterteig
Schlagobers Geschlagene Sahne
Schmalz Ausgelassenes Schweinefett
Schmankerl Leckerbissen, in Österreich auch Gebäck aus Mehl, Zucker Milch und Obers
Schmarren Warme Mehlspeise aus Eiern und Mehl, Grieß, Semmeln oder Erdäpfeln
Schmetten Österr. Bezeichnung für Sauerrahm
Schnecke Gerolltes Germteiggebäck, mit Nüssen und Rosinen gefüllt
Schneeballenform Hohlkugelform aus Metall mit Löchern zum Herstellen von Schneeballen (im Fett ausgebackenes Gebäck)
Schneerute Schneebesen
Schneidsemmel Altbackene Semmeln, die z. B. für Pofesen aufgeschnitten werden
Schotten Quark
Semmel Weißbrötchen
Semmelbrösel Paniermehl
Skubanki Böhmische Mehlspeise aus Erdäpfeln in Nockerlform, mit Butter und Mohn bestreut
Sorbet (Scherbet) Halbgefrorenes Fruchtmark
Soß Soße – wird in Österreich ohne „e" gesprochen
Soufflé Lockerer Auflauf
Spachtel Zum Abheben oder Wenden von Gebäckstücken

Speisesoda Natron
Sprudler ein Quirl zum Aufschlagen von leichten Massen
Stanitzel(holz) Kegelform zum Herstellen von Stanitzeln (Tüten) aus Hippenmasse
Stauben Form mit Mehl bestäuben
Staubzucker Puderzucker
Sterntülle Einsatz für den Spritzbeutel zum Garnieren
Straube Schmalzgebäck aus Brandteig
Striezel Hefezopf
Strudel Unterschiedlich gefüllte und aufgerollte Mehlspeise
Stupfen Ausgerollte Teige mit einem Stupfer oder einer Gabel einstechen, damit die Blasenbildung beim Backen verhindert wird
Sultaninen Kernlose getrocknete Weintrauben
Sulzen lassen Gelieren lassen

Tartelettes (Torteletten) In kleinen Förmchen gebackener Mürbteig zum Füllen mit Früchten
Tascherl Gefüllte Mehlspeise aus Kartoffelteig
Teebutter Österr. Bezeichnung für Markenbutter
Timbalförmchen Kleine becherartige Förmchen
Topfen Quark
Tourieren Fachausdruck der Arbeitsweise bei Butter-(Blätterteig) oder Plunderteig
Tränken Beträufeln eines gebackenen Kuchenbodens mit einer Mischung aus Läuterzucker und Fruchtsaft oder Alkohol
Tülle Unterschiedlich geformte Einsätze zum Garnieren für den Spritzbeutel
Tunkmasse Kuvertüre

Unterziehen Vorsichtiges Vermischen von Mehl und Eimasse; melieren

Vanille Getrocknete Frucht einer Orchideenart; beliebtes Würzmittel für Süßspeisen
Vanillin Synthetisch nachgemachtes Vanillearoma
Vorschußmehl Österreichische Bezeichnung für bestes Mehl, das für weißes Hausbrot mit Sauerteig verwendet wurde. Heute erhältliches Vorschußbrot wird mit Germ hergestellt!

Waffeln Oblaten
Wandel Kastenform, Wandelform
Warm schlagen Schaummassen auf Wasserbad aufschlagen
Wasserbad Topf, mit heißem Wasser gefüllt, in dem ein Schlagkessel Platz hat. Bain-marie
Wecken Längliches Weißbrot
Weichsel Sauerkirsche
Weinbeere Getrocknete Weinbeere (Rosine)
Weizenpuder Stärkemehl
Windbäckerei Schaumgebäck aus Eiweiß und Zucker
Wirken Einen Teig durcharbeiten

Zelten Flacher Kuchen, z. B. Lebzelten
Zibebe Große Rosine
Ziehen lassen Kochgut nach dem Siedepunkt garen, z. B. Nockerl oder Knödel
Zimtzucker Mischung aus Zucker mit Zimt
Zitronat Succade. Kandierte Schale der Zedratzitrone
Zuckerbäcker Konditor
Zuckerl Bonbon
Zwetschke In Deutschland Zwetschge, Pflaume, Zwetsche
Zwetschkenpfeffer Mus, das nur aus getrockneten Zwetschken hergestellt wird
Zwetschkenröster Kompott aus Zwetschken

Register

A

B

C

D

E

F

G

H

I/J

K

L

M

N

T

U

V

W

Z

Bildnachweis:

Titelfoto: Studio Eising, München · Birnenstrudel mit Röstflocken: Peter Kölln, Köllnflockenwerke · Marillenknödel: Peter Kölln, Köllnflockenwerke · Zwetschkenknödel mit Lebkuchenbröseln und Topfensauce: CMA Butterschmalz · Germknödel: CMA Butterschmalz · Dampfnudeln: Schwartauer Werke · Mohnbuchteln: Peter Kölln, Köllnflockenwerke · Mohr im Hemd: CMA · Preiselbeersoufflé: CMA · Schoko-Palatschinken mit Marillenkompott: Knorr/Maizena · Einfache Topfenpalatschinken: Knorr/Maizena · Gefüllte Palatschinken mit marinierten Kirschen: CMA-Butterschmalz ·Apfelpfannkuchen: Peter Kölln, Köllnflockenwerke · Marillenschmarren: CMA Eier · Sesam-Grießrauten mit Bananen: Info Bananen · Liwanzen mit Zwetschken gefüllt: Peter Kölln, Köllnflockenwerke · Bayerische Küchel: k&l fotodesign · Osterhase aus Germteig: Schwartauer Werke · Mohn-Zwetschken-Kuchen: Aurora Urkraft des Keimes · Germgugelhupf: CMA Butterschmalz · Topfen-Apfelstrudel: Herta Back'n Roll · Zimtkuchen: CMA · Gedeckter Apfelkuchen: Adam · Innviertler Apfelkuchen: Peter Kölln, Köllnflockenwerke · Bananengugelhupf: Info Bananen · Venezianische Weihnachtstorte: Schwartauer Werke · Ribiseltorte: CMA Butterschmalz · Ungebackene Mascarponetorte: Schwartauer Werke · Buchweizen-Mohntorte: Schwartauer Werke · Gefüllte Schokoladencremetorte: Schwartauer Werke · Dünner Hans und dicke Gretel: Schwartauer Werke · Gebackene Tischkarten: Schwartauer Werke · Mürbteigkekse, Mandelspritzgebäck, Vanillekipferl, Marzipanröllchen, Marillenstangerl: Segmenta PR · Florentiner, Knuspertaler, Eidottermakronen, Elisenlebkuchen: Segmenta PR · Feigentaler, Nougatzungen, Schokospritzgebäck, Nußkugeln: Segmenta PR · Weiße Mousse au chocolat: Schwartauer Werke · Grießschnee: Schwartauer Werke · Joghurt-Zitronen-Creme in der Mandeltulpe: CMA Butterschmalz · Kaffeeparfait mit frischen Feigen: BLK · Omelette surprise: Schwartauer Werke · Erdbeergelee-Kuppel: Schwartauer Werke